Hampshire County [West] Virginia Personal Property Tax Lists 1800-1814

Vicki Bidinger Berry

CLEARFIELD

Copyright © 1995 by Vicki Bidinger Horton
All Rights Reserved.

Originally published
Green Spring, West Virginia, 1995

Reprinted for
Clearfield Company, Inc. by
Genealogical Publishing Co., Inc.
Baltimore, Maryland
2002

International Standard Book Number: 0-8063-4862-3

Made in the United States of America

INTRODUCTION

This book contains the Hampshire County, Virginia (WV) Personal Property Tax Lists for the years 1800 through 1814. Each year is divided into two Districts, the Upper or Western District and the Lower or Eastern District, and includes all information that was on the original tax lists.

The Commonwealth of Virginia did not collect Property Taxes for the year 1808, as the General Assembly did not pass tax collecting legislation for that year.

The first number following the name indicates the number of white tithables. The second number indicates the number of common horses, and the third number, when shown, indicates the number of slaves over the age of 12. The word Stud indicates the number of Stud Horses owned. Also for the years of 1813 and 1814, if tax was charged for a grist or saw mill it is shown.

Sometimes a location or brief description was given by the tax collector. Apparently the tax collectors way of identifying individuals with the same surname. Occasionally occupations were given.

1800 UPPER DISTRICT OF HAMPSHIRE COUNTY - G W PRICE

Ashton, Alex and Cowan, Wm; 2-4
Adams, John; 1-1
Amrey, Edward; 1-5
Adams, Thomas; 1-1
Ayers, Richard; 1
Adams, Caty; 1-3
Arnold, Zachariah; 1-4
Arnold, Samuel; 1-2
Armstrong, Andw; 1-2
Anderson, Thomas; 3-6
Anderson, William; 1-2
Athy, Thomas; 1-2
Anderson, James; 1-1
Arnold, Adam; 1-1
Arbineathy, John; 3-3
Arbineathy, William; 1-2
Allen, Thomas; 4-4-1
Ashby, Jeremiah; 2-3-3
Arsham, Simon; 1-5-1
Arsham, Jacob; 1
Arbineathy, Samuel; 1-2
Arbineathy, William; 1-2
Allen, Nathin; 1
Armstrong, William; 1-11-9
Allen, David; 2-5
Bray, Samuel; 1-2-1
Beckwith, Samuel; 1-1
Burges, John; 1-1
Burges, George; 1-1
Baker, Michael; 1-2
Bell, Middleton; 1-1-1
Burges, Jacob; 1-5
Brookhart, Jacob; 3-4
Briant, James; 1-1
Beard, George; 2-4
Bozley, James Sen'r; 2-7
Byran, John; 1-2
Black, Daniel; 1-2
Brookhart, Mich'l; 1
Brookhart, Philip; 1
Breeze, Margerit; 0-3
Bell, Josiah; 2-2-1
Brookhart, John; 1-5
Boyd, John; 1
Boyd, William; 1-1
Bever, Peter; 2-3
Barns, Geo; 1-1
Barnes, John; 1-2

Baker, Hannah; 1-3
Baker, John; 1
Baker, Joseph; 1-2
Baker, William; 1-3
Bussy, John; 1
Bussy, Hezekiah; 1
Bogle, Thomas; 1-1
Bogle, Andrew; 1-1
Bonham, Zachariah; 1-3
Bozley, James; 1
Barrauk, Jacob; 2-2
Bailey, Edward; 1-3
Bond, Thomas; 1-2
Butlar, Jacob; 1
Burges, Frederick; 1-2
Bevin, Samuel; 1-1
Barritt, Jesse; 1
Barnhouse, Henry; 1-1
Burton, William; 1-1
Brown, Isaac; 1
Bukhorn Jacob; 1-1
Bishop, Noah; 1-3
Bain, Jesse; 1-1
Brown, John; 1-2
Barnet, Benj'n; 1
Baker, Patrick; 1
Blue, Uriah; 2-8-1
Blue, John; 2-6
Brinker, Henry; 1-2;
Ordinary Licence
Bookliss, David; 1-2
Bookliss, William; 1-1
Ballentine, Hugh; 1-2
Byran, Jacob; 1-3
Burgo, Simon; 2-4
Burget, Henry; 1-1
Beaty, Levy; 1-3
Beaty, Geo; 1-4
Bowman, John; 2-3
Beaty, John; 1-2
Beaty, Isaac; 1
Beaty, Henry; 1
Briggs, Joseph; 2-8
Beer, Peter; 1-1
Beer, William; 1-3
Buffington, William; 2-10-2
Buffington, David; 0-1
Beard, James; 1-1
Beaty, Charles; 1-2

Barkeloe, Johnson; 1-1
Blue, Membrance; 1-2
Blue, Barny; 1
Burbrige, Mary; 0-4-2
Blue, Michael; 1-4-1
Blue, Garret; 1-6
Blue, John; 1-2
Briant, John; 1-1
Bennitt, Silvanus; 1
Burton, John; 1-3
Burton, Abedinego; 1
Buck, Anthony; 1-3
Cornwell, William; 1-1
Cornwell, Abraham; 1-1
Collins, James; 1
Collins, Jacob; 1
Combs, Daniel; 1
Crock, George; 1-1
Cannand, Andrew; 1
Cannand, Leonard; 1-2
Cregar, Jacob; 1-2
Campbell, Archibald; 1-3
Clossin, John; 1-4
Crawfis, Widow; 0-2
Cunningham, Benj'm; 1-1
Calmes, Geo; 1-6-3
Clark, James; 1-12
Campbell, Robert; 1-2
Coosick, Peter; 1-1
Coosick, John; 1-1
Corn, Timothy; 1-6
Clark, Stephen; 2-5
Cundiff, John; 1-1-1
Curby, John; 1-1
Cooper, Thomas; 1-3
Clark, Archibald; 1-1
Clark, Samuel; 1-1
Clark, James; 1-1
Canby, Samuel; 1-1
Curlett, William; 1-1
Collins, Daniel; 1-7-2
Clayton, John; 1
Chopson, Geo; 1
Cheve, James; 1
Cullins, John; 0-2
Cunningham, James; 1-3-3
Colter, Samuel; 1
Coreathers, Geo; 2-4
Campbell, Runa; 1-1

1800 Upper District Hampshire County Tax

Cooke, William; 1
Carder, Abot; 1
Clark, William; 1-1
Cline, Philip; 1-3
Crosby, John; 1
Crayble, David; 2-5
Crayble, Jonathan; 1
Collins, Thomas; 1-2-1
Calmes, Fielding; 1-5-3
Campbells, Widow; 0-2-2; 1 Stud
Cochran, James; 1
Cresap, Thomas; 1-2-3
Davis, Walter; 1-1
Dixson, William; 2-3
Dunn, Lewis; 1-6
Daniels, Dennis, **Constable**; 0-2
Dowden, John B; 1-3
Dyal, Amos; 1
Dennis, Jonathen; 1
Dyal, Philip; 1
Daily, John; 1
Daniels, Benj'm; 1-3
Denny, William; 1-3
Dorin, Alex; 1-8
Douthit, John Sen'r; 2-7-3
Douthit, David; 1-1
Douthit, Calib; 1
Douthit, John, Jun'r; 1-3
Davis, Sam'l B; 2-4
Dodson, William; 1-1
Dodson, Richard; 2-3
Dixson, John; 1-1
Dulin, William Sen'r; 1-2-1
Dulin, William, Jun'r; 1-1
Dawson, Thomas; 1-1
Deane, Thomas; 1-5
Davison, John; 1
Dobyns, Thomas; 1-2
Dobyns, Thomas; 1-1
Dobyns, Samuel; 1
Davis, Gus; 1
Dailey, James; 1-2
Decker, John; 1-8-4
Dowden, John; 1-5-3
Dowdin, Thomas; 1
Dunn, Thomas; 1-4-1
Dunn, Ephraim; 1-2-1
Day, Ambray; 1
Dailey, James; 2-2-1

Dollihon, Daniel; 2-6
Dollihon, Michael; 1-1
Devore, John; 1
Dyer, Edward; 1-2
Dew, Samuel; 1-2
Dugan, Thomas; 1
Duncan, Crosbury; 1-1
Dayton, Isaac; 1-2
Donalson, James; 5-6
Drew, Widow; 0-0-1
Edwards, James; 1-1
Edwards, Jonathan; 1-1
Eckhart, Henry; 2-1-1
Ellar, Daniel; 1-1
Emmerson, Abel; 1-1
Eversole, Peter; 1-5
Eversole, Abrahm; 1-2
Eliphritz, Geo; 2-1
Exline, John; 1-1
Flinn, John; 1-1
Fairby, David; 2-3
Fleming, Patrick; 1-3
Flisher, James; 1-1
Flood, John; 1-3
Fuller, Robert; 1-3
Franks, Henry; 2-1
Fuller, John; 1
Fout, Michael; 1-4
Finesey, James; 1-1
Florance, William; 2-6-6
Fleek, Henry; 2-3
Fink, Frederick; 2-3
Firman, William; 1-5-2
Fleek, Jacob; 1-1
French, William; 2
Fitzjarald, Thomas Senior; 1-2
Fitzjarald, Thomas, Junior; 1-1
Foley, William; 1-2
Fidlar, Jacob; 1-4
Fidlar, Geo; 1-4-1
Fulmore, Andrew; 1-1
Fowler, Zachariah; 1
Fulk, John; 1-1
Fulk, Samuel; 1
Fox, William; 1-17-3
Foster, Archibald; 1
Griffy, David; 1-1-1
Grayham, Arthor; 1-1
Good, Peter; 1
Good, Isaac, Sen'r; 2-4-1
Good, Isaac, Junior; 1-1

Gillaspi, Michael; 1
Good, Abraham; 1-3
Green, Peter; 1-2
Gill, Moses; 1-2
Grim, Christian; 3-1
Goldsmith, Benj'n; 1-2
Grayson, Ambros; 1-1
Garrit, James; 1
Gordin, Josiah; 1
Grace, Philip; 1
Groom, Ezekiah; 1-2
Gray, Friend; 1-1
Grimmoce, Barney; 1-2
Grimmoce, Abram; 1
Greenwell, Elijah; 1-3-2
Goldsbury, Thomas; 1-1
Gibson, James; 1-1
Goff, John; 1-2
Gatt, John; 1-4
Gaither, Elijah; 1-4
Greenwell, Thomas; 1-8-3; 1 Stud
Glaze, Geo; 3-4
Glaze, Conrod; 1-4
Howard, John; 1
Howard, David; 1
Howard, Richard; 1-1
Howard, Robert; 1-1
Howard, William; 1
Hill, Leroy; 2-4
Hill, William; 1-1
Hill, Charles, Senior; 1-2
Hill, Charles Junior; 1-3
Hill, Geo, **Constable**; 0-1
Hill, Walter; 1
Hammond, James; 1-1
Hough, John; 1-1
Hunter, Richard; 1-2
Hunter, Patrick; 2-2
Hunter, William; 1
Harrell, Peter; 2-3
Hiveby, John; 2
Hardy, Henry; 1-1
Huchins, Thomas; 1
Hindman, John; 1
Honeyman, Charles; 1-2
Hirsman, Christopher; 1
Hollenback, Thomas, Senior; 2-5
Hollenback, Abram; 1
Hirsman, Philip; 2-2
Houser, Lewis; 1-5-3
House, John; 2-2

1800 Upper District Hampshire County Tax

Heater, Solomon; 1-2
Hissong, Peter; 3-2
Hollenback, Jacob; 1-2
Hollenback, Thomas; 1-1
Hyder, Adam; 2-4-2
Hamrick, Siras; 1-1-1
Hogan, Thomas, Senior; 1-2-9
Hogan, Thomas; 1-2-1
Hogan, William; 1-1
Hilky, Christian; 1-2
Hirsman, Jacob; 2-2
Harness, Solomon; 1-8-1
Hogan, Elizabeth; 0-0-1
Harrison, William; 1-2
Harvey, William; 1-2
Hooker, John; 1-1
Hough, Matthias; 1
Hull, Benjamin; 2-3
Hopwood, Daniel; 1-1
Hudson, John; 1
Hatten, Charles; 1-1
Hatten, Samuel; 2-2
Humes, Andrew; 1-5-2
Hucal, John; 1
Heins, Henry, **Constable**; 0-2
Hindman, John; 1
Hollenback, Dan'l; 1-1
Henderson, John; 1
Hambleton, Henry; 2-4
Houser, Charles; 3-2
Handsbury, John; 1
Hoffman, Aaron; 1-4
Hofman, Conrod, Sen'r; 1
Hofman, Conrod, Jun'r; 1-2
Harrison, Joseph; 1
Hannon, John; 1-1
Headby, Jacob; 1-1
Hilley, Frederick; 2-4
Harman, Joseph; 1-1
Harriott, Ephraim; 1-3
Harriott, John; 1-3
Harriott, William; 1-1
High, Henry; 2-4
High, Frederick; 1-4-1
High, John Junior; 1-3
Hawk, Henry; 3-4
Hawk, Abraham; 1-2
High, Jacob; 1-2
Hill, Casper; 1-1
Hanes, George; 1

Hartman, Henry; 2-5
Hartman, William; 1
Hillman, Richard; 1-2
Heinzman, Henry; 2-4-2; **Ordinary Licence**
Hambleton, John; 1
Higgins, John; 1-5
Hambleton, Tho's; 1
Hudson, James; 1-3
Hargis, William; 2-4
Howard, Edward; 1-1
Jones, Daniel; 1-1
Jones, John; 1-4
Jones, Aaron; 1-3
Jones, Abraham; 1-4
Jones, David; 1-4
Jones, David of Peter; 1-3
Jones, Peter of Peter; 1-2
Jones, Peter; 1
Jones, Samuel; 4-5
Jones, William; 2-4
Jones, Matthias; 1-1
Jones, Isaac; 1-2
Jones, Thomas; 1-1
Jones, Joshua; 1-4
Jones, William; 1
Jones, Moses; 1-1
Jones, James; 1
Johnson, Abraham; 3-6
Johnson, Abram, Sen'r; 1
Johnson, William; 2-4-1
Johnson, Bailey; 1
Johnson, Okey; 3-11-2
Jacoe, Thomas; 1-1
Ingle, Peter; 1-2
Jacobs, Joseph; 2
James, Isaac; 1-2
Junkin, Richard; 1-1
Junkin, William; 1-2
Jenny, William; 2-13-3; 1 Stud
Inskeep, James; 1-13; 1 Stud
Iselar, Jacob; 2-2
Johnson, Isaac; 1-4-1
Jiles, John; 1-1
James, Rodham; 1-3-2
Jack, John Esq; 1-1-3
James, Thomas; 1-1
Inskeep, William; 1-12-2
Jarvis, Robert; 1
Jacobs, John J; 3-10

Keel, Geo; 1
Killar, John; 1-4
King, Alx Esq; 1-5-3; **Ordinary Licence**
Kinnady, Sam'l; 1-1
King, Geo H; 1-2
Kigar, George; 3-12
Kint, John; 1-2
Kite, Samuel; 1-2
Kinnady, Moses; 1-2
Killar, Daniel; 1-1
Koon, David; 1-3
Kile, Robert; 2-7-1
Kirk, Thomas; 1-5
Keiznor, Jacob; 1
Keykindall, Isaac; 2-13-3
Keykindall, Abraham; 1-9-3
Long, David Junior; 1-1
Leese, Andrew; 2-3
Leese, Jacob; 1-3
Leese, William; 1
Long, John; 1-2
Long, Thomas; 1-1
Long, Thomas Senior; 1
Leese, John; 1
Lyan, John; 1-5
Lyan, Elisha; 1-1
Lyan, Elijah; 1-1
Lewis, Jehu; 1
Landers, Samuel; 1-2
Litchfield, John; 1-1
Landers, Henry; 2-6
Landers, Rudolph; 1-1
Lash, Peter; 1
Ludwick, Jacob; 1-2
Loyd, Henry; 1
Leatherman, Peter; 1
Leatherman, Lewis; 1-2
Leatherman, Daniel; 1-2
Leatherman, Nicholas; 1-5
Leatherman, John; 1-1
Long, John; 1-2
Lavinger, Mich'l; 1-10; **Ordinary Licence**
Lambert, Joseph; 1-3
Lucas, Jesse; 2-4
Lizenby, Thomas; 1-2
Lucas, William; 1-1
Lizinby, William; 1
Liller, Henry; 1-3
Long, David Senior; 2-2

1800 Upper District Hampshire County Tax

Long, Joseph; 1
Logan, John; 1-1
Lile, John; 1-1
Lyn, James; 1
Lyn, William; 1-2
Leadman, John; 1
Lowrince, And'w; 1-2
Lawson, Thomas; 1-2-3
Ludwick, Leonard; 1-1
Lilley, David; 1-2
Loyd, Elijah; 1-1
Long, Jacob Senior; 2-5
Long, Jacob Junior; 1-2
Metts, Isaac; 1
Moore, John; 1
McGowan, Wm; 1-1
Merrow, Adam; 1-3
Mitchell, James; 2
McNary, Ebinezar; 1-2
Metts, John; 3-3
Martin, James; 1-4
Martin, Uriah; 1-4
Martin, Joseph; 1-2
Martin, John; 1-3
Martin, Edward; 1-4
McMahon, Roger; 2-2
McMahon, Joseph; 1-1
Mitchell, John Esq; 1-2-1
McIntush, Alexander; 1
Miller, Michael; 2-5-3
Miller, George; 2-5-1
McKinley, Hugh; 1
Miller, Geo (smith); 1
Marsh, Ezekiah; 1-1
Matthew, Jonathin; 2-4
McMahon, Peter; 1-2
Maddin, Richard; 1-3
Monrow, Peter; 1-2
Monrow, Robert; 2-3
Monnill, Abram; 3-6
Maddin, Joseph; 1-5-2
Monrow, John; 1-1
McBride, John; 1-5
McCoy, James; 1-1
Mayfield, Abram; 1-1
Mayfield, James; 1-2
Mayfield, Isaac; 1
Maddin, Nathin; 1
McDonald, John; 1-2
Maddin, John; 2-3
Mitchell, John; 1-1
Miller, Henry (Nobly); 2-2

Moone, Jacob; 1-1
Moone, Abraham; 1-4
Moore, Enis; 1-2
Marsh, Elizabeth; 2-1
McColly, Cornelious; 1-2
McChesney, William; 2-3
Miller, John; 1-1
Matheny, Jesse; 1-1
Matheny, Frederick; 1-2
Matheny, Elias; 1-2
Matheny, Morris; 1-1
McCarty, Edward; 5-14-5
McColly, John; 1-1
Meanes, Isaac Jun'r; 1-1
McKee, James; 2-1
McCartney, John; 1
Moore, John; 1-2-1
McMeridith, John; 1
Marin, William; 1
McKinsey, Samuel; 1
McDonald, John; 1
Miller, Isaac Esq; 2-16-2; 1 Stud
McGarrity, James; 1
McAllister, James; 1-9-3
McDugal, James; 1-1
Minton, John; 1-1
Mollihon, Rawby; 1-2
McNeal, John; 1-2
Myers, Henry; 1
Mongomery, Matthew; 1
Mouser, Jacob; 1
Mouser, Jacob, Junior; 1
McMeekin, John; 1-2-3
Meanes, Isaac Senior; 2-3
Mulledy, Thomas; 1-2
Male, Wilmore; 1
McDonald; Peter; 2
Miller, Jacob; 1
Marsh, Joseph; 1-3
Marsh, Philip; 1-3
Miller, Henry; 1-2
Miller, Elizabeth and son; 1-2
Miller, Rubin; 1-1
Miller, Daniel; 1-1
McCowan, John; 1-1
McLoughlin, Daniel; 1-5
Murphy, Francis; 1-7-1
Murphy, James; 1-1
Murphy, John; 1-4
Martin, Luther; 1-10

Martin, James Esq; 2-10-2
Moran, Blair; 1-4-1
Nixson, Jonathin; 1-3
Newhouse, Tho's; 1-2
Newhouse, Benj'n; 1-1
Nichols, Samuel; 2-2
Nichols, John; 1
Newhouse, Wm; 1-1
Newhouse, John; 1-1
Neff, Abraham; 1-3
Nelson, Geo Junior; 1
Nelson, Geo Senior; 1-2
Newiam, Moses; 1
Nixson, Hugh; 3-5-6
New, Henry; 1-1
Neff, John; 1; 1 Stud
Neal, Benjamin; 1-4
Newcom, Elijah; 1
Newman, John; 1-2
Newell, William; 1
Naby, William; 1-1
Norman, John; 1
Newman, Geo; 1-1
Newman, Solomon; 2-2
Newman, Christopher; 1-1
Newman, Isaac; 1-4
Nash, John; 1
Need, Jacob; 1
Orchard, Tho's (Negro); 1-2
Ogan, Moses (Negro); 1-2
ONeal, Barton; 1-3
Oharrow, James; 1-1
ODle, William; 3-2
ODle, Calib; 1-1
Price, Geo W; 1-1
Price, Silas; 1
Price, John H; 1-5-1
Price, Arjalon Senior; 2-3-2
Price, Arjalon Jun'r; 1-4
Prye, Windle; 1
Parker, Jonathin; 2-4
Putman, Peter; 1
Pussinger, Conrod; 2-3
Parker, Benj'n Senior; 1-4-2
Parker, James; 0-2
Parker, Absolam; 1-2
Purcall, John; 1-10-6
Puk, Thomas; 1

1800 Upper District Hampshire County Tax

Peerce, Benoni; 2
Price, Nathin; 1
Plumb, John Senior; 1-5
Plumb, John Junior; 1-2; 1 Stud
Plumb, Abraham; 1-2
Primm, John; 4-2
Pritchett, George; 1-2
Peters, John Senior; 1-2
Peters, Jacob; 1-1
Peters, John Junior; 1-1
Pilcher, William; 1
Pilcher, Stephen; 1-2
Pigman, Matthew; 1-5
Pough, John; 3-2
Pilcher, James Jun'r; 1-2
Pilcher, James Senior; 1
Pilcher, Elijah; 1-1
Parker, Thomas; 1-1
Pancake, Abraham; 1-1
Pancake, John; 1-2
Powelson, Abraham; 1-2
Parsons, James; 1-9-2
Putman, Philip; 1
Putman, Jacob; 1-3
Plank, Jacob; 1
Parsons, David; 0-12
Peyatt, Cornelious; 2-2
Peyatt, William; 1
Parker, John; 1-2
Parker, Jacob; 1-3
Parker, Benjamin; 1
Parker, Job; 1-2
Parker, Henry; 1-2
Potts, David; 2-2
Prine, Patrick; 1-4
Poland, John Senior; 3-3
Poland, John Junior; 1-2
Parsons, Thomas; 1-5-4
Parker, Robert Senior; 2-10-6
Parker, Robert Junior; 1-6-3
Parker, Peter; 1-4-2
Patrick, Alex; 1
Queen, Patrick; 1-1
Reasoner, John; 1-3-1
Reasoner, Peter; 1-1
Reasoner, Caty; 0-2-1
Rubart, William; 1
Rinehart, Geo; 1-3
Reed, Jacob; 1-2
Rogers, Arthor; 1-2-1

Ruktor, Conway; 1-3-3
Reed, William; 1-1
Reese, Thomas; 2-1
Reese, William; 1-2
Rinker, John; 1-1
Rodtruck, And'w; 2-2
Rogers, William Senior; 2-9
Rogers, James; 1
Rawlins, Elijah; 1
Rawlins, Moses; 1-8-6
Ranels, James; 1-7-1
Rock, Caty (S.Ponds); 1-2
Rawlins, Benj'n; 1-2
Roberts, William; 1-3
Roberts, Elijah; 1-1
Ravinscraft, Wm; 0-1
Ravinscraft, John; 1-1-1
Ravinscraft, Sam'l; 2-3
Ravinscraft, Francis; 1-1
Ravinscraft, John; 3-8-2; 1 Stud
Rare, Charles; 2-4
Rickey, William; 1-1
Roseboom, Hendrick; 2-4
Rogers, William; 1-4
Randall, James; 1
Roby, Notley; 1-2
Ranels, Robert; 1-2
Rhodes, Thomas; 2-2
Sturman, John; 2-2
Spencer, John; 1-1
Sissill, John B; 1-1
Sheetz, Jacob; 1-1
Sheetz, Frederick; 1-1
Shepherd, Jonathan; 2-4
Shepherd, John; 2
Sheetz, John; 1-1
Sheetz, Henry; 1
Stover, Daniel; 2-4
Stover, Christly; 1-1
Sage, Samuel; 1
Stewart, John; 1
Sanford, William; 1-5-5
Smith, William Sen'r; 2-2
Smoot, Josiah; 1-3
Smoot, Thomas; 1-2
Smith, Wm (Welch); 2-1
Scardin, Thomas; 1-4
Stonerock, Geo; 1-2
Stodlar, Jacob; 1

Slagle, Jacob; 2-7-3
Simpkins, Ceby; 2-4
Stafford, Richard; 2-7-1
Scritchfield, Joseph; 1-3
Swank, Adam; 1-2
Swank, John; 1-2
Swank, David; 1-4
Syx, George; 1-4
Syx, Philip; 1-1
Syx, John; 1
Sharadine, John; 1-1
Shamblin, Josiah; 1-1
Sharadine, Paul; 2-2
Showers, Thomas; 1-3
Sharpliss, Jesse; 3-4
Smith, John; 2-4
Smith, Henry; 1-2
Savers, Nicholas; 1-9-4
Savage, John; 1-3
Stagg, Geo; 1
Simomin, Jacob; 1
Shannon, Thomas; 1
Sheep, John Senior; 1-1
Sheep, John Junior; 1-2
Shrock, William; 1
Sheetz, Mich'l, Senior; 2-2
Sheetz, Michael; 1-1
Snyder, John; 1-3-3
Stephenson, James; 1
Stewart, Thomas; 1-5
Stewart, Abraham; 1-1
Stewart, Jeremiah; 1-1
Stewart, Bailey; 1-1
Shane, George; 1-2
Smith, Peter; 2-5
Starr, James; 1-2
Smith, Michael; 1
Sloan, Richard; 1-3
Stimmell, Yost; 1-2
Smith, Aaron; 1-1
Smith, William; 1-1
Skidmore, Ralph; 1
Smith, John, S B; 1-2
Showers, Landon; 1-1
Sprigg, Ozborn; 1-17-10
Spilman, William; 2-2
Sullivan, Jeremiah; 2-4
Savage, Patrick; 1-1
Stallcoop, Isriel; 1
Thompson, John; 1-1
Thompson, Abraham; 1-3
Thompson, William; 1-3

1800 Upper District Hampshire County Tax

Tunkle, Henry; 1-1
Tottin, Samuel; 0-1
Taylor, Geo; 2-3
Tuley, Abraham; 1
Thrasher, Thomas; 1-1
Thomas, Samuel; 2-4
Tudrow, John; 1
Thompson, Sam'l; 1
Tobrige, John; 1-1
Tolbert, Abraham; 1-3
Thomas, William; 1
Thomas, Benj'n; 1-1
Taylor, Joseph; 1
Terry, Stephen; 1
Trigg, Clem; 1-2
Thomas; Moses; 1-1
Taylor, Thomas; 1-4
Thompson, Duks; 1-2
Thompson, Elton; 1
Tunkle, Jacob; 1
Thrasher, Benj'n; 1
Terry, Stephen; 1-3
Taylor, Charles; 1-1
Thompson, Sam'l; 1-1
Thompson, Edward; 1
Taylor, Tho's **(Taler)**; 1-5
Thomas, Robert; 1-1
Taylor, Daniel; 1-2
Taylor, John Junior; 2-6-2
Taylor, John Senior; 1-4-4
Taylor, Simon; 1-7-3
Utte, Christian; 1-3
Vandiver Junior; 1-5-1
Vandiver, William Senior; 4-12-8
Vause, William; 3-14-3; 1 Stud
Umstott, Peter Senior; 2-4
Umstott, Peter Junior; 1-1
Utte, George; 2-1
Vanidver, John; 1-5
Vandiver, Lewis; 1-8
Vanmeter, Isaac; 2-15-2
Umstott, Jacob; 1
Womps, Francis; 1
Walker, Peter; 1-1
Waggoner, John; 2-8
Ward, Jesse; 1-2

Welch, Silvester; 2-6-6
Welch, Isaac; 1-1
Wip, Daniel; 2-2
Watts, James; 1-2
Wolfe, David; 1-2
Williams, Benj'n; 1-1
Wheelin, Martin; 2-3
Wodkins, David; 2-3
Wiley, Abel; 1-3
Wiley, Laban; 1-2
White, Thomas; 1
Wolford, John; 1-6
Wells, Peter; 1-2
Walker, James; 1
Wilson, Nath'l; 1-1
Wolfe, Jacob; 1
Will (Negro); 2-3
Waxlar, Michael; 1
Wright, Robert; 1-4-4
Worner, Denis; 1-1
Watts, Archibald; 1-2
Williams, Joseph; 1-1-1
Wright, Joseph; 1
Whiteman, Rich'd; 1-1
Wilson, James; 1-1
Williams, Peter; 1-1
Wodrow, And'w; 2-2-2; carriage
Ward, Joseph; 1-2
Ward, Richard; 1-1
Williams, James; 1
White, James; 1
Wallace, Wm; 1
Wilt, Geo; 2-3; 1 Stud
Wallace, John; 3-8
Wallace, Thomas; 1-1
Walker, Andrew; 1-3
Walker, James; 1-2
Walker, William; 1-1
Walker, Robert; 2-2
Walker, Samuel; 1-3-1
Wilson, Jesse and Richard; 2-2
Yoakam, Michael; 1
Young, Cornelious; 1-1
Young, William; 1-1
Young, George; 1-2
Young, Geo **(S B)**; 2-1
Young, Henry; 1

1800 Upper District Hampshire County Tax

1010 White Tithables
221 Black Tithables
Total 1231

The total amount of the tax for the year 1800 viz: on slaves, stud horses, common horses, riding carriage, and ordinary licence the whole amount $451.15 c (wrong).

A list of licences granted to merchants to retail good of foreign growth and manufacture in the Upper District of Hampshire county for the year 1800:

Edward McCarty, May 19, 1800 – $15

Thomas Mulledy, May 19, 1800 – $15

Henry Heinzman, 15 June 1800 – $15

Adam Hider, 23 June 1800 – $15

James Dailey, 14 July 1800 – $15

Henry Eckhart, 15th July 1800 – $15

Geo W Price, Commissioner

Recapitulation:

1010 White tithables above 21

221 slaves over 16

44 slaves under 16 above 12

1891 common horses

1800 Upper District Hampshire County Tax

10 stud horses

4 ordinary licences

1 four wheel carriage

1800 LOWER DISTRICT HAMPSHIRE COUNTY – REES PRICHARD

Ackman, Joseph; 2-4
Andrews, John; 1-1
Alliway, William Jr; 1-1
Alliway, William; 1-1
Allen, Robert; 1-2
Alexander, Joseph; 1-1
Anderson, William; 1-2
Alexander, Robert; 1-2
Anderson, William; 1-2
Acre, John; 1
Allender, William; 2-3
Arnold, John; 3-4
Arnold, Andrew; 1-3
Asbury, Joseph; 2-5-5
Asbury, Henry; 2-2
Asbury, Jeremiah; 1
Ashbrook, Mary; 2-3; 1 Stud
Aster, John; 1-2
Alliway, William Sr; 1-1
Allen, Robert; 1-2
Allen, John; 1
Atha, John; 4-6
Burch, John; 1-2
Bethcel, George; 1-3
Bolvere, Henry; 1-2
Brown, Samuel; 2-2
Brady, Michael; 1-1
Busby, John; 1-1
Busby, William; 1-1
Barnet, Benjamin; 1
Baker, Aaron; 1-2
Baker, John; 1-5
Beall, Eli; 1-3
Beal, Elisha; 1-3
Barrett, John; 1-2
Brelsford, Barnard; 2-4
Brelsford, Margorim; 1-2
Brelsford, Daniel; 1
Brelsford, Nathan; 1-3
Barber, George; 1
Bailey, John; 1-2
Beal, Prudence; 1-3-1
Berry, Aaron; 1
Buzzard, Frederick; 2-5
Buzzard, Frederick; 2-3
Bonsil, Joseph; 1-2
Brown, Daniel; 2-3

Butcher, James; 1-3
Burch, John; 1-2
Betchel, George; 1-3
Bowers, Henry; 1-2
Berry, Joseph; 2-2
Bryan, James; 1-3
Brown, John; 1-1
Boxwell, John; 1-1
Brill, Henry; 1-2
Bumgarner, Rudolph; 1-4
Bumgarner, Rudolph, Jr; 1-1
Burkit, Thomas; 1-4
Baker, Nicholas; 1-2
Blew, John son of Michael; 1-1-1
Blew, John son of Uriah; 1-3
Blew Richard; 1-3
Blew, John; 1-2
Bunn, Peter; 3-3
Baker, Thomas; 1-4
Blew, Jacob; 1-2
Brady, William; 1-1
Burress, Charles; 1-1
Barrett, Benjamin; 1
Bowman, Christopher; 1-1
Bowman, Jacob; 1-2
Biggerstaff, William; 1-3
Biggerstaff, Samuel; 1-2
Bryan, John; 1-2
Bennet, William; 1-1
Brunner, Peter; 2-3
Bruner, Henry; 1-3
Bouch; Henry; 1-1
Burk, Michael; 1-2
Bennet, Thomas; 1-2
Burk, Samuel; 1-2
Bennet, Thomas Jr; 1-2
Bannion, Benjamin; 1-4
Barber, James; 1
Borer, George; 1-1
Cool, Jacob; 1-3
Cool, Philip; 1-2
Croston, David D; 1-1
Cook, William; 1-1

Comston, Jacob; 1-2
Clayton, Thomas; 2-3
Cramlett, Jacob; 3-3
Crock, John; 1-2
Conroy, Edward; 1-5
Carruthers, James; 2-5
Carlin, John; 1-1
Carlin, Margorim; 0-1
Cryton, John; 2-3-1
Caudy, John; 1-4
Curts, Peter; 1-3
Cooper, John; 1-2
Cannon, James; 1-1
Cannon, George; 1-1
Combs, John; 1-2
Cox, John; 1-1
Cockrell, Edward; 1-1
Colbert, Robert; 1-2
Cheshere, Samuel; 2-4
Cooper, George; 2-4
Cooper, Adam; 1
Curry, John; 1-3
Cramer, John; 1-2
Cambell, John; 1-2
Cuthbert, William; 1
Cheesman, William; 1
Carlyle, William Sr; 4-5-2
Copes, Lydia; 0-1
Chisholm, Alexander; 1-2
Curtis, Joseph; 1-1
Carrolph, Catherine; 0-1
Carlyle, William Jr; 1-1
Cawdy, James; 1-4
Cawdy, Matthew; 1
Cawdy, Even; 1-2
Carmichael, James; 1-2
Chesshire, John (Ferryman); 0-3
Chinoweth, John Jr; 1-2
Cram, John; 1
Clyne, Phillip; 1-5
Clyne, Adam; 1-4
Clutter, Jacob; 1-4
Clutter, Joseph; 1-1
Cump, Henry; 1-1
Collins, Jacob; 1-1
Case, Peter; 1-2
Colvin, Robert; 1-2

1800 Lower District Hampshire County Tax

Colvin, Joshua; 4-7
Colvin, Samuel and Luther; 2-4
Colvin, Banjamin; 1
Colvin, David; 1-1
Curtis, Joseph; 1-1
Collins, Simeon; 3-1
Carder, George; 1-1
Combs, John; 2-1
Combs, Thomas; 1
Clawson, Josiah Jr; 1-1
Clowson, Josiah; 2
Clowson, Thomas; 1-1
Clawson, Frederick; 1
Cox, John Asby; 1-2
Cryton, John; 2-3
Cryton, Gabriel; 1-2
Chrisman, Phillip; 1-3
Curtis, Job; 1-2
Cowden, James; 1-2
Carmichael, Thomas; 1-2
Cann, John; 1-2
Corbin, David; 2-4
Corbin, Daniel; 1-2
Corbin, Humphrey; 1-1
Cool, Herbert; 1-5
Cunningham, William; 3-2
Casweel, John; 2-1
Chinoweth, John; 2-3
Chinoweth, James; 1-2
Chenoweth, Absolem; 1-2
Casler, John; 1-1
Copsey, John (**Ferryman**); 0-2-1
Cook, John; 1-2
Connard, James; 1-4
Doman, Jacob; 2-3
Dever, William, **Constable**; 0-2
Davis, Thomas; 1-3
Day, William; 2
Derrough, John; 1-1
Dever, John; 2-5
Davis, Henry; 3-4
Davis, Samuel; 1-2
Dugan, Daniel; 1
Deliplain, John; 1
Deloe, William; 1-1
Dever, Johnathan; 1
Davis, Elijah; 1-3
Davis, Thomas, **Cap**; 0-1
Dever, Geroge 1-2; 1 Stud

Dunlap, William; 1-1
Daugherty, Robert; 1-1
Dimmit, Beal, 1-5-1
Doman, William; 1-1
Dimmit, Moses; 1-4-1
Dorsey, Charles; 1-3
Dougherty, Neal; 1-1
Elliott, John; 1-3
Emmet, Jacob; 2-4
Ely, William; 1-3
Edward, Thomas; 1-3
Elles, Christopher; 1-2
Eckman, William; 1-1
Estes, William; 1
Flemmon, Alexander; 1-3
Fox, James; 1
Ferryman, Stephen; 1-2
Flemmin, John; 2-5
Fry, William; 1-1
Farmer, Thomas; 2-2
Fletcher, Joseph; 1-2
Frank, John; 1-1
Farmer, Henry; 1-2
Fry, John; 1-3
Fry, Henry; 2-8-4
Fry, Benjamin; 1-7-7; 1 Stud
Frazier, Alexander; 1-1
Forkner, William; 1
Fryback, John; 1-4
Florah, Thomas; 1-2
Florah, Joseph; 1-2
Florah, Isaac; 1-1
Ferree, Israel; 1
Ferree, Joel; 2-9
Ferree, Isaac; 1-1
Fawver, Jacob; 1-3
Fitzpatrick Daniel; 2-3
French, Robert; 1-2
Foutch, Hugh; 1-1
Fans, G Phillip; 1-2
Genoe, James; 1
Grant, William; 1-2
Genoe, Stephen; 2-2
Good, Felix; 1
Groves, Peter; 1-1
Gale, George; 1-2-1
Gusler, John; 1-4
Grafton, Thomas; 1-4
George, Ellis; 2-4
George, Richard; 1-3
George, Jessa; 1-3
Groves, Samuel; 1-3

Gayry, Loyd; 1
Garrett, Benjamin; 1-2
Galloway, James; 1-3-1
Gusler, Nicholas; 1-1
Grimes, Thomas; 1
Grapes, David; 1-2
Gulick, Ferdinand; 4-4
Garrison, Joseph; 1-3
Garman, William; 1-2
Goldsberry, Jerimiah; 1
Gard, Samuel; 1-4
Gard, Cornelius; 3-2
Groves, Philip; 1-2
Genoe, David; 2-2
Genoe, David, Jr; 1
Golding, John; 1-4
Gassaway, Robert; 1-1
Griffee, Evan; 1-2
Genoe, Stephen, Jr; 1-1
Gray, William; 1-1
Henderson, Sampson; 2-4
Hiott, John; 1-2
Hare, Adam; 1-2
Horn, Phillip; 1-2
Horn, George; 1-3
Horn, Henry, **Constable**; 0-1
Huffman, John; 1-2
Henwood, William; 1-2
Hill, James; 2
Hawkins, John; 2-1
Henderson, Thomas; 1-1
Horn, Andrew; 1-5
Hinds, Thomas; 1-1
Hillier, Thomas; 1
Hutchem, Joseph; 1
Haws, George; 1-1
Hawk, Jacob; 1-4
Huffman, Christopher; 1-1
Huffman, Adam; 1-2
Hoffman, Joseph; 1; 1 Stud
Haut, Samuel; 1-1
Haynes, Henry; 1-2
Henderson, John; 1-2
Henderson, Edward; 1
Henderson, Charles; 1
Hiott, Evan; 4-6
Hook, William; 1-4
Hiott, James; 1-5
Hobbs, John; 2-2

10

1800 Lower District Hampshire County Tax

Hoover, John; 1-2
Hill, Humphrey; 1-2
Hurless, George; 1-1
Hatfield, Edward; 1-1
Hoover, Jacob, **Constable**; 1-5
Hickle, Stephen; 1-1
Hickle, Tivault; 1-1
Hickle, Henry; 1-1
Hickle, George; 1
Hampson, John; 1-2
Huddleston, Nathan; 1-2
Howard, Richard; 1
Henderson, Moses; 1-3
Henderson, David; 1-2
Hartly, Rodger; 2-1
Hartly, Thomas; 1-1
Hannah, William; 1-2
Howard, Rezen; 1-2
Howard, Samuel; 1-1
Howard, John; 1-1
Hartly, John, **Constable**; 0-2-1
House, John; 2-3
Hambecker, John; 1-2
Hilton, John; 2-7-8; 1 two wheel carriage
Hayning, John; 1
Hardy, Rudolph; 1-1
Hardy, John; 1
Hardy, Martin; 1
Hoff, Elizabeth; 0-2
Hogg, Israel; 1-2
Higgins, John Senior; 2-5-2
Haynes, Thomas; 1-3
Haile, Peter; 1-1
Homan, John; 1-1
Higgins, James, **Ferryman**; 0-1-1
Jones, Moses; 1
Ingle, Isaac; 1-1
Ingle, Levy; 1-1
Ingle, William; 1-1
Iliff, Stephen; 1
Ingle, Joseph; 1-1
Ingle, Martin; 1
Ingle, Mathias; 2-4
Idon, Jonas; 1-2
Jinkins, John; 1-2
Johnson, Joseph; 1-4
Jones, John; 1-1
Johnson, Benjamin; 2-5

Jinkins, Michael; 1-4
Jinkins, Evan; 2-3
Johnson, Joseph **(Big Levels)**; 2-3
Johnson, John **(Little Capon)**; 1-1
Johnson, John Jr; 2-3
Jinkins, Jacob; 1
Johnson, John; 1-1
Johnson, William; 1-2
Johnson, Thomas; 1-1
Johnson, John, **Capt Johns Run**; 1-1
Kennedy, Thomas; 1-1
Kennedy, Hugh; 1
Kennedy, Isaac; 1
Keizner, Jacob; 1-1
Keizner, John; 1-5
Keyes, Ann P; 2-3-1
Kern, Barnard; 1-2
Kerns, Jacob; 1-1
Kerns, John; 1
Kearns, George; 1-1
Kale, Peter; 1-2
Kale, John; 3-2
Kale, George; 1-2
Kale, George son of Peter; 1-1
Keyner, John; 1-1
Kelley, Thomas; 1-3
Kirby, James; 1-1
Kiter, George; 1-2
Largent John Sr; 2-3
Largent, James; 1-5
Largent, John son of Jas; 1-3
Largent, John **(Big Neck)**; 1-3
Largent, Thomas; 1-1
Leason, James; 1
Larew, Hannah; 4-6
Lupton, Asa; 1-5
Lupton, Isaac; 3-4
Lupton, Jessa; 1-4
Linthecom, Archibald; 2-4-1
Lee, Richard; 4-5
Larrimore, James; 1-4
Larrimore, John; 1-1
Loy, John; 2-4
Loy, Daniel; 2-2
Lewis, John; 1-5
Light, Peter; 1-1

Lafollett, Isaac; 1-2
Little, George; 1-1
Lafollett, George; 1-1
Lafollett, William; 1-2
Lyon, Richard; 1-3
Lane, William; 1-2
Lane, Daniel; 2-4
Lewis, Daniel; 1-4
Longstrith, Philip; 3-2
Largent, Lewis; 1-2
Larew, Peter; 2-5-2
Larew, Noah; 1-4
Morgan, Richard; 2-1
Male, Richard; 1
Male, William; 1-1
Male, James; 1
Macdonald, James; 1-1
Morgan, Humphrey; 1-2
Monroe, James; 1-2
McDonald, Gibson; 2-2
Martin, George; 3-6
Murphy, William; 1-1
Murphy, John; 1
Milslagle, Andrew; 2-5
Mires, George; 2-3
Martin, John; 3-8
More, James; 3-5-1
Micheal, Frederick; 2-5
Micheal, Jacob; 1-1
Micheal, George; 1-1
Millborn, William; 2-3
McPherson, William Estate; 0-2
Monroe, John; 3-8-4
Mires, Jonathan; 1-2
Mires, William; 1-2
McBride, Alexander; 1-3
Miller, John; 1-1
McPherson, James; 1-3
Mike, Henry; 1
Hedly, William; 1
McBride, James; 3-6
McKeyver, John; 1-1
McKeyver, Paul; 2-5
McVicker, William; 1-2
McVicker, Duncan; 2-5
Miller, William; 1-4-1
Miller, William Jr; 1-1
Mekems, James; 1-3
McKenly, Hugh; 1-1
McBride, John; 2-4-2
Menear, William; 1-1
Menear, Isaac; 1-2

1800 Lower District Hampshire County Tax

McDonald; George; 1-1
Malick, John; 1-2
McDonald, Daniel; 1-8-3
McDonald, Angus; 1-6-7
McKrakin, Virgill; 1-2
Mauzey, Peter; 2-8-3
Maple, Jacob; 2-1
Mackey, James; 1-2
McPann, Samuel; 1-1
Murphy, Owen; 2-1
McFann, David; 1
Manker, William; 1-1
McDonald, James; 1-1
Mathews, Levy, Sr; 3-1; 1 Stud
Melleson, N John; 3-4
Nelson, Ross; 1-3
Nelson, Richard; 1-3
Nelson John; 1-2
Nelson, James; 1-1
Harriss, Samuel; 1
Newland, Isaac; 1-1
Nixon, George; 1-2
Newbanks, John; 1-2
Nelson, James; 1-5
Newel, John; 1
Norman, Basil; 1-3
Ogg, Ann; 0-1-1
Ohover, George; 2-1
Oats, Jacob; 1-3
Ogan, Peter; 2-2
Oller, Peter; 1-3
Olderton, William; 1-1
Oqueen, James; 1-4
Offerd, John; 1
Ozburn, Charles; 1-2
Othong, John; 1-1
Parkes, Samuel; 1-3
Parkes, John Jr; 1-3
Peters, John; 2-4
Parkes, George; 1-4
Powel, James; 2-2
Perril, John; 1-2
Pritchard, Rees; 2-2
Porter, Philip; 1-2
Pugh, Bethewel; 1-2
Pugh, Jacob; 1-1
Pugh, Abram; 1
Pugh, Bethewel Jr; 1
Pugh, Jonathan; 1-2
Pugh, Annanias; 1-2
Pugh, David; 1-2
Pugh, Robert; 2-4

Pugh, Robert Jr; 1-4
Pugh, Joseph; 1-4
Pugh, Jessa, **Surveyor**; 1-3
Pugh, Eli; 1-1
Pugh, Mellon; 1
Pugh, Jessa, Rob't son; 1-3
Pugh, Jessa, **N River**; 1-3
Peppers, Henry; 1-5
Peppers, Phillip; 1-2
Peters, Joshua; 1-3
Peppers, John; 1-3
Parks, John; 2-4
Parks, Amos, Jr; 1-2
Parks, Amos; 1-2
Parrel, Edward; 1-4
Pashel, John; 1
Peters, Tunis; 3-7
Peters, James; 1-1
Powlison, John; 2-4
Powner, George; 5-5
Poston, Samuel; 1-5
Parish, William; 1-2
Pierce, Daniel; 2-2
Powers, Stephen; 1-2
Perrel, William; 1-1
Perrell, John Jr; 1-6
Pennington, Elijah; 1-3
Parker, Robert; 1-2
Parker, John; 1-2
Poston, Elias, **Ferryman**; 1-8-1
Taylor, John; 1-3
Parker, Robert, **Constable**; 0-2
Parker, William; 1-1
Parker, John; 1-2
Patterson, James; 2-3
Peters, John, **B Mountain**; 1-2
Powner, Elisha; 1-3
Powner, Isaac; 1-4
Powner, John; 1-2
Pecker, Garret; 1-2
Pool, William **Constable**; 1-3
Philips, Plunket; 1-3
Powelson, Cornelius; 1
Portmess, Adam; 1-2
Pickeror, Enos; 1
Quaintance, Joseph; 2-3

Rodgers, Thomas; 1-2
Royce, Daniel; 1-3
Rodgers, Owen; 1-4
Rodgers, Owen Jr; 1
Royce, John; 1-1
Ruckman, Samuel; 2-5
Rinehart, John; 2-4
Rinker, Samuel; 1
Robinson, Richard; 1-2
Robinson, John; 1
Ruckman, Thomas; 5-5
Robards, John; 1-2
Rosinberryer, John; 1-3
Robinson, Hannah; 2-3
Rodgers, Robert; 1-2; 1 Stud
Rager, Leonard; 2-2
Richmond, William; 1-1
Resor, John; 1
Resor, Jacob; 1
Raus, John; 1-3
Rosebrough, John; 1-2
Renner, Abriham; 1
Reeds, George, Executors; 0-3
Reed, Jeremiah; 2-3
Reeder, William; 3-2
Reeder, William Jr; 1-1
Reeder, Joseph; 0-3
Rickerick, Casper; 1
Reeder, Daniel; 1-3
Roby, John; 1-2
Slocombe, John; 1-3
Stuard, Alexander; 1
Simkins, Gossage; 1-1
Stutzman, John; 1-1
Suddeth, William; 1-1
Smoot, John; 1-3
Slane, Thomas; 1-2
Slane, James; 1-5
Sutton, Zachariah; 1-2
Sharff, George; 2-5
Stoker, John; 2-3
Short, Isaac; 2-4
Short, William; 1-2-1
Starrett, William; 1-8-5
Sly, George; 2-2
Shearwood, John; 1
Spurling, Jessa; 1-1
Starky, Frederick; 1-2
Starky, Frederick Jr; 1-3
Switzer, John; 3-4

1800 Lower District Hampshire County Tax

Simpson, Thomas; 1
Simmons, Richard; 1-2
Simmons, William; 1
Selby, John; 1-2
Summers, John; 1-2
Selby, Nathan; 1
Selby, Nathaniel; 1-2-1
Selby, Joshua; 1-1
Smith, Timothy; 2-3
Smith, James; 1-4
Smith, George; 1
Shinholtzer, Peter; 2-1
Shinholtzer, Peter Jr; 1
Savill, Joseph; 2-2
Seiras, Abraham; 1
Starn, John; 1-4
Slane, Benjamin; 1-3
Sloneaire, Christian; 1-2
Silkwood, Solomon; 1-1
Short, John; 1-3
Satterfield William; 1-2
Satterfield, James; 1-1
Shanks, Joseph; 1-3
Sims, Thomas; 1
Spade, George; 2-4
Stephens, James; 1-1
Stephens, David; 1-1
Grove, William; 1-3
Savault, Thomas; 2-3
Shim, David; 1-1
Switzer, Valintine; 1-1
Sykers, Frederick; 2-5
Sigler, Jacob; 3
Smoot, Bartin; 1
Sowders, Michael; 1-2
Shank, George; 2-1
Slack, James; 2-2
Starkey, William; 1-1
Smith, Elizabeth; 0-1
Short, John; 2-2
Slider, John; 1-2
Stoker, John Jr; 1-2
Swan, Edward; 2-1
Simpson, David; 1-2
Steed, John; 1-1-1
Slane, John; 1-1
Slane, Hugh; 1-1
Smith, Richard; 1-2
Smith, George; 1-1
Tharp, John; 1-2
Treakle, Samuel, **Ferryman**; 0-2
Taylor, Henry; 1-1

Thomas, John; 1-2
Turner, John; 1-4
Tevault, Andrew; 1-2
Tevault, William; 1-2
Triplet, Joseph; 1
Taylor, Benjamin; 1
Thompson, John, **Schotch**; 1
Tucker, Levy; 1
Thompson, John, **Constable**; 1-6
Thompson, Joseph; 1-3; 1 Stud
Tucker, Joseph; 4-5
Tucker, Thomas; 2-8-7
Tucker, Thomas W Jr; 1-2; 1 Stud
Taurance, John; 2-3
Taylor, Richard; 1
Timbrook, John; 1-2
Throckmorton, Gabriel; 1
Taylor, William; 1-2
Throckmorton, William; 1-2
Tracy, Nathan; 1-2
Taylor, Jarvis; 2-3
Thomas, Isaac; 1-1
Thompson, Jeremiah; 1-3
Tucker, Erazmus; 1-2
Thompson, John, **Little Capon**; 1-3-1
Treakle, Edward; 1-2
Vanpelt, John; 1-2
Vanpelt, Jacob; 1-3
Verdine, John; 1-1
Vanarzdell, Abraham; 2-2
Vanarzdell, Cornelius; 1-1
Vanarzdell, Garrett; 1-2
Vanarzdell, Abraham; 1-1
Voress, Abraham; 1-1
Vanrickel, W Evert; 1-2
Woolford, John; 1-2
Williamson, Samuel; 1-4
Williams, Owen; 1; 2 Stud
Willcox, Stephen; 1-2
Watson, Thomas; 1
White, John; 1-1
Woolery, Henry; 1-1
Wright, James; 2-1
Winterton, John; 3-3-1

Winterton, William; 1; 1 Stud
Williamson, John; 1-3
Williamson, Abraham; 1
Williamson, Thomas; 2-2
Williamson, William; 1-4
Williamson, Samuel, Sams son; 1-2
Williamson, Mary; 0-1
Wolverton, Joel; 1
Wermer, Daniel; 1-3
Whittaberry, Christopher; 1-1
Worthington, John; 3-5
White, Charles; 1-2
Williams; Thomas; 1-5-1
White, Francis; 2-4-1
Williams, Thomas Jr; 1-1
Wharton, Zacheus; 1
Williams, Benjamin; 1-3
Warfield, Silvanus; 2
Young, Robert; 1-1
Yates, Joseph; 1
Young, John; 2-2
Ziller, Jacob; 1-1

Recapitualtion:

866 White Tithables above 21
67 slaves over 16
17 slaves above 12 and under 16
1497 common horses
11 stud Horses

1801 LOWER DISTRICT OF HAMPSHIRE COUNTY – JOHN SLANE

Asbury, Joseph; 1-4-6
Asbury, Henry; 3-4
Aston, Joseph; 1
Asbury, Jeremiah; 1-1
Arret, Christopher; 1-2
Allender, William; 2-3
Alderton, William; 1-3
Allen, Robert; 1-3
Aller, Peter; 1-1
Alexander, Robert; 1-4
Allan, John; 1-1
Anderson, William; 1-3
Allaway, William; 1-2
Andrews, John; 1-2
Allaway, William, Junior; 1-1
Ashbrook, Mary; 1-6
Arnold, John; 2-4
Arnold, Levi; 1-1
Ashbrook, Aron; 1-1
Arnold, Andrew; 2-4
Aller, Elisabeth; 0-1
Arnold, John; 1-1
Aylis, David; 1-1
Athy, John; 2-4
Athy, John, Junior; 1-1
Ackman, John; 1-1
Ackman, Adam; 1-1
Akers, John; 1
Allan, John, Junior; 1
Burk, Luke; 1
Brown, John; 1-2
Brown, Adam; 1
Blue, Jacob; 1-4
Bowlin, Bryan; 1
Barny, Benjamin; 1-1
Burris, Charles; 1
Bailey, William; 1-2
Biggerstaff, William; 1-3
Biggerstaff, Samuel; 1-3
Bryan, John; 1-2
Burket, Thomas; 1-2
Baker, Nicholas; 1-2
Baker, William; 1
Blue, Benjamin; 1-4
Brown, Daniel; 2-3
Bivan, Stacy; 1-3
Boggs, James; 1-3

Buzzard, Frederick; 2-4; 1 Stud
Buzzard, Frederick; Sen'r; 2-5
Buzzard, Jacob; 1-1
Boxwell, John; 1-1
Barber, James; 2
Barber, George; 1-1
Brelsford, Marjoram; 1-3
Barrett, John; 1-2
Bethel, George; 1-2
Buckley, John; 1-1
Busbay, William; 1-1
Bower, Henry; 1-2
Baker, Aron; 1-3
Beall, Eli; 1-6
Beale, Elisha; 1-2
Bumgarner, Rudolph; 1-2
Bumgarner, Rudolph, Senior; 1-4
Baker, John; 1-5; 1 Stud
Brill, Henry; 1-2
Brelsford, Daniel; 1
Brelsford, Bernard; 2-4
Burnfield, John; 1-4
Bohrer, George; 1
Bannon, Benjamin; 1-4
Butcher, James; 1-2
Butcher, John; 3-6
Bryan, James; 2-3
Busbay, John; 1-1
Berry, Thomas; 1
Baker, Patrick; 1
Bouch, Henry; 1
Bonsil, Joseph; 1-2
Blue, John Michael; 1-3
Blue, John son of Uriah; 1-3
Bruner, Henry; 1-3
Biggins, John; 1-1
Bruner, Peter; 1-3
Bodine, John; 2-1
Bennit, Thomas Sen; 1-3
Bennit, Thomas Jun; 1-3
Butler, Joseph; 3-4-1
Bardmissir, Adam; 1-2
Burk, James; 1-3
Blue, Richard; 1-4

Bowman, Christopher; 2-1
Bennet, William, **Ferryman;** 0-2
Bishop, William; 1
Berry, Joseph; 2-7
Burk, Michael; 1-2
Brady, Michael; 1-1
Bowman, Jacob; 1-2
Cram, John; 1
Cheshire, John, **Ferryman;** 0-2
Caruthers, James; 0-2
Caruthers, William; 1-1
Connard, Nathan; 1-2
Carlyle, William; 4-5
Clawson, Thomas; 1-1
Clawson, Josiah; 1
Carder, George; 1
Curtis, Job; 1-1
Critten, Gabriel; 1-6
Critten, John; 3-3-1
Critten, William; 1-3
Connard, James; 2-4
Cowden, James; 2-3
Clarke, Alexander; 1-1
Clark, William; 1-1
Christman, Phillip; 1-4
Cool, Philip; 1-2
Combs, Jonas; 1-1
Combs, Thomas; 1
Collins, Joseph; 1-1
Collins, Simeon; 1
Collins, Daniel; 1
Case, Peter; 1-2
Copsy, John; 1-3-2
Cannon, James; 1
Carlin, John; 1-3
Carlin, Marjiry; 0-1
Clayton, Thomas; 1-3
Clayton, John; 1
Curry, John; 2-4
Cooper, Jobe; 2-4
Caswell, John; 2-2
Carnes, John; 1-1
Clutter, Jacob; 1-3
Carnes, George; 1-2
Clutter, Jacob; 1-3
Calhound, Robert; 1-3

1801 Lower District Hampshire County

Caudy, Evan; 1-2
Cooper, John; 1-1
Caudy, John; 1-4
Copass, John; 1-1
Caudy, James; 1-5
Chenowith, John Senior; 2-3
Copass, Lydia; 0-1
Cuthbert, William; 1-1
Cooke, William; 1
Croston, Travis D; 1
Cumpston, Jacob; 1-2
Crum, Anthony; 1-4
Cannon, George; 1
Calvert, Robert; 1-2
Cockrell, Edward; 1-1
Carlyle, Charles; 1-1; 1 Stud
Clyne, Philip; 1-6
Chinowith, James; 1-2
Clyne, Adam; 1-5
Chinoweth, John Jun'r; 1-3
Comb, John; 1-2
Crock, John; 1-3
Cox, John; 1-1
Copass, Isaiah; 1
Cox, John A; 1-2
Crittin, John Sen'r; 2-4
Carmichal, Daniel; 1-2
Cooper, George; 2-4
Cunningham, John; 4-5
Cramblit, Jacob; 3-4
Cheshire, Samuel; 2-5
Corbin, Daniel; 1-2
Cravin, Garrett; 1-1
Calvin, David; 1
Cool, Jacob; 1-2
Calvin, Joshua; 3-4
Calvin, Samuel & Luther; 2-4
Calvin, Benjamin; 1-2
Calvin, Robert; 2-3
Curtis, Joseph; 1
Corbin, David; 2-3
Corbin, Humphry; 1-1
Cann, John; 1-2
Crist, John; 1
Crawford, John; 1-2
Casey, John; 1
Castler, John; 1-4
Cheesman, William; 1
Chisholm, Alexander; 1-1

Cool, Herburt; 1-4
Chinowith, Absalom; 1-2
Dorsey, Charles; 1-2
Doman, Jacob; 2-4
Derrough, John; 1
Dawson, Robert; 1-1
Dougherty, Robert; 1-2
Dunlap, William; 1
Davis, Elijah; 1-2
Davis, Thomas; 1-1
Dillow, William; 1-1
Dever, John; 3-4
Dever, Jonathan; 1-1
Davis, Thomas, **North River**; 1-3
Dever, William; 1-2
Day, William; 2-1
Delaplane, Isaac; 1
Davis, Samuel; 1-2
Dugan, Daniel; 1
Dimmitt, Moses; 1-5-1
Dawson, Abraham; 3-5-1
Dimmitt, Beel; 1-4-1
Dever, George; 1-1
Dillen, Joseph; 1-1
Ely, William; 1-5
Edwards, Thomas; 1-3
Emmart, Jacob; 3-4
Easter, John; 1-2
Elliot, John; 2-3; **Ordinary Licence**
English, Patrick; 1-2
Farmer, Thomas; 2
Forman, Catherine; 1-3
Fryback, John; 1-3
Flora, Joseph; 1-2
Flora, Thomas; 1-2
Flora, Isaac; 1-1
Ferree, Israel; 1
Fortner, William; 1
Ferguson, John; 1-2-2
Fry, Catherine; 1-1
French, Robert; 1-2
Faus, Philip; 1-2
Frank, John; 1-1
Fletcher, Joseph; 1-3
Farmer, Harry, Negro; 1
Ferryman, Stephen; 2
Flemming, John; 3-4
Frazier, John; 1
Fry, Henry; 2-14-4; 1 Stud
Fry, John; 1-3

Forman, George; 1-1
Forman, David; 1
Fry, William; 1-3
Flemmin, Alexander; 1-2
Fitspatrick, Daniel; 2-3
Forman, Aron; 1-3
Furee, Cornelius; 4-7
Fauver, Henry; 1-2
Flin, Alexander; 1-1
Foutch, Hugh; 1-1
Frazier, Alexander; 1-1
Gazaway, Robert; 2-3
Gross, Peter; 1-1
Ganoe, Stephen; 2-4
Ganoe, David, Sen; 2-2
Ganoe, David; 1
Garrison, Joseph; 1-3
Grant, William; 1-2
Gallaway, James; 1-4-1
Gusler, Nicholas; 1-1
Gannan, William; 1-2
Grove, Phillip; 1-3
Good, Felix; 1-2
Green, John; 1-4
George, Richard; 1-2
George, James; 2-4
George, Jesse; 1-2
Gard, Samuel; 1-4
Garey, Loyd; 1
Grove, Samuel; 1-2
Grove, Peter; 1-1
Goldsberry, Jeremiah; 1
Garner, Henry; 1-5-2
Gail, George; 1-3-1
Grafton, Thomas; 1-3
Groom, John; 1-1
Garret, Benajmin; 1-3
Golden, John; 1
Guy, William; 2-1
Grimes, Thomas; 1
Goulick, Ferdinand; 4-4
Hains, Henry; 1-2
Howard, Reason; 1-2
Holmes, Joseph; 1-1
Hoge, Solomon; 2-4
Hartly, John, **Constable**; 0-3-1
Hornbecker, John; 2-2
Huddleston, Nathan; 1-2
Hannahs, William; 1-2
Hartly, Roger; 1
Hartly, Thomas; 1
Henderson, Moses; 1-3

1801 Lower District Hampshire County

Henderson, David; 1-2
Henderson, Sampson; 2-4
Hains, Joseph; 1-1
Haiere, Adam; 1-2
Higgins, James, **Ferryman**; 0-3
Hiett, James; 1-4
Hickle, Stephen; 1-1
Hicks, Thomas; 1
Hilliard, Thomas; 1
Hill, Joseph; 1-1
Hinds, Thomas; 1
Hutchens, Joseph; 1
Huffman, Adam; 1-2
House, John; 2-2
Hickle, Henry; 1-1
Hickle, Stephen; 1-1
Huffman, Christopher; 2-1; 1 Stud
Hoover, Jacob, **Constable**; 1-6
Hook, William; 1-5
Hickle, Tevault; 1-2
Hobbs, John; 2-3
Hall, Thomas; 1
Horn, Andrew; 2-5
Huffman, John; 1-2
Hickle, George; 1
Henderson, Thomas; 1-1
Hedges, Jonas; 1-2
Horn, Phillip; 1-2
Horn, George; 1-3
Horn, Henry; 1-2
Hilburn, Henry; 1-1
Howard, Richard; 1
Hart, Samuel; 1-1
Huff, Elisabeth; 0-4
Hoge, Israel; 1-4
Howard, John; 1-2
Hardy, Rudolph; 1-1
Hardy, John; 1
Howard, Samuel; 1-4
Howman, John; 1-1
Hawk, Jacob; 1-4
Hinnings, John; 1
Hill, James; 2-1
Higgins, John; 1-3-3
Higgins, Joseph; 1-1
Hyte, Peter; 1-1
Howard, William; 1
Hylton, William; 0-2
Hiett, Joseph; 1-1

Hiett, John; 1-3
Hiett, Evan; 3-5
Harrison, William; 1-1
Hawkins, John; 2-1
Ingle, Mathias; 2-3
Ingle, Martin; 1
Ingle, Livi; 1-1
Ingle, Joseph; 1-1
Iliff, Stephen; 1
Ingle, William; 1-1
Johnson, Joseph; 2-4
Johnson, James; 1-4
Johnson, John; 1-1
Johnson, John Jun'r; 2-4
Jinkins, John; 1-1
Jinkins, Jacob; 1-1
Johnson, Thomas; 1-1
Johnson, Eleanor; 0-2
Johnson, Joseph, **Big Cap**; 1-1
Jinkins, Michael; 1-3
Johnson, Benjamin, Negro; 2-4
Jones, Moses; 1
Johnson, Thomas; 1-1
Johnson, William; 1-3
Johnson, John; 1-3
Jinkins, Evan; 1-2
Keran, Bryan; 1-1
Kirby, James; 1-1
Kisnor, John; 1-4
Keron, Patrick; 1
Kenor, John; 1
Kramer, John; 1-2
Kyter, George; 1-2
Kidwell, John; 1-3-1
Kennedy, Isaac; 1
Keyes, Anne; 1-2-1
Kurtz, Peter; 1-3
Kump, Henry; 1-1
Kail, George; 1-4
Kail, John; 3-2
Kail, George Junior; 1-1
Kirby, Nathan; 1-1
Kisnor, Jacob; 1-1
Kennedy, Hugh; 1
Lockhart, William; 1-2
Leith, James; 0-1-1
Little, George; 1-1
Laramore, James, **Constable**; 1-3
Larew, Noah; 1-4
Larew, Hannah; 4-6

Longstretcher, Phillip; 2-1
Lewis, John; 1-6
Lyon, Richard; 1-6
Lupton, Isaac; 4-5
Lupton, Asa; 1-4
Linthicum, Archibald; 2-5-1
Lafollet, William; 1-3
Lang, Stansberry; 1-1
Lafollet, George; 1-1
Largent, Thomas; 2-2
Loy, Daniel; 3-3
Largent, John Sen'r; 1-3
Larget, Moses; 1-1
Lee, Joseph; 1-1
Lee, Stephen; 3-6
Lane, William; 1-3
Lane, Daniel; 1-3
Lane, James; 1
Lewis, Daniel; 1-4
Larew, Peter; 3-4-3
Largent, James; 1-7
Largent, John, Big Neck; 1-3
Largent, John; 1-3
Macky, M James; 1-2
Monroe, James; 2-2
Minier, Isaac; 1-1
Martin, George Sen'r; 3-7; 1 Stud
Macave, John; 1-1
Miller, William; 1-3
Macdonald; Donald; 1-5-3
Manker, William; 1-1
Macdonald, George; 1-1
McMahon, John; 2-2
Macdonald, Angus; 1-8-8
Miller, William; 1
Millison, Benjamin; 1-1
McBride, John; 2-6-2
Millison, John; 2-3
Millison, Isaac; 1
Macbride, Thomas; 1-3
Macbride, Robert; 1-3
Macbride, Alexander; 1-4
Malick, John; 1-1
Macdonald, Gibson; 1-1
Moreland, William; 3-4-1
Moreland, William H; 1-1
Medly, William; 1
Morgan, Henry B; 1

1801 Lower District Hampshire County

Mason, Gideon; 1
Mauzy, Peter & John; 2-8-3
McVicker, William; 1-4
McVicker, Duncan; 2-5
McVicker, John; 1-2
Macbride, James; 3-6
Michael, Henry; 1
Myers, George; 3-4
Martin, John; 3-8
Mail, George; 1-1
Mail, William; 1
Mail, Dick; 1
Murphy, William; 1-1
Monroe, John; 4-11-5
Moore, William; 1
Milburn, William; 1-2
Michal, George; 1-2
Michal, Jacob; 1-2
Michal, Frederick; 1-5
Moore, James; 3-4-1
McKever, Paul; 3-7
Mathews, John; 1-1
Moore, Benjamin; 1
Milslagle, Jacob; 2-4
McKever, John; 1-2
Mitchell, Robert; 3-5
Myers, Jonathan; 1-1
Myers, William; 1-2
Milslagel, George; 3-4
Mason, Thomas; 1-3
Meekan, James; 1-4
Martin, George, **Constable**; 0-1
McKinley, Hugh; 1-1
Mathews, James; 1-2
Mathews, Levi; 1
Murphy, Owen; 1-1
Macpherson, James; 1-3
Michal, Phillip; 1-2
Miller, John; 1
McDonnel, Benjamin; 1-1
Nilson, N John; 1-1
Nelson, James; 2-3
Nelson, Richard; 2-2; **Ordinary Licence**
Norman, Ralph; 1
Norman, Bazil, Negro; 1-3
Needler, George; 1-1
Needler George, Jun'r; 1-3
Newbanks, John; 1-2

Norris, Samuel, Mulotto; 1
Newland, Isaac; 1-1
Nixon, George; 1-2
Nelson, Ross; 1-2
Nicholson, Thomas; 1
Nelson, James; 1-2
Orr, Alexander; 1
OQueen, James; 2-4-1
Oats, Jacob; 2-3
Ohauver, George; 2
Offord, John; 1
Osburn, Charles; 1-3
Ogan, Peter; 1-2
Ogan, Samuel; 1
Poston, Elias; 1-7-1; 1 Stud
Pool, William, **Constable**; 1-4
Pecker, Garret; 1-2
Pig, Thompson; 2-1
Patterson, James; 2-4
Poulison, Charles; 1-3
Polson, William; 1-2
Pugh, Jacob; 1-2
Pugh, Abraham; 1
Pierce, Daniel; 2-3
Parish, William; 1-3
Pugh, Jess; 1-4
Pugh, Eli; 1-1
Pugh, Melan; 1
Parke, Timothy; 1
Pugh, Jesse, **Winchester**; 1-3
Pugh, Joseph; 1-4
Parke, John, Sen'r; 2-7
Parke, Amos; 1-3
Parke, Amos, Sen'r; 1-2
Parrel, Edward; 1-4-1
Parrel, Joseph; 1-2
Pugh, Jesse, **North River**; 1-3
Pugh, John; 1; 1 Stud
Pugh, Bethel, Junior; 1-1
Picay, Henry, Negro; 1
Pennington, Elijah; 1-3
Pugh, Michael; 1-3
Parrel, William; 1-2
Parrel, John; 1-2
Pugh, Robert, Jun'r; 1-4
Pugh, Robert, Sen'r; 1-2
Parke, Samuel; 1; 1 Stud

Parker, John; 1-1
Pugh, Jonathan; 1-2
Poulison, Cornelius; 1-3
Poulison, Rynier; 1-2
Pugh, Bethel, Sen'r; 1-3
Peppers, Henry; 1-3
Peppers, John; 1-5
Peters, Phillip, **North River**; 1-2
Peters, Joshua; 1-2
Peters, John; 2-4
Parke, John, Jun'r; 1-3
Parke, George; 1-4
Peters, James; 1-2
Peters, Phillip; 1-1
Parke, Samuel, Sen'r; 1-3
Peters, Tunis; 2-6
Pennington, Jacob; 2-3
Pownal, Isaac & John; 2-5
Pettit, Thomas; 1-4
Pownal, Elisha; 1-4
Pownal, George; 3-3
Pownal, John; 1-2
Pownal, Jonathan; 1-1
Powel, James; 2-2
Parke, James; 1
Phillips, Plunkit; 1-1
Porter, Sarah; 0-2
Poston, Samuel; 1-3
Parker, Robert, **Constable**; 0-2
Parker, William; 1-1
Quaintance, Joseph; 2-3
Quaintance, Samuel; 1; 1 Stud
Robie, John; 1-2
Ruckman, Samuel, Jun; 1
Robison, John; 1-1
Reeder, William; 2-2
Reeder, John; 1
Robison, Richard; 1-1
Rogers, Robert; 1-6
Rogers, Owen; 1-5
Rosinberry, John; 1-2
Robinson, John; 3-3
Reed, Jeremiah; 2-5
Rush, John; 1-2
Rogers, Thomas; 2-3
Rinnard, Abraham; 1-1
Rosebrough, John; 1-2
Risser, Jacob; 1-1

1801 Lower District Hampshire County

Risser, John; 1-1
Rinehart, Abraham, Jun'r; 1-1
Rinehart, Abraham, Sen'r; 2-3
Royce, Daniel; 1-3
Rogers, Owen, Jun'r; 1
Richmond, William, **Ferryman;** 0
Ruckman, Thomas; 5-7
Rinker, Samuel; 1
Ruckman, Samuel, Sen'r; 1-5
Ruckman, Richard; 1-2
Robinson, Charles; 1-3
Ragar, Leonard; 2-2
Size, Abraham; 1
Smoot, John; 1-3
Short, Isaac; 2-4
Slyder, Joseph; 1
Sterritt, William; 1-8-3
Sims, Thomas; 1-1
Simkins, Gassage; 1-2
Sherwood, John; 2-1
Slyder, John; 1
Sivalt Thomas; 1-2
Swan, Edward; 2-1
Slack, James; 1-2
Starkey, William; 1-1
Shank, George; 1-2
Shank, Henry; 1
Shank, Philip; 1
Savill, Joseph; 2-2
Starn, John; 1-5
Starn, Joseph; 1-3
Smoot, Barton; 1
Shinholts, Peter; 2-2
Sowder, Michael; 1-3
Stutsman, John; 1-3
Swiher, Jacob; 1-2
Shinholts, Peter, Jun'r; 1-3
Shewbridge, John; 1-1
Short, John; 1-1
Silkwood, Solomon; 2-1
Slonuker, Christian; 1-2
Shin, David; 1-3
Stephens, James; 1
Solomon, Thomas; 1
Stevenson, Thomas; 1-1
Starkey, George; 1
Starky, Frederick; 1-3
Spurlin, Jesse; 1-1

Sharfe, George; 1-5
Sutton, Zachariah; 1-2
Sutton, Samuel; 1-1
Selby, Nathan; 1
Selby, Nathan, Senior; 1-2-1
Smith, Timothy; 1-4
Smith, James; 1-4
Simmons, Richard; 1-2
Simmons, Thomas; 1
Simmons, William; 1-1
Selby, John; 1-2
Selby, Joshua; 1-1
Summers, John; 1-2
Switzer, John; 2-5
Sechrist, Frederick; 2-5
Spade, George; 2-4
Switzer, Valentine; 1-1
Stephens, David; 1-1
Shanks, Joseph; 3-4
Stoker, John, Sen'r; 1-4
Stoker, John, Jun'r; 1-2
Suddoth, William; 1-1
Stoker, Jacob; 1-1
Slocum, John; 1-2
Shafer, Martin; 2-4
Syler, Jacob; 1-3
Slonicker, George; 1
Simpson, David, **Constable;** 0-1
Slonicker, Adam; 1
Steel, John; 1
Smith, George; 1-1
Smith, George, **Tarecoat;** 1
Smith, Richard; 1-1
Slane, James; 1-4
Slane, Thomas; 1-3
Slane, Benjamin; 1-2; 1 Stud
Slane, Hugh; 1-2
Slane, John; 1-3
Steoins, Michael; 1
Smith, Elisabeth; 0-1
Tyler, Jirvas; 2-2
Treagle, William; 1
Throckmorton, William; 1-2
Throckmorton, Sarah; 1-1
Tracy, Nathan; 1-2
Taylor, Henry; 2-3
Torrins, John; 2-3

Tollman, Peter; 1
Taylor, William; 1-2
Turner, Philip; 2-2
Tucker, Thomas; 2-7-7
Tucker, Joseph; 3-5
Thompson, Joseph; 1-2
Thompson, John, **Constable;** 1-6
Thompson, James; 1-3
Thompson, John, **Scotch;** 1
Tucker, Thomas, Jun'r; 1-3
Taylor, Richard; 1
Triplet, Joseph; 1-1
Tevault, Andrew; 1-2
Tevault, William; 1-2
Throckmorton, Gabriel; 1
Treagle, Samuel; 1-1
Treagle, Edward; 1-2
Thomas, John; 1-2
Thompson, John, **Little Cap;** 1-4-3
Thurston, William; 1
Thompson, Jeremiah; 1-5
Thomas, Isaac; 1-1
Taylor, John; 1-3
Vanpelt, John; 1-3
Vanpelt, Jacob; 1-3
Vanorsdal, Abraham; 2-2
Vanordal, Garret; 1-1
White, Francis; 1-7
Wilcox, Stephen; 1-3
Wilson, Henry; 2-2; 1 Stud
Wingate, James; 1-1
Wilkenton, John, **Constable;** 2-4
Williams, George; 1-2
Wolverton, Joel; 1-1
Wallas, John; 2-5
Williamson, William; 1-4
Williamson, Mary; 0-1
Williamson, Samuel; 1-3
Williamson, James; 1
Williamson, Abraham; 1-1
Whiteberry, Christopher; 1-2
Williamson, Thomas; 2-2
Wolford, John; 1-2
Woolery, Henry; 1-1
Whiteman, Jacob; 2-3

1801 Lower District Hampshire County

Williamson, Samuel, **Big Cap**; 1-5
White, John; 1-2
Watson, Thomas; 2
Wise, Frederick; 1-2
Winterton, John; 1-3
Warfield, James; 1
Wallas, John Jun'r; 1-1
Wydmire, Michael; 1
Williams, Benjamin; 1-2
Williams, Thomas; 1-1
Williams, Thomas; 2-6-1; 1 Stud
Warton, Zachariah; 1
Welsh, Phillip 1-2
Warfield, Sylvanus; 1
Yates, Joseph 1-2
Young, John; 1-2

The foregoing contains a true and just return of the tithables and taxable property in the Lower District of Hampshire County for the year 1801. John Slane.

A list of persons to whom licences were granted to retail goods of foreign growth within the Lower District of Hampshire County:

Rodgers, Robert, 31 April 1801, $15.00
Berry, Joseph, same day, $15.00

Recapitulation:

900 white tithables
76 slaves
1604 horses
15 stud horses
2 ordinary licences
2 merchants licences

1801 UPPER DISTRICT OF HAMPSHIRE COUNTY – GEORGE PRICE

Ashton, Alexander; 2-6
Cowan, William;
 (included with Ashton)
Adams, Thomas; 1
Allen, Thomas; 3-6-1
Adams, John; 1-1
Amry, Edward; 2-5
Ayers, Richard; 1
Athy, Thomas; 1-6
Ashby, Jeremiah; 1-2-3
Arnold, Adam; 1-1
Adams, Jacob; 1-1
Adams, Catherine; 0-1
Arnold, Dan'l; 1-2
Armstrong, Andrew; 1-2
Anderson, William; 1-1
Anderson, Thomas; 3-6
Adams, Garsham; 1-5
Arsham, Simon; 1-7-1
Arbineathy, John; 2-2
Arbineathy, Wm; 1-2
Arbineathy, James; 1-1
Allin, David; 1-6
Arnold, Zachariah; 1-3
Arnold, Sam'l; 1-2
Arsham, Jacob; 2-1
Arbineathy, Wm; 1-2
Arbineathy, Sam'l; 1-2
Allin, Nathin; 1
Breeze, Margerit; 0-2
Baylis, Edward; 1-3
Bussy, John; 1-2
Bell, Bazwell, Negro; 1
Butlar, Jacob; 1
Bowman, Geo; 1
Burget, Frederick; 1-2
Barnhouse, Henry; 1
Bogle, Thomas; 1-2
Bogle, Andrew; 1
Bonham, Zachariah; 1-4
Boozley, James, Jun'r; 1
Burgow, Simon; 2-5
Barnes, Geo; 1
Byson, John; 1-2
Bever, Peter; 2-2
Baycorn, Jacob; 1-1
Bishop, Noah; 2-4
Blue, Uriah; 2-9-2
Brookhart, John; 1-5

Boyce, John; 1
Bell, Middleton; 1-1-1
Bozley, James, Sen'r; 2-7
Bain, Jesse; 2-2
Black, Dan'l; 2-2
Brookhart, Mich'l; 1
Brookhart, Philip; 1
Bryant, James; 1-1
Bevin, Sam'l; 1-1
Brookhart, Jacob; 3-2
Bond, Thomas; 2-3
Brinker, Henry; 1-2
Brown, John; 1-2
Burget, Jacob Sen'r; 1-6
Burget, Jacob Jun'r; 1-1
Burget, John; 1-1
Baker, Mich'l; 2-3
Beard, Geo; 2-4
Browning, Elias; 1-2
Baker, Wm; 1-3
Baker, Hannah; 1-2
Baker, John; 1-1
Baker, Joseph; 1-1
Burget, Henry; 1
Barrack, Jacob; 2-3
Burbrige, Mary; 0-4-2
Beard, James; 1-0
Bryant, John; 1-2
Booklis, David; 1-4
Booklis, Wm; 1
Ballintine, Hugh; 2-2
Bysor, Jacob; 1-5
Bysor, Jacob, Sen'r; 1
Beaty, John; 1-3
Beaty, Geo; 1-4
Beaty, Henry; 1-1
Beaty, Isaac; 1
Beaty, Levy; 1
Briggs, Joseph; 2-10
Buffington, Wm; 2-11-2
Beaty, Charles; 1-2
Blue, Mich'l; 2-4-1
Blue, Garrit; 1-6
Blue, Barney; 1-1
Blue, John; 2-6
Blough, John; 1-2
Baker, Thomas; 1-2
Bennitt, Silvanus; 1-2
Burton, William; 1-1

Bray, Samuel; 1-3-1
Burbrige, John; 1-2-2
Brown, Samuel; 1
Brown, Isaac; 1
Brookhart, Abram,
 Constable; 0-1-1
Collins, James; 1
Crock, Geo; 1-1
Combs, Dan'l; 1-1
Cornwell, William; 1-1
Cornwell, Abram; 1-1
Correathers, Geo Junior;
 1-2
Clark, Archibald; 1-2
Clarke, Sam'l; 1-2
Canby, Samuel; 1-1
Canby, Thomas; 1
Curby, John; 1-1
Collins, Pratt; 1-1
Collins, Daniel; 1-6-2
Clark, John; 1-3
Cundiff, John; 1-1-1
Cundiff, John Jun'r; 1-1
Carnand, Leonard; 1-2
Cregard, Jacob; 1-2
Crosby, John; 1
Cooke, Stephen; 1-1
Cunningham, James; 1-4-3
Clawson, John; 1-10
Cuningham, Benj; 1-1
Crawfis, Widow; 0-2
Calmes, Geo; 1-4-3
Corn, Timothy; 1-6
Cooper, Thomas; 1-3
Campbell, Archibald; 1-3
Cooke, William; 1
Clarke, James; 1-1
Clark, James, N.B.; 1-11
Coreathers, James; 1
Coreathers, Geo, Sen'r;
 1-3
Clark, William; 1-1
Colter, Samuel; 1
Cline, Philp; 2-5
Crayble, Jonathin; 1-1
Collins, Thomas; 1-5-1
Campbell, Runa; 1
Curlett, William; 1-3

1801 Upper District Hampshire County Tax

Carder, Abot; 1
Calmes, Fielding; 1-6-3
Crayble, David; 2-5
Cavinger, Garret; 1-1
Cresap, Thomas; 1-3-3
Chew, Colby; 1-2
Chew, James; 1-1
Cokle, John; 1-1
Chopson, George; 1
Coosick, Peter; 1-2
Coosick, John; 1-1
Dennis, Jonathin; 1
Dyal, Amos; 1
Dixson, William; 2-5
Dunn, Lewis; 1-4-1
Dunn, Ephraim; 1-2-1
Dowden, John B; 1-4
Dodson, William; 1-1
Dodson, Richard; 1-2
Dodson, Thomas; 1-1
Davis, Sam'l B; 2-4
Dulin, William; 1-3-1
Dawson, Thomas; 1-1
Dulin, William; 1
Dobyns, Thomas; 1-1
Dobyns, Sam'l; 1
Dean, Thomas; 2-4
Dunn, Thomas; 1-2-1
Danols, Denis; 1-2
Douthit, John Sen'r; 2-7-2
Douthit, David; 1; 1 Stud
Douthit, Calip; 1
Dorin, Alexander; 1-8
Douthit, John Jun'r; 1-3
Dyer, Nath'l; 1-1;
Ordinary Licence
Decker, John; 2-7-4
Dyal, Philip; 1
Dowden, John; 1-4-3
Denny, William; 1-3
Donaldson, Wm; 4-9
Dollhon, Dan'l; 3-5
Davey, John; 1
Dyer, Edward; 1-1-1; 1 Stud
Davis, William; 1
Davis, Gus; 1
Day, Amby; 1
Dailey, James Esq; 2-1-2
Dunkin, Crosbury; 1
Davis, Walter; 1
Dayton, Isaac; 1-2

Eliphritz, Geo; 2-2
Edwards, Jonathin; 1-1
Ewing, Tustram; 1
Eckhart, Henry; 2-2-1
Ellar, Dan'l; 1-1
Emmerson, Abel; 1-1
Eversole, Abraham; 1-4
Eversole, Peter; 1-5
Exline, John; 1-1
Fleek, Henry; 1-3
Fleek, Adam; 1-1
Foster, John; 1
Fairley David; 3-3
Flinn, John; 1-1
Flood, John; 1-3
Fink, Frederick; 2-4
Fullar, Mary; 1-2
Franks, Henry; 2-2
Fullar, Thomas; 1-1
Finesy, James; 1-1
Florence, William; 2-5-5
Florence, Wm Jun; 1-2
Fout, Mich'l; 1-2
Fleming, Patrick; 1-3
Flisher, James; 1
Fleek, Jacob; 1-1
French, William; 2
Firman, William; 1-4-2
Fox, William Esq; 2-16-2
Fidlar, Jacob; 1-3
Fidlar, Geo; 1-3-2
Foley, William; 1-4
Fowler, Zachariah; 1-2
Foley, John; 1-2
Fitzjarald, Tho's; 1-1
Fitzjarold, Tho's Jun'r; 1-1
Griffy, David; 1-1
Gonder, Peter; 1-3
Goldsmith, Benj; 1-3
Grayson, Ambros; 1-1
Good, Peter; 1-1
Grimm, Christan; 2-2
Gill, Moses; 1-2
Gillaspi, Mich'l; 1-1
Good, Abram; 1-3-1
Grom, Ezekiah; 1-2
Galt, John; 1-2
Grayham, Arthor; 1
Goldsbury, Tho's; 1
Goldsbury, Benj; 1
Greenwell, Elijah; 1-5-2

Gray, Friend; 1-1
Gray, Calip; 1
Goff, John; 1-3
Gray, James; 1-2
Gibson, James; 1;
Ordinary Licence
Gaither, Elijah; 1-3-2
Grinno, Isaac; 1
Glaze, Geo; 3-4
Glaze, Conrod; 1-3
Greenwell, James; 1
Greenwell, Thomas; 1-6-3; 1 Stud
Grace, Philip; 1
Howard, David; 1-1
Howard, William; 1-1
Howard, Robert; 1-1
Hammond, James; 1
Hyder, Adam; 1-3-2;
Ordinary Licence
Hough, John; 1
Hollenback, Abraham; 1
Hollenback, Dan'l ; 1-1
Hollenback, Jacob; 1-2
Humes, Andrew; 1-5-2
Hunter, Richard; 1-1
Hunter, Patrick; 3-4
Hirsman, Philip; 3-2
Hogan, William; 1-1
Hogan, Thomas, Jun; 1-3-1
Hooker, John; 1-1
Hough, Mathias; 1
Hull, Benjamin; 2-2
Hull, William; 1-1
Hopwood, Dan'l; 1-1
Hudson, John; 1
Hatton, Charles; 1-1
Hatton, Samuel; 2-2
Harvy, William; 1-2
Hatton, Arick; 1
Hatton, Sam'l, Jun'r; 1-1
Hiveby, John; 1
Hill, LRoy; 2-5
Hill, William; 1-2
Hogan, Thomas Sen'r; 1-4-8
Hogan, Elizabeth; 0-0-1
Hamrick, Siras; 1
Hilkey, Christan; 1-2
Harness, Solomon; 1-9
Holbert, William; 1
Hindman, John; 1-1

1801 Upper District Hampshire County Tax

Headley, Jacob; 1-2
Hirsmon, Christopher; 2
Hindman, John, **M Ridge**; 1
Hoffman, Conrod; 1-3
Hufman, Conrod, Sen'r; 1-1
Hofman, Aaron; 1-4
Hawkins, Daniel; 1
Houser, Lewis; 1-7-3
House, John; 2-3
Heater, Solomon; 1-2
Hessong, Peter; 3-2
Hollenback, Thomas Jun; 1-1
Hill, Charles Jun'r; 1-1
Hill, Walter; 1
Hill, Charles Sen'r; 1-1
Heater, Mich'l; 1-1
Hollenback, Thomas; 2-5
Harriott, John; 1-2
Hambleton, John; 1
Harriott, Ephraim; 1-2
Harriott, William; 1-2
Honeyman, Charles; 1-1
High, Henry; 2-4-1
Hill, Casper; 1-1
High, Frederick; 1-4-1
Hawk, Henry; 3-4
Hawk, Abram; 1-2
Hanes, Geo; 1-1
High, John; 1-4
Hartman, Henry; 2-4
Hartman, William; 1
High, Jacob; 1-3
Hickman, Joseph; 1-2
Hilley, Frederick; 2-4
Heins, Henry, **Constable**; 0-2
Hillman, Richard; 1-5
Houser, Charles; 2
Heinzman, Henry; 1-6-3;
Ordinary Licence
Handsburgh, John; 1
Hambleton Henry; 2-4
Higgins, John; 1-4
Hudson, James; 1-2
Hargis, William; 2-3
Howard, Edward; 1-1
Henderson, John; 1
Harrell, Peter; 2-2
Johnson, William; 2-3-1
Jones, Isaac; 1-3
Jones, Peter of Peter; 1-1
Johnson, Okey; 4-11-3
Jones, Thomas; 1-1
Jones, James; 1-1
Jinny, William; 2-14-3; 1 Stud
Inskeep, James; 1-13; 1 Stud
James, Isaac; 1
Jones, John; 1-3
Jones, Aaron; 1-4
Jones, Abram; 1-2
Jones, Joshuah; 1-3
Jones, Peter of Jno; 1
Jones, David of Jno; 1-4
Jones, Dan'l; 1-1
Jacobs, Joseph; 2
Jones, Sam'l; 3-5
Jones, Robert; 1
Ingle, Peter; 2-3
Jiles, John; 1-1
Jones, Moses; 1-1
Junkin, Richard; 1-1
Junkin, William; 1-2
Johnson, Abram Sen'r; 1
Johnson, Baylis; 1
Johnson, Abram Jun; 3-5
James, Rodham; 1-2-2
James, Thomas; 1-1
Inskeep, William; 1-11-2
Irelan, Jacob; 1-2
Jacob, John J; 1
Jones, David; 1-3
Jones, Abel; 1
Jackson, William; 1-1
Jacob, John J Esq; 3-7
Johnson, Isaac; 1-2-1
King, Alex; 1-3-1
Kellar, John; 1-2
Kellar, Dan'l; 1-1
Keel, George; 1
Kennady, Sam'l; 1-2
King, Geo H; 1-2
Kite, Sam'l; 1-2
Kint, John; 1-3
Kigar, Geo; 3-14
Koon, David; 1-3
Kitts, Henry; 1
Kile, Robert; 2-6-1
Keiznor, Jacob; 1-2;
Ordinary Licence
Kuykindall, Isaac; 1-12-2
Kuykindall, Abram; 1-9-2
Kesad, Joseph; 1-1
Leese, Jacob; 1-3
Leese, John; 1
Leese, William; 1-1
Leese, Andrew; 2-3
Long, Thomas Jun; 1-1
Long, John; 1-2
Leadman, John; 1
Long, Tho's Sen'r; 1
Lavinger, Mich'l; 2-1
Loyd, Elisha; 2-1
Lyon, John; 1-5
Lyon, Elijah; 1-1
Lyon, Elisha; 1-1
Lewis, John; 2-2
Lynn, William; 1-1
Litchfield, John; 1-2
Long, David; 3-3
Long, Joseph; 1
Lilley, David; 3-4
Leatherman, Nicholas; 2-4
Leatherman, Peter; 1
Leatherman, Lewis; 1-2
Leatherman, Dan'l; 1-1
Liller, Henry; 1-4
Lizenby, Thomas; 1-2
Lizenby, William; 1-1
Lash, Peter; 1
Landis, Henry; 4-9
Landis, Rudolph; 1-4
Lucas, Vilotte; 1-3
Landis, Sam'l; 1-4
Ludwick, Jacob; 1-2
Ludwick, Leonard; 1-2
Lawson, Thomas; 1-2-1
Long, Jacob Sen; 2-4
Long, Jacob; 1-2
Lawson, Hannah; 1-2-3
Lirimore, John; 1-2
Lyle, John; 1-1-1
Moore, John; 1-1
Moriatty, John; 1
Magowan, William; 1
Mills, Isaac; 1
McMerdith, John; 1
McBride, John; 1-5
Martin, James; 3-4
Martin, Joseph; 1-2

1801 Upper District Hampshire County Tax

Martin, Urias; 1-3
Mitchell, James; 2
Morrow, Adam; 1-2
Mills, John Sen'r; 2-2
Mills, John Jun; 1
McNary, Ebinezar; 1-2
McDugan, James; 1-1
McIntush, Alex; 1-1
Miller, Geo; 2-6-1
Miller, Henry (Noby); 2-2
Moone, Abram; 1-1
Moone, Jacob; 1-1
Miller, John; 1-1
McCarty, Edward; 3-13-10; 1 Stud
Moorley, James; 2-4
Matheny, Jesse; 1
Matheny, Frederic; 1-2
Martin, John; 1-3
Martin, Edward; 1-4
Meanes, Isaac; 1-3
McKee, James; 2-2
McColley, John; 1-2
McColley, Augnas; 1-2
Marsh, Siras; 1-2
Marsh, Vincent; 1
McColley, Cornilious; 1-3
Moore, William; 1
Magill, Thomas; 1-1
Miller, Geo; 1
Marsh, Ezekiah; 1-1
Mathew, Jonathan; 2-2
Mcchestney, William; 1-2
Moore, John; 1-2-1
McKinsey, Sam'l; 1-1
Miller, Isaac; 2-22-2; 1 Stud
Mouser, Peter; 1-1
Mayfield, James; 1-2
Mayfield, Abram; 1-2
Maddin, John; 2-3
McDonald, John; 1-2
Morrow, Peter; 1-2
Mollehon, Rawley; 1-1
Maddin, Joseph; 1-5-2
Monnitt, Abram; 3-3
Morrow, Robert; 2-4
McNeal, John; 1-1
Miler, Mich'l; 3-5-3
McGuire, Francis; 1-2
Murphy, John; 1-4
McCartney, Thomas; 1-1
McCartney, John; 1

Mulledy, Thomas; 1-3
Meanes, Isaac; 2-3
Mitchell, John; 1-1-7
Mitchell, John; 1-1
McDonald, Peter; 2-1
Merrill, John; 1-1
Marsh, Joseph; 1-4
Miller, Jacob; 1
Miller, Henry; 1-4
Miller, Rubin; 1-2
Miller, Dan'l; 1
Miller, Eliza and Son; 1-1
Myers, Henry; 1
Male, Wilmore; 1
Mouser, Jacob; 1
Mouser, Jacob; 1-4
Mongomery, Math'w; 1
McAllister, James; 1-8-3
McMeekin, John; 1-38-3;
Ordinary Licence
Macrackin, Virgal; 3-1
McLaughlin, Dan'l; 1-4
Murphy, Francis; 1-6
Murphy, James; 1-1
Marshall, David; 1
Martin, Luther; 1-10
Martin, James Esq; 2-12-1
Moran, Blar; 1-4-1
Newell, William; 1
Newhouse, Thomas; 1-2
Newhouse, Benj; 1-1
Newcom, Moses; 1
Newcom, Elijah; 1-1
Nixson, Jonathin; 1-5
New, Henry; 1-1
Nelson, Geo Jun; 1
Nelson, Geo; 2-3
Neff, Abram; 1-4
Neff, John; 1; 1 Stud
Newhouse, William; 1
Nichols, Sam'l; 2-2
Normond, John; 1
Neal, Benjamin; 1-3
Naylor, William; 1-1
Newman, Solomon; 2
Newman, Christopher; 1-1
Newman, Geo; 1-3
Newman, Isaac; 1-6
Newman, Sam'l; 1-1
Nash, John; 1-1
Newman, John; 1-1

Orchard, Thomas, Negro; 1-2
Ogan, Moses; 1-2
Oharrow, James; 1-1
ONeal, Barton; 1-4
Odle, Calip; 1-1
Odle, William; 2-2
Price, Geo W; 1-1
Price, Silas; 1-1
Price, Arjalon; 1-4
Price, John H; 1-4-1
Price, Arjalon Sen'r; 2-5-2
Parmer, Peter; 1-1
Puk, Thomas; 1
Peirce, Benoni; 1
Plank, Jacob; 1-1
Pursinger, Conrod; 2-3
Pancake, John Sen'r; 2-2
Putman, Peter; 1-1
Prye, Windle; 1
Pigman, Matthew; 2-3
Pough, John; 2-3
Pilcher, James; 2-3
Pilcher, Stephen; 1-2
Pilcher, William; 1-1
Pilcher, Elijah; 1-1
Pancake, John; 1-1
Parrill, John; 1-1
Payn, Geo; 1-1
Plumb, John Sen'r; 1-6
Plumb, John; 1-3
Plumb, Abram; 1-2
Peyatt, William; 1
Peyatt, Cornelious; 2-1
Parker, Benj Sen'r; 1-4-2; 1 Stud
Parker, James; 0-2
Primm, John; 3-4
Pritchard, Geo; 2-2
Peters, John Sen'r; 1-1
Peters, John; 1-1
Pullin, Thomas; 2-1
Price, Nathin; 1
Purcall, John; 1-10-6
Putman, Philip; 1
Putman, Jacob; 1-3
Parker, Absalom; 1-3
Price, William, **P Town;** 1
Pierce, John; 1-2-1
Parsons, Thomas; 1-5-4
Parker, Peter; 1-9-2
Parsons, James; 1-14-2

1801 Upper District Hampshire County Tax

Parker, John; 1-1
Parker, Benj of Job; 1
Parker, Jonathin of Job; 1-1
Parker, Jacob; 1-3
Parker, Henry; 1-3
Parker, Job; 1-1
Poland, John; 3-3
Poland, John Jun'r; 1-3
Poland, Sam'l; 1
Potts, David; 2-5
Prine, Patrick; 1-5
Parsons, David; 0-7
Pancake, Abram; 1-1
Powelson, Abram; 1-2
Parker, Robert; 1-8-3
Parker, Robert, Sen'r; 2-11-8
Patrick, Alexander; 1
Parker, Thomas; 1-2
Parker, Jonathin; 1-2-1
Queen, Patrick; 2-1
Reasoner, Peter; 1-1
Reasoner, Catherine; 0-2-1
Reasoner, John; 1-3-1
Rinehart, John; 1-1
Rinehart, Geo; 1-3
Rawlins, Elijah; 1
Randall, James; 1
Reed, William; 1-1
Reese, William; 1-2
Reese, Thomas; 2-1
Rollins, Benj; 1-2
Rotruck, Abram; 1
Rotruck, Lewis; 1-1
Ravinscroft, Sam'l; 2-4
Ravinscroft, Wm, **Constable**; 0-1
Ravinscroft, John; 3-11-2
Ravinscroft, Francis; 1-1
Ruff, Christan, **McCartys**; 1
Rogers, William; 1-6
Richcreek, Gasper; 1
Roberts, William; 1-2
Roberts, Elijah; 1-1
Reed, Jacob; 1-2-1
Rinker, John; 1
Roberts, John; 1
Rera, Charles; 2-5

Rogers, William Sen'r; 1-8
Ricky, William; 1-2
Rawlins, Moses; 1-8-6
Ranals, John; 1-1
Rock, Caty; 1-1
Reed, Geo; 2-4
Roseboom, Hindrick; 2-6
Ravinscroft, John; 1-1-1
Reed, Aaron; 1-1
Rotruck, And'w; 2-2
Reed, James; 1-1
Riorden, Richard; 1
Ranels, James; 1-6-1
Ranels, Robert; 1-5
Ruktor, Conwey; 1-3-3
Rodes, Thomas; 2-2
Rubart, William; 1
Sheetz, Frederick; 2-1
Sheetz, Jacob; 1-1
Simmermon, Jacob; 1
Shepard, Jonathin; 2-4
Shepard, John; 2-1
Starr, Jeremiah; 1-2
Shannon, Thomas; 2
Stallcoop, Isrial; 1-1
Spencer, John; 1
Stagg, Geo; 1
Sheetz, John; 1-2
Sheetz, John; 1
Stover, Dan'l; 1-1
Stover, Dan'l; 1-2
Sage, Sam'l; 1
Syx, Geo; 1-4
Syx, Philip; 1
Syx, John; 1
Shamblin, Josaiah; 1-1
Sharadine, Paul 2-3
Sharadine, John; 1-1
Scott, James; 1
Stearman, John; 2
Smith, John, **N Creek**; 3-6
Savars, Nicholas; 1-8-4
Sheep, John; 1-1
Sheep, John; 1-1
Savage, John; 1-2
Smith, Wm **(Welch)**; 2-2
Smith, Wm, Sen'r; 2-3
Smoot, Josiah; 1-3-1
Sanford, Widow; 0-6-5
Scardin, Thomas; 1-4
Stover, Christly; 1-1

Stonerock, Geo; 1-1
Stuart, John; 1
Slagle, Hannah; 1-4-3
Stotts, Abram; 1-1
Stodlar, Jacob; 1
Simpkins, Silvy; 2-4
Scritchfield, Joseph; 1-3
Stephens, James; 1-1
Stafford, Richard; 2-10-1; 1 Stud
Shane, George; 1-5; **Ordinary Licence**
Stuart, Thomas; 1-3
Stuart, Raylis; 1
Stuart, Jeremiah; 1-1
Stuart, Abram; 1
Showers, Thomas; 1-3
Sharplis, Jesse; 2-3
Sloan, Richard; 1-2
Stimmell, Yous; 1-3
Shaver, Christopher; 1-3
Smith, Aaron; 1-1
Smith, William; 1-2
Smith, Peter; 2-5; 1 Stud
Shrock, William; 1
Smith, Mich'l; 1
Sands, John; 1
Smith, John, S.B.; 1-2
Showers, Lander; 1-1
Sprigg, Ozborn; 1-16-10
Short, William; 1-3-1
Sullivan, Jeremiah; 3-6
Savage, Patrick; 1-3
Sissill, John; 1-1
Snyder, John; 1-6-3
Sheetz, Mich'l; 2-2
Sheetz, Mich'l; 1-1
Thompson, John; 1-2
Thompson, Abram; 1-3
Thompson, Wm; 1-4
Thompson, Sam'l, F ford; 1
Thomas, Benjamin; 1
Tobrige, John; 1-1
Tuley, Abram; 1
Taylor, Geo; 2-4
Turner, Evan; 2
Trig, Climmon; 1-2
Tinkle, Jacob; 1-1
Thompson Duks; 1-1
Taylor, Thomas; 1-2
Thrasher, Benjamin; 1-1

1801 Upper District Hampshire County Tax

Thomas, Moses; 1-1
Totton, Sam'l; 0-1
Thomas, Sam'l; 2-3
Terry, Stephen; 1-1
Terry, Stephen; 1-2
Thomas, William; 1
Tolbert, Abram; 1-3
Thompson, Sam'l; 1-1
Thompson, Edward; 1
Tudrow, John; 1
Tunkle, Henry; 1
Taylor, Tho's, **Talor**; 1-5
Taylor, Simon; 1-5-4
Taylor, John Sen'r; 1-3-4
Taylor, John; 2-4-3
Taylor, Charles; 1-2
Toms, Abraham; 1-2
Utte, Geo; 2-2
Vandiver, William; 1-6-2
Vandiver, Wm, Sen; 4-15-8
Vandiver, John; 2-3
Vandiver, Lewis; 1-7
Utte, Christan; 1-2
Vause, William; 3-17-4
Umstott, Peter; 3-4
Vanmeter, Isaac; 2-10-3
Umstott, Jacob; 1-2
Womps, Francis; 1
Walker, Peter; 1
Ward, Jesse; 1-3
Waggoner, John; 2-8
Williams, Owing; 1-1; 1 Stud
Wheeling, Martin; 2-3
Wolf, Jacob; 1-1
Waxlar, Mich'l; 1-1
Will (Negro); 2-2
Walker, James; 1
Wilson, Nath'l; 1-1
Welch, Isaac; 2-1
Wolford, John; 1-4-1
Welch, Silvester; 2-5-5
Wip, Dan'l; 2-2
Watts, James; 1-2
Watts, Archibald; 1-3
Ward, Richard; 1-1
Ward, Joseph; 1-1
Wells, Peter; 1-1
Wodkins, David; 2-3
Wiley, Abel; 1-3
Wells, Jonathin; 1-1

White, James; 1
Wilson, James; 1-2
Williams, James; 1
Wright, Robert; 1-5-4
Wilson, Jesse and Rich'd; 2-2
White, James; 1
Worner, Enis; 1-1
Wodrow, And'w; 2-2-2; 4 wheel carriage
Williams, Peter; 1
Wolford, Mathias; 1
Walker, And'w; 1-2
Walker, James; 1-2
Walker, Robert; 2-5
Walker, William; 1-1
Walker, Sam'l; 1-4-1
Williams, Joseph; 1-1-1
Yoakam, Mich'l; 1
Young, Geo; 2-5
Young, William; 1-1
Young, Cornilious; 1-1
Young, Geo **(Nob)**; 2
Young, Henry; 1-1
Young, Robert; 1-1

Recapitulation:

991 White tithables
215 Black tithables
259 slaves
1908 horses
13 stud horses
7 ordinary licences
1 four wheel carriage ($1.25 per wheel)

A list of licences granted to merchants to retail goods of foreign growth and part of the year 1800 in Hampshire County:

James Reed
Thomas Jones
John J Jacobs

A list of licences for the year 1801:

James Reed
Henry Eckhart
James Mosby
James Dailey
Tho's Mulledy
John J Jacobs
Thomas Jones
Adam Hyder
Henry Heinzman
Fra's L M Hilton

by Geo Price

1802 LOWER DISTRICT OF HAMPSHIRE COUNTY – JOHN SLANE

Anderson, Jesse; 1-2
Arnold, John,
   Blacksmith; 2-1
Athy, John Sen'r; 2-3
Athy, John, Jun'r; 1-2
Aikman, John; 1-1
Aikman, Adam; 1-1
Alexander, Robert; 1-2
Allen, Robert; 1-2
Aller, Peter; 1-1
Anderson, William; 1-3
Allen, John; 2-2
Andrew, John; 1-3
Ayles, David; 1-1
Ashton, Joseph; 1-1
Asbury, Joseph; 1-5-6
Alloway, William; 1-1
Ashbrook Mary; 0-5
Ashbrook, Eli; 1-1
Ashbrook, Aron; 1-1
Allender, William; 2-3
Alderton, William; 1-2
Arnold, John of **Capeon**;
   2-4
Asbury, Henry; 2-3
Asbury, Jeremiah; 1-1
Adams, William; 1-2
Arnold, Andrew; 2-4
Butcher, James; 1-3
Butcher, John; 2-6
Bohrer, George; 1-1
Bruner, Henry; 1-3
Bruner, Peter; 1-4
Bodine, John; 1-1
Bennett, Thomas, Sen'r;
   2-2
Bennett, Thomas, Jun'r;
   1-3
Bryan, John; 1-2
Butler, Joseph; 1
Butler, William; 1-1
Bennett, William, **Ferry**;
   0-3
Bishop, William; 1
Burk, James; 1-3
Burk, Michael; 2-2
Bouch, Henry; 1-1
Barber, James; 1-1
Buzzard, Frederick; 2-4

Busbay, William; 1-2
Brown, Adam; 1
Blew, John; 1-2
Blue, Richard; 1-3
Baker, Nicholas; 1-3
Bumgarner, Rudolph; 1-3
Buzzard, Frederick; 2-6
Bryan, James; 3-3
Boggs, James; 1-2
Barrett, John; 1-3
Bethel, George; 1-3
Bowen, Daniel; 1-1
Burket, Thomas; 1-2
Blue, Benjamin; 1-4
Baker, Periguine; 1
Baker, William; 1-1
Berryman, William; 1-1
Blue, Jacob; 1-3
Bolin, William; 1-3
Bannon, Benjamin; 1-3
Bunn, Jacob; 1
Brown, John; 1-4
Beall, Eli; 1-4
Bailey, William; 1-2
Bunn, Henry; 1-1
Boxwell, John; 1
Bower, Henry; 2-2
Busbay, John; 2-1
Berry, Thomas; 1
Baker, Aron; 1-3
Baker, John; 1-5
Birch, William; 1
Beall, Elisha; 1-4
Barney, Benjamin; 1-1
Burress, Charles; 1
Biggerstaff, Anne; 0-4
Buckley, John; 1-1
Bower, Jacob; 1-2
Brelsford, Daniel; 1
Brelsford, Marjoram; 1-3
Brelsford, Bernard; 2-4
Brill, Henry; 1-2
Bumgarner, Rudolph; 1-3
Bevan, Stacy; 1-1
Buzzard, Jacob; 1-2
Bowman, Jonathan; 1
Barnhouse, Jacob; 1-1

Brown, Daniel; 2-2
Berry, Joseph; 1-5
Cann, John; 1-3
Cunnard, Nathan; 1-2
Crawford, John; 1-1
Clarke, Alexander; 1-1-1
Carey, John; 1
Criswell, James; 1
Casler, John; 1-3
Carlyle, William; 4-4
Carlyle, William Jun'r; 1-2
Carlyle, John; 1-1
Crumblet, Jacob; 3-2
Caudy, John; 1-4
Caudy, James; 1-5
Combs, John; 1
Cool, Jacob; 1-4
Cool, Phillip; 1-3
Calvin, Joshua; 3-6
Calvin, Samuel & Luther;
   2-6
Calvin, Benjamin; 1-2
Campbell, John; 1-3
Curtis, Joseph; 1-1
Case, Peter; 1-2
Carder, George; 1-1
Combs, Jonas; 2-3
Combs, Thomas; 1
Collins, Daniel; 1
Collins, Simmeon; 2-1
Cooper, Jobe; 1-3
Chisholm, Alexander; 1-1
Carswell, John; 2-3
Copsy, John; 1-5-2
Critton, John, Sen'r; 3-4
Clawson, Josiah; 1-4
Critten, John Jun'r; 3-4-1
Critten, William; 1-2
Clawson, Frederick; 1
Cox, John A; 1-2
Campbell, John; 1-1
Carlin, John; 1-2
Carlin, Marjiry; 0-1
Carmichal, Daniel; 1-2
Croston, Travis; 1
Cooper, John; 1-1
Chinoweth, Absalom; 1-2

27

1802 Lower District Hampshire County Tax

Copass, Isaia; 1
Colvert, Robert; 1-2
Corbin, Daniel; 1-4
Cheshire, Samuel; 3-5
Chrisman, Phillip; 2-3
Curtis, Jobe; 2-2
Cowden, James; 2-2
Conoroy, Edward; 1-2
Chinoweth, John Sen'r; 2-2
Clayton, Thomas; 1-3
Crampton, John; 1-1
Clayton, John; 1-1
Chenoweth, Jun'r; 1-2
Clutter, Joseph; 1-2
Cougill, Ewin; 1-2
Calvin, David & Malan; 2-2
Corbin, Umphry; 1-1
Corbin, David; 2-4
Cool, Herbert; 1-4
Cunningham, John; 4-2
Cooper, George; 3-4
Cheshire, John, **Ferry**; 0-2
Caudy, Evan; 1-1
Chenoweth, James; 1-1
Cheesman, William; 1
Cram, John; 1
Clutter, Jacob; 1-2
Carnes, Jacob, [Levy] **Clear**; 0-2
Carnes, George; 1-1
Carnes, John; 1-1
Cunnard, John; 2-4
Crock, John; 1-2
Cox, John; 1-1
Dimmitt, Moses; 1-4-1
Dimmitt, Beall; 1-4-1
Dawson, Abraham; 3-5-1
Delaplane, Isaac; 1
Day, William; 1
Davis, Samuel; 1-3
Devault, William; 1-1
Devault, Andrew; 1-2
Davis, Thomas, N.R.; 1-4
Doman, Jacob; 2-4
Dogherty, Robert; 1-2
Davis, Henry; 1-4
Dillon, Joseph; 1
Dawl, John; 1
Davis, Joseph; 1-2
Dorsey, Charles; 2-2

Dugan, Daniel; 1
Durough, John; 2-1
Dean, Robert; 1
Davis, Elijah; 1-2
Davis, Thomas; 1-1
Dunlap, William; 1-1
Dean, William; 1-1
Edwards, Thomas; 1-4
Errit, Christopher; 1-3
Engle, William; 1-1
Engle, Levi; 1-1
Engle, Joseph; 1-2
Engle, Martin; 1
Emmart, Jacob Sen'r; 2-3
Emmart, Jacob Jun'r; 1-1
Easter, John; 1-3
Ely, William; 1-5
Elliot, John; 1-3;
Ordinary Licence
Fitspatrick, Daniel; 2-3
Farmer, Thomas; 3-1
Furman, Aron; 1-2
Ferree, Corniluis; 4-7
Fauver, Henry; 2-3
Flin, Alexander; 1-1
Furman, John; 1-1
Foutsh, Hugh; 1-1
Frazier, Alexander; 1-2
Flemming, John; 3-3
Furman, David; 1
Furman, George; 1-1
Faus, Phillip; 1-3
Frye, Benjamin; 1-6; 1 Stud
Frye, Henry; 2-11-4
Frye, John; 1-4
Frizzel, Jason; 1-1
Frizzel, Loyd; 1-2
Frazier, John; 1
Fuke, John; 1
Fry, William; 1-2
Fox, James; 1
Ferree, Isral; 1
Flora, Thomas; 1-2
Flora, Isaac; 1-2
Farmer, Harry, Negro; 2-1
Fig, Thomas; 1-1
French, Robert; 1-2
Frank, John; 1-1
Flemmin, Alexander; 1-2
Golden, John; 1-1
Grey, William; 1-1

Ganoe, James; 1
Grapes, David; 1-2
Galloway, James; 1-2-1
Groves, Peter; 1-3; 1 Stud
Groves, Samuel; 1-1
Garrison, Joseph; 1-3
Grafton, Thomas; 1-3
Garner, Henry; 1-7-2
Ganoe, Stephen, Sen'r; 1-3
Ganoe, Stephen, Jun'r; 1-2
Gazaway, Robert; 2-3
Green, John; 1-4
Grooms, John; 1
Gard, Samuel; 1-3
Gaither, Ralph; 1-2
Garret, Benjamin; 1-3
George, Richard; 1-2
George, Jesse; 1-3
George, Ellis; 1-2
George, James; 1-2
Groves, Phillip; 1-2
Guler, Nicholas; 1-1
Grant, William; 2-3
Garman, William; 1-2
Gulick, Pherdinand; 1-3
Huff, Elisabeth; 0-4
Hoge, Israel; 1-4
Howard, Samuel; 1-2; 1 Stud
Howard, John; 1-1
Hardy, John; 1-1
Hardy, Rudolph; 1-1
Howman, John; 1-1
Hennings, John; 1
Hawk, Jacob; 1-5
Higgins, John; 1-4-2
Howard, John; 1
Hager, Samuel; 1-2
Hiett, John; 1-2
Higgins, Joseph; 1-1
Howe, Edward; 1-1
Hain, Adam; 1-2
Howard, Reason; 1-2
Henderson, Thomas; 1-1
Hot, Samuel; 1-1
Hannahs, William; 1-1
Hinds, Thomas; 1
Hislop, John; 1-1
Hartly, Thomas; 1
Henderson, David; 1-3

1802 Lower District Hampshire County Tax

Howard, Richard; 1
Henderson, Moses; 1-2
Huddleston, Nathan; 2-3
Hains, Joseph; 1-2
Hains, Henry; 1-2
Haws, George; 1-3
Hutchins, Joseph; 1
Hoober, Jacob, **Constable**; 1-5
Hatfield, Edward; 1
Hillyer, Robert & Thomas; 2
Hoge, Solomon; 2-3
Hoge, Samuel; 1
Hedges, Jonas; 1-4
Hill, James; 2
Hughs, Constantine; 1
Hill, Joseph; 1-0-1
Huffman, Adam; 1-1
Huffman, Christopher; 2-2
Hillburn, Henry; 1
Horn, George; 1-3
Horn, Henry, **Constable**; 0-3
Horn, Phillip; 1-2
Hiett, Evan; 4-7
Huffman, David; 1-2
Hartly, John, **Constable**; 1-2-1
House, James; 1
Hornbecker, John; 1-2
Hook, William; 2-5
Henderson, Sampson; 2-5
Hammick, John; 1-4; 1 Stud
Hotzenpiller, Henry; 1
Hickle, Tevault, Sen'r; 1
Hickle, Tevault, Jun'r; 1-2
Hickle, Stephen; 1-1
Hickle, Henry; 1-1
Higgins, James, **Ferry**; 0-3
Hobbs, John; 3-2
Hawkins, John; 2-1
Hawkins, John, Jun'r; 1
Hill, John; 1
Huffman, John; 1-2
Iliff, Robert; 1-2
Iliff, Stephen; 1
Ingold, William; 1

Ingle, Mathias; 2-5
John, Thomas; 2-1
Johnson, Thomas; 1-2
Johnson, William; 1-3
Johnson, John; 1-1
Jenkins, John; 1-1; 1 Stud
Jenkins, Evan; 2-3
John, Jesse; 1-1
Johnson, John, Sen'r; 1-2
Johnson, John, Jun'r; 2-4
Johnson, Joseph, L C; 2-4
Johnson, James; 1-5
Johnson, Joseph, **Big Cap'n**; 1-2
Johnson, Thomas; 1
Johnson, Eleanor; 0-3
Kerby, Nathan; 1-1
Kisner, Frederick; 1
Keran, Barney; 1-3
Kisner, Jacob Sen'r; 1-1
Kisner, Jacob, Jun'r; 1-1
Kline, Adam; 1-4
Kline, Phillip; 1-6
Kail, George; 1-4
Kail, George, Jun'r; 1-1
Kail, Peter; 1-2
Kail, Henry; 1
Keys, Catherine; 1-1
Keran, Patrick; 1-1
Kissler, Shaunsbough; 1-1
Kurts, Peter; 1-3
Kannady, John; 1-1
Keys, James; 1-2
Kirby, James; 1-2
Kump, Henry; 1-1
Kyter, George; 1-2
Kennedy, Hugh; 1
Kennedy, Isaac; 1-1
Lockhart, William; 1-3
Larew, Peter; 2-4-2
Loy, Daniel; 2-2; 1 Stud
Loy, John, Jun'r; 1
Lane, William; 1-2
Lane, Daniel; 1-3
Lane, James; 1
Lewis, Daniel; 1-3
Lewis, John; 1-5

Laramore, James, **Constable**; 0-3
Laramore, John; 1-1
Leeson, James; 1-1
Largent, John, Big Neck; 1-3
Little, George; 2-1
Lanton, Zachariah; 1
Linthicum, Archibald; 2-3-1
Larue, Hannah; 3-6
Larew, Cornelius; 1-1
Larew, Noah; 1-4
Lupton, Isaac; 4-5
Lupton, Jesse; 1-3; 1 Stud
Lupton, Asa; 1-5
Lupton, William; 1-1
Largent, John, Sen'r; 1-2
Largent, Moses; 1
Largent, John; 2-3
Largent, James; 1-5
Largent, Thomas; 2-1
Lafollet, William; 1-2
Lafollet, George; 1-1
Leigh, Stephen; 2-1
Leigh, Levi; 1-1
Lafollet, Isaac; 1-1
Lovett, Elias; 1-1
Lang, Stansberry; 1-1
Loy, John; 1-2
Largent, Lewis; 1-2
McBride, Alexander; 1-2
McKinley, Hugh; 1-1
Mathew, John; 1-2
Mathew, James; 1-2
Mathew, Levi; 1-1
McKernan, Peter; 1-1
Martin, George, Sen'r; 3-7
Martin, George, **Constable**; 0-3
Meekins, James; 1-3
Monroe, James; 2-3
Millison, John; 2-3
Millison, Benjamin; 1-1
Millison, Isaac; 1
McDannel, Gibson; 2-3
Michal, Jacob; 1-4
Michal, George; 1-2
Michal, Frederick; 2-7
McBride, James; 3-3

1802 Lower District Hampshire County Tax

Moore, James; 2-4-1
McKeever, Paul; 3-7
McKeever, John; 1-2
Michal, Henry; 1
McBride, John; 2-5-2
Magowen, William; 1-0-1
McKave, John; 1-2
Miller, William, Sen'r; 1-2-1
Miller, William, Jun'r; 1-2
McDonald, George; 1-1
McKinly, John; 1-2
McDonald, James; 1-2
Minier, Isaac; 1-2
Mail, George; 1-1
McPherson, James; 1
Miller, John; 1
McBride, Robert; 1-2
Murphy, Walter; 1
Moreland, William; 2-3-1
Mail, Bill; 1
Mail, Dick; 1
Medley, William; 1
Middleton, William; 1
Mason, Gideon; 1-1
Murphy, William; 1-1
Monroe, John; 1-7-3; 1 Stud
McDannel, Benjamin; 1-2
Moore, William; 1
Milslagle, George; 3-4
Myers, Jonathan; 1-2
Myers, William; 1-2
Myers, George; 3-4
McDonald, Donald; 1-3-3
Mitchel, Hugh; 3-5-1
McDonald; Angus; 1-6-7
McMahon, John; 1-2
Martin, John; 2-7
McVicker, William; 1-3
McVicker, Duncan; 2-5
Mauzy, Peter & John; 2-9-3
McVicker, John; 1-1
Mason, Thomas; 1-3
McBride, Thomas; 1-4
Moreland, Elisha; 1
Moreland, Richard; 1-1
Moreland, William H; 1-1
Milslagel, Jacob; 2-4
Newland, Isaac; 2-1
Nelson, Ross; 1-2

Nelson, James, **Tear Coat**; 1-1
Newbanks, John; 1-3
Nelson, James; 2-4
Nelson, Richard; 2-1; **Ordinary Licence**
Nixon, George; 1-1
Nicholson, Thomas; 1
Oqueen, James; 2-3-1
Osburn, Charles; 1-3
Obeian, Dennis; 1
Oats, Jacob; 3-3
Ohauver, George; 3-2
Offord, John; 1
Orandaff, Benjamin; 1
Otrong, John; 1-1
Ogan, Peter; 1-2
Ogan, Samuel; 1-1
Orm, Thomas; 1-1
Pierce, Daniel; 2-3
Pickering, Enos; 1
Plunket, Henry; 1
Parish, William; 1-3
Parke, James; 1
Paler, Frederick; 1
Parker, Robert, **Constable**; 0-3
Peppers, Henry; 1-3
Pugh, Robert, Jun'r; 1-4
Pugh, Robert, Sen'r; 1-1
Pugh, Jacob; 1-2
Pugh, Abraham; 1-1
Pilson, William; 1-1
Pettet, Thomas; 1-4
Poland, Samuel; 1
Poulison, Charles; 1-2
Peters, John; 1-2
Parke, Amos, Sen'r; 1-3
Powers, Stephen; 1
Pugh, Ellis; 1
Pownall, Isaac; 2-5
Pownall, Elisha; 1-4
Pownall, John & Jonathan; 2-5
Pownall, George; 3-5
Pig, Thompson; 2-1
Pennington, Elijah; 1-3
Parrel, William; 1-3
Powel, James; 2-2
Patterson, James; 2-4
Pool, William, **Constable**; 2-4
Parker, Garret; 1-2

Pugh, Jonathan; 1-3
Powers, Stephen, Sen'r; 2-2
Pugh, Jesse; 2-4
Parker, John; 1-1
Parke, John; 2-6
Pugh, Mishael; 1-3
Pugh, Joseph; 1-4
Pugh, Bethuel, Sen'r; 1-3
Pugh, Bethuel, Jun'r; 1-1
Peppers, John; 1-4
Parrel, John; 1-4
Pugh, Malan; 1-1
Pugh, Jesse, **North R**; 1-2
Pugh, Hamariah; 1-3
Pugh, David; 1-2
Peters, Phillip; 1-3
Peters, Joshua; 1-2
Peters, Phillip; 1-2
Parker, William; 1
Parrel, Edward; 1-4-1
Parrel, Joseph; 1-1
Parke, Samuel; 1-1
Poston, Elias, **Ferry**; 0-7-1
Poulison, John; 1-2
Parke, Amos; 1-2
Poulison, Cornelius; 1-2
Parke, Timothy; 1-1
Poulison, Rynier; 1-2
Pennington, Jacob; 2-3
Parke, Samuel, Sen'r; 2-4
Poston, William; 1-1
Poston, Samue; 1-3
Queen, Jonah; 1-3
Queen, John; 1-3
Richmond, William, **Ferry**; 0-1
Robison, Charles; 2-3
Roby, John; 1-2
Rine, John; 1
Rinehart, Henry; 1
Rinehart, John; 1-1
Rinehart, Abraham; 1-1
Rosenberry, John; 1-2
Ruckman, John; 1
Ruckman, Samuel; 2-5
Ruckman, Richard; 1-3
Reeder, William; 2-3

1802 Lower District Hampshire County Tax

Robison, John; 1-2
Robison, Richard; 1-2
Rinnard, Abraham; 1-1
Reed, Jeremiah; 3-5
Rison, Thomas; 1
Rison, Rawley; 1
Rinehart, Abraham, Sen'r; 1-3
Royce, John; 1-1
Royce, Daniel; 2-2
Roush, John; 1
Robison, John; 2-3
Reiser, Jacob; 1-1
Rosebough, John; 1-1
Rogers, Owen; 1-6
Rinker, Samuel; 1
Ruckman, Thomas; 1-5
Ruckman, John; 1
Ruckman, Jacob; 1
Ruckman, Peter; 1-1
Ruckman, Samuel son of Thos; 1-2
Shin, David; 1-2
Savill, Thomas; 1-3
Syler, Jacob; 1-3
Simpson, David, **Constable**; 0-3
Smith, John; 1-3
Smith, Richard; 1-1
Shocky, David; 1-2
Slonuker, Christian; 1-2
Slocum, John; 1-3
Smoot, John; 1-3
Sharfe, George; 1-4
Sabring, John; 1-1
Starn, Joseph; 1-4
Shank, Phillip; 1-1
Shank, George; 1-2
Smoot, Barton; 1-2; 1 Stud
Starn, John; 1-3
Stutsman, John; 1-4
Shafer, Martin; 2-4
Size, Abraham; 1-1
Saville, Joseph; 1-2
Saville, Oliver; 1-2
Summers, John T; 2-2
Seechrist, Frederick; 2-5
Switzer, Valentine; 1-1
Swiger, Jacob; 1-3
Saterfield, William; 1
Spade, George; 3-4

Simpkins, Gassage; 1-1
Sutton, Samuel; 1
Sutton, Zacheriah; 1-3
Slane, James; 1-5
Simpson, Thomas; 1
Shinholt, Peter, Sen'r; 1-2
Shinholt, Peter, Jun'r; 1-2
Starky, William; 1-1
Slack, James; 1-2
Slack, Henry; 1-1
Stoker, John Junr; 1-2
Sherwood, John; 2-2
Short, Isaac; 2-4
Slyder, Joseph; 1-1
Slane, Benjamin; 1-4
Slane, Hugh; 1-2
Slane, Thomas; 1-2
Slane, John; 1-4
Sims, Thomas; 1
Shanks, Joseph; 2-4
Shanks, John; 1
Sowders, Michael; 1-2
Short, John; 1-3
Stephenson, Thomas; 1
Saterfield, James; 1-1
Slonuker, John; 1-2
Smith, James; 1-5
Smith, Timothy; 1-5
Selby, Joshua; 1-2
Selby, Nathan; 1
Selby, John; 1-2
Selby, Nathan, Sen'r; 1-2-1
Simmons, Richard; 2-1
Smith, George; 1-1
Sterrett, William; 1-5-2
Swan, Edward; 1-1
Swan, Edward E; 1
Stoker, John, Sen'r; 2-3
Starkey, George; 1-1
Starkey, Frederick; 1-4
Switzer, John; 2-4
Solomon, Thomas; 1
Stephen, David; 1-1
Simmons, Charles & Jonathan; 2-2
Silkwood, Solomon; 1-2
Shinholt, Jacob; 1-1
Stephens, James; 1
Thompson, Jeremiah; 1-3
Thomas, Isaac; 1

Torrence, John; 2-3
Thompson, John, **Little C**; 1-5-3
Tucker, Thomas, Jun'r; 1-3
Thompson, John, **Scotch**; 1
Triplet, Joseph; 1-1
Turner, Phillip; 2-2
Taylor, John; 1-3
Timbrook, John; 1-2
Tylor, Jervais; 2-2
Treagle, Samuel; 1-2
Thompson, Joseph; 1-4
Thomas, John; 1-2
Tucker, Thomas, Sen'r; 2-6-7
Tucker, Joseph; 3-4
Thompson, James; 1-2
Tharp, John; 1-2
Treagle, Edward; 1-2
Treagle, William; 1
Throcmorton, Gabriel; 1
Taylor, William; 1-2
Tallman, Peter; 1
Titus, Tunis; 1-4-1
Taylor, Richard; 1
Thompson, John, **Constable**; 1-8
Vanarsdal, Abraham; 2-3
Vanarsdal, Garret; 1-2
Vanarsdal, Abraham, Jun'r; 1-1
White, Francis; 1-4-2
Woolery, Henry; 1-2
Wydmire, Michael; 1-2
Williams, Benjamin; 1-2
Withrinton, John **Constable**; 1-4
William, Thomas; 1-9
Warton, Zachariah; 1
Woolford, John; 1-3
Wallace, John; 1-3
Wolverton, Joel; 1-1
Wise, Frederick; 1-2
Williamson, Samuel; 1-4
Wilson, Henry S; 1-1; 1 Stud
Wingate, James; 1
Wilcox, Stephen; 1-2
Williamson, John; 1-2
Williamson, Samuel (Howard); 1-2

White, John; 1-2
Winterton, John; 2-4
Williamson, Mary; 0-1
Williamson, Thomas; 2-1
Williamson, William; 1-3
Whiteman, Jacob; 2-3
Ward, John; 2-5
Workman, Peter; 1-1
Young, John; 1-2
Yates, Joseph; 1-1

The foregoing contains true and just return of the tithables and taxable property in the Lower District of Hampshire County for the year 1802. John Slane C.R.T.

Joseph Berry one Merchants Licence commencing May 1, 1802, $15.00

Recapitulation:

872 White Tithables
57 slaves above 16
11 slaves above 12 and under 16
68 slaves in all at 44 cents
1537 horses at 12 cents each
10 stud horses
2 ordinary licences at 12 1/2 dollars each
1 merchant licence at 15.00

1802 UPPER DISTRICT OF HAMPSHIRE COUNTY – DANIEL SLANE

Allen, Nathan; 1
Allen, David; 1-8-1
Abernathy, Samuel; 1-2
Abernathy, William; 1-2
Arnold, Zachariah; 1-3
Arnold, Samuel; 1-3
Athey, Thomas; 1-5
Allen, Robert; 3-4-1
Armstrong, Andrew; 1-1
Arnold, Daniel; 1-4
Adams, John; 1-1
Adams, Gersham; 1-4
Adams, Jacob; 1-3
Adams, Thomas; 2-1
Armstrong, William; 0-4
Ashton, Alexander; 1-3
Anderson, Thomas; 3-7
Anderson, William; 1-2
Abernathy, John; 2-4
Abernathy, William; 1-2
Arnhalt, Adam; 1-1
Abernathy, John Jun'r; 1-2
Abernathy, James; 1
Abernathy, Samuel; 1
Ashby, Jeremiah; 2-1-3
Anderson, James; 1-1
Aires, Richard; 1
Bennet, Sylvanius; 1-1
Brady, William; 1
Blue, John; 2-6-1
Blue, Barnibas; 1-1
Burton, Abednigo; 1-1-1
Beckwith, Samuel; 1
Burress, William; 1
Bray, Samuel; 1-4-2
Beer, Peter; 1
Buffington, William; 2-9-2
Blew, John; 2-3
Bean, Jesse; 3-2
Beatty, Henry; 1-2
Beatty, Charles; 1-9
Bartlow, Johnson; 1-6
Beatty, John; 1-2
Briggs, Joseph; 2-8
Blue, Garret; 1-5
Blue, Michael; 3-5-1
Beard, James; 1-1

Brown, Isaac; 1
Brinker, Henry; 1-1
Burton, William; 1-1
Brown, Samuel; 1
Bryan, John; 1-4
Bookless, William; 1-1
Bookless, David; 1-3
Ballentine, Hugh; 2-2
Buffington, David; 1-1
Beaver, Peter; 3-3
Bysor, Jacob; 1-3
Bysor, John; 1-2
Barnes, George; 1-1
Berger, Simon; 1-3
Berger, Adam; 1-1
Beard, George; 3-2
Blue, Uriah; 3-7-2
Brown, John; 1-1
Brookhart, Abraham; 1-1
Beatty, George; 1-5
Basket, William; 1-1
Brookheart, John; 1-4
Bosley, James; 2-5
Brookhart, Jacob; 3-4
Brookhart, Phillip; 1
Bevan, Samuel; 1-1
Brookheart, Michael; 1
Brown, John; 1-1
Burbridge, Mary; 0-5-2
Benjamin, a free Black; 1
Black, James; 1
Brees, Margaret; 0-2
Brookhart, Abraham; 1
Bonam, Zachariah; 1-4
Busby, Mathias; 1
Boyd, John; 1-2
Baker, Michael; 1-3
Beall, Middleton; 1-1-1
Bowman, George; 1-2
Butler, Jacob; 1
Barnhouse, Henry; 2-1
Bond, Thomas; 1-3
Barrack, Jacob; 2-2
Bogle, Andrew; 1-1
Bogle, Thomas; 1-1
Bean, John; 1
Bussy, John; 1-2
Bayless, Edward; 1-4

Beall, Bazwill, free Black; 1-1
Baker, William; 1-1
Baker, John; 1-2
Baker, Joseph; 1-2
Baker, Widow; 2-4
Brown, Elias, a free Black; 1
Bishop, Noah; 2-4
Black, Daniel; 1
Burns, John; 1-1
Cavender, Garret; 1-1
Carruthers, James; 1
Craybill, David; 2-7
Cochran, James; 1
Cresap, Thomas; 1-5-3
Chew, Joseph; 1
Corn, Timothy; 1-6
Carder, Abot; 1
Cook, William; 1
Corbin, John; 1
Campbell, Archibald; 1-3
Chew, James; 1
Cuningham, James; 1-6-4
Craybill, Jonathan; 1-2
Cannon, Leonard; 1-2
Collins, Thomas; 1-7-1
Chopson, George; 1
Colvin, Robert; 2-4
Chew, Coleby; 1-2
Curlet, William; 1-1
Carruthers, George Sen'r; 1-2
Clark, William; 1-1
Clark, James; 1-1
Crossley, John; 1
Campbell, Rooney; 1-2
Cline, Phillip; 2-6
Carruthers, George; 1-1
Cutler, Edward; 3-1
Combs, Daniel; 1-2
Crossley, Henry; 1-1
Childs, John; 1-1
Coon, David; 1-3
Collins, Pratt; 1
Cowen, William; 1-3
Craphias, Widow; 1-1
Cuningham, Benjamin; 1
Calmes, George; 1-6-5

33

1802 Upper District Hampshire County Tax

Clark, James; 1-12
Cornet, Thomas; 1-1
Canby, Samuel; 1-1
Canby, Thomas; 1-1
Curry, Jesse; 1
Cooper, Thomas; 1-3
Cooper, Widow; 0-2
Cossity, Benjamin; 1-1
Cerby, John; 1-1
Clark, Samuel; 1-4
Clark, Archibald; 1-2
Clark, Gabriel; 1
Cundiff, John; 1-1-1
Cundiff, John, Jun'r; 1-1
Cook, Nicholas; 1-1
Cash, Robert, a free Black; 1
Coulter, Samuel; 1-1
Charles, a free Black; 1
Collins, Daniel; 1-8-3
Donaldson, William; 4-9
Day, Emory; 1
Davis, Walter; 1-1
Davis, Elijah; 1
Dailey, James; 2-2-2
Dowden, John B; 1-1
Davis, Ely; 1-1
Decker, John; 3-7-4
Dowden, John; 1-3-3
Dolohan, Daniel; 3-4
Dolohan, Michael; 1-2
Dean, Thomas; 1-5
Dailey, John; 1
Dyer, Edward; 1-1-2
Douthart, Daniel; 1-1
Douthart, John, Sen'r; 1-9-2
Dodson, William; 1-2
Duling, William, Sen'r; 2-5
Davis, Samuel; 4-4
Dyer, Nathaniel; 1-1
Dobbins, Thomas, Sen'r; 1-2
Dobbins, Thomas, Jun'r; 1-2
Dobbins, Samuel; 1
Dunlap, Samuel; 1-2
Dyal, Amos; 1
Douthart, John, Jun'r; 1-3-1
Dunn, Ephraim; 1-2-2
Dunn, Lewis; 1-4-2
Doyal, Pillip; 1
Dowlin, Geo; 1-2
Dawson, Robert; 1-1
Dayton, Isaac; 2-2
Davidson, John; 1-1
Duling, William, Jun'r; 1
Daniels, Dennis; 1-2
Dunn, Thomas; 2-3-1; 1 Stud came into this county from the state of Maryland since the ninth day of March last.
Dumy, William; 1-3
Dougherty, John; 1
Davidson, John; 1
Davis, Joseph; 1-3-1
Dawson, Thomas; 1-1
Dodson, Thomas; 1-1
Dodson, William; 1-2
Dodson, Manuel; 1
Dull, Abraham; 1-1
Davis, Augustine; 1
Doran, Alexander; 1-4
Earsom, Jacob; 1
Earsom, John, of Jacob; 1-1
Earsom, Simon; 1-7-1
Earsom, John; 1-3
Engle, Peter; 2-3
Eller, Daniel; 1
Elifrits, George; 2-2
Emmerson, Abel; 2-1
Emmerson, Thomas; 0-11
Edwards, Stouton; 1-1
Eversole, Peter; 1-5
Eversole, Abraham; 1-4
Emory, Edward; 1-5
Edwards, John; 1
Eckhart, Henry; 1-1
Easton, John; 1
French, William; 1-1
Foreman, William; 1-4-1
Fox, William; 1-18-4
Fleming, Patrick; 1-3-1
Fink, Frederick; 2-5
Foster, Archibald; 1-1
Foley, William; 1-4
Fidler, Jacob; 1-4
Fowler, Zachariah; 1-1
Fidler, George; 1-7-2
Franks, Henry; 1-2
Fitzgerald, Thomas, Jun'r; 1-1
Fitzgerald, Thomas, Sen'r; 1-1
Florence, William, Jun'r; 3-5-4
Fleck, Henry; 3-6
Flin, John; 1-2
Fleck, Jacob; 1-2
Fleck, John; 1-1
Fuller, William; 1-1
Fetter, John; 1-1
Foley, Henry; 1-1
Flood, John; 1-3
Fletcher, Thomas; 1
Fail, George; 1
Firby, Benjamin; 1
Fuller, Thomas; 1-1
Fout, Michael; 1-2
Glaze, Conrod; 1-2
Greenwell, Thomas; 1-7-3; 1 Stud
Gaither, Elijah; 1-4-2
Goff, John; 1-3
Galaspy, Michael; 1-1
Gano, Isaac; 1
Grace, Phillip; 1
Grant, James; 1
Gawt, John; 1-3
Good, Abraham; 1-3-1
Grayson, Ambrose; 1-1
Good, Isaac; 1-1
Glaze, George; 4-6
Grayham, Arthur; 1-1
Greenwell, Elijah; 1-5-2
Gooseck, John; 1-2
Good, Peter; 1-2
Groom, Ezekiel; 1-4
Gray, Friend; 2-3
Gray, Caleb; 1
Griffee, David; 1-2-2
Grifee, David, Jun'r; 1
Griffee, Samuel; 1
Goolsby, Benjamin; 1
Goolsby, Thomas; 1-3
Garret, James; 1-1
Grim, Christian; 2-3
Gill, Moses; 1-2
Goldsmith, Benoni; 1-2
Gibson, James; 1
Hudson, James; 1-3
Higgins, John; 1-4-1
Hines, Henry; 1-2

1802 Upper District Hampshire County Tax

Hunter, John; 1-1
Hilley, Frederick; 2-4
Hartman, Henry; 2-5
Heinzman, Henry; 1-7-4; Ordinary Licence
Houser, Charles D; 2
Humes, Andrew; 1-5-2
Huffman, Aaron; 1-5
Herriott, John; 1-2
Hinkle, John; 1
Hiesler, Jacob; 2-1
Hamilton, John; 1
Henderson, John; 1-1
Herriott, Ephraim; 1-3
Herriott, William; 1-2
Hillman, Richard; 1-4
Hoffman, Conrod; 1-1
Hoffman, Conrod, Jun'r; 1-5
High, John, Jun'r; 1-4
High, Henry; 1-4
High, Frederick; 1-5
Honeyman, Charles; 1-2
Hawk, Henry; 2-7
Hawk, Abraham; 1-2
High, Jacob; 1-3
Haines, George; 1-1
Hartman, William; 1
Hartman, Henry, Jun'r; 1
Hill, Casper; 1-1
Hill, George; 1-1
Hill, Walter; 1-1
Halbert, William; 1-2
Harness, Solomon; 1-8
Hurshman, Phillip; 3-3
Hill, Charles; Jun'r; 1-3
Hill, Charles, Sen'r; 1-1
Hull, Benjamin; 1-3
Hogan, Thomas, Jun'r; 1-2-1
Hunter, Patrick; 3-5
Hatten, Samuel; 2-2
Hudson, John; 1
Hurchman, Christopher; 2
Hill, Leroy; 3-6
Hill, William; 1-2
Hickman, Joseph; 2-4
Hopwood, Daniel; 1-2
Hatten, Charles; 1-1
Hatten, John; 1-2
Hawkins, Jonathan; 2-1
High, John; 1

Hedley, Jacob; 1-2
Hilton, Francis; 1; one stud five dollars which was brought from another state since the ninth day of March last, the tax payable immediately in consequence of their not complying with the law.
Houser, Lewis; 1-7-3
Hider, Adam; 2-4-2
Holliback, Daniel; 1-3
Holliback, Abraham; 1-1
Holliback, Thomas, Sen'r; 3-6
Harsle, Peter; 3-2
Hood, John; 1-1
Harvey, William; 1-3
Holliday, Richard; 1-4-5
Hively, John; 1-1
Hough, John; 1
Hammond, James; 1
House, John; 2-3
Heater, Michael; 1-2
Heater, Solomon; 1-3
Hissong, Peter; 2-2
Hunter, Richard; 1-3
Holliback, Thomas, Jun'r; 1-1
Holliback, Jacob; 1-2
Howard, John; 1
Howard, William; 1-1
Havier, Christian; 1
Hooker, John; 1-1
Hough, Mathias; 1
Hammrick, Siras; 1-1
Harrison, Joseph; 2-2
Hogan, Thomas, Sen'r; 1-3-8
Hamman, John; 1-1
Hamilton, Henry; 1-2; a free black
Inskeep, William; 1-10-2
Jervis, Robert; 1-1
Jervis, Richard; 1
Jacobs, John J, Sen'r; 3-7
Johnson, Isaac; 1-3-1
Jacobs, John J, Jun'r; 1
Junkins, Richard; 1-1
James, Thomas; 1-1

Jack, John; 1-3-1
Johnson, Okey; 4-9-3
Jones, Daniel; 1-1
Johnson, Bailey; 1
Jones, John; 1-5
Johnson, Abraham; 1-3
Jones, Abel; 1-1
Jones, Sarah; 1
Jones, Abraham; 1-3
Jones, David; 1-4
Jones, Aaron, Jun'r; 1
Jones, Peter; 1-1
James, Rodham; 1-3
Johnson, Catherine; 1-5-3
Johnson, Abraham, Jun'r; 1
Johnson, Samuel; 1-1
Jinkins, Thomas; 1-1
Jones, Samuel; 3-5
Jacobs, Joseph; 3-1
Jenny, William; 2-14-4
Jones, Jonathan; 1
Jones, Joshua; 1-3
Jones, Moses; 1-1
Junkin, William; 2-3
Inskeep, James; 1-15; 1 Stud
Jones, James; 1
Jones, Isaac; 1-1
Jones, Thomas; 1-3
Inmire, Robert; 1
James, a free Black; 1
Kuykindall, Isaac; 1-10-2; 1 Stud
Kuykindall, Abraham; 1-9-2
Kent, John; 1-2
Kent, Silas; 1
King, Alexander; 1-4-1
Keller, John; 1-2
Keller, Daniel; 1
Kitts, Henry; 1
Kyle, Robert; 1-5-1
Kite, Samuel; 2-2
Kiger, George; 3-10-2
Kite, James; 1
King, George; 1-3
Kenedy, Samuel; 1-3
Long, John; 1-6
Lawson, John; 1-3-4
Landes, Samuel; 1-4
Linn, William; 1-1

1802 Upper District Hampshire County Tax

Long, Jacob; 3-4-1
Laubinger, George M; 1-1
Lyle, John; 1-1-1
Logan, John; 0-1
Lawson, Thomas; 1-4-1
Lizenby, Thomas; 1-3
Lizenby, William; 1-1
Ludwick, Leonard; 2-2
Liller, Henry; 1-3
Long, Jacob; 1-4
Lee, William; 1
Lemaster, Richard; 1
Ludwick, Jacob; 1-3
Landes, Rudolph; 4-14
Long, David; 2-3
Lewis, John; 1-3
Lyon, John; 2-4
Lyon, Elijah; 1-1
Lees, Andrew; 2-3
Lees, William; 1-1
Lees, Jacob; 1-3
Ledman, John; 1
Lees, John; 1
Lazarus, a free Black; 1
Long, Thomas, Sen'r; 1-1
Leatherman, Nicholas; 2-2
Leatherman, Lewis; 1-2
Leatherman, Peter; 1-1
Leatherman, Daniel; 1-1
Long, Thomas; 1
Lucas, Vilator; 1-3
Leman, James; 1
Lyon, James; 1-1
Lilley, William; 3-3
Lloyd, Elisha; 1-1
Murphy, James; 1-1
Murphy, Francis; 1-6-1
Murphy, John; 1-5
Marshal, David; 1
McCracken, Virgil; 2-4-1
Martin, Luther; 1-19
Martin, James Esq; 4-14-2
McLaughlin, Daniel; 1-5
Mourin, Blair; 1-4
Mullady, Thomas; 1-3
Mouser, Jacob; 1-1;
  Ordinary Licence
Means, Isaac; 2-4
Miller, George; 1-5-1

McGuire, Robert; 1; 1 Stud
Montgomery, Mathew; 1
McCartney, Thomas; 1-1
McCartney, John; 1
McAlister, James; 1-6-3
McCarty, Colonel Edward; 3-12-9
McDonald, Peter; 2-2
McNamar, Adam; 1
Mills, William; 1
McCrea, James; 1
McMeekin, John; 1-2-2; 4 wheel coach
Mouser, James; 2-1
Mouser, Peter; 1-2
Miller, Daniel; 1-2
Miller, Henry; 1-4
McCowen, John; 1-2
Miller, Ruben; 1-2
Miller, William; 1-1
Miller, Elisabeth; 0-1
Merritt, Michael; 1-3
Miller, George; 1-1
Moore, Abraham; 1
Moore, Jacob; 1-2
Moore, George; 1-2
Miller, Henry; 2-3; 1 Stud
Mitchel, John; 2-12-1
McGarrily, James; 1-1
Mitchell, James; 1
Means, Isaac, Jun'r; 3-3
Marsh, Elisabeth; 1-2
McKee, James; 1-1
Miller, Isaac Esq; 3-23-2
Martin, Joseph; 1-1
Martin, James; 2-6
McNeary, Ebinezer; 1-2
McGowen, William; 1-2
Martin, John; 1-1
McBride, John; 2-5
Moore, John; 1-1
Mariatta, John; 1
McCauley, Cornelius; 1-2
McDougle, James; 2-1
Miller, Michael; 2-4-2
Marsh, Siras; 1-1
Milts, John, Sen'r; 1-1
Milts, John; 1
Monrow, Robert; 2-4
Mayfield, James; 1-1
Madden, John; 2-2

McDonald, John; 1-3
Madden, Nathan; 1
Madden, Rosewide; 1
Moses, a free Black; 1-2
Monnett, Abraham; 2-3
Monnett, Thomas; 1-1
Madden, Joseph; 2-4-2
McNeal, John; 1-1
Malahon, Rawleigh; 2-2
McCormick, James; 1
Martin, John; 1-2
Martin, Edward; 1-4
Metheny, Jesse; 1-1
Miller, John; 2-2
McCauley, John; 1-2
Metheny, Fredrick; 1-2
Metheny, Elias; 1-2
Monks, Thomas; 1-1
Mosley, James; 3-5-1
McChesney, William; 1-1
Moore, Ely; 1
Metheney, Morris; 1-1
Metheney, Thomas; 1
Mondle, Rob't, a free Black; 3-1
McKinney, Samuel; 1
McDoughal, James; 2-1
Nash, John; 1-1
Newman, John; 1
Newel, William; 1
Nailer, William; 1-1-1
Nelson, George; 2-4
Newman, George; 1-2
Newman, William; 1
Newman, Margaret; 1-7
Newman, Solomon; 2
Newman, Samuel; 1-3
Newman, Christopher; 1-2
Neal, Benjamin; 0-1
Nelson, John; 1
Norman, John; 1-1
Neff, John; 1; 1 Stud
Nixon, Jonathan; 1-5
Neff, Abraham; 1-5
Newhouse, Benjamin; 1-1
Newhouse, Thomas; 1-3
Neal, Barton; 1-3
New, Henry; 1-1
Neal, John; 1
O'Harrow, James; 1-1
Odle, Caleb; 1-2
Odle, William; 4-4

1802 Upper District Hampshire County Tax

Orchard, Thomas; 1-1
Parker, Robert, Jun'r; 1-7-4
Patrick, Alexander; 1
Price, Nathan; 1
Parker, Peter; 1-10-2
Parker, Thomas; 1-1
Powelson, Henry; 1-2
Perrine, Patrick; 1-5
Peatt, Cornelius; 1-2
Peatt, Moses; 1
Pilcher, William; 2-3
Potts, David; 1-3
Parker, Robert, Sen'r; 1-8-5
Poland, John, Sen'r; 3-5
Poland, John, Jun'r; 1-2
Poland, Amos; 1
Parker, Benjamin; 1
Parker, Solomon; 1-6-1
Parker, James; 1-3
Parker, Absalom; 1-3
Plum, John; 1-4-1
Plum, John, Jun'r; 1-3
Plum, Abraham; 1-3
Powelson, Abraham; 1-3
Parsons, David; 1-9-2
Parsons, Thomas; 1-6-4
Parker, John; 1-2
Parker, Jacob; 1-3
Parker, Jonathan; 2-3
Parker, Henry; 1-2
Peatt, William; 1
Potts, James; 1-1
Prichard, George; 1-3
Purgett, Henry; 1-1
Price, John H; 1-3-3
Pilcher, Stephen; 1-1-1
Purgett, John; 1-1
Purgett, Jacob; 1-6
Pilcher, James; 1-2
Purgett, Frederick; 1
Purgett, Jacob Junr; 1-1
Parker, Benjamin, Sen'r; 1-6-2
Parsons, James; 1-14-3
Price, Arjalon, Sen'r; 2-5-3
Price, George W; 1-1
Price, Arjalon, Jr; 1-2
Pearce, Benoni; 1-1
Pullen, Thomas; 1-3
Piersall, John; 1-12-6

Parker, Jonathan; 1-2-1
Peck, Thomas; 1
Perril, Basil; 1-1
Plank, Jacob; 1
Pancake, John; 1-2
Putman, Jacob; 1-2
Putman, Phillip; 1
Putman, Peter; 1-1
Paugh, William; 1-2
Price, William; 1
Pigman, Mathew; 1-3
Peters, John; 1-2
Peters, John Jun'r; 1-2
Plummer, Obediah; 1; a free Mullatto
Paugh, Michael; 1-1
Paugh, John; 2-2
Polland, Andrew; 1-1
Quin, Andrew; 1
Quaintance, Joseph; 3-5
Quin, Patrick; 1-1
Rector, Conway; 1-5-1
Rhodes, Thomas; 2-2
Rannels, John (Rev); 1-1
Rogers, Martha; 0-0-1
Roberts, Gersham; 1-1
Rees, William; 1-2
Ray, Charles; 1-6
Rannels, Robert; 1-5
Rannels, James; 1-5-1
Roberts, William; 1-3
Roberts, Elijah; 1-1
Raridan, Richard; 1
Reed, James; 1-1
Rickey, William; 1-3
Rodtrock, Andrew; 1-2
Rodtrock, Daniel; 1-1
Rannels, Pelly; 1-2
Rodtrock, Lewis; 1-1
Rollins, Benjamin; 2-2
Ravencroft, William; 1-1
Reasnor, John; 1-2-1
Rodtrock, Abraham; 1
Rinkard, John; 1
Right, James; 2-1
Reed, William; 1-2
Rogers, William, Jun'r; 1-7
Rogers, William, Sen'r; 1-6
Rogers, James; 1-2
Reasnor, Widow; 0-2-2
Reasnor, Peter; 1-1

Rinkard, George; 1-3
Reasnor, John; 1-4-1
Randall, James; 1
Rees, Thomas; 2-2
Roseboom, Hindrick; 1-6
Rannels, John; 1-1
Rollins, Moses; 1-10-5
Reck, Jacob; 1-1
Reed, George; 2-3
Ravensroft, Samuel; 0-3
Ravencroft, Francis; 2-2
Ravencroft, John; 3-10-2; 1 Stud
Riley, Widow; 2-1
Ravencroft, John Jun'r; 2-2
Rinker, John; 1
Reed, Jacob; 1-2-1
Spillman, William; 1
Sprigg, Osburn; 1-18-10
Stone, Henry; 1
Sibard, Barney; 1
Short, William; 1-4
Savage, Patrick; 1-1
Smith, Pusy; 1
Sicock, William; 1
Slone, Richard; 1-2
Sands, John; 1
Shannon, Thomas; 1
Shores, Landers; 1-1
Smith, Michael; 1-2
Smith, Peter; 3-7; 1 Stud
Shaffer, Christopher; 1-4
Shoff, John; 1-3
Smith, William; 1-2
Smith, William, Sen'r; 2-4
Stimmel, Yost; 1-4
Sanford, Widow; 0-6-6
Stagg, George; 1
Six, George; 2-3
Spurling, Jesse; 1
Spencer, John; 1-2
Stover, Christopher; 1-1
Scadden, Thomas; 1-4
Six, John; 1-1
Shamlin, Isiah; 1-1
Smith, John; 2-7
Sage, Samuel; 1
Stover, Dan'l, Sen'r; 1-1
Stover, Dan'l, Jun'r; 1
Smith, Aaron; 1-1
Sheetz, Michael; 2-1

1802 Upper District Hampshire County Tax

Taylor, John Junr; 3-5-3
Taylor, Simon; 1-6-5
Taylor, John, Sen'r; 1-3
Taylor, Charles; 1-2
Tracy, Nathan; 1-1
Tom, Abraham; 1
Taylor, Dan'l; 2-2
Thompson, Abraham; 1-3
Tompson, William; 1-2
Tompson, John; 2-3
Taylor, Thomas; 1
Taylor, William; 1
Tevoy, Stephen; 1-2
Taylor, Thomas; 1-7
Tompson, Dicks; 1-1
Thomas, Samuel, Sen'r; 1-3
Thomas, Samuel, Jun'r; 1-1
Thrasher, Benjamin; 1
Totton, Samuel; 1-2
Taylor, George; 1-2
Taylor, William; 1-1
Tompson, Samuel; 1
Thomas, Benjamin; 1-2
Taylor, Tha's (PaddyTown); 2-2
Tobias, Thomas; 1; a free Black
Tompson, Elton; 1
Thomas, Moses; 1-2
Tunkle, Henry; 1-1
Taylor, Thomas; 2-2
Tuley, Abraham; 1
Towbridge, John; 1-1
Thomas, Robert; 1-2
Umstot, Jacob; 1-1
Umstot, Peter; 3-5
Utt, Christian; 1-2
Vansickle, Daniel; 1
Vause, William; 3-19-4
Vandivear, William; 3-15-9
Vandivear, William; 1-6-2
Vanmeter, Isaac; 2-13-3
Vandivear, Lewis; 1-6
Vandivear, Jacob; 1-1
Walker, James; 1-3
Walker, Andrew; 2-2
Wallace, John; 1-1
Wallace, Thomas; 1-3
Whalen, Thomas; 1-1
Wiles, Jacob; 1-3
Wolford, Mathias; 1
Walker, Robert; 3-4
Walker, William; 1-1
Walker, Samuel; 1-3-1
Wodrow, Andrew; 1-2-2; one coach
Wilkins, John; 1
Walker, Peter; 1
Watts, Archibald; 1-6
Williams, Peter; 1-1
Warner, Dennis; 1-1
Whitman, Richard; 1-1
Wright, Robert; 1-5-4
Williams, Joseph; 1
Welch, Isaac; 2-1
Wilson, Nathaniel; 1-1
Walker, James; 1
Whitaberry, Christopher; 1
Watts, James; 1-1
Whip, Daniel; 3-3
Welch, Sylvester; 2-4-5
Wolverton, Samuel; 3-6-2
Ward, Tosias; 1-1
Waggoner, John M; 2-3
Weathers, Thomas J; 1-1
Williams, James; 1-1
Wolford, John; 1-6
Williams, Owen; 1; 1 Stud came into this county from Pennsylvania since the ninth day of last March and not entered within ten days.
Wiley, Abel; 1-5
Wells, Peter; 1-2
Wells, Christopher; 1
Wells, Jonathan; 1-2
Warren, John; 1-1
Wilson, James; 1-3
Waxler, Mich'l; 1
William, a free Black; 2-2
White, James; 2
Young, Henry; 1-1
Young, Robert; 1-2
Young, George; 3-4
Young, Cornelius; 1-2
Young, George; 1
Clawson, John; 1-5
Johnson, Widow; 1-5
Curry, William; 1
Thomas, William; 1
Ward, Jesse; 1-2

Recapitulation:
1043 White Tithables
50 slaves above 12 and under 16
231 slaves above 16
281 slaves at 44 cents
2063 Horeses at 12 cents each
13 stud horse
2 coaches at $5 each
2 Ordinary Licences at $12.50 each

Merchants Licences $171.50

A list of licences granted to merchants retail goods of a foreign growth, part of the year 1801 in Hampshire County:
John Ravincroft, Nov 9th $7.50
Adam Hider June 23, $15.
John Ravencroft, April 30, $15.
Henry Heinzman, May 1, $15.
James Dailey, June 7, $15.
Cobby Chew, June 7, $15.
James Reed, May 1, $15.
Francis M Hilton & C, June 1, $15
John J Jacob & C, April 24, $15.
James Mosley, June 30, $15.
Thomas Mulledy, June 7, $15
Thomas Jones, June 1, $15.
Mahlon Smith & C, July 24, $11.56

1803 UPPER DISTRICT HAMPSHIRE COUNTY TAX – DANIEL COLLINS

Adams, Graham; 1-5
Arnold, Daniel; 1-3
Arnold, Zacariah; 1-2
Arnold, Samuel; 1-3
Armstrong, Andrew; 1-1
Allen, David; 1-6-1
Adams, Jacob; 1-2
Amerson, Abel; 1
Anderson, Jacob; 1-2
Ashton, Alexander; 1-2
Allen, Robert; 3-6-3
Arnholt, Adam; 1-1
Anderson, James; 3-8
Abernathy, James; 1-3
Abernathy, William; 1-3
Abernathy, Robert; 1
Abernathy, Samuel,
    Jun'r; 1-2
Abernathy, William; 2-3
Abernathy, Samuel; 1-1
Abernathy, John; 1-1
Anderson, James; 1-1
Athy, Thomas; 2-5
Ashby, Jeremiah; 2-1
Ashby, Benjamin; 1-2
Allen, William; 1
Allen, Nathan; 1-1
Bennet, Goldsmith; 1-3
Beaver, Peter; 1-2
Beaver, Peter, Jun'r; 1
Baker, Hannah; 1-2
Beatty, John; 1-1
Bishop, Noah; 2-6
Byser, John; 1-2
Byser, Jacob; 2-4
Buffington, David; 1-1
Blue, Garret; 1-5
Burton, Obednigo; 1-2-1
Baker, John; 1-2
Baker, Joseph; 1-3
Baker, Thomas; 1-1
Beatty, George; 1-4
Beatty, Isaac; 1
Beard, George; 2-2
Bear, Anne; 1-1
Bookless, David; 1-4
Bookless, William; 1-1
Ballentine, Hugh; 2-3
Briggs, Joseph; 1-8

Briggs, Walter; 1-1
Burton, William; 1-1
Beatty, Charles; 1-8
Barklow, Johnson; 2-8
Brady, William; 1
Bane, Jesse; 3-4
Bevan, Samuel; 1-2
Brookhart, Michael; 1
Beall, Midleton; 1-1-1
Baker, Michael; 1-3
Barbridge, Widow; 0-6-2
Brus, Widow; 0-2
Brookhart, Abraham; 1-1
Brown, John; 1-1
Bosley, James, Sen'r; 2-4
Bogle, Thomas; 1-1
Bogle, Andrew; 2-1
Bosly, James Jun'r; 1-1
Bean, John; 1
Baker, William; 1-1
Blue, Membrance; 1-4
Bryan, John; 1-4
Baker, Perry; 1
Blow, John; 2-3
Bray, Samuel; 1-1-2
Bosley, James, **New
    Creek**; 1-1
Bowman, George; 1-2
Basket, Willi; 1-1
Bale, Vickall, 1
Brinker, Henry; 1
Brown, Isaac; 1
Barrock, Jacob; 1-2
Bowman, Zacariah; 1-4
Barnhouse, Henry; 2-2
Bussy, John Jun'r; 1-2
Bayliss, Edward; 1-4
Bond, Thomas; 2-2
Baruis, George; 1-1
Bias, Thomas, a free
    Black; 1-1
Bussy, John, Sen'r; 1
Blue, Uriah; 3-7-3
Blew, John; 2-5
Blue, Michael; 3-7-1
Blew, Barney; 1-1
Buck, Thomas; 1-1
Barlow, Charles; 1-1; a
    free Black

Black, Daniel; 1-2
Baker, Thomas, **S
    Branch**; 1-1
Bare, Susanna; 1-1
Berryman, William; 1-1
Benjamin, a free Black;
    1-2
Buffington, William; 1-
    11-2
Clark, Samuel; 1-2
Clark, Archibald; 1-2
Clark, Gabriel; 1
Crigar, Jacob; 1-2
Chew, Colby; 1-2
Chew, James; 1
Chew, Joseph; 1
Campbell, Roney; 1-3
Campbell, John; 1-2
Calter, Edward; 1-1
Craybele, David; 3-7
Clark, James; 1-1
Clark, William; 1-1
Crayble, Jonathan; 1-3
Coon, David; 1-2
Calmes, Fielding; 1-7-3
Coulter, Samuel; 1-1
Carathers, James; 1-1
Carrathers, George; 1-4
Carrathers, George,
    Jun'r; 1-1
Clark, John; 1-3
Clark, William; 1
Campbell, Archibald; 1-3
Clawson, John; 2-6
Childs, Alexander; 1-1
Cowen, William; 1-4
Clark, Joseph; 1; a free
    Black
Cash, Robert; 1; a free
    Black
Corbin, John; 1
Clark, James; 1-16
Curlett, William; 1-4
Cooper, Thomas; 1-2
Cooper, Widow; 0-2
Corn, Timothy; 1-6
Cunningham, James; 1-
    5-4
Childs, John; 1-1

39

1803 Upper District Hampshire County Tax

Cline, Phillip; 2-6
Cannon, Andrew; 1-2
Cannon, Andrew Jun'r; 1
Cundiff, John, Sen'r; 1-1-1
Cundiff, John; 1-2
Cook, Nicholas; 1-1
Clark, William; 1-3; a free Black
Canby, Samuel; 1-1
Canby, Thomas; 1-1
Casity, Benjamin; 1-1
Carder, Abot; 1
Collins, Thomas; 1-6-1
Cook, William; 1-1
Cookiz, Henry; 2-1
Calmes, George; 1-6-5
Charles; 1; a free Black
Cresap, Thomas; 1-5-4
Cresap, Michael; 1-2-2
Cockran, George; 1-2
Clawson, Thomas; 1-1
Cavender, Garret; 1-1
Cockran, Benjamin; 1-2
Crosley, David; 1-1
Crosley, John; 1
Carry, William; 1-1
Collins, Daniel; 1-8-3
Dougherty, John; 1-1
Dawson, Thomas; 1-1
Dowden, John B; 1-1
Dowden, John; 2-5-3
Davis, Samuel; 3-5
Davis, Joseph; 1-2-1
Dunn, Ephraim; 1-3-2
Douthit, Daniel; 1-2
Douthet, David; 1-1
Douthet, John, Sen'r; 1-8-2
Douthit, John, Jun'r; 1-3
Dayton, Isaac; 1-1
Dolohon, Daniel; 2-6
Dolohon, Michael; 1-2
Davis, Ely; 1-1
Dyal, Phillip; 1
Dunn, Thomas; 1-8-1
Daniels, Dennis; 1-1
Dunn, Lewis; 1-6-2
Dixon, William; 1-2
Damerile; 1-1
Dowele, George; 1-2
Duling, William, **Cabbin Run**; 1

Dean, Thomas, **New Creek**; 1-6
Duling, William Junr; 1-1
Donaldson, William; 4-10-1
Dean, Thomas; 1-7
Dailey, John; 1
Dailey, William; 1-3
Dailey, James; 2-2-2
Dunkle, Henry; 1-1
Dawson, Thomas; 1-1
Dixon, John; 1-2
Davidson, John; 1-1
Duling, William, Sen'r; 2-5-1
Dodson, Thomas; 1-2
Dodson, William; 1-3
Dobbyns, Samuel; 1
Dobbyins, Thomas; 1-1
Dobbyins, Thomas, Jun'r; 1-1
Dawson, Jesse; 1-1
Dyer, Nathaniel; 1-1
Derham, Bruce; 1
Dyer, Edward; 1-1-2
Dobson, Patty; 0-0-1
Davis, Elijah; 1
Dowman, John; 1-1
Davis, Walter; 1-1
Dennis, Jonathan; 1-1
Davis, John; 1
Emory, Edward; 1-3
Engle, Peter; 2-3
Elyfrits, George; 2-2
Earsom, John; 1-2
Earsom, Simon; 1-6-1
Eversole, Peter; 1-5
Eversole, Abraham; 1-4
Edwards, Jonathan; 1-1
Emerson, Abel; 2-2
Emerson, Thomas; 0-9
Edwards, Jonathan; 1-1
Engle, Casper; 1-3
Earley, Peter; 1
Easton, John; 1; a free Mullato
Eckhart, Henry; 1-4
Engle, Isaac; 1-1
Flood, John; 1-2
Fink, Frederick; 3-3
Flick, Henry; 2-3
Flick, Adam; 1-1

Flick, John; 1-1
Fowler, Zachariah; 1-2
Fitzjerald, Thomas Jun'r; 1-1
Fitzjerald, Thomas; 1-1
Foley, William; 1-4
Fleming, Patrick; 1-4-1
Fuller, William; 1-1
Fidler, George; 1-6-3; 1 Stud
Fox, William; 1-20-4
French, William; 2
Flick, Jacob; 1-1
Flick, John; 1-1
Fetter, John; 1-1
Fout, Michael; 1-2
Fuller, Jacob; 1-4
Fout, John; 1
Fitzpatrick, Joseph; 1-1
Franks, Henry; 1-3
Franks, John; 1
Florence, William, Sen'r; 2-2-4
Florence, William; 1-2
Fail, George; 1
Friddle, John; 1
Gaither, Elijah; 1-2-2
Grant, James; 1
Gaut, John; 1-2
Groom, Ezekiel; 1-4
Groom, Uriah; 1
Gray, James; 1-1
Gill, Moses; 1-2
Goolsbury, Thomas; 1-3
Goldsmith, Benjamin; 1-3
Gibson, James; 2
Good, Peter; 1-1
Gano, Isaac; 1
Gallispy, Michael; 1-3
Good, Abraham; 1-2-1
Good, Isaac; 1-1
Gauf, John; 1-3
Griffee, Samuel; 1
Griffee, David; 1-5-1
Griffee, David, Sen'r; 1
Goolsbury, Benjamin; 1
Graham, Aurther; 1-2
Goolsbury, William; 1
Greenwell, Elijah; 1-3-2
Greenwell, Thomas; 1-5-3
Glaze, George; 3-5
Glaze, Conrod; 1-2

1803 Upper District Hampshire County Tax

Grace, Phillip; 1
Graham, Aurther; 1-1
Grayson, Ambrose; 1-1
Green, Christopher; 2-2
Garret, James; 1
Gunsinghouser, John; 1
Gallispy, Henry; 1
High, Frederick; 1-5
Hibbs, John; 1-1
Holliback, Thomas Jun'r; 1-3
Holliback, Jacob; 1-2
High, John, Jun'r; 1-3
House, John; 3-4
Heater, Michael; 1-2
Heater, Solomon; 1-3
Hissong, Peter; 2-2
Haines, George; 1-1
Hartman, Henry, Sen'r; 2-5
Hartman, Henry, Jun'r; 1-1
Hickman, Joseph; 2-6
Hofman, Conrod; 1-5
Honeyman, Charles; 1-2
Hofman, Conrod, Sen'r; 1-1
Hill, George; 1-1
Hogan, Thomas, Jun'r; 1-2-1
Hawk, Henry; 3-5
Holliday, Richard; 1-5-5
Hawk, Abraham; 1-7-5
Hill, William; 1-2
Hill, Leroy; 3-5
High, Henry; 1-4
High, Jacob; 1-3
Hirshman, Christopher; 2
Herriot, William; 1-1
Herriot, Ephraim; 1-3
Hansborough, John; 1
Humman, John; 1-1
Headley, Jacob; 2-2
Hill, Walter; 1
Hill, Charles Sen'r; 1-1
Hopwood, Daniel; 1-2
Hill, Charles, Jun'r; 1-3
Hill, Jesse; 1-1
Hawkins, Jonathan; 2-1
Houser, Charles D; 1
Houser, Lewis; 1-8-2
Hider, Adam; 2-3-2

Hurley, John; 1-1
Hough, John; 1
Hammond, James; 1
Howard, Robert; 1-1
Howard, William; 1
Holliback, Thomas, Sen'r; 3-7
Holliback, Abraham; 1-2
Holliback, Daniel; 1-2
Hunter, Patrick; 3-5
Harsle, Peter; 1-2
Howard, John; 1-1
Hatten, Samuel; 2-7
Hatten, John; 1
Hough, Mathias; 1
Heirshman, Phillip; 3-2
Heirshman, John; 1-2
Heater, John; 1-1
Higgins, John; 1-5-1
Hariss, Solomon; 1-9
Hill, Casper; 1-1
Henderson, John; 1-1
Hunter, Richard; 1-2
Hogan, Thomas, Jun'r; 1-3-8
Hainbrick, Siras; 1-1
Hooker, John; 1-3
Hervy, Elijah; 1-2
Hervy, William; 1-1
Harrison, Joseph; 2-1
Hull, Benjamin; 2-4
Harrior, Christopher; 1
Holbard, William; 1-1
Heinzman, Henry; 2-9-3
Hamilton, Henry; 1-3; a free Black
Hudson, James; 1-5
Heater, John; 1-1
Hamilton, John; 1
Houser, Jacob; 1-2
Hartman, William; 1-1
Hamilton, George; 1-1
Haies, Henry; 1-2
James, Isaac; 2-2
James, Rodham; 1-4
Jamvie, Robert; 1
Jacobs, Joseph; 3-1
Johnson, Abraham; 2-4
Junkin, Richard; 1-1
Junkin, William; 1-2
Inskeep, William; 1-10-1
Jack, John; 2-4-1
Jacob, John J, Jun'r; 1

Jones, Peter of Peter; 1-1
Jones, John Esq; 1-4
Johnson, Isaac; 1-2
Jones, Daniel; 1-1
Jones, Jonathan; 1
Jones, Aaron; 1
Jones, Abel; 1-2
Jones, Peter of John; 1
Jones, David; 1-4
Johnson, Sarah; 0-3
Johnson, Catharine; 1-9-4
Johnson, Okey; 4-9-4
Jones, James; 1
James; 1; a free Black
Janey, William; 2-14-4
Jacob, John J Sen'r; 2-7
Jones, Joshua; 1-5
Jones, Moses; 1-2
Jones, Samuel; 4-6-1
Jones, Thos; 1-1-1
Jones, James, **New Creek;** 1
Inskeep, James; 3-15; 1 Stud
Jones, Moses; 1
Iliff, Stphen; 1
Jarvis, Robert; 1-1
Jarvis, Richard; 1
James; 1; a free Mullatto
Jamison, James; 1
Jarvis, Thomas; 1-1
Kent, John; 0-3
Kent, Silas; 1-1
Kuykendall, Isaac; 1-9-2
Krafias, Widow; 1-1
Kigar, George; 3-9-2
Kossett, John; 1-3
Kellar, Daniel; 1
Kellar, John; 1-6
Kade, William; 1-2
King, Alexander; 1-3
Kenedy, Jacob; 1
King, George; 1-3
Koil, Robert; 1-4-1; 1 Stud
Kenedy, Samuel; 1-2
Kite, Samuel; 3-2
Kirk, Thomas; 1
Lizenby, Thomas; 1-3
Lawson, Thomas; 1-4-1
Lawson, John; 1-4-3

1803 Upper District Hampshire County Tax

Lawson, Hannah; 0-2-1
Lickliter, George; 2-2-1
Liller, Henry; 1-3
Lille, David; 2-3
Lain, William; 1-2
Ludwick, Jacob; 1-2
Long, George; 1
Long, Joseph; 1-1
Long, John; 1-1
Larkins, William; 1-1
Leonard, Martin; 1-2
Long, Thomas; 1
Lowman, Daniel; 1
Lawson, Septumus; 1-1
Lees, Jacob; 1-3
Lewis, John; 1-3
Long, Jacob, Jun'r; 1-5
Lambert, John; 1-1
Lees, Andrew; 2-5
Lees, William; 1-2
Lees, John; 1-2
Long, Thomas; 1
Long, Cornilus; 1
Ledman, John; 1
Landes, Samuel; 1-4
Leatherman, Nicholas; 2-2
Leatherman, Peter; 1
Leatherman, John; 1-2
Leatherman, Lewis; 1-3
Leatherman, Daniel; 1-2
Leatherman, Abraham; 1
Lyon, James; 1-2
Laubinger, G M; 1-2
Lenox, Thomas; 1
Lysle, John; 1-1-1
Lucius, Vilator; 1-3; a free mullato
Long, David; 2-2
Lee, Joseph; 1
Lawson, Benjamin; 1-2
Long, Jacob; 3-3-1
Lyon, John; 2-4
Leasquian, Joseph; 1
Lazarus; 1; a free Black
Lamasters, Richard; 1
Landes, Frederick; 3-9
McNeale, John; 1-3
Miller, George, B Smith; 1-1
Metheny, Jesse; 1-2
Metheny, Frederick; 1-2
Metheny, Moses; 1-1
Metheny, Morris; 1-1
McCowen, John; 1-1
Miller, Widow; 0-1
Miller, Henry; 1-5
McKinsey, Samuel; 1
McGloughland, Daniel; 1-4
Miller, Isaac Esq; 2-18-2
Mouser, Peter; 1-3
Miller, Henry; 2-6
Marsh, Cyrus; 1-2
Means, Isaac Jun'r; 3-3
Marsh, Ezekiel; 1-2
Murphy, John; 3-3
McGuire, Francis; 1-4
McGuire, Robert; 1-2
Male, Wilmore; 1; a free Mulatto
Means, Isaac; 2-4
McDoughal, James; 2-2
Mills, Isaac; 1
McMeekin, John; 1-3-1; one coach
Miller, George; 2-5-1
Mills, William; 1
McGray, James M; 1-2
McBride, John; 2-6
Mitchell, John, Sen'r; 1-1
Mitchell, John; 2-10-2
Millers; 2-4
Monrow, Robert; 2-5
Mitts, John; 2-1
Mitts, John, Jun'r; 1
Martin, James; 2-5
Martin, John; 1-1
Martin, Joseph; 1-1
Millory, Ebenezer; 1-4
Mitchell, James; 2
Marsh, Vincent; 1
Moriarter, John; 1
More, John; 1-1
Moore, Michael; 1
Miller, Michael; 1-1-1
Moore, Ely; 1
McCalley, Cornelius; 1-2
Monnett, Thomas; 1-2
Martin, Edward; 1-3
Martin, John; 1-2
McCrackin, Virgil; 1-4
McCartney, John, Jun'r; 1
McDaniel, John; 1-2
Madden, John; 2-3
McChesney, William; 1-2
Moon, Abraham; 1-2
Moon, Jacob; 1-4
Moon, George; 1-2
Mouks, Thomas; 0-1
McKee, James; 2-1
McCalley, John; 1-1
McCalley, Widow; 0-3
Miller, John; 2-1
McCarty, Edward; 3-18-8
Mosely, James; 3-10-3
Millehew?, Adam; 1
Mulledy, Thomas; 1-4
Montgomery, Matthew; 1
Mouser, Jacob; 1; **Ordinary Licence**
Mouser, James; 1-3
Molehon, Rawleigh; 2-1
McAllister, James; 1-4-3
Murphy, Frances; 2-7
Murphy, James; 1
Martin, Luther; 1-15
Marshall, David; 1
McCabo, Ross; 1-1
Martin, James Esq; 2-17-3; 1 Stud
McCartney, Thomas; 1-2
Nelson, George; 1-4
Newman, George; 1-2
Newman, William; 1-1
Newman, Samuel; 1-3
Newman, Christopher; 1-2
Newell, William; 1-1
Neale, Benjamin; 1-2
Neale, Thomas; 1-1
Neff, John; 1-1; 1 Stud
Neioman, John; 2-1
Niston, John; 2-3
Nixon, Jonathan; 1-6
New, Henry; 1-2
Newhouse, Benjamin; 1-1
Newhouse, Thomas; 1-3
Nailer, William; 1-1-1
Nash, John; 1-1
Newman, Widow; 0-1
Newman, Solomon; 2-1
Okelly, Patrick; 1-2
Oneal, Barton; 1-3
OHarrow, John ; 1-2
Odle, Caleb; 1-2
Odle, Joshua; 1-1

1803 Upper District Hampshire County Tax

Odle, William; 3-3
Orchard, Thomas; 1-1; a free Black
Pancake, John; 1-2
Putman, Jacob; 1-2
Putman, Phillip; 1
Purget, Henry; 1-2
Paugh, Michael; 1-1
Paugh, John; 1-3
Putman, Peter; 1-1
Pritchard, George; 1-3
Parker, James; 1-3
Parker, Absolem; 1-4
Plum, John Jun'r; 1-3
Parker, Jonathan; 1-1
Parker, Henry; 1-4
Plum, John Sen'r; 2-5
Plum, Abraham; 1-2
Price, John H; 1-4-2
Price, Arjalon Jun'r; 1-2-1
Parker, Jacob; 1-3
Parsons, Thomas; 1-6-3
Powelson, Abraham; 1-4
Parker, Benjamin; 1
Poland, John Jun'r; 1-2
Poland, John Sen'r; 4-4
Poland, Amos; 1-1
Parker, Solomon; 1-5-3; 1 Stud
Parker, Peter; 2-11-2
Pilcher, William; 1-2
Pilcher, Stephen; 1-1
Price, Nathan; 1-1
Peck, Thomas; 1-1
Parrile, Baswell; 1
Pearsall, John; 1-13-6
Price, Arjalon, Sen'r; 3-7-3
Purget, John; 1-2
Parker, Benjamin; 1-5-2
Parker, Jonathan; 1-2-1
Pry, Windle; 1-1
Pigman, Mathew; 2-4
Pearu, John; 1-3-1
Powelson, Henry; 1-2
Parker, Benjamin; 1-6-2
Parker, Robert; 2-6-4
Parker, Robert Sen'r; 1-2-2
Peters, John Sen'r; 1-2
Peters, John Jun'r; 1-1
Purgit, Jacob; 1-6

Purget, John; 1-1
Parsons, David; 1-11-4
Paugh, William; 1-3
Pilcher, James; 1-1
Pilcher, James; 1-3
Plummer, Obediah; 1, a free mullato
Parsons, James; 1-14-3
Peter, 1-2; a free black
Patrick, Alexander; 1
Price, Nathaniel; 1
Pots, David; 1-2
Potts, James; 1-1
Payne, George; 1-1
Parker, John; 1-3
Queen, Patrick; 2-1
Quin, Andrew; 1
Roberts, Gerham; 1-1
Roseboom And; 1-1
Rannalds, Robert; 1-4
Roossboom, Hendrick; 2-6
Rees, Thomas; 1-3
Rees, William; 1-4
Rodtrock, Andrew; 1-2
Rodtrock, Daniel; 1-1
Reasoner, Peter; 1-1
Ranalds, James; 1-4-1
Rodtrock, Abraham; 1-1
Reed, Jacob; 1-3-1
Rodtrock, Lewis; 1-1
Rogers, William; 1-6-1
Rogers, James; 1-3
Robins, Benjamin; 1-2
Richards, Godfrey; 1
Rannalds, John; 1-1
Reed, William; 1-2
Ranalds, John; 1-1
Rankins, John; 1
Rogers, William Jun'r; 1-5-1
Rinehart, George; 1-4
Reasoner, John; 1-4-1
Randale, James; 1
Reasoner, Peter; 1-1
Reasoner, Widow; 0-2-1
Rollins, Elijah; 1
Rector, Conaway; 1-5-1
Ravincroft, Samuel; 0-3
Ravincroft, Frances; 2-1
Rary, Charles; 2-6
Roberts, William; 1-3
Reed, George; 1-2

Rawlings, Moses; 1-10-5
Ravincroft, John Sen'r; 2-9-2
Ravincroft, John Jun'r; 1-1
Ravincroft, James; 1-1
Ravincroft, Charles; 1-1
Ravincroft, Samuel of Samuel; 1-1
Ravincroft, John Esq; 1-2
Ross, Christian; 1
Reed, James; 1-3-1
Rariden, Richard; 1
Rose, Thomas; 1
Sharpliss, Jesse; 2-4
Sharpless, David; 1-2
Short, William; 1-4
Shank, John; 1
Squires, Michael; 3-4
Sands, John; 1
Smith, John; 2-4
Smith, Henry; 1-2
Scot, James; 1-1
Slagle, Joseph; 2-6-3
Smith, William; 1-3
Sheradin, Paul; 2-3
Sheradin, Paul, Jun'r; 1-1
Shafer, Christopher; 1-4
Six, George; 1-1
Smith, Aaron; 1-1
Slone, Richard; 2-3
Savor, Nicholas; 1-10-5
Stodler, Jacob; 1-1
Storts, Abraham; 1-1
Stamrock, George; 1-2
Stimmel, Yost; 1-5
Smoot, Josias; 1-3-1
Smith, William; 1
Sheetz, John; 2-1
Sheep, John; 1-2
Smith, Peter; 3-7; 1 Stud
Shank, Philip; 1-1
Stagg, George; 1
Seadden, Aurthor; 1
Shores, Thomas; 1-3
Scrichfield, Joseph; 1-2
Sheetz, Michael; 1
Sheetz, Jacob; 1-2
Sheetz, Widow; 1
Sheetz, Frederick; 3-2
Hitton, Frances M; 2

1803 Upper District Hampshire County Tax

Stevenson, Richard; 1; a free Black
Shepherd, John; 1-1
Stonerock, George, Jun'r; 1-1
Stevenson, James; 1
Stallcup, Israel; 1-1
Sheetz, Henry; 1
Shields, David; 1
Spencer, John; 1-3
Sheetz, Michael; 2-3
Sheetz, Henry; 1
Sheetz, Michael, Jun'r; 1-1
Slovin, Christopher; 1-1
Scadden, Thomas; 1-3
Stover, Daniel; 1
Stover, Daniel, Sen'r; 2-1
Shirradin, John; 1-2
Shawlin, Isaih; 1-1
Stearman, John; 1-4
Stearman, John Jun'r; 1
Smith, John; 1-2
Stafford, Richard; 2-14
Stewart, Thomas; 1-4
Stewart, Jeremiah; 1-2
Stewart, Bailey; 1-2
Stewart, Abraham; 1-2
Spillman, William; 1-3
Spillman, Evan; 1-1
Smith, William, Nob; 2-3
Smith, William, Jun'r; 1-2
Shup, John; 1-3
Slyder, Nathaniel; 1-3
Shannon, Thomas; 2-1
Smith, Ralph; 1
Snyder, John; 1-12-9
Simpkins, Ann; 2-5
Selby, Walter; 1-1
Sprigg, Osburn; 1-18-11
Shillingburgher, William; 1-1
Six, George; 1-1
Srock, William; 1
Savage, Patrick; 2-2
Spillman, William; 1
Smith, Michael; 1-2
Schriver, John; 2-4
Shores, Lander; 1-1
Totton, Samuel; 0-2
Thrasher, Benjamin; 1

Taylor, Thomas **(Taylor)**; 1-9
Taylor, Thomas **(Spring)**; 1-1
Tompson, William; 1-3
Tompson, John; 2-3
Taylor, Daniel; 2-3
Taylor, Simon; 1-6-5
Thomas, Samuel; 1-2
Thomas, Samuel, Jun'r; 1-2
Thomas, Moses; 1-2
Taylor, George; 2-2
Tompson, Deeks; 1-1
Taylor, Charles; 1-2
Tuley, Abraham; 1
Towbridge, John; 1-1
Tompson, Samuel; 1
Tompson, James; 1; a free Black
Thomas, Willi; 1-1
Thomas, Grinderson; 1-1
Tompson, Abraham; 1-3
Trigg, Cleuing; 1-1
Taylor, Thomas, **Paddytown**; 1-2
Toues, Abraham; 1-1
Taylor, John Sen'r; 1-1
Tylor, Edward; 1-1
Taylor, John; 3-6-3
Umstot, Peter; 2-5
Umstot, Jacob; 2-1
Vandivear, Lewis; 1-8-1
Vanpelt, Jacob; 2-1
Vancioit, Peter; 1-1
Vandivear, William; 1-7-2
Vandivear, William; 3-17-9
Vandevear, John; 1-5
Vanmeter, Isaac; 3-14-1
Vandegrift, Christian; 1-1
Vause, William; 3-18-4
Vandivear, Jacob; 1-1
Wiley, Abel; 2-7
Ward, Richard; 1-2
Wilson, James; 1
Walker, Andrew; 3-4
Walker, James; 1-4
Whip, Daniel; 2-3
Walker, James; 1-1
Wilson, Nathaniel; 1-1
Williams, Benjamin; 1-1

Walker, Peter; 1
Waggoner, John M; 2-4
Wilson, James; 2-2
Wolford, Mathias; 1-1
Ward, Jesse; 1-3
Weathers, Thomas; 1-1
Williams, Peter; 1-1
Whitabury, Stosle; 1
Wodrow, Andrew; 2-3-3; coach
Warren, John; 1-1
Welton, Job; 1-5
Welch, Sylvester; 1-3-6
Welch, Dempsy; 1-1
Wolford, John; 1-6-1
Whiteman, Richard; 1
Wells, Peter; 2-2
Ward, Loyd; 2-4
Waxler, Michael; 1-1
Welch, Isaac; 1-1
Welch, William; 1-1
Wilson, Richard; 1-2
Wilson, Jesse; 1-1
Wolverton, Daniel; 1
Wilkins, John; 1-1
Will; 1; a free Black
Wright, Robert; 2-7-5
Wallace, Thomas; 1-2
Wiles, Jacob; 1-2
Walker, Samuel; 1-5-1
Wolverton, Isaac; 2-3-1
Watts, Archibald; 1-4
Watts, James; 1-2
Young, Henry; 1-1
Young, Robert; 1-3
Young, George; 3-3
Young, Neall; 1-2
Young, George; 1
Young, Henry, **Valley**; 1-1
Zimmerman, Jacob; 1-1

1803 Upper District Hampshire County Tax

A list of licences granted to merchants to retail goods of a foreign growth:

Mathew Smith, July 24, 1802, $11.56
Morris Fitzpatrick, Nov 30, 1802, $6.25
Morris Fitzpatrick, May 16, 1803, $15.00
Thomas James, July 18, 1803, $15.00
James Reid, May 1, 1803, $15.00
Adam Hider, May 28, 1803, $15.00
James Daily, May 1, 1803, $15.00
Heinzman and Wilkins, May 1, 1803, $15.00
John J Jacob and C, June 6, 1803, $15.00
Thomas Mulledy, May 1, 1803, $15.00
Frances S M Hitton and C, $15.00
James Mosely, $15.00
John Ravencroft, May 1, $15.00

1803 LOWER DISTRICT OF HAMPSHIRE COUNTY – JOHN SLANE

Arnold, John B,
  Constable; 1-1
Alexander, Robert; 1-2
Alloway, William, Jun'r;
  1-1
Alloway, William, Sen'r;
  1-1
Ashbrook, Aron; 1-2
Achos, John; 1-1
Asbury, John; 1-5-6
Asbury, Henry; 2-3
Asbury, Jeremiah; 1-1
Ayles, David; 1-2
Athy, John, Jun'r; 1-2
Athy, John, Sen'r; 1-3
Arnold, John; 1-4
Arnold, Levi; 1-3
Allender, William; 1-3
Allender, James; 1-3
Allen, John; 1
Alderton, William; 1-1
Aikman, Adam; 2-2
Aller, Peter; 1-3
Adams, William; 1-3
Allen, Robert; 1-3
Ashton, Joseph; 1-2
Allen, John Sen'r; 1-2
Allen, John Junior; 1
Andrews, John; 1-3
Ashbrook, Mary; 0-4
Ashbrook, Eli; 1-2
Aller, Peter; 1-3
Arnold, Andrew; 2-3
Anderson, William; 1-3
Bennett, Sylvanus; 1-1
Berry, Thomas; 1-1
Baily, William; 1-2
Barnhouse, Jacob; 1
Biggerstaff, William; 1-4
Biggerstaff, Anne; 0-4
Boggs, James; 1-3
Bryan, John; 1-2
Brauer, Henry; 1-2
Bruner, Peter; 1-4
Bedine, John; 1-1
Bennett, Thomas, Sen'r;
  3-3

Bennett, Thomas, Jun'r;
  1-2
Butcher, John; 2-5
Butcher, Joseph; 1
Butcher, James; 1-3
Buzzard, Frederic,
  Sen'r; 2-5
Bannow, Benjamin; 1-2
Baker, Nicholas; 1-3
Blue, Richard; 1-2
Blue, John, son of Uriah;
  1-2
Busbay, John; 1-1
Busbay, Samuel; 1-1
Boxwell, Joseph; 2-5
Bennett, William,
  Ferryman; 0-1
Bishop, William; 1
Burk, James; 1-3
Butler, Joseph; 1
Burk, Michael; 2-2
Brown, Robert; 1-2
Bevan, Stacy; 1-1
Burket, Thomas; 1-2
Bowers, Daniel; 2-2
Burress, Charles; 1-1
Blue, Frederic; 1
Bunn, Jacob; 1
Busbay, William; 1-3
Bethel, George; 1-3
Barrett, Nathan; 1
Barrett, John; 1-2
Bowers, Jacob; 1-3
Bowers, Henry; 2-2
Brelsford, Daniel; 1
Barber, James; 1-1
Bousell, Joseph; 1-4
Buzzard, Frederic,
  Jun'r; 3-4
Baker, Aron; 1-3
Baker, John; 1-4
Birch, William; 1-1
Bumgarner, Reuben; 1-3
Bumgarner, Rudolph; 1-4
Brill, Henry; 1-3
Boxwell, John; 1
Beckwith, Samuel; 1

Brown, Adam; 2-2
Brelsford, Bernard; 2-3
Brelsford, Marjoram; 1-3
Blue, John; 1-2
Bryan, James; 3-3
Brown, John; 1-1
Beuik, Henry; 1
Brady, Michael; 1-1
Chrisman, Phillip; 2-2
Curtis, Jobe; 2-3
Casey, John; 1
Cole, George; 1-1
Catlett, Alexander; 1-1
Cox, Joseph; 1
Casler, John; 1-3
Conroy, Edward; 1-3
Crawford, John; 1-2
Cain, John; 1-4
Counard, James; 2-4
Combs, James; 1-1
Calvin, Robert; 2-4
Critten, John, Jun'r; 3-5
Clawson, Frederic; 1
Clawson, Josiah; 1
Clawson, Josiah, Junior;
  1-2
Copsy, John; 1-4-3
Campbell, John; 1-2
Critten, William; 1-2
Critten, John, Sen'r; 3-4
Critten, Gabriel; 1-2
Cox, John A; 1-2
Carlin, Marjery; 0-2
Cowgill, Ewen; 1-2
Cox, John; 1-1
Cooke, William; 1-1
Cooper, John; 1-2
Crampton, John; 1-4
Crampton, Samuel; 1
Chresman, William; 1
Carswell, John; 1-3
Carmichael, Daniel; 1-3
Cool, Paul; 1
Calvin, Joshua; 3-5
Cool, Jacob; 1-4
Cool, Phillip; 1-4
Calvin, Samuel & Luther;
  2-6

1803 Lower District Hampshire County Tax

Clayton, John; 1-2
Clayton, Thomas; 2-5
Combs, Jonas; 2
Combs, Thomas; 1
Collins, Simeon; 2-1
Collins, Daniel; 1
Case, William; 1-1
Case, Peter; 1-2
Curtis, Joseph; 2-2
Carder, George; 1
Chenoweth, John Sen'r; 2-3-1
Chenoweth, James; 1-1
Chenoweth, Absalom; 1-3
Crock, John; 1-1
Chisholm, Alexander; 1-1
Caudy, Evan; 1-4
Caudy, James; 1-5
Calvin, David and Mahlon; 2-3
Cheshire, Samuel; 3-4
Cooper, George; 2-3
Corbin, Daniel; 1-4
Chenoweth, John Junior; 1-2
Cunningham, John; 4-4
Copass, Lydia; 0-2
Combs, John; 1-3
Cool, Harbert; 1-4
Corbin, Humphry; 1-1
Clutter, Jacob; 1-3
Corbin, David; 2-3
Caudy, John; 1-4
Calvert, Robert; 1-1
Carlyle, William; 5-4
Carlyle, William; 1-1
Cheshire, John; 1-2
Cram, John; 1
Dever, William; 3-3
Dillen, Joseph; 1
Day, William; 1
Delaplane, Isaac; 1
Derrough, John; 1-1
Davis, Samuel; 1-1
Dean, Robert; 1
Dimmitt, Beel; 1-5-1
Dawson, Abraham; 1-3-1
Dawson, Abraham, Junior; 1-1
Dawson, Isaac; 1-1
Dimmitt, Moses; 1-5-1
Dougherty, Robert; 1-2
Doman, Jacob; 2-3

Dial, Charles; 1-1
Dever, George; 1
Dorin, Alexander; 1-4
Davis, Samuel; 1-3
Davis, Joseph; 1-2
Devault, Andrew; 1-3
Day, Ransom; 1
Davis, Thomas; 1-2
Davis, Elijah; 1-2
Dunlap, Robert; 1-1
Dorsey, Charles; 1-2
Davison, Samuel; 1
Dean, William; 1-1
Davis, Thomas Sen'r; 1-2
Easter, John; 1-3
Engle, Mathias; 2-3
Evingin, Ezekiel; 1
Errit, Christopher; 1-3
Evans, Thomas; 1
Engle, Levi; 1-2
Engle, William; 1-1
Engle, Martin; 1
Edwards, Thomas; 1-4
Emmart, Jacob, Senior; 2-3
Emmart, Jacob, Junior; 1-1
Evans, Caleb; 1-2
Ely, William; 1-4
Elliot, John; 1-3
Eviston, Francis; 1-3
Fletcher, Joseph; 1-4
Farmer, Harry, Negro; 1-1
Forman, George; 1-2
Forman, David; 1-1
Forman, Catherine; 3-2
Frazier, John; 1
Faus, Phillip; 1-2
Flora, Thomas; 2-2
Flora, Isaac; 1-2
Fauver, Henry; 2-3
Ferree, Cornelius; 2-5
Ferree, Jeremiah; 2
Foutsh, Hugh; 1-1
Furman, Aron; 1-1
Furman, Thomas; 1-1
Furman, John; 1-1
Fryback, John; 1-3
Frizzel, Jason; 2-1
Frizzel, Loyd; 1
Frizzell, Charles; 1-1
Ferryman, Stephen; 2-5

Flemming, John; 1
Frye, John; 1-4
Frys, Benjamin; 1-4
Frye, Henry; 2-11-4
Frank, John; 1-1
Flemmin, Alexander; 1-2
Fox, James; 1
Frye, William; 1-3
Frazier, Alexander; 1-3
Fitspatrick, Daniel; 2-1
French, Robert; 1-3
Golow, John; 1-1
Grey, William; 1-2
Gazaway, Robert; 2-2
Ganoe, Stephen, Sen; 1-2
Ganoe, Stephen Jun; 1-2
Gazaway, Robert, Jun'r; 1
Gale, George; 1-2; 1 Stud
George, Richard; 2-3
George, Ellis; 1-2
George, James; 1-3
Gard, Samuel; 1-5
Gaither, Ralph; 1-2
Grove, Samuel; 1
Ganoe, David, Jun'r; 1-2
Garman, William; 1-3
Good, Felix; 1-3
Green, John; 1-4
Gulick, Ferdinand; 4-4
Grant, William; 1-2
Galloway, James; 1-5-1
Garrison, Joseph; 1-3
Garret, Benjamin; 1-3
Grapes, David; 1-2
Garver, Henry; 1-11-2
Grooms, John; 1
Grove, Phillip; 1-2
Grove, Peter; 1
Ganoe, James; 1
Ganoe, David; 1-1
Grove, Jacob; 1-1
Grafton, Thomas; 2-3
Grimes, Thomas; 1
Gusler, Nicholas; 1
Hartley, John; 2-2-1
House, John; 1-1
House, James; 1-1
Hornbecker, John; 1-3
Hawk, Jacob; 1-6
Higgins, John; 1-3-3
Higgins, Joseph; 1-2
Hoge, Ruth; 0-1

1803 Lower District Hampshire County Tax

Hardy, John; 1-5
Hardy, Rudolph; 1-1
Howard, John; 1
Howard, Jonathan; 1-1
Higgins, James, **Ferry**; 0-4-2; **clears himself and 2 slaves**
Hoge, Solomon; 2-2
Hartley, Thomas; 1-1
Hedges, Jonas; 1-3
Huffman, David; 1
Hawkins, John, Jun; 1
Horn, Andrew; 2-5
Huffman, John; 1-3
Hellyeare, Thomas; 1
Hellyeare, Robert; 1
Harrison, William; 1-1
Hill, Joseph; 1-0-1
Hutchins, Joseph; 1
Hoffman, Adam; 1-1
Hoffman, Christopher; 2-4
Haws, George; 1-2
Hoober, Jacob Sen'r; 1-3
Hoober, Jacob, Junior; 1-2
Hatfield, Edward; 1
Henderson, Sampson; 2-2
Henderson, John; 1-1
Hains, Joseph; 1-5
Huddleston, Nathan; 1-4
Howard, Richard; 1
Hoober, John; 1-2
Henderson, David; 1-3
Henderson, Moses; 1-3
Howard, David; 1
Hobbs, John Sen'r; 2-2
Hobbs, John Jun'r; 1-1
Hickle, Tevault; 2-3
Hickle, Henry; 1-1
Hickle, George; 1-1
Hickle, Stephen; 1-1
Hickle, Tevault, Sen'r; 1
Hooke, William; 2-5
Haire, Adam; 1-2
Hart, Adam; 1-3
Hott, Samuel; 1
Horn, Phillip; 1-2
Horn, George; 1-4
Horn, Henry, **Constable**; 0-3
Hillburn, Henry; 1-1

Hawkins, John, Sen'r; 2-2
Hiett, Evan; 3-8
Hiett, Joseph; 1-1
Hiett, John; 1-2
Hammick, John; 1-4
Henderson, Thomas; 1-1
Howard, Samuel; 1-3
Howard, John Junior; 1-2
Howard, Reason; 1-1
Hill, James; 1-1
John, Thomas; 2-1
Johnson, Thomas; 1-2
Johnson, William; 1-3
Johnson, Joseph; 1-2
Johnson, Eleanor; 0-1
Iliff, Stephen; 1
Johnson, James; 1-6
Johnson, John, Jun'r; 2-4
Johnson, John Sen'r; 1-2
Johnson, John 3rd; 1-1
Johnson, Joseph, Sen; **L Capon**; 2-3
Johnson, Joseph Jun'r; **L Capon**; 1-1
Johnson, Ben, Negro; 2-5
John, Jesse; 1; 1 Stud
Johnson, John, **Jno's Run**; 1-1
Johnson, John; **Rock Gap**; 1-2
Jenkins, Jacob; 1-1
Jenkins, John; 1-1
Iliff, Robert; 1-2
Kesler, Shamsbough; 1-1
Kerby, James; 1-2
Kennedy, Isaac; 1
King, William; 1-1
Kisner, Jacob, Junior; 1
Keron, Patrick; 2-1
Kaler, Andrew; 1-1
Keys, Horatio; 1-1
Keys, Anne P; 1-1-1
Kurtz, Peter; 1-3
Kerns, John; 1-1
Kerns, Jacob, **Levy Clear**; 0-2
Kump, Henry; 1-1
Kline, Phillip; 1-6
Kline, Adam; 1-4
Kail, George; 1-3

Karkley, Abraham; 1-2
Kidwell, John; 1-2-1
Keran, Barney; 1-3
Kennedy, Hugh; 1-1
Kramer, John; 1-2
Kirby, Nathan; 1-1
Kisner, Jacob, Sen'r; 1-1
Kyter, George; 1-2
Larew, Noah; 1-5
Larew, Hannah; 1-3
Larew, Jacob; 1-2
Larew, Obed; 1-1
Larew, Cornelius; 1-1
Longstretcher, Joseph; 1-1
Larew, Peter; 2-4-1
Loyd, Thomas; 1
Lovett, Elias; 1-3
Leigh, Stephen; 2-1
Laramore, James; 1-3
Laramore, John; 1-1
Laramore, Joseph; 1
Little, George; 2-1
Lockhart, William; 1-3
Largent, Thomas; 2-3
Largent, John Capt; 2-5-1
Largent, John Big Neck; 1-3
Lupton, Asa; 1-5
Lupton, Jesse; 1-5; 1 Stud
Lupton, Isaac; 3-6
Lupton, William; 1-1
Lofollet, Isaac; 1
Loy, John Senior; 2-2
Linthicum, Hezekiah; 1-1
Linthicum, Archibald; 1-3-1
Largent, Lewis; 1-3
Lane, Daniel; 2-2
Lane, James; 1-1
Lane, Joshua; 1
Lewis, Daniel; 1-3
Lewis, Jacob; 1-1
Lane, William; 1-2
Leigh, Levi; 1
Lafollet, George; 1-1
Lauz, Stansbury; 1-1
Loy, John Junior; 1
Largent, Moses; 1
Largent, John Senior; 1-2

48

1803 Lower District Hampshire County Tax

Largent, Aron; 1
Largent, James; 1-5
Lafollet, William; 1-2
Loy, Daniel; 3-2
McDannel, Benjamin; 1-2
Mathews, John; 1-3
Mathews, Levi; 1-2
Macdonald, Angus; 1-7-7
Macdonald, Donald; 1-3-4
Mitchell, Hugh; 4-5
McClane, Jacob; 1-1
Mathews, James; 1-2
Moore, Benjamin; 1
McKinley, Hugh; 1-1
Medley, William; 1-1
Macatee, Walter; 1-4
Monford, David; 1
Mason, Thomas; 1-3
Morrow, John; 1-1
McKave, John; 1-2
Murphy, Walter; 1-1
Miller, William, Jun'r; 1-2
Miller, William, Sen'r; 1-2-1
McBride, John; 1-4-1
Meekans, James; 1-3
McDonald, George; 1-1
Malcomb, William; 1-1
Maloy, James; 1-1
McDannel, James; 1-1
McCounaughy, James; 1
Milslagle, Jacob; 1-6
Milslagle, Andrew; 1-1
Mcawley, George; 1-2
Miles, Josias; 1-1
Myers, George; 3-4
Marton, John; 2-8
Moore, William; 1
Monroe, John; 2-8-4; 1 Stud
McKeiver, Paul; 4-10
McKeiver, John; 1-3
Michal, George; 1-2
Michael, Henry; 1
Michal, Jacob; 1-1
Moore, James; 2-4-1
Michal, Frederic; 2-8
McKinley, John; 1-2
McVicker, Duncan; 2-4
Martin, George, Senior; 3-5
Middleton, William; 1

Murphy, William; 1
Mauzy, John and Peter; 2-8-3
McBride, James; 3-7
McBride, Robert; 1-2
McBride, Thomas; 1-3
McDannel, Hugh; 1
McDannel, Gibson; 1-1
McBrid, Alexander; 1-5
Myers, William; 1-2
Murphy, William; 1-1
McVicker, John; 1-1
Mason, Joseph; 1
Mail, Dick; 1-1
Mail, Bill; 1-1
Mail, George; 1-2
Moreland, William; 2-2-1
McManing, George; 1-1
Moreland, Elisha; 1
Moreland, William H; 1-1
Moreland, Richard; 1-1
Miller, John; 1
Milslagle, George; 3-2
Millison, John; 2-3
Millison, Isaac; 1-1
Millison, Benjamin; 1-1
Nelson, Ross; 1-1
Newland, Isaac; 1-2
Norris, Samuel; 1-2
Newbanks, John; 1-2
Newbanks, William; 1
Newland, Powel; 1-1
Nixon, George; 1-2
Nelson, James; 1-2
Nelson, Richard; 2-2
Nelson, James, Sen'r; 2-4
Nicholson, Thomas; 1
Nedler, George Jun'r; 1-1
OQueen, James; 1-3
Osmon, Charles; 1-3-1
Otoug, John; 1-2
Oats, Jacob; 3-3
Orms, Thomas; 1
Ohauver, George; 3-2
Oranduff, Benjamin; 1-1
Ougan, Peter; 2-3
Offord, John; 1
Phillips, Plunket; 1
Powelson, Cornelius; 1
Pinkering, Enos; 1-2
Pierce, Daniel; 2-2
Peters, James; 1-2

Peters, Tunis; 1-6
Parke, George; 1-5
Parke, John, Junior; 1-5
Perry, John; 1
Powel, James; 1-2
Pennington, Jacob; 2-3
Patterson, James; 3-4
Pownall, Isaac; 1-3
Pool, William, Sen'r; 2-4
Pool, William, Jun'r; 1-1
Parke, John, Sen'r; 1-3
Parke, Solomon; 1-2
Parke, Amos, Junior; 1-4
Parke, Samuel; 1-2
Pugh, Bethel, Senior; 1-3
Parrell, Joseph; 1-2
Parrell, Edward; 1-4-1
Parrell, John; 1-2
Poston, Alexander; 1-2
Poston, Rebecca; 0-2
Pugh, Jess; 2-4
Pugh, John; 1-1; 1 Stud
Pugh, Jesse, **N River**; 1-3
Pugh, David; 1-2
Poston, Samuel; 1-2
Poston, William; 1-2
Parrell, William; 1-1
Pennington, Elijah; 1-2
Pugh, Jesse, Frederic; 1-4
Pettit, Thomas; 1-4
Peters, John, **Branch Mountain**; 2-2
Pownall, Elisha; 1-3
Pegg, Thompson; 1-2
Powelson, Charles; 1-3
Peppers, Henry; 1-3
Peppers, John; 1-3
Pugh, Jonathan; 1-4
Peters, Phillip; 1-2
Peters, Joshua; 1-2
Peters, John; 1-4
Peters, James, Jun'r; 1-1
Parke, Samuel; 2-4
Peters, Phillip, Jun'r; 1-2
Pugh, Joseph; 1-4
Pugh, Michael; 1-2
Pugh, Robert; 1-5
Pugh, Robert; 1-1
Pugh, Bethel, Jun'r; 1-1

49

1803 Lower District Hampshire County Tax

Pugh, Jacob; 1-2
Parker, Robert **Constable;** 0-3
Parker, John; 1
Parker, William; 1
Powers, Stephen Jun'r; 1
Powers, Stephen, Sen'r; 1-2
Powelson, John; 1-2
Pugh, Eli; 1
Pugh, Melan; 1-1
Pownall, Isaac; 3-3
Powelson, Cornelius; 1-2
Pugh, Abraham; 1-1
Powelson, Rynier; 1-2
Pownall, John, Sen'r; 1-2
Pownal, Joshua; 1-3
Pownall, George; 2-2
Pownall, Jonathan; 1-2
Pownall, John; 1-2
Parish, William; 1-3
Powel, Henry; 1-1
Queen, John; 1-3
Queen, Jonah; 1-2
Robison, John, **Potomac;** 1
Robey, John; 1-2
Russel, Samuel; 1-1
Robison, Charles; 1-1
Royce, Daniel; 2-3
Robison, John, **Mills Branch;** 3-3
Rey, Aron; 1-2
Racey, Luke; 2-3
Ruser, Jacob; 1-2
Reeder, John; 1
Reeder, William; 1-5
Reeder, James; 1
Ruckman, Samuel, Son Tho's; 1-2
Rinker, Samuel; 1
Ruckman, Thomas; 2-4
Ruckman, John, son of Thomas; 1-1
Ruckman, Jacob; 1-1
Ruckman, Peter; 1-1
Reid, Jeremiah; 2-5
Reid, John; 1
Russel, William; 1-1
Rogers, Owen, Sen'r; 1-4
Rogers, Owen, Jun'r; 1
Rosenberry, John; 1-2

Rogers, Patrick; 1-2
Rison, John; 2-3
Rison, Thomas; 1-1
Rinehart, Abraham; 1-3
Rinehart, Abraham, Jun'r; 1-1
Rinehart, John; 1
Rinehart, Henry; 1-1
Ruckman, Richard; 1-3
Ruckman, Samuel, Sen'r; 2-5
Richmond, William; 1
Ruckman, John; 1-1
Ruckman, Samuel, Jun; 1-1
Robison, Richard; 1-1
Robison, John; 2-2
Rogers, Robert; 1-4-1
Sampey, Daniel; 1
Shaw, Robert; 1-2
Simpson, David, **Constable;** 0-2
Smith, John; 1-3
Smith, Richard; 1-2
Seyley, Jacob; 1-3
Sowders, Michael; 1-1
Starkey, William; 1-1
Swan, Edward; 1-2
Swan, Edward E; 1
Sterrett, William; 1-3
Slyder, Joseph; 1-1
Short, Isaac; 2-3
Stoker, John, Jun'r; 1-2
Stoker, John, Sen'r; 3-6
Sherwood, John; 2-2
Smoot, John; 2-3
Simpson, Thomas; 1
Starkey, Frederic; 1-4
Starkey, George; 1
Stephenson, Thomas, **Constable;** 0-1
Slonaker, John; 1-2
Smith, James; 1-5
Slocum, Robert; 1
Smoot, Solomon; 1
Starkey, Frederic, Jun'r; 1-1
Smith, Timothy; 1-5
Selby, John; 1-2
Selby, Joshua; 1-1
Selby, Nathan, Jun'r; 1
Selby, Nathan, Sen'r; 1-2-1

Summers, John; 1-2
Seekrist, Frederic; 3-5
Switzer, Valentine; 1-1
Spade, George; 3-5
Stephens, James; 1
Slack, James; 1-3
Slack, Henry; 1-1
Starn, Joseph; 1-4
Shank, George; 2-2
Seebring, John; 1-2
Suddeth, Wiliam; 1-1
Silkwood, Solomon; 1-1
Stephens, David; 1-1
Simmons, Charles; 1-1
Shue, David; 1-2
Starky, David; 1-2
Shafer, Martin; 2-3
Shafer, David; 1
Size, Abraham; 1-1
Schwier, Jacob; 1-3
Simmons, Richard; 1-1
Saville, Joseph; 1-1
Saville, Oliver; 1-1
Simmons, Otho; 1-1
Satterfield, William; 1-1
Stutsman, John; 1-4
Slonaker, Christian; 1-2
Starn, John; 1-5
Simms, Thomas; 1
Switzer, John; 2-5
Sutton, Zachariah; 1-3
Slane, James; 2-3
Slane, Thomas; 1-2
Smoot, Barton; 1-1
Slane, Hugh; 1-2
Simpkins, Gossage; 1-1
Slane, John; 2-3
Slane, Benjamin; 1-4
Shinholt, Peter, Sen'r; 1
Shinholt, Jacob; 1-1
Shinholt, Peter, Jun'r; 1-3
Sharfe, George; 1-5
Smith, George; 1
Sheppard, Presley; 1-1
Short, John; 2-2
Savall, Thomas; 1-1
Shanks, Joseph; 2-4
Stoker, Jacob; 1-2
Thompson, Jeremiah; 1-2
Trukle, Samuel; 1-2
Tyler, Jervas; 1-2
Turner, Daniel; 1-2

1803 Lower District Hampshire County Tax

Turner, Phillip; 1-2
Turner, John; 1
Thompson, John, **Scotch**; 1
Tucker, Richard; 1-1-1
Tucker, Thomas, Sen'r; 2-6-7
Tucker, Joseph; 3-5
Tucker, Erasmus; 1-2
Thompson, John
   Constable; 1-8
Thompson, Joseph; 2-4
Thompson, James; 1-5
Tucker, Thomas, Junior; 1-2
Triplet, Joseph; 1-1
Timbrook, John; 1
Thomas, John; 1-3
Taylor, John; 1-2
Titus, Tunis; 1-4-1
Tharp, John; 1-3
Torrence, John; 2-3
Taylor, Richard; 1
Taylor, William; 1-2
Thompson, John L.
   Capon; 1-4-3
Trickle, Edward; 1-2
Trickle, Joshua; 1
Torrence, Robert; 1
Vanarsdal, Garret; 1-1
Vanarsdal, Abraham; 1-1
Vanarsdal, Abraham, Sen'r; 1-2
Vanarsdal, Richard; 1-1
Vanarsdal, Peter; 1-1
Withrinton, John; 1-7
Ward, Stephen; 1-2
Williams, Thomas; 2-6
Wright, Joseph; 1
Wyamier, Michael; 1-2
Workman, Peter; 1
Williams, Owen; 1-2
Wingate, James; 1
Wilcox, Stephen; 1-2
Walker, Benjamin; 1
Warfield, Richard; 1
Ward, John; 2-4
Watson, Thomas; 1
White, John; 1
Wise, Frederic; 1-2
Winterton, John; 1-4
Winterton, William; 1-2
Woolery, Henry; 1-2

Wolverton, Joel; 1-1
Welsh, Phillip; 1-1
Williams, Benjamin; 1-3
Wolford, John; 1-3
Williamson, Cornelius; 1
Wiliamson, John; 2-3
Williamson, William; 1-3
Wallace, John; 1-2
Williamson, Mary; 0-2
Williamson, Thomas; 2-1
Williamson, Samuel; 1-2
Willson, William; 1-1
White, Francis; 1-5-2
Williamson, Samuel, son of John; 1-4
Young, John; 1-2

Robert Rogers and John Jenkins, Merchants License commencing May the 1st 1803.

73 Blacks; 1634 common horses

1804 LOWER DISTRICT OF HAMPSHIRE COUNTY – JOHN SLANE

Aller, Peter; 1-1
Anderson, William; 1-3
Alexander, Robert; 1-2
Asbury, Jeremiah; 1-1
Allender, William; 1-2
Allender, James; 1-2
Alderton, William; 2-3
Aikman, John and Adam; 2-2
Allaway, William; 1-1
Allin, John, Sen'r; 2-2
Allin, John, Jun'r; 1-1
Asbury, Joseph; 1-7-6
Asbury, Henry; 2-4
Arnold, John; 1-1
Achos, John; 1-1
Andres, Elisabeth; 1-3
Ashbrook, Aron; 1-2
Ashbrook, Eli; 1-3
Ashbrook Mary; 0-5
Adams, William; 1-2
Ashton, Joseph; 1-1
Athy, John; 2-4
Adams, John; 1
Allin, Robert; 1-3
Arnold, Andrew; 2-5
Arnold, John, **Cacapehon**; 2-3
Arnold, Levi; 1-2
Ayles, David; 1-4
Bryan, James; 3-3
Bizan, Hugh; 1
Blue, John/Uriah; 1-2
Blue, Richard; 1-3
Butcher, James; 1-3
Butcher, John; 2-5
Butcher, Joseph; 1
Bailey, William; 1-2
Biggerstaff, William; 1-3
Biggerstaff, Anne; 0-4
Bryan, John; 1-2
Bodine, John; 2-1
Brauff, Jacob; 1-1
Brelsford, Marjoram; 1-4
Baker, John; 1-5
Bennett, Sylvanus, **Constable**; 0-1

Brelsford, Daniel; 1
Bevan, Stacy; 1-3
Buzzard, Frederic, Jun'r; 3-4
Bonsel, Joseph; 1-4
Bonsel, Joseph Jun'r; 1
Brelsford, Bernard; 2-5
Busbay, Samuel; 1-1
Busbay, John; 1-1
Barret, John; 1-3
Buzzard, Frederic, Sen'r; 2-5
Buzzard, Jacob; 1-2
Bowers, Jacob; 1-2
Bowers, Henry; 2-3
Bethel, George; 1-3
Birch, William; 1-1
Barney, Benjamin; 1-1
Buress, Charles; 1-1
Bannon, Banjamin; 1-3
Burket, Thomas; 1-2
Baker, Nicholas; 1-3
Beckwith, Samuel; 1-1
Bond, John; 1-3
Bunn, Jacob; 1-1
Bruner, Henry; 1-2
Bruner, Peter; 1-4
Bennett, Thomas, Sen'r; 2-3
Bennett, Thomas, Jun'r; 1-2
Bennett, William, **Ferryman**; 0-1
Burk, James; 1-2
Bishop, William; 1
Burk, Michael; 3-2
Barnhouse, Jacob; 1
Brown, Daniel; 1-2
Brown, William; 1-2
Brooks, William; 1-1
Butler, Joseph; 1
Butler, William; 1-1
Brill, Henry; 1-5
Bumgardner, Rudolph; 1-3
Bumgardner, Reubeon; 1-4
Bough, Henry; 1

Brown, John, **Constable**; 0-2
Boxwell, John; 1-1
Berry, Thomas; 1-1
Brown, Adam; 2-2
Brady, Michal; 1-1
Bowen, Daniel; 1
Cann, John; 1-2
Combs, James; 1
Calvin, Joshua; 1-6
Calvin, David & Mahlon; 2-3
Calvin, Benjamin; 1-2
Calvin, Samuel & Luther; 2-6
Case, Peter; 1-2
Case, William; 1
Carder, George; 1-1
Collins, Simeon; 2-2
Collins, Daniel; 1
Combs, John, **Branch Mountain**; 1
Combs, Jonas; 2
Combs, Thomas; 1-1
Cowden, James; 1-1
Cowden, David; 1-1
Curtis, Jobe; 2-2
Chrisman, Phillip; 2-3
Conroy, Edward; 1-2
Crock, John; 1-2
Cunningham, John; 3-3
Cooper, George; 2-2
Cooper, John; 1-2
Cox, John; 1-1
Chinoweth, John, Sen'r; 1-4-1
Chinoweth, John, Jun'r; 1-4
Caudy, John; 1-4
Cheshire, John, **Ferryman**; 0-4
Caudy, James; 1-5
Carmichael, Daniel; 1-5
Cunningham, Israel; 1; 1 Stud
Clayton, Thomas; 1-4
Cowgill, Ewin; 1-1
Calvin, Robert; 2-4

1804 Lower District Hampshire County Tax

Crittin, John, Jun'r; 3-6
Critten, John 3rd; 1-1
Cox, John A; 1-2
Corbin, Daniel; 2-4
Carlin, Marjery; 0-2
Clawson, Thomas; 1-1
Clawson, Josiah, Jun'r; 1-2
Chenoweth, Absalom; 1-3
Combs, John; 1-3
Cool, Harbert; 2-5
Cool, Jacob; 1-4
Cool, Phillip; 1-4
Cool, Paul; 1
Crampton, John; 1
Crampton, Samuel; 1-1
Cooke, William; 1-1
Cheshire, Samuel; 4-5
Calvert, Robert; 1-3
Chinoweth, James; 1-2
Chinoweth, Elias; 1-1
Cooper, Jobe; 2-2
Clutter, Jacob; 1-3
Cummins, Aron; 1
Critten, John, Sen'r; 1-2
Critten, Jacob; 1-1
Critten, Gabriel; 1-1; 1 Stud
Critten, William; 1-3
Cunnard, James; 1-5
Casey, John; 1-1
Carlyle, William, Jun'r; 1-1
Carlyle, William, Sen'r; 4-5
Carlyle, John; 1-1
Caudy, Evan; 1-3
Copsey, John, Ferryman; 0-2-2
Carns, John; 1-1
Carnes, Jacob; Court Clar; 0-1
Carnes, George; 1-2
Castler, John; 1-4
Clutter, Joseph; 1-2
Chisholm, Alexander; 1-1
Croston, Travis; 1
Carswell, John; 1-2
Cram, John; 2
Crabb, Stephen; 0; Stud
Corbin, David; 2-4

Corbin, Humphey; 1-1
Dever, Richard; 1-2
Daugherty, Robert; 1-1
Doman, Jacob; 1-1
Doman, William; 1-1
Doman, John; 1-2
Dimmitt, Beall; 1-6-1
Day, William; 1
Dever, William; 3-3
Dever, George; 1-1
Doran, Alexander; 1-4-1
Dean, William; 1-1
Davis, Samuel; 1-3
Davis, Thomas; 4-2
Davis, Elijah; 1-2
Dunlap, William; 1-2
Dillen, Joseph; 1-1
Dugan, William; 1
Dorsey, Charles; 2-1
Dawson, Isaac; 1-1
Dawson, Abraham; 1-2
Dimmitt, Moses; 1-5-2
Dawson, Abraham, Sen'r; 1-3-1
Davis, John R; 1
Dean, Robert; 1
Davison, Samuel; 1
Ely, William; 1-4
Edwards, Thomas; 2-4
Easter, John; 2-3
Engle, Mathias; 2-4
Engle, Martin, Potomac; 1-1
Evans, Thomas; 1
Engle, Martin; 1
Eviston, Francis; 1-4
Emmart, Jacob Jun'r; 1-1
Emmart, Jacob Sen'r; 2-3
Elifitch, John; 1
Engle, Levi; 1-2
Engle, William; 1-1
Engle, Joseph; 1-1
Ellis, Morris; 1-1
Evans, Caleb; 1-2
Errit, Christopher; 2-3
Eskridge, George; 1-1-4
Everingin, Ezekiel; 1
Elliot, John; 1-3
French, Robert; 1-2
Flora, Thomas; 2-2
Flora, Isaac; 1-2

Fauver, Henry; 2-3
Frizzel, Charles; 1
Frizzle, Loyd; 1
Frizzle, Jason; 1-2
Fleming, John; 1-2
Fletcher, George; 1
Faus, Phillip; 1-2
Fitzpatrick, Daniel; 2-2
Ferryman, Stephen; 1-1
Furman, John; 1-1
Fry, Henry; 2-10-4
Frye, Benjamin; 1-7
Frye, John; 1-1
Flummin, Alexander; 1-2
Ferree, Jeremiah; 1
Ferree, Cornelius; 1-4
Farmer, Harry, Negro; 1-1
Frank, John; 1-1
Fletcher, Joseph; 1-4
Foutsh, Hugh; 1
Flinn, Alexander; 1
Frazier, John; 1
Furman, Catherine; 3-2
Furman, David; 1-1
Farmer, Thomas; 3-1
Ganoe, Stephen, Sen'r; 1-2
Ganoe, Stephen; 1-2
Ganoe, James; 1
Garrison, Joseph; 1-3
Gulick, Ferdinand; 4-4
Ganoe, David, Sen'r; 1-1
Ganoe, David; 1-1
Ganoe, Isaac; 1-1
Garman, William; 1-3
Garrett, Benjamin; 1-3
Gaither, Ralph; 1-2
Gard, Samuel; 1-6
Grafton, Thomas; 1-4
Garner, Henry; 1-11-2
Grove, Samuel; 1-1
Galloway, James; 1-5-1
Grant, William; 2-2
Gale, George; 1-3; 1 Stud
Gazaway, Robert; 2-2
George, James; 1-3
George, Richard; 2-3
George, Ellis; 1-2
Grove, Peter; 1
Grove, Phillip; 2-2
Grove, Jacob; 1-1

1804 Lower District Hampshire County Tax

Giffin, John; 1-1
Gusler, Nicholas; 1
Grapes, David; 1-2
Grimes, Thomas; 1
Good, Felix; 1-2
Hall, Samuel; 1
Hardy, John; 1-4
Higgins, John, Sen'r; 1-3-2
Higgins, Joseph; 1-1
Hobbs, John Jun'r; 1-1
Hook, William; 2-5
Harkley, Thomas; 1
Hobbs, John Sen'r; 2-2
Henderson, David **Timber Ridge**; 1-2
Hellyeare, Thomas; 1
Hellyeare, Robert; 1
Hickle, Stephen; 1-1
Hickle, Tevault Sen'r; 1
Hickle, Tevault, Jun'r; 1-1
Hickle, Henry; 1-1
Higgins, William; 2-4
Hains, Joseph; 1
Higgins, John, Jun'r; 1-4
Hoge, Solomon; 2-2
Huddleston, Nathan; 2-3
Henderson, David; 1-3
Hains, John; 1-4
Henderson, Moses; 1-2
Hannis, William; 1-2
Howard, Richard; 1
Howard, David; 1
Harkley, John; 2-3-1
House, John; 1-2
Hornbecker, John; 1-2
Howard, John; 1-1
Hammack, John; 1-4
Horn, Andrew; 2-5
Hill Jo; 1; Mulat
Hill, James; 1-1; Mulat
Harison, William; 1-1
Harrison, Samuel; 1
Hawkins, John, Sen'r; 2-1
Hawkins, John; 1
Henderson, Thomas **Pine Hill**; 1-2
Haire, Adam; 1-2
Hosman, Joseph; 1

Higgins, James; 1-2-2
Hiett, John; 1-2
Henderson, Sampson; 2-2
Henderson, John; 1
Hinds, Thomas; 1
Hill, John; 1
Horn, Phillip; 1-2
Hoskinson, Andrew; 1-1
Hoskinson, Elisha; 1
Hoffman, Adam; 1-1
Hoffman, Christopher; 1
Hoffman, Joseph; 1-2
Hutchings, Joseph; 1
Haus, Geroge; 1-2
Hoober, Jacob Sen'r; 1-3
Hatfield, Edward; 1
Hoober, Jacob Jun'r; 1-2
Hains, Henry; 1-2
Horn, George; 1-4
Horn, Henry, **Constable**; 0-3
Hillburn, Henry; 1-2
Huffman, David; 1
Hedges, Jonas; 1-2
Hoffman, John; 1-2
Howard, Reason; 1-1
Howard, Samuel; 1-3; 1 Stud
Hiett, Evan; 2-6
Hott, Samuel; 1-1
Hiett, Joseph; 1-1
Hiett, Jonathan; 1
Jenkins, Jacob; 1-3
Johnson, Joseph, B **Capon**; 1-2
Johnson, Eleanor; 0-1
Jenkins, John; 1-2
Johnson, John Jun'r; 2-4
Johnson, John, Sen'r; 1-2
Johnson, James; 1-2
Johnson, Joseph; 2-3
Johnson, Joseph, Jun'r; 1-1
John, Thomas; 1-1
John, James; 1
Johnson, Joseph **Pack Road**; 1-2
Johnson, John, **Rock Gap**; 1-3
Johnson, Thomas, **Johns Run**; 1-2

Johnson, John, **Johns Run**; 1-2
Johnson, William; 1-3
Johnson, Benjamin, Negro; 2-5
Iliff, Stephen; 1-1
Iliff, Robert; 1-2
Keran, Patrick; 2-3
Kerby, Nathan; 1
Kerby, James; 1-2
Kesler, Shamsbough; 1-1
Kennedy, Hugh; 1-1
Keran, Barney; 1-3
Kidwell, John; 1-2-1
Keller, Andrew; 1-2
Keys, Horatio; 1
Kisner, Jacob, Jun'r; 1
Kisner, Jacob, Sen'r; 1
Kennedy, Dennis; 2-2
Kail, George; 1-3
Kackley, Abraham; 1-2
Kennedy, William; 1
Kline, Phillip; 1-6
Kline, Adam; 1-5
Kelsey, James; 1
Keys, Anne P; 1-1-1
Kurtz, Peter; 1-3
Kyter, George; 1-2
Kennedy, Isaac; 1
Kump, Henry; 1
Larimore, James; 2-4
Larimore, Joseph; 1-1
Larimore, John; 1-2
Lewis, Daniel; 1-2
Lewis, Jacob; 1-1
Lane, William; 1-2
Lane, Daniel; 2-3
Lane, James; 1-1
Lafollet, George; 1-1
Larew, Hannah; 1-3
Larew, Noah; 1-4
Larew, Cornelius; 1-1
Larew, Jacob; 1-1
Larew, John; 1-1
Longstretcher, John; 1
Longstretcher, Joseph; 1-2
Loy, Daniel; 2-3
Loy, Jacob; 1-1
Loy, John, Jun'r; 1
Largent, John Jun'r; 1-3
Largent, John 3rd; 2-4-1

1804 Lower District Hampshire County Tax

Largent, James; 1-5
Lewis, John; 1-4
Levingston, James; 1
Largent, Thomas; 2-1
Largent, Lewis, Jun'r; 1-1
Lockhart, William; 2-4
Lovett, Elias; 1-1
Lupton, Isaac; 2-6
Lupton, William; 1-2
Little, George; 2
Largent, Moses; 1-1
Largent, John, Sen'r; 2-1
Loy, John, Sen'r; 2-3
Leigh, Stephen; 3-2
Leigh, Levi; 1
Lang, Stansberry; 1-1
Lupton, Asa; 1-5
Lafollet, William; 1-2
Lafollet, Isaac; 1
Lupton, Jesse; 1-5; 1 Stud
Largent, Lewis, Sen'r; 1-3
Linthicum, Archibald; 1-2-1
Linthicum, Hezikiah; 1-1
Larew, Peter; 2-5-1
Monroe, John; 3-7-3
Meekans, James; 1-3
Mathews, James; 1-2
Mathews, Levi; 1
Moreland, William; 2-3-1
Moreland, William H; 1
Moreland, Bazil; 1
Moreland, Richard; 1-2
Moreland, Elisha; 1-1
McAwley, George; 1-2
Mail, George; 1-1
Miller, John; 1-1
Miller, Henry; 1
Miles, Josia, Jun'r; 1-1
Malick, John; 1-3
Millison, Isaac; 1-2
Martin, John, **Constable**; 0-1
Martin, George; 2-4
Myers, William; 1-2
Mauzy, John & Peter; 2-8-3
McBride, James, Sen'r; 2-7

McBride, James, Jun'r; 1-1
McCave, John; 1-1
Murphy, James; 1-1-1
Miles, Josia, Sen'r; 1-3
McBride, John; 1-3-1
McDonald, Donald; 1-4-3
McDonald, Angus; 1-6-6
McClane, Jacob; 1-1
Mitchell, Robert; 4-5-1
McAtee, Walter; 1-2
Marmaduke, Sampson; 1-2
Mathews, John; 1-3
Macool, Lewis; 1-1
Millslagle, Jacob; 2-6
Martin, John; 2-8
Milslagle, Andrew; 1
Michal, George; 1-2
Michal, Phillip; 1-3
Michal, Frederic; 1-7
Moore, James; 2-5-1
McBride, Robert; 1-2
McBride, Thomas; 1-3
Mason, Thomas; 1-1
Milslagle, George; 3-1
Malcomb, William; 1
Malcomb, Peter; 1
McDannel, Hugh; 1
McDannel, Gibson; 1
McBride, Alexander; 1-4
McBride, Alexander, Jun'r; 1-1
Mail, Dick; 1-2
Mail, Bill; 1-1
McDannel, Benjamin; 1-2
Murphy, Walter; 1-1
McDannel, James; 1-1
Medley, William; 1-2
Monroe, James; 1-1
Millison, Benjamin; 1-1
McKinly, Hugh; 1-1
Myers, George; 2-4
Myers, Henry; 1-1
Millison, John, Sen'r; 1-3
Millison, John, Jun'r; 1
Miller, William; 2-3-1
Mayfield, Benjamin; 1
McKever, Paul; 4-13
McKever, John; 1-4
McVicker, Duncan; 1-4
McVicker, John; 1-1
McVicker, James; 1

McKee, Joseph; 1-1
McVicker, William; 1-3
Murphy, William; 1-1
Maloy, James; 1-1
Middleton, William; 1
McConaughy, James; 1-1
McVicker, Archibald; 1-1
Newland, Nicholas; 1
Newbanks, John; 1-2
Newbanks, William; 1
Norris, Samuel; 1-2
Nixon, George; 1-2
Nelson, Richard; 2-3
Nelson, James, Tear **Coat**; 1-2
Nelson, James; 1-3
Needler, George; 1-1
Nelson, Ross; 1-1
Nicholson, Thomas; 1
Newland, Powel; 1-1
Otrouz, John; 1-1
Ore, William; 1
Osman, Charles; 1-4-1
Ougan, Peter; 1-4
Oats, Jacob; 3-4
Orens, Thomas; 1
Ohauver, George; 1-2
Offord, John; 1
Oqueen, James; 1-4
Oqueen, William; 1
Pettit, Thomas; 1-3
Pool, William, Jun'r; 1-1
Pool, William, **Constable**; 2-4
Pownall, Isaac; 2-3
Pennington, Jacob; 2-2
Peters, John; 2-3
Powelson, Cornelius; 1-2
Powelson, Rynier; 1-2
Powelson, Charles; 1-2
Pownall, John, Sen'r; 1-3
Pownall, Elisha; 1-5
Pownall, George; 2-2
Pownall, Jonathan; 1-2
Pownall, Joshua; 1-2
Pegg, Thompson; 1-3
Patterson, James; 1-4
Parker, Robert, **Constable**; 0-2
Parker, John; 1-2
Pownall, John; 1; 1 Stud
Parke, George; 1-4
Parker, Robert; 1-2-3

1804 Lower District Hampshire County Tax

Parke, Samuel, Sen'r; 2-7
Peppers, John; 1-4
Pugh, Jacob; 1-4
Pugh, Bethel, Jun'r; 1
Pugh, Bethel, Sen'r; 1-2
Pugh, Abraham; 1
Patterson, John; 1-2
Peppers, Henry; 1-5
Powers, Stephen, Sen'r; 1-2
Pugh, Jonathan; 1-5
Poston, Samuel; 1-6
Poston, William; 1-3
Peters, Phillip, Sen'r; 1-1
Peters, Joshua; 1-3
Peters, Tunis; 2-4
Peters, John, **Tear Coat**; 1-4
Peters, James; 1-1
Peters, Samuel; 1-2
Parrell, Joseph; 1-1; 1 Stud
Powel, James; 1-2
Powel, Henry; 1-1
Parke, John, Jun'r; 1-6
Peters, Phillip, Jun'r; 1-3
Powelson, John; 1-3
Parke, John, Sen'r; 1-3
Parke, Samuel, Jun'r; 1-2
Parke, Solomon; 1-2
Parke, Amos, Jun'r; 1-3
Pugh, Eli; 1
Pugh, Malon; 1-1
Parrill, John; 1-2
Pennington, Elijah; 1-2
Parrell, William; 1-2
Parke, Amos, Sen'r; 1-2
Parrell, Edward; 1-4-1
Pierce, Daniel; 2-1
Pierce, Ezekiel; 1
Parish, William; 1-2
Pugh, Robert, Jun'r; 1-5
Pugh, Robert, Sen'r; 1-1
Pugh, Mishal; 1-2
Pugh, Joseph; 1-4
Poston, Rebecca; 0-3
Poston, Alexander, **Ferryman**; 0-3
Queen, John; 1-2
Queen, Jonah; 2-2
Robey, John; 1-1
Reeder, William; 1-3
Reeder, John; 1
Reeder, James; 1
Ruckman, Thomas; 2-6
Royce, Daniel; 2-4
Rogers, Robert; 1-5-1
Rogers, Owen, Sen'r; 1-4
Rogers, Owen, Jun'r; 1
Rinehart, Abraham, Sr; 2-4
Robison, John; 2-1
Robison, Richard; 1-1
Ruckman, Richard; 1-2
Ruckman, Samuel, Sen'r; 2-5
Ruckman, John; 1-2
Ruckman, Samuel, Jun'r; 1-2
Rogers, Thomas; 2-1
Rogers, David; 1
Robison, John, **Mills Branch**; 2-5
Rinehart, Abraham, Jun'r; 1-1
Rinehart, John; 1-1
Rinehart, Henry; 1-1
Rea, Aron; 1-1
Rison, John; 1-3
Rison, Thomas; 1-1
Rison, Rawleigh; 1
Ruckman, Peter; 1-2
Ruckman, John; 1-1
Ruckman, Samuel, son of Thos; 1-2
Ruckman, Jacob; 1-2
Rogers, Patrick; 1-2
Racey, Luke; 2-3
Racey, Thomas; 1
Reid, John; 1-1
Robison, Charles; 1-4
Reeser, Jacob; 1-1
Rosenberry, John; 1-2
Reed, Jeremiah; 2-5
Rinnard, Abraham; 1-1
Smoot, Barton; 1-1
Seabring, John; 1-2
Shanks, Nicholas; 1
Starkey, William; 1-2
Sinholt, Peter, Sen'r; 1-2
Swan, Edward; 1-2
Swan, Edward E; 1
Sampsey, Daniel; 1
Sutton, Zachariah; 1-3
Shafer, Martin; 2-3
Shafer, David; 1
Savall, Thomas; 1-2
Slin, David; 2-2
Smith, Timothy; 1-5
Shinhot, Peter, Jun'r; 1-1
Slane, Benjamin; 1-4
Smith, George; 1
Shanks, William; 1-1
Slane, Thomas; 1-2
Simmonds, Richard; 1
Saville, Oliver; 1-1
Slocum, Robert; 1-2
Smoot, John; 2-3
Sharfe, George; 1-6
Simpkins, Gossage; 1-1
Slane, Hugh; 1-3
Suddoth, William; 1-1
Stephenson, Tho's, **Constable**; 0-2
Shanks, John; 1
Slane, James; 2-4
Shanks, Joseph; 1-4
Shanks, Michael; 1
Starkey, Frederic; 1-2
Smith, James; 1-5
Summers, John; 1-2
Summers, Andrew; 1
Selby, Joshua; 1-1
Selby, Nathan, Jun'r; 1-1
Selby, John; 1-2
Selby, Nathan, Sen'r; 1-2-1
Saville, Joseph; 1
Stutsman, John; 1-3
Swier, Jacob; 1-3
Sturett, William M; 1-7
Stoker, John, Jun'r; 1-3
Stoker, John, Sen'r; 3-6
Stud, George; 1-2
Short, Isaac; 1-2
Short, Richard; 1-1
Slack, James; 1-2
Slack, Henry; 1-1
Simmons, Charles; 1-1
Spade, George; 3-5
Seckrist, Frederic; 3-6
Switzer, Valentine; 1

1804 Lower District Hampshire County Tax

Switzer, John; 2-4
Starkey, Edward; 1-1
Starkey, George; 1-1
Stephens, David; 1-1
Scott, Andrew; 1-1
Satterfield, William; 1-1
Sherwood, John; 2-3
Seebold, James; 1-2
Seyler, Jacob; 1-4
Simpson, David, **Constable**; 0-3
Silkwood, Solomon; 1-2
Smith, Richard; 1-2
Simms, Thomas; 1
Stephens, David; 1-1; Mulot
Slonuker, Christian; 1-2
Smith, John; 1-3
Simpson, Thomas; 1
Slane, John; 2-2
Short, John; 2-2
Shinholt, Jacob; 1-1
Timbrook, John; 1-2
Thompson, John, L Cap; 1-4-3
Toy, Daniel; 1
Turner, John; 1
Turner, Phillip; 1-2
Tucker, Thomas, Sen'r; 2-7-7
Thompson, John; 2-6; 1 Stud
Torrence, John; 2-3
Torrence, Robert; 1
Titus, Tunis; 1-5-1
Thomas, John; 1-2
Turner, Daniel; 1-3
Tucker, Joseph; 3-5
Tucker, Erasmus; 1-3
Thompson, James, **Constable**; 0-3
Tucker, Thomas, Jun'r; 1-3
Triplet, Joseph; 1-2
Tevault, Andrew; 2-3
Tevault, Daniel; 1-2
Tharp, John; 1-3
Taylor, Richard; 1-1
Tyler, Jervas; 1-2
Trickle, Samuel; 1-2
Trickle, Edward; 1-2
Trickle, Joshua; 1-1
Thompson, Jeremiah; 1-4

Thompson, John, **Scotch**; 1
Vanarsdal, Garret; 1-1
Vanarsdal, Peter; 1-2
Vanarsdal, Richard; 1-1
Vanarsdal, Abraham, Sen'r; 1-1
Vanarsdal, Abraham; 1-2
Williams, Benjamin; 1-4
Williams, Thomas; 2-6-1
Warton, Zachariah; 1
Wood, Ingam; 1
Williamson, John; 1-3
Williamson, Abraham; 1-1
Williamson, Cornelius; 1
Ward, John; 2-3
Williams, Ebenezer; 1-1
Wingate, James; 1
Wilcox, Stephen; 1-4
Wilson, Henry L; 1-1
Williamson, James; 1-1
Williamson, Mary; 0-1
Wallace, John; 1-2
Wolverton, Joel; 1-2
Walker, Benjamin; 1
Withrinton, John; 2-7
Withrinton, Isaac; 1-2
Wolford, John; 1-4
Woolery, Henry; 1-2
White, John; 1
White, Francis; 1-4-2
Welsh, Phillip; 1-2
Williams, Owen; 1-2
Wise, Frederic; 2-1
Willson, William; 1-2
Williamson, Samuel; 1-1
Winterton, John, Sen'r; 1-5
Winterton, John, Jun'r; 1-1
Wright, Joseph; 1
Warfield, Richard; 1-1
Warfield, Sylvanias; 1
Yoe, Henry; 1
Young, John; 1-2

The foregoing contains a true and just return of the tythables and taxable property in the Lower District of Hampshire County for the year 1804. John Slane.

A list of licences granted to merchants to retail goods in the Lower District Hampshire County Viz: Robert Rogers for one year $15.00
Robert Sherrard, Jun'r from the 22 of June 1804 until the 5th of May following $12.82.

918 White Tithables above 21
77 slaves in all [above 12]
1641 Horses
9 Stud Horses $253.80
(no carriages or Ordinary Licences)

1804 UPPER DISTRICT OF HAMPSHIRE COUNTY – DANIEL COLLINS

Allen, Nathan; 1-3
Aranhath, Adam; 1-2
Abernathy, Samuel; 1-2
Abernathy, William; 2-2
Adams, Jacob; 1-1
Adams, Catharine; 0-2
Arnold, Daniel; 1-4
Armstrong, Andrew; 1-2
Armstrong, William, Jun'r; 1-0-1
Allen, David; 1-5
Arnold, Zacariah; 1-3
Allen, Robert; 3-4-1
Athy, Thomas; 2-6
Ashton, Alexander; 1-2
Amos, a free Black; 1-1
Amerson, Abel; 3-3
Armstrong, Wm, Sr; 1-4-10
Anderson, James; 1-1
Ashby, Jeremiah; 2-1-5
Ashby, Benjamin; 1-1-1
Arnold, Sam'l; 1-3
Anderson, James; 1-2
Anderson, Thomas; 3-6
Abernathy, Samuel; 1-3
Abernathy, John; 1-2
Abernathy, Wm; 1-2
Abernathy, Robert; 1
Basket, William; 2-1
Barkelow, Johnson; 1-10
Bryan, John; 1-4
Baker, Perry; 1-1
Brookhart, Abraham; 1-1
Buffington, Richard; 1-1
Buffington, Wm; 1-14-2
Bray, Samuel; 1-4-2
Brown, Isaac; 1-1
Beall, Robert; 1-1
Beatty, Charles; 1-3
Bur, Peter; 1-1
Ballintine, Hugh; 2-3
Blue, John; 1-3
Blue, Barney; 1-2
Blue, John; 1-2
Blue, Membrance; 1-4
Beard, George; 2-5
Bookless, Wm; 1-2
Bookless, David; 1-5

Blue, Michael; 4-7-1
Baker, Thomas, S.B.; 1-1
Blow, John; 2-2
Bosley, James; 3-4
Barnes, George; 1-2
Bane, Jesse; 2-4
Bane, Alexander; 1
Byser, John; 1-2
Byser, Jacob; 2-4
Beatty, John; 1-1
Buls, Wm; 1-1
Byser, Jacob, Sr; 1
Brown, John; 1-1
Black, James; 1
Brees, Margaret; 0-2
Beatty, George; 2-3
Black, Daniel; 1-2
Bare, Widow; 0-1
Blue, Frederick; 1
Buck, Thomas; 1-2
Burton, Wm; 1-1
Brinker, Henry; 1-2; one stud came into this county since the 9th of March the tax is paid by David Henderson $4.00
Bevan, Samuel; 1-2
Beale, Midleton; 1-2-1
Baker, Michael; 1-3
Burbridge, Mary; 0-2-6
Beavers, Robert; 1-5
Beavers, Moses; 1-2
Bates, Meir, a free Black; 1-1
Barnhouse, Henry; 1-2
Barnhouse, John; 1-1
Busy, John; 1-3
Baker, John; 1-2
Baker, Jo's; 1-1
Baker, Wm; 1-1
Baker, Thomas; 1-1
Baker, Widow; 0-1
Baker, Jonathan; 1-1
Baker, Joshua; 1
Bosley, James, Jun'r; 1-1
Bogle, Thomas; 1
Bogle, Andrew; 1-1
Bailess, Edward; 1-4

Bowman, George; 1-2
Beale, Baswell; 1-2, a free Mulatto
Brown, Elias; 1; a free Mulatto
Brown, Dennis; 1
Bouorn, Zacariah; 1-3
Buckelow, Park; 1-2
Bond, Thomas; 2-3
Barrock, John; 1-1
Barrock, Jacob; 1-3
Beaver, Peter, Sr; 2-2
Beaver, Peter, Jr; 1
Blue, Uriah; 3-7-3
Collins, Daniel; 1-9-3
Coon, David; 2-3
Childs, John; 1-1
Crosley, Widow; 0-2
Campbell, Rony; 1-3
Chew, James; 1
Chew, Joseph; 1
Campbell, Jesse; 1
Crigar, Jacob; 1-2
Campbell, Archibald; 1-3
Crosley, Joseph; 1
Crosley, David; 1-2
Clark, William; 1-2
Clark, Samuel; 1-2
Crosley, David; 2-8
Craybele, Jacob; 1-1
Chew, Colby; 1-1
Carskaden, Thomas; 1-4
Curry, John; 1-1
Clark, James; 1-2
Cutter, Edward; 2-1
Cutter, James; 1
Collins, Thomas; 2-6-1
Carder, Abot; 1
Crosley, John; 1
Corbin, John; 1
Carruthers, George, Sr; 1-4
Cuotter, Sam'l; 1-1
Carruthers, George, Jun'r; 1-2
Cash, Robert; 1; a free Black
Cundiff, John; 1-2-1
Cundiff, John, Jun'r; 1-2

1804 Upper District Hampshire County Tax

Carruthers, James; 1-2
Cunningham, James; 1-7-4
Cannon, Leonard; 1-3
Cannon, And; 1-1
Cavinger, Peter; 1
Cline, Phillip; 2-5
Campbell, Widow; 1-1
Corn, Timothy; 1-6
Cowen, William; 1-5
Curlett, William; 1-3
Curry, William; 1-1
Cockran, Benjamin; 1-4
Cresap, Thomas; 1-6-3
Calmes, Fielding, Executors; 0-5-4
Clawson, John; 2-5
Culp, George; 1-4-2
Comb Daniel; 1-2
Campell, John; 1-2
Cunningham, Benj'n; 1
Cook, Nicholas; 1-1
Clark, Wm; 1-3, a free Black
Canby, Thomas; 1-2
Canby, Sam'l; 1-2
Clark, James; 2-16
Cutter, James; 1
Crofias, Widow; 1-1
Calvin, George; 1-8-5
Conly, Edward; 1-1
Clark, Archibald; 1-1
Clark, Gabriel; 1
Casity, Benjamin; 1-1
Duling, Willi, Jun'r; 1-1
Dean, Thomas; 1-7
Dowden, John; 1-6-2
Decker, John; 3-13-4
Dobbyns, Thos, Sr; 1
Dobbyns, Tho's & Samuel; 2-8
Dawson, Robert; 1-2
Douthit, David; 1
Dowell, George; 1-2
Dailey, James; 1-3-2
Dyer, Edward; 1-2-2
Dolohon, Daniel; 3-10
Dolohon, Michael; 1-3
Davis, Jonathan; 1
Dunn, Lewis; 1-6-2
Donaldson, William; 4-8-1
Davis, Samuel; 3-2
Davis, Jo's; 1-2-1

Duling, Wm Sr; 1-3-1
Davy, John; 1
Douthit, John; 1-3
Douthit, Caleb; 1
Dennis, Jonathan; 1
Dayton, Isaac; 1-1
Dowell, George; 1-2
Davis, Walter; 1-2
Davis, John; 1-1
Davis, James; 1-1
Dailey, John; 1
Durham, Burius; 1-2
Dunn, Thomas; 1-4-1
Dunn, Ephraim; 1-5-2
Daniels, Davis; 1-2
Dixon, William; 1-2
Dall, Jacob; 1-1
Denny, William; 1-2
Denny, David; 1-1
Daugherty, John; 1-1
Dyal, Phillip; 2-2
Dunlap, Samuel; 2-3
Dawson, Thomas; 1-1
Davidson, John; 1-1
Dauson, Jesse; 1-1
Dodson, Wm; 1-1
Dye, Thomas; 1-3-1
Edwards, Stouton; 1-3
Earsom, Jacob, Sr; 1-2
Earsom, John; 1-3
Earsom, John of John; 1-2
Entler, William; 2
Early, Peter; 1-1
Engle, Peter; 2-3
Ellar, Daniel; 1
Eckhart, Henry; 2-5; 1 Stud
Ellifrits, George; 1-2
Eversole, Abraham; 1-5
Eversole, Peter; 1-4
Earsom, Simeon; 1-5-1
Edwards, Jonathan; 1-1
Fout, Michael; 1-2
Florence, William, Sr; 1-2-4
Florence, William; 1-2
Fink, Fred; 2-5
Flick, Henry; 1-3
Flick, Adam; 1-1
Flick, John; 1-1
Fitzjerald, Thomas; 1-1

Fitzjerald, Thomas, Sr; 1-1
Felink, Catharine; 0-1
Fleming, Robert; 1-2
Filey, Wm; 1-3
Fleck, Jacob; 1-4
Fowler, Zacariah; 1-2
Fidler, Jacob; 1-3
Foster, Archibald; 1
French, Wm; 1-1; 1 Stud; this stud came into this county since the 9th of March and the tax is paid
Flin, John; 1-2
Franks, Henry; 2-3
Fuller, Wm; 2-2
Fullar, Thomas; 1-2
Fuller, Frances; 1-1
Flood, John; 1-3
Fail, George; 1
Fail, George, Sen'r; 1
Fox, William; 1-17-4
Gibson, James; 2-1
Greenwell, Thomas (Mary'd); 0-2-3
Groom, Ezekiel; 1-6
Groom, Esiriah; 1
Gaither, Elijah; 1-2-3
Gaut, John; 1-3
Glaze, Conrod; 1-2
Greenwell, Elijah; 1-4-2
Good, Isaac; 1
Good, Abraham; 1-3-1
Gill, Moses; 1-2
Good, Peter; 1-2
Glaze, George; 1-2
Glaze, John; 1
Glaze, George W; 1
Gates, Peter; 1-2; a free Black
Gates, Charles; 1; a free Black
Gray, James; 1-3
Graw, Phillip; 1
Griffee, David; 2-1-1
Goolsbury, Thos; 1-4
Goolsbury, William; 1
Grayson, Ambrose; 1-1
Goldsmith, Benony; 1-1
Garret, James; 1-1
Hofman, Aaron; 1-7
Hofman, Conrod; 1-5

1804 Upper District Hampshire County Tax

Hofman, Conrod, Sr; 1-1
House, John; 1-4
Hessong, Peter; 1-2
Heater, Solomon; 1-3
Holliback, Thomas; 2-4
Holliback, Daniel; 1-2; 1 Stud
Holliback, Abraham; 1-2
High, Fred; 1-4
High, Henry; 1-6
High, Jacob; 1-4
High, John; 1-3
High, John; 1
Hatten, Samuel; 1-2
Hopwood, Daniel; 1-2
Harsle, Peter; 1-2
Hausborough, John; 1-1
Haines, George 1-1
Herriot, Ephraim; 1-3
Herriot, William; 1-2
Hume, Andrew; 2-7-3
Hogan, Thomas, Sr; 1-4-8
Hirshman, Stosle; 1-1
Hickman, Joseph; 2-6
Honeyman, Charles; 1-6
Hamilton, John; 1; weaver
Henderson, John; 1-1
Hider, Adam; 1-2-2; 1 Stud
Hitton, Francis S M; 2-2
Hamilton, Charles; 1; a free Mullato
Hamilton, Henry; 1-5; a free Mullato
Hawk, Abraham; 1-3-5
Heishman, Christopher; 1
Harness, Solomon; 1-10-1
Hill, William; 1-1
Hill, Leroy; 3-7
Heirshman, Phillip; 3-2
Heirshman, John; 1-2
Hawk, Henry, Sr; 3-7
Hawk, Henry, Jr; 1-1
Hartman, Henry; 1-1
Hill, Casper; 1-1
Hill, George; 1
Hindman, John; 1-1
Hill, Charles; 1-4
Hill, Charles, Sr; 1-2
Hill, Jesse; 1
Hough, John; 1-1
Hartman, Henry; 1-5
Hunter, Richard; 1-4
Horn, Peter; 1-1
Horse, Christopher; 1-1
Howard, Robert; 1-3
Hammond, James; 1-1
Hamilton, John; 1-1
Hatten, David; 1
Heater, John; 1-1
Hull, Benj'n; 1-2
Hull, Silas; 1-1
Higdon, Leonard; 1-1
Higdon, Levy; 1-1-4
Houser, Lewis; 1-5
Heinzman, Henry; 2-10-3
Hartman, William; 1-1
Hofman, David; 1-5-3
Hudson, John; 1-1
Harrior, Christian; 1-1
Holbert, Wm; 1-1
Hatten, Charles; 1-2
Hervy, Wm; 2-2
Hervy, Elijah; 1-1
Hough, Mathias; 1
Holliday, Richard; 1-3-1
Hibs, John; 1-2
Hogan, Thomas, Jr; 1-2-1
Jones, Moses; 1-1
James, Isaac; 2-2
James, Rodham; 1-3
Jones, Joshua; 1-6
Jones, Abel; 1-2
Jacob, John J; 1-1
Jack, John; 2-6-1
Inmire, Robert; 1
Inskeep, William; 1-11-2
Inskeep, John; 1-8-2
Junkin, Richard; 1-1
Junkin, William; 2-2
Isaac, a free Black; 1-1
Johnson, Isaac; 1-4
Jacobs, Joseph; 2-2
Jones, Thomas; 2-3-1
Jones, Samuel; 3-5
Johnson, Okay; 4-11-3
Johnson, Abraham; 1
Johnson, Catharine; 1-10-4
James, Rodham; 1-3
Joseph, a free Black; 1-1
Jones, John; 2-4
Isler, Jacob; 1-1
Isler, Geroge; 1
Jacob, John J; 4-6
Jones, Peter of Peter; 1-1
Johnson, Isaac; 1-3
Johnson, Sarah; 0-3
Jones, Peter of John; 1
Jones, John; 1-1
Jones, Jonathan; 1-2
Jones, James; 1
Johnson, Abr'm, Sr; 1-6
Janny, Wm; 3-15-5; 1 Stud
Inskeep, James; 3-16-1; 1 Stud
Jones, Moses; 1
Kellar, Daniel; 1
Kuykendall, Isaac; 1-9-2
Kite, Samuel; 2-2
Kennedy, Jacob; 1-1
Kellar, John; 1-11
Kiger, George; 3-9-2
Kirk, Thomas; 1
Kuykendall, Abraham; 1-9-1
Koil, Robert; 2-4-1; 1 Stud
King, George; 1-1
Kick, Daniel; 1-1
Kelly, Patrick; 1-1
Kent, John; 1-4
Kent, Silas; 1-2
Kosoct, John; 1-2
King, Alexander; 2-5-1
Kade, Wm; 2-3
Kade, Abraham; 1-1
Kennedy, Samuel; 1-2
Kits, Henry; 1
Lickliter, George; 2-4-1
Long, Jacob; 3-5-1
Lees, Wm; 1-2
Lees, John; 1-2
Lees, George; 1-2
Lees, Andrew; 1-2
Lyon, James; 1-2
Lille, David; 2-3
Lille, Andrew; 1-1
Lee, Joseph; 1-1
Long, John; 1-2
Laubinger, G M; 1-1
Lawson, John; 1-4-3
Lawson, Hannah; 0-2-1

1804 Upper District Hampshire County Tax

Lazarus, a free Black; 1
Liller, Henry; 2-4
Lawson, Thomas; 1-2-1
Landes, Fred; 3-9
Leatherman, Peter; 1
Leatherman, Nicholas; 2-1
Leatherman, Dan'l; 1-1
Leatherman, John; 1-2
Leatherman, Lewis; 1-2
Ludwick, Leonard; 1-2
Ludwick, Daniel; 1-2
Leatherman, Abraham; 1-1
Linn, William; 1-2
Lees, Jacob; 1-4
Logan, Wm; **(clear of Levy)**; 0-1
Lyle, John; 1-1-1
Long, Thomas; 1-1
Lawson, Septamus; 1-1
Lyon, John; 2-4
Lyon, Elisha; 1-1
Lyon, Elijah; 1-1
Lyon, Morris; 1-1
Lucus, Philip; 1
Lucus, Vitator; 3-4; a free Black
Lyon, James; 1-2
Leonard, Martin; 1
Lickliter, Peter; 1-1
Long, David; 2-2
Long, Jacob; 1-3
Long, Jo's; 1-1
Lewis, William; 1
Lezinby, William; 1-1
Lizenby, Thomas; 1-3
McCall, James; 2-3
Mouser, Jacob; 1
Mouser, Peter; 1-3
Miller, Isaac; 3-15-2
Muma, Conrod; 1-3
Mourow, William & Margaret; 3-4
Marsh, Ezekiel; 1-4
Marsh, Siras; 1-1
Murphy, John; 2-3
McCartney, Thomas; 1-1
McGuire, Robert; 1-3
Mitchell, John Esq; 2-5-1
McGuire, Francis; 1-4
Murphy, Frances; 2-10
Mosley, James; 3-9-3

Means, Isaac; 2-4
Miller, Henry; 2-6
McMeekin, John; 1-2-1; Coach
Monnet, Thomas; 1-3
McDonald, Thomas; 1
Mulledy, Thomas; 1-3
McGuire, Sam'l; 1-1
Mongomery, Mathew; 1
McCrackin, Virgil; 2-5
McGroughland, Daniel; 2-4
Mitchell, John; 1-6-3
Merritt, Michael; 2-1
Miller, Henry; 1
McGowan, John; 1-2
Miller, George; 1-1
McDoughall, James; 2-2
Moore, John; 1-2
Mitchell, James; 1
Murphy, Michael; 1
Martin, James Esq; 2-11
Martin, Luther; 1-10
Martin, Robert; 1-5; 1 Stud
McCabe, Ross; 1-2
Moore, Michael; 1
McNary, Ebenezer; 1-4
Martin, James; 2-5
Miller, Isaac and Henry; 2-5
Mitchell, John; 1-1
McNeale, John; 1-3
McBride, John; 1-4
Molohan, Rawleigh; 1
McCormick, James; 1-1
McCarty, Edward; 3-20-10
Moon, Abraham; 1-1
Moon, Jacob; 1-2
Metheny, Fred; 1-2
McCalley, Cornelius; 1-2
Mitts, John; 1-1
Madden, John; 3-2
McDanil, John; 1-3
McKee, James; 1-1
Martin, Edward; 1-2
Martin, John; 1-2
Metheny, Jesse; 1-2
McCaley, John; 1-2
McChesney, Wm; 1-4
Miller, John; 2-1
Means, Isaac, Sr; 2-4

McAlister, James; 1-4-2
Male, Wilmore; 1; free Mullato
Newman, George; 2-2
Newman, William; 1-2
Newhouse, Tho's; 1-4
Newhouse, Benja'n; 1-2
ONeale, Barton; 1-5-1
Nailer, William; 1-2-2
Neuman, Solomon; 1
Nixon, Jonathan; 1-4
Nevile, William; 1-1
Nash, John; 1-1
Newman, John; 2-2
Norman, John; 1-1
Newcom, Moses; 1
Newman, Christopher; 1-2
Newman, Samuel; 1-2
New, Henry; 1-1
Nipton, Ruth; 1-3
Neall, John; 1-1
Neale, Daniel; 1
Oharrow, John; 1-4
Odle, Wm; 3-4
Odle, Caleb; 1-2
Odle, Joshua; 1-1
Parker, Jonathan; 1-1
Purget, Henry; 2-3
Pigman, Matthew; 2-3
Parker, Henry; 1-4
Plum, John; 1-4
Plum, John; 2-6
Plum, Abraham; 1-3
Price, Arjalon; 1-3-2
Price, G W; 1-1
Price, Arjalon Jr; 1-2-1
Price, Wm; 1-1
Parker, Benjamin; 1
Parker, Jacob; 1-3
Parker, Solomon; 2-9-2
Parsons, James; 1-14-3
Parsons, David; 1-10-4
Poland, John Sr; 2-3
Poland, John; 1-2
Poland, Samuel; 1
Poland, Andrew; 1
Parker, Absolem; 1-4
Parker, James; 1-4
Parker, Benjamin; 1-6-2
Parker, John; 2-2
Poland, William; 1-1

1804 Upper District Hampshire County Tax

Plummer, Obediah; 1; a free Mullato
Parker, Robert, Jr; 1-9-5
Pilcher, William; 1-2; 1 Stud
Pilcher, Stephen; 2-2-1
Parker, Peter; 1-8-2
Powelson, Henry; 1-3
Parsons, Thomas; 1-6-4
Pilcher, James; 2-4
Peyat, Moses; 1
Pry, Windle; 1-1
Price, John H; 1-4-3
Prichard, George; 1-3
Pearl, Baswell; 1
Price, Silas; 1-1
Pancake, John; 2-4
Putman, Jacob; 1-2
Putman, Phillip; 1-2
Putman, Peter; 1-1
Purget, Jacob; 2-5-1
Purget, Henry; 1-1
Purget, Jacob, Jr; 1-2
Poulson, John; 1
Pursall, John; 1-14-6
Powelson, Abraham; 1-3
Powelson, Andrew; 1-1
Poulson, Cornelius; 3-2
Plank, Jacob; 1-1
Pearce, John; 1-3
Price, Nathaniel; 1-1
Paugh, Michael; 1-1
Paugh, John; 1-2
Paugh, Wm; 1-3
Rary, Charles; 2-7
Ricke, Willi; 1-3
Reed, James; 1-2-1
Rodgers, Wm, Sr; 1-6-1; 1 Stud
Rees, Thomas; 1-4
Ranalds, Robert; 1-3
Rector, Conway; 1-5-1
Rannalds, James; 1-4-1
Rurier, Daniel; 1-2
Roberts, William; 1-3
Roberts, Elijah; 1-1
Rariden, Richard; 1
Rooseboom, Henry; 2-6
Reed, Jacob; 1-2-1
Rodtrock, Lewis; 1
Rodtrock, Andrew; 1-2
Rodtrock, Daniel; 1-2
Rodtrock, Abraham; 1-1
Rawlins, Benjamin; 1-1
Rollins, Elijah; 1
Rees, William; 1-5
Reasoner, John; 1-3-1
Randale, James; 1
Rose, Thomas; 1
Rodgers, Martha; 0-0-1
Rodgers, William; 1-9
Rodgers, James; 1-3
Routh, Stephen; 1
Reed, William; 2-2
Richard, Godfrey; 1
Rinehart, George; 1-3
Rock, Jacob; 1-1
Ravinscroft, William; 1-2
Rock, Robert; 1-2
Rollins, Moses; 1-11-5
Ravinscroft, James; 1
Ravinscroft, John; 1-2-2
Ravinscroft, Francis; 2-2
Ravenscroft, Charles; 1-1
Ravinscroft, James; 1-2
Ravenscroft, Samuel; 1-4
Ryley, Widow; 1-1
Ravinscroft, John; 2-9-1
Roberts, Gersham; 1-1
Spencer, John; 2-2
Smith, Peter; 2-7
Shore, Thomas; 1-3
Smith, Josias; 1-3-1
Sherradin, Paul; 1-3
Sherradin, Abraham; 1-1
Slyeir, Nathaniel; 2-4
Shank, Phillip; 1-2
Shank, George; 2-2
Stovir, Christopher; 1-2
Stimmell, Yost; 2-5
Sherradin, Paul; 1-2
Staggs, George; 1
Spillman, William; 1
Smith, William; 1-2
Stearman, John; 1-4
Squires, Michael; 3-4
Slone, Richard; 2-3
Stewart, John; 1
Smith, Polly; 0-1
Smith, Widow; 0-2
Shoemaker, Peter; 1-1
Shoaf, John; 1-3
Sage, Samuel; 1-2
Stovir, Daniel; 1-1
Stovir, Daniel Jr; 1-1
Sheetz, Michael; 2-1
Sheetz, John; 2-3
Snyder, John; 1-13-8
Sheetz, Michael; 1-3
Spillman, William; 1-3
Sands, John; 1
Savage, Patrick; 2-2
Shannon, John; 1-1
Short, Wm; 1-5
Shore, Lander; 1-1
Smith, John; 1-1
Shepard, John; 1-1
Stockslagle, Jacob; 1
Sheetz, Michael; 1-2
Smith, Wm; 1-1
Shup, John; 1-1
Sheetz, Frederick; 2-2
Sheetz, Ann; 1-1
Spencer, James; 1-1
Sprigg, Ozburn; 1-15-12
Stafford, Richard; 2-10; 1 Stud
Sherradin, John; 1-3
Six, George; 2-2
Stodard, James; 1
Stodler, Jacob; 1-1
Ship, Godfrey; 1-1
Stallcup, Israel; 1-1
Scrichfield, Joseph; 1-3
Stoh, Abraham; 1
Slagle, Jacob; 1
Selby, Walter; 1-1
Stewart, Thomas; 1-4
Stewart, Jeremiah; 1-2
Stewart, Bailey; 1-2
Stewart, Abraham; 1-2
Smith, John; 1-4
Smith, Henry; 1-3
Smith, Benjamin; 1-1
Scot, James; 1-1
Slarman, John; 1
Shillingburgh, Willi; 1
Spencer, John, Nobly; 1-3
Savors, Nicholas; 2-10-4
Thomas, Moses; 1-2
Taylor, Thomas; 1-9
Totton, Samuel; 0-3
Thrasher, Benjamin; 1-1
Taylor, George; 1-2
Taylor, William; 1-1

1804 Upper District Hampshire County Tax

Taylor, John Sr; 1-2
Taylor, Simon; 1-7-5
Tophoun, Francis; 1
Taylor, Daniel; 3-3
Tompson, Abraham; 1-4
Thomas, Samuel; 1-2
Thomas, Samuel, Jr; 1-3
Taylor, Alexander; 1
Titus, George; 2
Taylor, Septamus; 1
Taylor, Charles; 1-3
Thomas, Robert; 1-3
Terry, Barney; 1-1
Tinkle, Henry; 1-2
Towbridge, John; 1-2
Tompson, John; 2-2
Tompson, Wm; 1-3
Taylor, John; 3-7-3
Taylor, Thomas, **Springfield**; 1-2;
Toues, Abraham; 1-1
Tompson, Samuel; 1
Try, Cleming; 1-1
Thomas, William; 1
Thomas, Granderson; 1-1
Terry, Stephen; 1
Tompson, Dicks; 1-1
Tompson, Elton; 1
Umstot, Jacob; 1-1
Umstot, Peter; 2-5
Utt, Christian; 1-3
Vanmeter, Isaac; 2-13-1
Vandivear, Lewis; 1-10-1
Vandevear, William; 1-9-2
Vandevear, Willi, Sr; 1-12-11
Vandevear, Samuel; 1-5; 1 Stud
Vandevear, Vincent; 1-2
Vandevear, Jacob; 1-1
Vandegrift, Christo'r; 1
Vanoit, Peter; 1-1
Vause, William; 3-19-4
Wilson, James; 1
Watts, James; 1-2
Watts, Archibald; 1-5
Wilkins, John; 1-1
Wodrow, Andrew; 1-2-2; Coach
Whittabury, Stosse; 1
Wright, John; 1-9-5
Wolverton, Isaac; 1-1

Wallace, Thomas; 1-4
Welch, Isaac; 1-2
Welch, William; 1-1
Walker, James; 1-2
Walker, Andrew; 3-4
Walker, Samuel; 1-4-1
Waggoner, John M; 2-4
Welch, Sylvester; 2-5-6
Wilson, Nathaniel; 1-2
Wolford, John; 1-6
White, James; 1
Welton, Job; 1-8
Whip, Daneil; 1-2
Whiteman, Richard; 1-1
Williams, Peter; 1-3
Walker, Peter; 1
Ward, Jesse; 1-2
Williams, Benjamin; 1-1
Wilson, James; 2-2
Wiley, Abel; 1-4
Wiley, Benjamin; 1-1
Wells, Peter; 1-2
William, a free Black; 1
Williams, Robert; 1
Warrin, John; 1-2
Wilson, Jesse; 1-1
Ward, Loyd; 2-2
Wilson, Richard; 1-2
Young, George; 1-1
Zimmerman, Jacob; 1-1

A list of licences granted to Merchants to retail goods of a foreign growth and manufacture part of the year 1803 and part of 1804 in the Upper District of Hampshire County:

1803 George Carruthers, Jr; August $10.66
1804 Henry Eckhart, Jan, $5.
Buiai Derham, May 26, $13.95
Richard Whiteman, May 29, $13.95
McCarty Armstrong & C, June 1, $13.95
Tho's Mulledy, June 14, $15.00
James Mosely, May 1, $15.00
Adam Hider, May 1, $15.00
Henry Heinzman, May 1, $15.00
John J Jacob & C, May 1, $15.00
James Reed, June 19, $15.00
James Dailey, May 1, $15.00
Henry Eckhart, May 1, $15.00
Tho Jones, May 1, $15.00
Francis S M Hilton, May 1, $15.00
Beale & Green, Sept 1, $10.00

Not being able to recollect whither I have heretofore forwarded a copy of the sheriff's bond I have now endorsed a copy thereof and Mr King has received twenty dollars from one John Lyon, for a pedlars licence as appears by his receipt lodged in my office dated 17 October 1803 which please add this account for taxes for last year and which he is now about to settle for.

A list of taxable property within the District of Daniel Collins Commissioner in the County of Hampshire for 1804.

1805 UPPER DISTRICT OF HAMPSHIRE COUNTY - DANIEL COLLINS

Armstrong, And'w; 1-2
Abernathy, Rob't; 1-2
Abernathy, Wm; 1-1
Abernathy, Sam'l; 1-3
Ashby, Jeremiah; 1-1-3
Ashby, Benj'n; 1-1
Arnold, Sam'l; 1-3
Arnold, Zachariah; 1-4
Allen, Tho's; 2-5-2
Athy, Tho's; 2-5
Anderson, James; 1-1
Arnold, Dan'l; 1-4
Adams, Gersham; 1-5
Allen, Nathan; 1-3
Abernathy, Widow & James; 2-2
Anderson, James; 1
Armstrong, Wm, Junior; 1-0-1
Arnholt, Adam; 2-2
Athy, Walter; 1
Ayles, David; 1-10
Abernathy, Sam'l, Senior; 2-4
Adams, Jacob; 1-2
Armstrong, Wm, Sen'r; 1-4-10
Amos, a free Mullatto; 1-1
Arnold, Dan'l; 1-4
Anderson, Tho's; 3-6
Anderson, James; 1-3
Baker, Patrick; 1
Buffington, David; 1-2
Beatty, Charles; 1-4
Barrack, Jacob; 1-4
Barrack, John; 1-1
Brookhart, Ab'm; 1-2
Bobo, Wm; 1
Bane, Jesse; 4-5
Buffington, Wm; 1-11-2
Buffington, Rich'd; 1-1
Baker, Wm; 1-2
Baker, John; 2-2
Baker, Jo's; 1-1
Baker, Tho's; 1
Baker, Widow; 0-1

Bayliss, Edw'd; 1-4
Black, Dan'l; 1-2
Beavers, Robert; 1-2
Barklow, John'n; 1-11-1
Blew, Uriah; 3-6-3
Brady, Wm; 1
Ballentine, Hugh; 2-2
Blew, Garret; 1-6
Belford, Dan'l; 1
Bosley, James; 3-4
Beatty, Geo; 1-2
Beatty, Isaac; 1-2
Baker, Mich'l; 1-3
Baker, Tho's; 1-1
Bare, Widow; 1-1
Bayley, Wm; 1-2
Buck, Tho's; 1-2
Barnes, Geo; 1-3
Bond, Tho's; 2-3
Bowman, Geo; 1-3
Bailey, Rob't; a free Black; 1
Brown, Elias; a free Black; 1
Beall, Baswell; a free Black; 1-2
Buckelow, Park; 1-3
Bogle, And'w; 2-1
Bean, Walter; 1-1
Bogle, Thos; 1-1
Bowman, Zach'a; 1-4
Browning, Elias; 1-1
Beaver, Peter; 4-3
Busby, Wm; 1-1
Boulton, John; 1
Blew, John, Sen'r; 2-4
Brown, Isaac; 1-1
Burton, Wm; 1-1
Brinker, Henry; 1-2
Bevan, Sam'l; 1-2
Bowman, Widow; 1
Busby, Mathew; 1
Burbridge, Mary; 0-6-2
Brown, John; 1-1
Breese, Widow; 0-2
Beard, Geo; 1-2
Beard, Geo, Sen'r; 1-2

Beard, Wm; 1-2
Bookless, Wm; 1
Bookless, David; 2-4
Boulton, John; 1
Bysor, Jacob; 2-3
Beatty, John; 1-2
Barnhouse, Henry; 1-2
Barnhouse, John; 1-1
Bussy, John; 1-1
Blew, Mich'l, Sen'r; 3-7
Bryan, Benj'n; 1-2; a free Black
Blew, Mich'l, Jun'r; 1-1
Cunningham, James; 1-9-4
Campbell, Arch'd; 2-3
Cannon, And'w; 1-1
Cannon, Leonard; 1-1
Cutter, Edmond; 1-1
Canty, Edw'd; 1
Cook, Nich's; 1-1
Cundiff, John, Sen'r; 1-2-1
Cundiff, John, Jr; 1-2
Clawson, John; 2-7
Canby, Sam'l; 1-2
Crafias, John; 1-2
Carder, Abot; 1
Cash, Rob't; 1; a free Black
Corbin, John; 1
Campbell, John; 1-2
Corn, Timothy; 1-6
Curry, Wm; 1-2
Cockrill, Jeremiah; 0-2-1
Craybill, David; 2-7
Chamberlin, John; 1-1
Cookis, Henry; 2-1
Cooper, Tho's; 1-5
Culp, Geo; 1-6-2
Culp, John; 1-6-4-2
Chopson, Geo; 1-1
Charles; 1; a free Black
Cresap, Tho's; 2-8-3
Chew, Coleby; 1-2
Chew, James; 1
Chew, Joseph; 1

64

1805 Upper District Hampshire County Tax

Curlet, Wm; 1-4
Clark, Wm; 1-3; a free Black
Clark, Joseph; 1-1; a free Black
Casity, Benj'n; 1-1
Coon, David; 2-1
Cockrill, Jesse; 1-2
Crossley, John; 1-1
Crossley, David; 1
Crossley, Henry; 1-1
Crossley, Widow; 0-1
Crossley, Joseph; 1-2
Cregar, Jacob; 1-2
Campbell, Widow; 1-1
Clark, Wm; 2-1
Carruthers, George, Sr; 1-5
Carruthers, Geo Jun'r; 1
Collins, Dan'l; 1-13-3
Collins, Tho's; 3-7-2
Clawson, John; 1-6
Clark, James; 3-17
Chambers, Ja's; 1
Cowen, Wm & Ashton, Alex; 2-8
Cengro, Wm; 3-2
Cutler, James; 1
Campbell, Rooney; 1-4
Clark, Arch'd, Sr; 1-3
Clark, Arch'd; 1-1
Cavinger, Peter; 1
Clark, Gabriel; 1
Campbell, Jesse; 1
Calmes, Geo; 1-8-5
Clark, James; 1-2
Cheiseman, William; 1
Dowden, John; 1-6-2
Davis, Sam'l; 3-4
Davis, Jesse; 1-1
Davis, Jo's; 1-3-1
Dayton, Isaac; 1-1
Dulin, Wm; 1-1
Dyal, Phil; 1-1
Dyal, Isaac; 1-2
Dunn, Eph'm; 1-7-2
Dennis, Jonathan; 1
Dulin, Wm, Sen'r; 2-3-1
Dulin, Wm, Jun'r; 1-3
Dyer, Edw'd; 1-2-3
Dailey, James; 1-3-2
Douthit, Rob't; 1
Decker, John; 2-12-4

Dixon, Wm; 1-3
Daily, John; 1
Davis, Walter; 1-2
Donaldson, Will'm; 5-8-1; 1 Stud
Davis, John; 1-1
Davis, James; 1
Dayton, John; 2-2
Douthit, John; 1-4
Dentz, Tho's; 1-2-1
Dodson, Wm; 1-1
Dean, Tho's; 2-10
Dixon, John; 1-1
Dye, Tho's; 1-2
Davis, Ely; 1-2
Derham, Beneu; 1-1
Dunn, Tho's; 1-4-1; **Ordinary Licence**
Dunn, Lewis; 1-6-2
Dust, Dan'l, Sen'r; 1-1
Dust, Dan'l, Jun'r; 1
Danniels, Dennis; 1-2
Dunkin, Widow; 0-1
Dobbins, Thos & Sam'l; 2-7
Danvrill, Old (at Cowens); 1
Dolohen, Dan'l; 2-6
Dolohen, Mich'l; 1-3
Dolohen, Hugh; 1-1
Dawson, Tho's; 1-1
Denny, Wm; 1-4
Denny, David; 1
Eversole, Ab'm; 1-4
Emmerson, Abel; 3-4
Eversole, Peter; 1-4
Entler, Wm; 2
Ellifrits, Geo; 1-2
Earsom, John; 1-3
Earsom, Simon; 1-6-1
Earsom, John of John; 1-3
Earsom, Jacob; 2-1
Engle, Peter; 2-4
Eckhart, Henry; 2-1
Edwards, Stoaton; 1-3
Eller, Dan'l; 1
Flick, Henry; 2-4
Flick, Jacob; 1-3
Flick, John; 1-1
Flick, Adam; 1-1
Fowler, Zachariah; 1-2
Foley, Will'm; 1-4

Fink, Fred'k; 3-5
Florence, Wm; 1-2-1
Florence, Tho's; 2-3-2
Fleming, Pat'k; 1-4-1
Fuller, Wm; 1-1
Fuller, Tho's; 1
Flood, John; 1-3
Fitzpatrick, Jos'h; 1-1
Fout, Mich'l; 1-1
Fitzgerald, Tho's, Sen'r; 1-1
Fitzgerald, Tho's; 1-1
Fidler, Jacob; 1-3
Flin, John; 1-2
Fields, John; 1-1
Fleming, Rob't; 1-2
Frizle, Jesse; 2-1
Frizle, Charles; 1-1
Fitzgerald, John; 1
Fail, Geo Jun'r; 1
Fail, Geo, Sen'r; 1-1
Franks, Henry; 2-3
Fettir, John; 1-1
Friddle, John; 1
French, Wm; 2-1
Fosset, John; 1
Fox, Wm Esq; 1-20-5
Glaze, Conrad; 2-2
Good, Peter; 2-3
Greenwell, Elijah; 1-4-1
Grayson, Ambrose; 1-2
Grayham, Arthur; 1-1
Gibson, James; 2
Gant, John; 1-4
Goolsberry, Wm; 1-1
Glaze, Geo; 1-4
Greenwell, Tho's; 0-4-2
Good, Ab'm; 1-4-1
Gill, Moses; 1-2
Goldsmith, Benony; 1-1
Grace, Phil; 1
Grant, James; 1
Gray, James; 1-2
Green, Wm; 1-2
Gallaway, Doc't; 1-1
Grams, John; 1
Honeyman, Charles; 1-4
Hunter, Pat'k; 3-5
Holliback, Tho's; 2-7
Holliback, Dan'l; 1-1; 1 Stud
Hatten, Sam'l; 2
Holliback, Ab'm; 1-2

1805 Upper District Hampshire County Tax

High, John; 1-3
Haines, Geo; 1-1
High, Henry; 1-6
High, John, Sen'r; 1
Hawk, Ab'm; 1-4-4
Hofman, Conrod; 1-4
Hopwood, Dan'l; 1-2
High, Fred'k; 1-5
Henderson, Dan'l; 1; 1 Stud
Harsle, Peter; 1-3
Hunter, Rich'd; 1-3
Hill, Leroy; 3-8
Hill, Wm; 1-2-1
Hawk, Henry; 2-6
Hawk, Isaac; 1-1
Hawk, Henry, Jun'r; 1-2
Hammond, Casper; 1
Hartman, Henry; 2-4
Hartman, Phil; 1-1
Hartman, Henry, Jun'r; 1-1
Hartman, Wm; 1-1
House, John; 2-4
House, John, Jun'r; 1
House, Sam'l; 1
Houser, Lewis; 1-5
Heater, Solomon; 1-3
Hessong, Peter; 1-1
Hill, Geo; 1-1
Heirshman, Phil; 4-6
Heiskell, Jacob; 1-2
Houser, Charles D; 3-2
Hansborough, John; 1-1
Heiskell, Adam; 2-4-2; **Ordinary Licence**
Hamilton, Charles; 1; a free Mullatto
Hofman, Aaron; 1-11
Hogan, Tho's; 1-3-1
Hickman, Joseph; 2-9
Howard, Rob't; 1-3
Hume, And'w; 2-8-3
Hass, Christ'n; 1-1
Hass, Peter; 1-2
Hudson, Wm; 1
Hamilton, Henry; 1-4; a free Black
Heishman, Chris'n; 1-2
Hudson, John; 1-1
Hatten, Charles; 1-1
Hull, Silas; 1-1
Hull, Benj'n; 1-3

Hooker, John; 1-3
Hough, Mathias; 1
Hudson, John; 1-1
Harriss, John; a free Black
Herriot, Wm; 1-3
Herriot, Eph'm; 1-5
Hindman, John; 1-1
Heissman, Henry; 3-11-3
Harness, Solomon; 1-11-1
Holbert, Wm; 1-1
Harriss, Jo's; 2-3
Hibbs, John; 1-1
Hervy, Elijah; 1-1
Hervy, Wm; 1-2
Hervy, Reason; 1-1
Higdon, Elijah; 1-2-1
Hill, Jesse; 1-1
Hill, Walter; 1
Hill, Charles; 1-2
Hill, Charles, Jun'r; 1-2
Hull, Benj'n; 2-4
Honeyman, Charles; 1-4
Hamilton, John; 1
Henderson, John; 1-1
Hively, John; 1-2
Hilton, Fran's S; 2-1
Hider, Adam; 1-15-2; 1 Stud;**Ordinary Licence**
Hamilton, Geo; 1-1
Hatten, Sam'l; 1-3
Hedley, Jacob; 1
High, Jacob; 1-5
Hill, Casper; 1-1
Hoffman, Mrs; 1-6-3
Hamilton, John; 1
Headly, Tho's; 1
Hinds, John; 1
Junkins, Wm; 2-2
Junkins, Rich'd; 1-2
James, Isaac; 1-2
Jacobs, Joseph; 2-5
Johnson, Isaac; 2-5
Jacobs, John J Sen'r; 2-6
Johnson, Isaac **(Valley)**; 1-5-1
Jones, John; 1-4
Jones, Joshua; 1-7
Jones, Abel; 1-2
Jacobs, John J Jun'r; 1-1

Jack, John; 2-4-2
Johnson, Okey; 5-12-3
Isler, Jacob; 1-2
Isler, Geo; 1
Inskeep, Wm; 1-12-2
Inskeep, John; 1-9-2; 1 Stud
Johnson, William; 1-1
Inskeep, James; 2-17-1; 1 Stud
Jenney, Wm; 3-15-5
Jones, Sam'l; 2-4
Jones, Tho's; 3-6-5
Jacobs, John; 1-1
Jones, Moses; 1
Ingle, Isaac; 1-1
Jones, John of Peter; 1-1
Jones, Jonathan; 1-3
Jones, Peter; 1-1
Jones, Moses **(Cabbin Run)**; 1
James, Widow; 0-3
Johnson, Catherine; 1-9-6
Johnson, Peter; 1-1
Johnson, Ab'm; 1
Jones, Peter **(Schoolmaster)**; 1
Kiger, Geo; 3-12; 1 Stud
Kennedy, Sam'l; 1-2
Koil, Rob't; 2-5-1; 1 Stud
Kaid, Ab'm; 1-3
Kuykendall, Isaac; 1-12-3
Kite, Sam'l; 2-2
Kent, Silas; 1-2
Kent, John; 0-5
Keller, Widow; 0-10
Keller, Dan'l; 1
Kelly, Pat'k; 1-2
King, Alex; 1-5-2
Kaid, Wm; 1-1
Kanney, Jacob; 1-1
Kossick, John; 1-1
Kline, Phillip; 2-3
Kline, John; 1-1
Kitts, Henry; 1
Kirk, Tho's; 1
Lees, And'w; 2-3
Lees, Jacob; 1-5
Lees, Wm; 1-1
Lees, John; 1-2
Leatherman, Dan'l; 1

1805 Upper District Hampshire County Tax

Leatherman, Peter; 1
Liller, Henry; 2-4
Lawson, John; 1-4-3
Long, Jacob; 2-4-1
Lawson, Septimus; 1-1
Lilley, And'w; 1-1
Ludwick, Jacob; 2-2
Leatherman, John; 1-2
Leatherman, Nich'l; 2-3
Leatherman, Ab'm; 1-1
Leatherman, Lewis; 1-2
Landers, Rudolph; 1-5
Lennox, James; 1
Landes, Felix; 1-3
Landes, Fred'k; 1-1
Lyon, John; 2-4
Lyon, Elisha; 1-2
Lyon, Elijah; 1-1
Lyon, Morris; 1-1
Long, John; 1-4
Linn, Elijah; 1-1
Logan, John; 0-2
Long, David; 2-2
Long, Jo's; 1
Lee, Jo's; 1
Lambert, Elijah; 1-1
Luck, James; 1
Lizinby, Tho's; 1-4
Lizinby, Wm; 1-1
Lazarus; 1; a free Black
Laubinger, Geo M; 1-1; 1 Stud
Linnox, Tho's; 1
Lysle, John; 1-1-1
Lash, Tho's; 1-1
Long, John; 1-1
Long, Jacob; 1-4
Ludwick, Dan'l; 1-1
Ludwick, Catherine; 0-2
Lyons, James; 1-2
Lickliter, Geo; 2-4-1
Lucus, Phillip; 1; a free Mullatto
Lucus, Vilator; 3-4; a free Mullatto
Miller, Henry; 1-5
McChesney, Wm; 1-4
Miller, Henry; 1-3
Marsh, Ezekiel; 1-3
McLaughlin, Dan'l; 2-4
Martin, James (P.C.); 1-5
Murphy, John; 2-3
Monrow, Wm; 3-5

Madden, John; 1-2
Miller, Isaas Esq; 3-15-2
McAlister, James; 1-2-2
Monnett, Tho's; 1-3
Monnett, Jeremiah; 1-2
Miller, Geo; 2-6-1
McCarty, Edw'd; 3-19-10
Mosley, James; 2-10-2
Mofohan, Rawleigh; 3-1
McGuire, Sam'l; 1
Mullady, Tho's; 1-5-1
Montgomery, Mathew; 1
Means, Isaac, Sen'r; 2-5
Mouser, Jacob; 1-1;
Ordinary Licence
McBride, John; 1-7
McCormick, James; 1-2
McNeary, Eben'r; 1-4
McNeall, John; 1-8
McGruder, John; 1-2-1
McCrackin, Virgil; 2-11
McCrackin, Freedom; 1-2
Martin, Luther; 1-20
Martin, Rob't; 1-8
Murphy, Fran's; 2-13-3
McCabe, Ross; 2-2
Mitchell, John; 1-6-4
McCartney, Tho's; 1-1
Means, Isaac; 1-1
Means, Tho's; 1-1
Martin, Edw'd; 2-4
Martin, John; 1-3
Moon, Jacob; 1-2
Matheny, Fred'k; 1-3
Mendle, Mich; 1; a free Black
Miller, Geo (B.S.); 1-1
Moon, Geo; 1-4
Minton, John; 1-2
Minton, Wm; 1-2
Minton, Myona; 0-1
Marsh, Siras; 1-2
Moore, Ely; 1
Moore, Ab'm; 1
McCalley, Neall; 1-3
McNeall, James; 1-4
Male, Wilmore; 1; a free Mullatto
Mitchell, John, Jr; 1-1
Miller, Isaac & Henry; 2-6
McBride, Sam'l; 1
Mitchell, James; 1

Mitchell, James, Jun'r; 1-1
Moore, John; 1-1
McNamee, Adam; 1-2
Mills, Wm; 1
Merrit, Mich'l; 2-1
McGowen, John; 1-1
Miller, Jacob; 1
Millone, Hugh; 1
Miller, Henry; 1-3
Moore, Ely; 1
Muma, Conrod; 1-3
Mitts, John; 1-2
Mitts, Isaac; 1-1
Mouser, Benj'n; 1
McDaniel, John; 1-1
Madden, Jonathan; 1-2
Nixon, Jonathan; 1-6
Newman, John; 2-4
Newman, Wm; 1-1
Newman, Sam'l; 1-2
Newman, Widow; 1-1
Newman, Chris'n; 1-2
Nash, John; 1
Newel, Wm; 1-2
New, Henry; 1-2
Nipton, Widow; 1-3
Neff, John; 1-3; 1 Stud
Nelson, Geo; 1-1
Newland, Ab'm; 1
Newland, Powel; 1
Norman, John; 1-1
OHarrow, John; 1-3
Odle, Will'm; 2-4
Odle, Caleb; 1-2
Orchard, Tho's; 1-1; a free Black
Parker, Henry; 1-4
Paugh, Wm; 1-1
Pilcher, William; 1-2; 1 Stud
Pilcher, James Sen'r; 2-4
Pilcher, James, Jun'r; 1
Purget, Henry; 2-3
Parker, Absalom; 1-3
Parker, Soloman; 1-13-3
Parker, Benj'n; 1-7
Plumb, John, Sen'r; 2-7
Plumb, John, Jr'; 1-3
Plumb, Ab'm; 1-2
Price, Arjalon, Sen'r; 1-3-1
Price, Arjalon, Jr; 1-3-1

1805 Upper District Hampshire County Tax

Price, Geo W; 1-1-1
Price, Silas; 1
Price, Wm; 1-3
Piersall, John; 1-10-6
Plank, James; 1-1
Price, Nathan; 1-1
Parker, Peter; 1-7-2
Parker, Rob't (Adm'rs); 1-9-5
Parker, Jacob; 1-3
Parker, Jonathan; 1-2
Poland, John, Sen'r; 3-4
Poland, John, Jun'r; 1-3
Poland, Amos; 1-2
Parsons, James; 1-18-3
Prichard, Geo; 1-3
Pearce, John; 1-4-1
Putman, Peter; 1
Putman, Jacob; 1-2
Putman, Phil'p; 1-1
Parsons, Tho's; 1-7-4
Peter; 1-2; a free Black
Poulson, Cornelius,Sr & Poulison, Cornelius, Jr & Poulson, Elisha & Poulson, Wm: 4-3
Poulson, John; 1-1
Paugh, Mich'l; 1-1
Paugh, John, Sen'r; 1-3
Paugh, Nich's; 1-2
Paugh, John; 1
Peatt, Wm; 1-1
Payne, Geo; 1
Pigman, Mathew; 2-3
Pry, Windle; 1
Plummer, Obediah; 1; a free Mullatto
Parsons, David; 1-11-4
Powelson, Henry; 1-2
Powelson, Ab'm; 1-3
Patterson, James; 1
Pearl, Baswell; 1-1
Parker, James; 1-4
Purget, Henry; 1-3
Parker, John; 2-5
Price, John; 1-1
Patterson, Tho's; 1
Pilcher, Stephen; 2-5
Reasoner, John; 1-3-1
Rooseboom, Hendrick; 2-7
Ravencroft, James; 1-3
Recter, Conway; 1-5-1

Rees, Tho's; 1-5
Ravencroft, Wm; 1-2
Ragan, Ely; 1-2
Reynolds, Rob't; 1-3
Rees, Wm; 1-5-1
Racy, Charles; 3-8
Reed, James; 2-2-1
Rariden, Rich'd; 1
Reed, Jacob; 1-3-1
Reynolds, Widow; 0-1
Rogers, Martha; 0-1-1
Ravencroft, Sam'l; 2-4
Ravencroft, Fran's; 1-3
Ravencroft, Sam'l, of Sam; 1-3
Ravencroft, James; 1-1
Ryley, Widow; 1-2
Ravencroft, John, Sen'r; 3-10-1
Ravencroft, Charles; 1-2
Roberts, Wm; 1-3
Roberts, Elijah; 1-2
Rawlings, Moses; 1-10-5
Roose, Wm; 1
Richards, Wm; 1
Reed, Wm; 1-2
Richards, Godfrey; 2
Rogers, Wm, Sen'r; 1-5-1
Rogers, Wm, Jun'r; 2-7
Rogers, James; 1-4
Rhineheart, Geo; 1-2
Randle, James; 1
Rodtrock, Ab'm; 1-1
Rodtrock, Dan'l; 1-3
Scadden, Aethrum; 1
Sharpless, Jesse; 1
Shoemaker, Peter; 2-4
Stagg, Geo; 1
Scadden, Thos; 1-7
Shore, Tho's; 1-2
Shirriden, Paul; 1-3
Smith, Peter; 1-5
Stafford, Rich'd; 2-11
Stafford, Fran's; 1-2
Shank, Geo; 2-2
Spencer, John; 1-3
Smoot, Jonas; 1-4-1
Stearman, John, Sen'r; 2-3
Stodler, Jacob; 1-2
Slagle, Jacob; 1-1
Stocts, Ab'm; 1-1
Scruchfield, Joseph; 1-4

Ship, Godfrey; 1-2
Stewart, Tho's; 2-4
Stewart, Ab'm; 1-2
Stewart, Bailey; 1-3
Stewart, Jeremiah; 1-2
Stover, Dan'l; 1-1
Slone, Rich'd; 1-3
Shrock, Wm; 1
Spencer, Ja's; 1-1
Spillman, William; 1
Stirritt, Wm; 1-6
Sprigg, Osborn; 1-13-12
Shore, Lander; 1-2
Short, Wm; 1-3
Savage, Pat'k; 2-2
Sands, John; 1
Squires, Mich'l; 3-4
Selby, Nathan; 1
Severs, Nich's; 2-7-4
Sharpless, Jesse; 1-6
Sharpless, David; 1
Stewart, John; 1
Stroder, John; 1-2
Sage, Sam'l; 1-2
Shamlin, Josias; 1-1
Smith, Henry; 1-2
Six, Geo; 1-2
Smith, John; 1-5
Stearman, John; 1
Scott, James; 1-1
Stallcup, Israel; 1-2
Stewart, John; 1-3
Slycer, Nath'l; 1-4
Shank, Phil; 1-1
Sheriff, Benj'n; 1; a free Black
Shannon, Tho's; 1-1
Sheetz, Widow; 0-1
Sheetz, Fred'k; 3-1
Stucksiagle, Jacob; 1
Sheetz, Jacob; 1-1
Smith, John; 1-1
Smith, John, Sen'r; 1-1
Sheetz, Mich'l; 1-2
Snyder, John; 1-13-9
Sheetz, John; 3-4
Stimmell, Yost; 2-5
Smith, Wm; 1-1
Smith, Widow; 0-2
Shoaf, John; 1-2
Slagle, Jacob; 1-1
Stallcup, Israel; 1-2
Stallcup, Widow; 0-1

1805 Upper District Hampshire County Tax

Shank, Phillip; 1-1
Stewart, John; 1-3
Smith, Benj'n; 1-1
Thomas, Moses; 1-2
Tompson, Ab'm; 1-3
Taylor, Wm; 1-2
Taylor, Geo; 1-2
Taylor, Wm; 1-1
Thomas, Sam'l, Jun'r; 1-2
Thomas, Sam'l, Senr; 1-3
Totten, Sam'l; 0-2
Tompson, John; 1-3
Tompson, Wm; 1-2
Taylor, Dan'l; 2-3
Thomas, Granderson; 1-1
Thomas, Wm; 1
Taylor, Septimus; 1-1
Taylor, Eleanor; 0-1
Taylor, Tho's (Taylor); 1-7
Taylor, Simon; 1-7-5
Tompson, Dicks; 1-1
Taylor, John; 3-8-3
Tracy, Nathan; 1-1
Tophouse, Francis; 1
Toms, Ab'r; 2
Taylor, Tho's; 1-1
Taylor, Cornelius; 1
Terry, Stephen; 1-4
Taylor, A; 1-1
Taggart, John; 1
Taggart, Sam'l; 1
Thompson, Sam'l; 1
Thacher, Fran; 1
Taylor, Geo & Taylor, Wm; 2-4
Taylor, James; 1
Thomas, Robert; 1-3
Taylor, Alexander; 1-1
Utt, Christian; 1-2
Umstot, Peter; 2-6-1
Umstot, Phil; 1-1
Umstot, Jacob; 1-3
Vanort, Peter; 1-1
Vandevear, John; 1-8-2
Vandevear, Lewis; 2-12-2
Vandevear, Wm; 1-10-3
Vandevear, Widow; 0-2-4
Vandevear, Jacob; 1-5-1
Vandevear, Sam'l; 1; 1 Stud

Vandevear, Vincent; 1-6-1
Vause, Wm; 3-17-4; 1 Stud
Williams, Peter; 1-3
Watts, James; 1-4
Wilson, Nath'l; 1-2
White, Sam'l; 1-1
Walker, And'w, Sen'r; 3-5
Walker, James; 1-3
Wilkins, John; 1-2
Welsh, Sylvester; 2-5-5
Welton, Job; 1-7
Widener, James; 1-3
Wright, John; 2-9-5
Wilson, James; 2-2
Wallace, Tho's; 1-4
Walker, Sam'l; 1-3-1
White, Sam'l; 1
Wilson, Rich'd; 1-2
Whitsell, Geo; 1
Wodrow, And'w; 1-2-3; Coach
Wilson, James; 1
Woolford, Johnn; 2-5
Wolverton, Isaac; 1-1
Wolverton, Sam'l; 1; 1 Stud
Walsh, William; 1-1
Ward, John; 1-4
Wolverton, Charles; 1
Walsh, Isaac; 1-2
Ward, Loyd; 1-3
Ward, Edward; 1-1
Walker, Peter; 1
Whitaberry, Stoffle; 1
Whiteman, Rich'd; 1
Wilcox, Solomon; 1
Waggoner, John M; 2-3
Ward, Jesse; 1-3
Walters, Tho's; 1-2
Whip, Dan'l; 1-2
Wells, Peter; 1-2
Young, Rob't; 1-2
Young, Henry; 1
Yinger, Casper; 1-3
Young, Geo; 1-1
Zimmerman, Jacob; 1-1

A list of the licences granted to merchants to retail goods of a foreign growth and manufacture for the year commencing on the first day of May 1805 for the Upper District of Hampshire County:

Richard Whiteman
Rob't Jones
Fitzpatrick & Morrison
James Dailey
James Mosley
Tho's Dunn
John Lack
McCarty Armstrong & C
William Price & C
John Reasnor
John McDowel
James Reid
John Wilkins
Thos Mullady
Henry Heinzman

1805 February, Judgement was entered against George Carruthers Jun'r for one hundred dollars fines and four dollars and 76 cents costs for selling goods by retail without a licence for that purpose. Daniel Collins Commissioner.

1805 LOWER DISTRICT OF HAMPSHIRE COUNTY – JOHN SLANE

Alloway, William; 1
Anderson, John; 1-2
Ashbrook Aron; 1-2
Ashbrook, Eli; 1-4
Ashbrook, Mary; 0-6
Arnold, Levi; 1-1
Arnold, John, **G Capon;** 1-3
Arnold, Andrew; 2-4
Alexander, Robert; 1-3
Asberry, Joseph; 1-7-4
Allin, Robert; 2-2
Aller, Peter; 1-2
Anderson, William; 1-4
Ashton, Joseph; 1-1
Adams, John; 1-2
Anderson, David; 1-2
Asbury, Henry; 1-2
Asbury, Isaac; 1-1
Asberry, Jeremiah; 1
Allender, James; 1-2
Allender, William; 1-1
Alderton, William; 2-3
Aikman, John; 1-1
Aikman, Adam; 1-1
Allin, John/**Potomac;** 1
Athy, John; 2-4
Allin, John, Sen'r; 2-1
Allin, John, Jun'r; 1-1
Arnold, John; 2-1
Adams, William; 1-2
Achos, John; 1-1
Andrews, Elisabeth; 1-2
Barrett, John; 1-4
Buckley, John; 1
Bowers, Jacob; 1-3
Bonsel, Joseph Senr; 1-1
Bumgarner, Reuben; 1-2
Bumgarner, Rudolph; 1-3
Barrett, Joseph; 1
Brelsford, Bernard; 2-5
Butt, Conrad; 1-2
Buzzard, Frederic; 3-5-1
Buzzard, John; 1-6
Buzzard, Frederic, Sen'r; 1

Baker, Nicholas; 1-3
Brown, Braxton; 1-1
Brill, Henry; 1-6
Buckley, Joseph; 1
Brown, Gobin; 1
Blue, John M; 1-3
Burkett, Thomas; 1-2
Busbay, John; 1-2
Busbay, Samuel; 1-1
Baker, Jonathan; 1
Barney, Benjamin; 1-1
Bryan, James; 3-3
Buzzard, Jacob; 1-2
Baker, John; 1-5
Butcher, John; 2-5
Butcher, James; 1-3
Biggerstaff, William; 1-3
Biggerstaff, Nancey; 0-4
Butler, Joseph; 1
Bodine, John; 1-2
Bunn, Jacob; 1-1
Bennett, Sylvanus, **Constable;** 0-2
Blue, John/Uriah; 1-3
Blue, Richard; 1-4
Brauf, Jacob; 1-1
Bruner, Peter; 1-3
Bennett, Thomas; 1-2
Bennett, James; 1
Bennett, Thomas, Jun'r; 1-4
Bishop, William; 1
Bennett, William, **Ferry;** 0-2
Burk, Michael; 1-2
Brady, Michael; 1-1
Brown, Mathew; 1-2
Bowen, Daniel; 1-1
Bond, John; 1-1
Barnhouse, Jacob; 1
Boxwell, John; 1
Bruner, Henry; 1-3
Brown, John, **Constable;** 0-2
Brelsford, Marjoram; 1-2
Bethel, George; 1-2
Beckwith, Samuel; 1-1

Caudy, James; 1-4-1
Caudy, Evan; 1-4
Chenoweth, John, Sen'r; 1-4-1
Copsy, John, **Ferryman;** 0-5-2
Clutter, Jacob; 1-3
Crampton, Samuel; 1-1
Crampton, John; 1-1
Collins, Simon; 2-2
Cool, Harburt; 3-5
Cheshire, Samuel; 4-5
Cooper, Adam; 1-1
Cooper, George; 2-2
Cunningham, John; 5-5
Carlyle, William, Sen'r; 4-5
Carlyle, William, Jun'r; 1-1
Carlyle, John; 1
Calvert, Robert; 2-3
Constable, Annanias; 1-1
Constable, Thomas; 1
Chenoweth, John, Jun'r; 1-4
Corbin, Daniel; 2-3
Cooper, Jobe; 2-2
Cool, Phillip; 1-4
Combs, Jonas; 2-1
Combs, John; **B Mountain;** 1
Calvin, Joshua; 1-6
Calvin, Mahlon; 1
Calvin, Benjamin; 1-2
Calvin, Samuel & Luther; 2-5
Carder, George; 1-1
Case, Peter; 1-3
Case, William; 1
Critten, John, Sen'r; 2-3
Critten, John, Jun'r; 3-4-1
Critten, Gabriel; 1-2
Cox, John A; 1-3
Critten, William; 1-2
Calvin, Robert; 1-3
Calvin, Luther; 1
Connard, James; 1-4

70

1805 Lower District Hampshire County Tax

Carroll, Catherine; 1-1
Cowgill, Ewin; 1
Clutter, Joseph; 1-1
Combs, John; 1-3
Chenoweth, Absalom; 1-2
Cooper, John; 1-2
Cowden, David; 1-1
Cowden, James; 1-1
Curtis, Jobe; 2-1
Critten, John 3rd; 1
Chrisman, Phillip; 2-3
Crawford, John; 1-1
Conroy, Edward; 1-2
Carlin, Marjery; 0-2
Carmichael, Daniel; 1-4
Caudy, John; 1-4
Collins, Daniel; 1
Cann, John; 1-5
Casey, John; 1-1
Castler, John; 1-3
Cram, John; 2
Crock, John; 1-1
Cox, John; 1-1
Cool, Paul; 1
Cool, Jacob; 1-4
Corbin, David; 2-5
Corbin, Humphy; 1-1
Chenoweth, Elias; 1-1
Cheshire, John,
   Ferryman; 0-4
Cummins, Aron; 1
Croston, Travis; 1-1
Chisholm, Alexander; 1-1
Chenoweth, James; 1-3
Dever, William; 2-2
Doran, Alexander; 1-5-1
Davis, Samuel; 1-3
Devault, Andrew; 2-3
Davis, Joseph; 2-2
Doman, William; 1
Doman, Jacob, Sen'r; 1-1
Doman, Jacob, Jun'r; 1-1
Doman, John; 1-3
Doyle, Charles; 1-2
Davis, John R; 1
Dorsey, Charles; 2-1
Davis, Elijah; 2-2
Davis, Thomas; 1-2
Dunlap, William; 1-2
Derrough, John; 1-1
Dimmitt, Beel; 1-6-1
Dougherty, Robert; 1-2
Dawson, Ary; 0-0-1

Dawson, Abraham; 1-2
Dimmitt, Moses; 1-4-2
Dawson, Isaac; 1-2
Delaplane, Isaac; 1
Dean, Wm; 1-1
Dean, Robert; 1
Engle, Joseph; 1
Engle, William; 1-1
Engle, Levi; 1-1
Emmart, Jacob, Junr; 1-2
Emmart, Jacob, Senr; 1-5
Emmart, John; 1
Evans, Caleb; 1-2
Evit, Christopher; 2-4
Easter, John; 3-3
Engle, Mathias; 1-6
Engle, Martin; 1-2
Ely, William; 1-4
Edwards, Thomas; 2-4
Eoringim, Ezekiel; 1
Elliott, John; 1-3
Eskridge, George; 1-1-6
Frazier, John; 1
French, Robert; 1-2
Fry, William; 1-4
Furman, John; 1-2
Frye, Benjamin; 1-5
Frye, Henry; 2-8-3
Frye, John; 1-3
Flemmin, Alexander; 1-1
Frank, John; 1-1
Furman, Samuel; 1
Furman, Jacob; 1-1
Furman, Catherine; 0-3
Furman, David; 1-1
Fitzpatrick, Daniel; 1-2
Frazier, Alexander; 1-2
Frizzel, Loyd; 1
Ferryman, Stephen; 1
Ferryman, John; 1-1
Flora, Thomas; 2-2
Flora, Isaac; 1-2
Fauver, Henry; 2-4
Furman, Thomas; 1-2
Ferree, Cornelius; 1-4-1
Ferree, Jeremiah; 1-1
Foutsh, Hugh; 1-1
Faus, Phillip; 1-2
Farmer, Harry, Negro; 1-2
Farmer, Thomas; 2-1
Fletcher, George; 1
Fletcher, Joseph; 2-3

Fitzpatrick, John; 1
Gard, John; 1
George, Ellis; 1-2
George, Richard; 2-4
George, James; 1-4
Ganoe, Stephen, Jun'r; 1-1
Ganoe, Stephen, Sen'r; 1-2
Ganoe, David, Sen'r; 1
Ganoe, James; 1-1
Ganoe, David, Jun'r; 1
Gazaway, Robert; 2-2
Giffin, John; 1-2
Grant, William; 1-2
Galloway, James; 1-4-1
Grafton, Thomas; 2-4
Gross, Peter; 1-2
Gulick, Ferdinand; 3-3
Garrett, Benjamin; 1-3
Grimes, Thomas; 1-2
Grant, John; 1
Gale, George; 1-2; 1 Stud
Gard, Samuel; 1-7
Groves, Peter; 1-4
Garnnin, William; 1-2
Groves, Jacob; 1-1
Grove, Mandlin; 0-2
Garner, Henry; 1-9-2
Hellyear, Thomas; 1
Hammack, John; 1-3
Henderson, David; 1-4
Hoppy, Christopher; 1
Hillburn, Henry; 1-2
Horn, George; 1-5
Horn, Henry, **Constable**; 0-3
Hoskinson, Andrew; 1-1
Hoskinson, Elisha; 1
Haus, George; 1-4
Hoffman, Christopher; 2-2
Hoffman, Adam; 1-2
Hoober, Jacob, Senr; 1-4
Hoober, Jacob, Junr; 1-1
Hook, William; 1-4
Hook, Thomas; 1-1
Howard, David; 1
Hoober, John; 1-1
Huddleston, Nathan; 2-3
Hartley, Thomas; 1-1
Hains, John; 2-5
Hains, Joseph; 1-1

1805 Lower District Hampshire County Tax

Hoge, Solomon; 2-2; 1 Stud
Hoge, Samuel; 1
Huffman, David; 1
Hedges, Jonas; 1-2
Huffman, John; 2-4
Hickle, George; 1-1
Hickle, Tevault; 1
Hickle, Harry; 1-1
Hickle, Stephen; 1-2
Hellyear, Robert; 1
Harrison, William; 1-1
Harrison, Samuel; 1
Hawkins, John, Jun'r;
Huff, Charles; 1-1
House, James; 1-1
Henderson, Thomas; 1-2
Hartley, John; 2-3-1
House, John; 1-2
Hornbecker, John; 1-2
Henderson, Moses; 1-2
Henderson, John; 1
Henderson, Sampson; 2-3
Hardy, John; 1-4
Hardy, Rudolph; 1
Harlin, Jesse; 2-4
Hewman, John; 1-2
Higgins, John, Sen'r; 1-3-4
Higgins, Joseph; 1
Hiett, Evan; 1-4
Hiett, Jonathan; 1-1
Hiett, Jeremiah; 1-1
Hiett, Joseph; 1-3
Hiett, John; 1-3
Haire, Adam; 1-2
Hains, Henry; 1-1
Hott, Samuel; 1-1
Heaton, John; 1-1
Heaton, Joseph; 1-1
Honyham, John; 1
Higgins, James; 1-4-2
Higgins, William; 2-2
Hawkins, John, Senr; 2-1
Howard, Reason; 1-1
Hosman, Joseph; 1
Horn, Andrew; 1-4
Higgins, John, Jun'r; 1-3
Johnson, Joseph; 3-3
Johnson, John, Senr; 1-2
Johnson, Joseph, Junr; 1
Johnson, James; 2-3

Johnson, Thomas; 1-1
Johnson, Benj, Negro; 2-3-1
John, Thomas; 2-2
Johnson, John, **Valley**; 1-1
Johnson, Thomas, **Valley**; 1-2
Johnson, William; 1-3
Johnson, John, **Rock Gap**; 1-3
Iliff, Stephen; 1-1
Johnson, John, Junr; 2-4
Johnson, John, **Pack Road**; 1-3
Jenkins, Jacob; 1-1
Jenkins, John; 1-1
Johnson, Joseph; **B Capon**; 1-2
Kail, George; 1-1
Kisner, Jacob, Jun'r; 1-1
Kennedy, John; 1-2
Kennedy, Dennis; 2
Kump, Henry; 1
Kyter, George; 2-3
Kurtz, Peter; 1-3
Kelly, Aron; 1-1
Keran, Barney; 1-3
Keran, Patrick; 2-3
Kisner, Jacob, Sen'r; 1
Kennedy, William; 1
Keys, George; 1
Kline, Phillip; 1-6
Kline, Adam; 1-6
Kidwell, John; 1-2-1
Kelsey, James; 1-2
Kerns, John; 1-1
Kerns, George; 1-2
Kerns, Jacob, **Levy Clear**; 0-1
Kerby, James; 1-2
Kerby, Nathan; 1
Kesler, Shamsbough; 1-2
Keys, Anne P; 1-2-1
Keys, Horatio; 1
Kackley, Abraham; 1-2
Kaler, Andrew; 1-3
Kennedy, Hugh; 1-1
Lafollet, Isaac; 1
Lupton, Isaac; 3-6
Lupton, William; 1-3
Lupton, Jesse; 2-5
Lupton, Asa; 1-6

Little, George; 2-2
Lane, Daniel; 2-3
Lane, James; 1-2
Lane, William; 1-1
Leigh, Levi; 1
Linthicum, Archibald; 1-4-1
Linthicum, Hezekiah; 1-1
Leigh, Stephen; 3-4
Larimore, Joseph; 1-1
Larimore, John; 1-2
Larimore, William; 1
Lockhart, William; 2-3
Lafollet, William; 1-3
Loy, Daniel; 2-2
Loy, Jacob; 1-1
Loy, John, Jun'r; 1
Loy, John, Sen'r; 2-2
Largent, Lewis, Sen'r; 1-5
Largent, James; 1-3
Longstretch, Joseph; 1-2
Longstretch, John; 1
Lewis, Daniel; 1-2
Largent, John 3rd; 2-3-1
Larew, Noah; 1-5
Larew, Hannah; 2-3
Larew, Cornelius; 1-1
Larew, Peter; 3-6-1
Lewis, John; 1-4
Largent, Thomas; 2-1
Largent, Lewis, Jun'r; 1-1
Largent, Aron; 1
Largent, Abraham; 1
Largent, John; 1-3
Largent, John, Senr; 2-1
Larimore, James; 1-3
Myers, Martin; 1-1
Myers, Henry; 1-2
Myers, George, Senr; 1-3
Myers, George, Jun'r; 1
Monroe, James; 1-2
McAwley, George; 1-2
McBride, James, Sen'r; 1-7
McBride, Thomas; 1-1
Martin, John; 2-6
Milslagle, Andrew, Jun'r; 1-1
Milslagle, George; 2-1
Murphy, William; 1-2

1805 Lower District Hampshire County Tax

Moore, William; 1
Michael, George; 1-2
Michael, Phillip; 1-3
Michael, Frederic; 1-5
Moore, James; 1-5
Mayfield, Benjamin; 1
McVicker, William; 1-4
Miller William, Jun'r; 1-1
Miller, William, Sen'r; 1-2-1
McKave, John; 1
McBride, John; 1-3-1
Maloy, James; 1-1
Martin, George; 1-6
Martin, Joseph; 1-1
Moxlea, John; 1-1
Meekins, James; 2-4
Malcomb, William; 1-3
Malcomb, Peter; 1-1
Morgan, Burgess; 1
McBride, James, Jun'r; 1-2
McKeever, Paul; 4-10; 1 Stud
McKeever, John; 1-4
McVicker, Archibald; 1-1
McVicker, John; 1-1
McKee, Joseph; 1-1
McVicker, James; 1-2
Malick, John; 1-3
Myers, William; 1-2
Mail, George; 1-1
Martin, John, **Constable**; 0-1
Millison, John, Sen'r; 1-3
Millison, Isaac; 1-2
Millison, Benjamin; 1-1
Millison, John, Jun'r; 1
Milslagle, Jacob; 2-6
Mauzy, John & Peter; 2-7-3
McDonald, Donald Administrators; 0-5-6
McDonald, Nancy; 0-1-1
Mitchell, Robert; 3-6-1
Morgan, Humpry; 1
Miller, John; 1
Mcatee, Walter; 1-2
Marmaduke, Sampson; 1-2
Moore, Benjamin; 1
Mathews, John Jun'r; 1-2; 1 Stud

Mathews, James; 1-1
Mathews, Levi; 1
Monroe, John; 2-7-2
McDonald, James; 1-1
McVicker, Duncan; 2-3
McDannel, Hugh; 1
Miles, Josiah, Sen'r; 1-3
Miles, Josiah, Jun'r; 1-2
McKinley, John; 1-1
Monroe, Jesse; 1
Murphy, Walter; 1-1
McBride, Alexander, Sen'r; 1-3
McBride, Alexander, Jun'r; 1-2
Moreland, William; 1-2-1
Moreland, William H; 1-2
Moreland, David; 1-1
Moreland, Bazil; 1-1
Mathews, John Senr; 1-2
McKinley, Hugh; 1-2
McDannel, Benjamin; 1-3
McBride, Thomas; 1-4
McBride, Robert; 1-3
McKibbin, William; 1
McGraw, Thomas; 1-2
McClane, Jacob; 1-1
Moreland, Richard; 1-2
Newbanks, James; 1
Nixon, George; 1-1
Needler, George; 1
Newbanks, John; 1
Nelson, James, B Gard; 2-3
Nicholson, Thomas; 1-1
Newbanks, John, Sen'r; 1-2
Norris, Samuel; 1-2
Nelson, Ross; 1
Nelson, Richard; 2-1
Nelson, James; 1-4
Newland, Powel; 1-1
Newland, Nicholas; 1-1
Ohauver, George; 1-1
Orms, Thomas; 1-1
Offord, John; 1-1
Ouzan, Peter; 1-2
Ouzan Hannah; 0-1
Oates, Jacob; 2-4
Oqueen, James; 2-4
Otrong, John; 1-2
Powers, Stephen, Sen'r; 1-2

Pownall, John, Sen'r; 1-3
Parrell, Edward; 1-3-1
Parrell, Joseph; 1-2
Parrell, William; 2-2
Pugh, Mishael; 1-3
Powelson, Cornelius; 1-2
Powelson, Conrad; 1-1
Powelson, John; 1-2
Powelson, Rynier; 1-2
Parke, John, Jun'r; 1-5
Parke, George; 1-5
Parke, Samuel, Jun'r; 1-3
Peters, Tunis; 2-4
Peters, Samuel; 1-2
Poston, Samuel; 1-2
Poston, Alexander; 1-2
Poston, William; 1-2
Porter, Nicholas; 1
Pennington, Elijah; 1-2
Pownall, John; 1-1
Pownall, George; 2-2
Pownall, Jonathan; 1-2
Pownall, Joshua; 1-2
Powelson, Charles; 1-2
Parke, Samuel, Sen'r; 3-5
Pugh, Jesse, **Fredric**; 1-2
Pegg, Thompson; 2-2
Pownall, Elisha; 2-5
Peters, Phillip, Junr; 1-3
Powel, Henry; 1-1
Parker, Robert; 1-3-3
Pugh, Bethel, Sen'r; 1-2
Peters, Phillip, Senr; 1-3
Pettit, Thomas; 1-4
Peters, Joshua; 1-3
Pugh, Jonathan; 1-5
Peppers, John; 1-5
Pownall, Isaac; 3-3
Pennington, Jacob; 2-2
Pool, William, Jun'r; 1-1
Pool, William, **Constable**; 2-5
Pierce, Daniel; 2-1
Pierce, Ezekiel; 1-1
Parish, William; 1-3
Pugh, Joseph; 1-5
Peters, John; 1-4
Peters, James; 1-2
Patik, Jacob; 1-1
Parke, John, Sen'r; 1-4

1805 Lower District Hampshire County Tax

Parke, Amos, Jun'r; 1-5
Parke, Solomon; 1
Pugh, Jacob; 1-4
Pugh, Bethel, Jun'r; 1
Pugh, Abraham; 1
Parker, John; 1-3
Parker, Robert, **Constable;** 0-2
Patterson, James; 2-4
Peters, John, **B Mountain;** 1-2
Paler, Frederic; 1
Powel, James; 1-3
Pugh, Jesse; 1-1
Powers, Stephen; 1
Poston, Rebecca; 0-3
Pugh, Robert, Jun'r; 1-4
Pugh, Robert, Sen'r; 1-1
Parke, Amos, Sen'r; 1-3
Pugh, Mahlon; 1-1
Queen, John; 1-2
Queen, Jonah; 2-2
Robertson, John, **Mills Branch;** 2-5
Rogers, Owen, Jun'r; 1
Rogers, Owen, Sen'r; 1-4
Robison, John; 1-1
Robison, Richard; 1-1
Rinker, Samuel; 1
Ruckman, Peter; 1-2
Ruckman, Jacob; 1-2
Ruckman, Sam'l, son of Tho's; 1-1
Ruckman, John; 1-1
Redding, James; 1
Rison, John; 1-2
Rison, Thomas; 1-1
Rison, Rawleigh; 1
Rea, Aron; 1-1
Rennard, Abraham; 1-2
Racey, Luke; 2-5
Rogers, Thomas; 2-1
Reid, Jeremiah; 2-5
Reed, John; 1-2
Rosenberry, John; 1-2
Royce, Hannah; 1-3
Robison, Charles; 1-4
Ruckman, Richard; 1-2
Robards, Charles; 1-1
Ruckman, Samuel, Sen'r; 1-6

Ruckman, Samuel, Jun'r; 1-2
Ruckman, John, Son of Sam'l; 1-2
Russel, Samuel; 1
Rowe, James; Jun'r; 1-1
Rowe, James, Sen'r; 1
Rogers, Arthur; 1
Rogers, Patrick; 1-2
Rinehart, Abraham Sr; 2-4
Rinehart, Abraham, Jun'r; 1-1
Rinehart, John; 1-1
Rogers, Robert; 1-4-1
Richmond, William; 1-1
Reesor, Jacob; 1-1
Simpkins, Gossage; 1-1
Slane, Benjamin; 2-4
Switzer, Valentine; 1
Seckrist, Frederic; 3-6
Spade, George; 2-6
Starkey, George; 1-1
Summers, John; 2-2
Stephenson, Thomas, **Constable;** 0-2
Suddoth, William; 1-1
Smith, Timothy; 1-4
Smith, James; 1-5
Selby, Joshua; 1-2-1
Selby, John; 1-2
Stutsman, John; 1-2
Smoot, Barton; 1-3
Starkey, William; 2-3
Shaver, Samuel; 1-2
Slack, James; 1-2
Seabring, John; 1-1
Slack, Henry; 1-1
Stother, John; 2-4
Stother, John, Jun'r; 1-2
Short, Isaac; 1-3
Short, Richard; 1-1
Sluir, David; 3-3
Shanks, William; 1
Shanks, Michael; 1-2
Stephens, David; 1-1
Swiers, Jacob; 1-2
Sharfe, George; 1-5
Slane, Thomas; 1-2
Silkwood, Solomon; 1-2
Steed, George; 1-2
Swan, Edward; 1
Swan, Edward E; 1-1

Smith, George; 1-1
Sherwood, John; 3-2
Shambough, Lewis; 1-2
Seibold, James; 2-2
Seyler, Jacob; 1-4
Sutton, Zachariah; 1-3
Simpson, David, **Constable;** 0-5
Smith, John; 2-3
Smith, Richard; 1-2
Seyler, Peter; 1-2
Shinholt, Peter, Jun'r; 1-1
Shinholt, Jacob; 1-1
Short, John; 1-1
Slocum, Robert; 1-2
Saville, Joseph; 1-1
Saville, Oliver; 1-1
Shafer, Martin; 2-5
Shafer, David; 1
Sherrard, Robert, Jun'r; 2-1
Starn, John; 1-4
Starn, Joseph; 1-4
Stephens, James, Mullatto; 1-1
Simmons, Charles; 1-2
Slonaker, Christian; 1-2
Slane, James; 2-4
Slane, Hugh; 1-3
Slane, John; 2-2
Switzer, John, Sen'r; 1-4
Switzer, John; 1-1
Shanks, Joseph; 1-2
Sowders, Michal; 1-2
Starkey, Frederic; 1-1
Starkey, Edward; 1
Turner, John; 1
Turner, Phillip; 1-2
Tucker, Richard; 2-3-2
Tucker, Thomas, Sen'r; 2-6-7
Tucker, Joseph; 3-5
Tucker, Erasmus; 1-3
Tompson, John; 2-4; 1 Stud
Thompson, James, **Constable;** 0-3
Tharp, John; 1-2
Tucker, Thomas, Jun'r; 1-3
Triplet, Joseph; 1-3

74

1805 Lower District Hampshire County Tax

Thompson, John, L Capon; 1-6-3
Thompson, Joseph; 3-6
Turner, Daniel; 1-2
Tyler, Jervas; 2-2
Trickle, Joshua; 1-1
Thomas, John; **Miller**; 1-2
Thompson, Jeremiah; 1-2
Trickle, Samuel; 1-2
Timbrook, John; 1-2
Thurston, William; 1; 1 Stud
Taylor, Richard; 1-1
Titus, Tunis; 1-3-1
Trickle, Edward; 1-1
Thomas, John; 1-1
Thomas, James; 1-6-5
Thompson, John, Scotch; 1
Throckmorton, Gabriel; 1
Vanarsdal, Peter; 1-2
Vanarsdal, Abraham; 1-1
Vanarsdal, Richard; 1
Vanarsdal, Garret; 1-2
Vanarsdal, Abraham, Jun'r; 1-2
Wililams, Ebinezer; 1
Wingate, James; 1
Wise, Frederic; 2-1
Winterton, John, Jun'r; 1-1
Winterton, John, Sen'r; 1-4
Willson, Henry; 1-2
Wilcox, Stephen; 1-4
Wallace, John; 1-2
Williamson, James; 1
Williamson, Mary; 0-1
Wydmire, Michael; 1-1
Ward, John; 2-5
Welsh, Phillip; 1
Withrinton, Isaac; 1-2
Wright, Joseph; 1
Wolverton, Joel; 1-2
Williamson, John; 1-3
Williamson, Cornelius; 1
Williamson, Abraham; 1
Warton, Zachariah; 1
Williams, Benjamin; 1-2
Williams, Thomas; 2-7-1
Williamson, Samuel; 1-5
White, John; 1
Wilson, William; 1-2

White, Francis; 1-8-2
Woolery, Henry; 1-2
Young, John; 1-2

There are two merchants licences by me granted in the Lower District Hampshire to retail goods viz:

Robert Rogers one for one year 15 dollars
Robert Sherrard one for one year 15 dollars

John Slane

1806 LOWER DISTRICT OF HAMPSHIRE COUNTY – JOHN SLANE

Alloway, William; 1-1
Asberry, Isaac; 1-1
Asberry, Jeremiah; 1-1
Adams, Amos; 1
Allin, John, Jun'r; 1-1
Allin, John, Sen'r; 2-2
Ashbrook, Eli,
  Constable; 0-4
Arnold, John; 1-2
Ashbrook, Aron; 1-3
Arnold, Andrew; 1-6
Arnold, John, Jun'r; 1-1
Ashbrook, Mary; 0-5
Alderton, William; 3-3
Allender, James; 1-2
Allender, William; 1-1
Allin, Robert; 2-3
Anderson, William; 1-3
Amen, Anthony; 1-3
Andrews, William; 1-1
Andrews, Elisabeth; 0-2
Aikman, Adam; 1-2
Athy, John; 3-5
Asbury, Joseph; 1-7-4
Asbury, Henry; 1-2
Alexander, Robert; 1-2
Aylis, David; 1
Anderson, John; 1-2
Achos, John; 1-1
Aller, Peter; 1-2
Arnold, John, Sen'r; 1-2
Arnold, Elijah; 1-1
Arnold, Levi; 1-1
Ashton, Joseph; 1-1
Allin, Thomas; 1-2
Brown, Adam; 2-3
Brown, Daniel; 1-3
Brown, William; 1-2
Brown, Braxton; 1
Bonsall, Joseph, Sen'r;
  2-2
Buzzard, Jacob; 1-2
Brown, John, **Constable**;
  0-3
Bryan, James, Sen'r; 1-2
Bryan, John, Jun'r; 1-1
Bryan, James, Jun'r; 1-1

Barnhouse, Jacob; 1
Bennett, Sylvanus; 0-2
Brelsford, Marjoram; 1-4
Baker, Nicholas; 1-4
Bazil, Negro; 1
Buch, Jonathan; 1
Burk, Michael; 2-2
Bennett, William, **Ferry**;
  0-2
Boxwell, Robert; 1-2
Burk, William; 1-1
Bryan, John, Sen'r; 1
Bickerstaff, William; 1-3
Bickerstaff, Nancy; 0-3
Bigam, Hugh; 1
Butcher, John, Sen'r; 2-3
Butcher, John, Jun'r; 1-2
Bowen, Daniel; 1-2
Bean, Seth; 1-1
Bringereden, Henry; 1
Burket, Thomas; 1-2
Baker, John; 1
Baker, John, **N River**; 1-5
Blue, Michael; 1-1
Brill, Henry; 1-5
Bumgarner, Ruebion; 1-4
Bethel, George; 1-2
Barrett, John; 1-4
Buzzard, Frederic,
  Jun'r; 2-6-2
Brown, Robert; 1-2
Buzzard, John; 3-5
Bruner, Henry; 1-2
Bruner, Peter; 1-4
Bennett, Thomas, Sen'r;
  1-2
Bennett, James; 1
Bennett, Thomas, Jun'r;
  1-3
Busbay, John; 2-2
Busbay, Samuel; 1-1
Bodine, John; 1-1
Brown, Anne; 0-2
Butt, Conrad; 1-2

Brady, Michael; 1-1
Barrett, Joseph; 1
Buckley, John; 1
Brelsford, Bernard; 2-4
Blue, Richard; 1-4
Bonsall, Joseph, Jun'r; 1
Brauf, Jacob; 1-1
Boxwell, John; 1
Barney, Benjamin; 1-1
Beckwith, Samuel; 1
Carlyle, Charles; 1-5
Cooper, Jobe; 2-3
Combs, John, son of
  Jonas; 1
Case, Gabriel; 1-1
Case, Peter; 1-3
Case, William; 1-1
Carder, George; 1-2
Carder, John; 1-1
Cougle, Ewin; 1
Chenoweth, Absalom; 1-1
Cunningham, James; 1-2
Critten, John, Sen'r; 2-2
Carswell, John; 1-2
Cheshire, Jun'r; 1
Cooper, John; 1-2
Corbin, Daniel; 1-3
Caudy, James; 1-8-1
Caudy, Evan; 1-3
Clutter, Joseph; 1-2
Constable, Annanias; 1-1
Cutload, Francis; 1-2
Calout, Robert; 2-4
Carey, John; 1-1
Catlett, Alexander; 1
Castlir, John; 1-3
Critten, John 3rd; 1-2-1
Chrisman, Phillip; 2-3
Curtis, Jobe; 2-2
Cowden, James; 1-1
Carter, Joseph; 0-1-1
Calin, Marjery; 0-1
Chapman, William; 1-1
Calvin, Robert; 1-2
Cox, John A; 1-2
Critten, William; 1-2
Carpenter, Jesse; 1-4

1806 Lower District Hampshire County Tax

Combs, Jonas; 2-2
Combs, John, Sen'r; B Mountain; 1-1
Cheshire, Samuel; 2-4
Calvin, Luther; 1-1
Cheshire, Uriah; 1-1
Cool, Harburt; 2-6
Collins, William; 1-1
Calvin, Joshua; 2-6
Calvin, Samuel & Luther; 2-5
Combs, James; 1-1
Clutter, Jacob; 1-3
Cooper, George; 2-3
Cooper, Adam; 1
Crampton, Samuel; 1
Crampton, John; 1-1
Connard, James; 1-5
Crawford, John; 1-1
Cunningham, John; 3-2
Cann, John; 1-2
Conroy, Edward; 1-1
Caudy, John; 1-4
Croston, Travis D; 1-2
Carmichael, Daniel; 1-4
Corbin, David; 2-5
Corbin, Humphry; 1-1
Cram, John; 2
Caroll, Catherine; 1-1
Combs, John; 1-3
Corbin, Joseph; 1
Collins, Simmeon; 2-2
Collins, Daniel; 1
Coole, Phillip; 1-4
Coole, Jacob; 1-4
Coole, Paul; 1
Carlyle, William, Jun'r; 1-2
Carlyle, William, Sen'r; 3
Carlyle, John; 1-1
Cheshire, John; 1-4
Copsy, John; 1-8-2
Chenoweth, John, Sen'r; 1-4-1
Chenoweth, Elias; 1-2
Chenoweth, James; 1-3
Davison, Samuel; 1
Day, Ransom; 1
Dugan, William; 1
Davis, Thomas; 1-2
Davis, Elijah; 1-1
Devault, Andrew; 2-3
Davis, Samuel; 1-3

Dawson, Isaac; 1-2
Dimmitt, Beel; 1-4-3
Dever, Richard; 1-2
Dougherty, Robert; 1-2
Derrough, John; 1-1
Doyle, Charles; 1-2
Doman, William; 1-1
Doman, Jacob; 1-1
Doman, John; 1-4
Doman, Jacob, Jun'r; 1
Dawson, Abraham; 2-3-1
Doran, Alexander; 1-5-1
Dimmitt, Moses; 1-3-2
Dawson, Arci; 0-0-1
Dever, William; 2-2
Dillin, Joseph; 1-1
Dunlap, William; 1-2
Emmart, John; 1
Emmart, Jacob, Junr; 1-2
Evans, Caleb; 2-2
Eskridge, George; 2-2-3
Engle, Mathias; 2-3
Easter, John; 3-4
Errit, Christopher; 1-3
Ely, William; 1-5
Engle, William; 1-1
Engle, Levi; 1-1
Emmart, Jacob, Senr; 2-5
Elliot, John; 1-2
Edwards, Thomas; 3-4
Engle, Joseph; 1-1
Evingim, Ezekiel; 1
Ellis, Morris; 1-1
Farmer, Thomas; 2
Frizzel, Loyd; 1
Ferryman, Stephen; 1
Ferryman, John; 1-1
Fitspatrick, Daniel; 1-3
Fitspatrick, John; 1-1
Flemming, John; 1-2
Foss, Phillip; 1-3
Frye, Henry; 2-9-3
Frye, Benjamin; 1-9
Frye, John; 1-3
Foutsh, Hugh; 1-1
Furee, Cornelius; 1-6-2
Fauver, Henry; 1-3
Flora, Thomas; 2-3
Frye, William; 1-3
Furr, Thomas; 1-1
Fisher, Phillip; 1-1
Frazier, John; 1

Fletcher, Joseph, **Levy Clear**; 0-3
Fletcher, John; 1
Fletcher, George; 1
Furman, Thomas; 1-2
French, Robert; 1-3
Furman, Jacob; 1-1
Furman, Catherine; 2-4
Furman, David; 1-1
Furman, John; 1-2
Grafton, Thomas; 2-6
Grove, Peter; 1-1
Grove, Jacob; 1-1
Grimes, Thomas; 1-1
Gard, Samuel; 1-9
Giffin, John; 1-2
Garmin, William; 1-3
Grant, John; 1
Grant, William; 1-2
Ganoe, James; 1-1
Ganoe, David, Sen'r; 1
Ganoe, David, Jun'r; 1
Ganoe, Stephen, Sen'r; 1-2
Ganoe, Stephen, Jun'r; 1-3
Green, John; 1
Garrett, Benjamin; 1-3
Gulick, Ferdinand; 3-3
Galloway, James; 1-5-1
Grapes, David; 1-2
George, Richard; 2-4
George, Ellis; 1-2
George, James; 1-4
Gale, George; 1-3; 1 Stud
Haire, Adam; 1-3
Horn, Phillip; 1-2
Higgins, James; 1-3-3
Hellyer, Thomas; 1
Higgins, William; 1-2
Huff, Charles; 1-2
Hiett, John; 1-4
Horn, Andrew; 1-3
Hickle, Stephen; 1-2
Hickle, Henry; 1-1
Hickle, Tevault; 1
Hickle, George; 1-1
Houihow, John; 1
Howard, Reason; 1-2
Hains, John; 2-5
Hains, Joseph; 1-1
Higgins, Joseph, Jun'r; 1; 1 Stud

1806 Lower District Hampshire County Tax

Hoober, Jacob, Senr; 1-4
Hoober, Jacob, Junr; 1-2
Hook, William; 1-3
Hellyear, Robert; 1-1
Hain, George; 1-4
Horn, Henry; 1-2
Hook, Thomas; 1-2
Huffman, David; 1
Hoffman, Adam; 1-2
Hoffman, Christopher; 2-3
Haus, George; 1-2
Hoskinson, Elisha; 1
Hedges, William; 1-1
Higgins, John; 1-3-3
Higgins, Joseph; 1
Howman, John; 1-1
Hornbecker, John; 1-3
House, John; 1-2
Hartley, John; 2-4-1
House, James; 1-1
Henderson, John; 1-1
Henderson, Sampson; 1-1
Henderson, Thomas, Jun'r; 1
Higgins, John, Jun'r; 1-3-1
Huddleston, Nathan; 2-3
Hartley, Thomas; 1
Hoge, Solomon; 1-2
Hillbin, Henry; 1-2
Hillen, George; 1
Hardy, Martin; 1
Hardy, Rudolp; 1
Harlis, George; 1-1
Hardy, John; 2-4
Harlin, Jesse; 2-2
Hiett, Jonathan; 2-1
Harrison, William; 1-2
Hains, Henry; 1-2
Harry, John; 1
Hatfield, Edw'd; 1
Harry, David; 1
Hafer, William; 1
Hammack, John; 1-4; 1 Stud
Howard, David; 1
Hiett, Evan; 1-5
Hiett, Jeremiah; 1-2
Hiett, Joseph; 1-3
Hawkins, John, Jun'r; 1
Hawkins, John, Senr; 3-2

Henderson, David; 1-3
Henderson, Moses; 1-2
Hosman, Joseph; 1
Iliff, Stephen; 1-2
Jenkins, Jacob; 1-2
Johnson, Joseph; 1-1
Johnson, Thomas; 1-1
Johnson, John, R Gap; 1-3
Johnson, William; 1-3
Johnson, Thomas, Jno's Run; 1-2
John, Thomas; 2-2
Johnson, John, Junr; 1-4
Johnson, John 3rd; 1-2
Johnson, Joseph, Jun'r; 1-1
Johnson, John, Senr; 1-2
Johnson, Joseph, Hau; 1
Johnson, Benjamin, Negro; 1-4-1
Johnson, Ben, Jun'r, Negro; 1
Jenkins, John; 1-1
Johnson, Joseph, Sen'r; 3-3
Johnson, John, Jno's Run; 1
Kennedy, Hugh; 1-1
Kennedy, Isaac; 1
Kail, George; 1-2
Kerns, Jacob, Levy Clear; 0-1
Kaler, Andrew; 1-3
Keys, Horatio; 1-1
Keys, Anne P; 2-2-1
Kisner, Jacob, Sen'r; 1-2
Kerns, John; 2-1
Keran, Barney; 1-3
Kennedy, Dennis; 2-2
Kurts, Peter; 1-3
Kelso, James; 1-2
Kline, Abraham; 1-1
Kidwell, John; 1-3-1
King, Richard; 1-2
Kesler, John Shamsbough; 1-2
Kyter, George; 2-3
Kerby, James; 1-2
Kline, Phillip; 1-6
Kline, Adam; 2-5
Kump, Henry; 1
Kisner, Jacob; 1-1

Kerkely, Abraham; 1-1
Kerby, Nathan; 1
Kramer, John; 1-1
Kelly, Aron; 1
Loy, John, Junr; 1
Lane, Joshua; 1-1
Loy, Jacob; 1-1
Largent, Thomas; 2-2
Loy, John, Sen'r; 2-3
Largent, Abraham; 1
Larimore, John; 1-1
Larimore, Joseph; 1-1
Little, George; 2-1
Lafellet, William; 1-2
Largent, Lewis, Sen'r; 1-5
Lewis, Daniel; 1-2
Linthicum, Archibald; 1-4
Linthicum, Hezekiah; 1-1
Largent, James; 2-5
Larew, Peter, Potowmac; 1-2
Longstretch, Joseph; 1
Larimore, James; 2-2
Larimore, William; 1
Leigh, Stephen; 3-3
Lewis, Jacob; 1-1
Lupton, Asa; 1-5
Lupton, Jesse; 2-7
Lupton, William; 1-2
Lupton, Isaac; 2-6
Lafollet, Isaac; 1
Larew, Noah; 1-4
Larew, Hannah; 1-3
Larew, Obed; 1-1
Larew, Jacob; 1-1
Larew, Jesse; 1-1
Larew, Peter; 2-6-1
Largent, Lewis, Junior; 1-2
Largent, John, Sen'r; 2
Largent, John 3rd; 2-3-1
Largent, John, Junr; 1-3
Largent, Aron; 1
Loy, Daniel; 1-3
Loy, William; 1
Lockhart, William; 2-3
Lewis, John; 1-4
Lane, Daniel; 2-3
Martin, John, Sen'r; 1-7
Martin, Jesse; 1
McKibbin, William; 1

1806 Lower District Hampshire County Tax

McBride, Robert; 1-3
McBride, James Junr; 1-2
Mail, George; 1-1
Murphy, Walter; 1-1
Mathews, Levi; 1
Mathews, James; 1-1
Moreland, Bazil; 1-2
Miles, Josiah, Sen'r; 1-3
Moreland, William; 1-3-1
Moreland, Richard; 1-1
Moreland, David; 1-1
McBride, Thomas Junr; 1
Myers, Martin; 1-1
McCoole, Lewis; 1-2
McDannel, Benjamin; 1-2
Michal, Henry; 1
Malick, John; 2-3
Maginnis, Samuel; 1-1
McKever, Paul; 3-2; 2 Stud
McVicker, William; 1-4
McVicker, Duncan; 2-4
McVicker, Archibald; 1-1
Miles, Josea, Jun'r; 1-1
McVicker, James; 1-1
Martin, John, **N River**; 1-1
McBride, Thomas, Sen'r; 1-4
McKeever, John; 1-3
McBride, James, Sen'r; 2-7
Miller, John; 1-1
McBride, Alexander, Sen'r; 1-1
Millslagle, Jacob; 2-6
Millslagle, George, Jun'r; 1
Myers, George, Sen'r; 2-3
Myers, Henry; 1-2
Myers, George, Junr; 1-1
Milslagle, George, Senr;2
Moyers, William; 1-2
Michal, Frederic; 1-4
Michal, Phillip; 1-3
Michal, George; 1-3
Meekins, James; 1-4
Mathews, John Junr; 1-2
Milslagle, Andrew, Jun'r; 1-2
Moreland, William H; 1-4

Mayfield, Benjamin; 1-1
McKee, Joseph; 1-1
Moore, James; 1-5
Moore, William; 1
Mathews, John, Senr; 2-1
Mason, Joseph; 1-1
Magraw, Thomas; 1-1
Monroe, John; 2-9-2
Marmaduke, Sampson; 1-3
McCrackin, Isaac; 1-1
Mitchell, Robert; 3-6-1
Mcdonald, Sarah; 0-1-2
McDonald, Nancy; 0-1-2
Malcomb, William; 1-2
Malcomb, Peter; 1
Millison, Benjamin; 1-2
Moore, Henry; 1-2-1
McBride, John; 2-4-1
Maloy, James; 1-1
Miller, William, Jun'r; 1-2
Miller, William, Sen'r; 1-2-1
Murphy, William; 1-1
McAwley, George; 2-3
Mauzy, John & Peter; 2-9-3
Mason, Gideon; 1
Moore, Benjamin; 1-1
McBride, Alexander; 1-3
Martin, George, Senr; 1-4
Millison, John, Sen'r; 1-4
Martin, Joseph; 1-1
Millison, John, Jun'r; 1
Moxlea, John; 1
Monroe, James; 1-2
Nicholas, Thomas; 1-1
Nelson, James, Sen'r; 1-2
Nelson, James, Jun'r; 1-1
Newland, Nicholas; 1-1
Nowel, John; 1-2
Nelson, James, **Tear Coat**; 1-4
Newbanks, John; 1-1
Newbanks, John, Jun'r; 1
Newbanks, James; 1
Newbanks, William; 1-1
Nixon, George; 1
Oates, Jacob; 3-5
Ohauver, George; 1-1

Orms, Thomas; 1
Oqueen, William; 1
Oqueen, James; 1-4
Offord, John; 1-1
Otrong, John; 1-2
Pugh, Mahlon; 1-1
Pugh, Michael; 1-4
Parke, John, Sen'r; 1-2
Parke, Amos, Jun'r; 1-6
Parke, Solomon; 1-4
Parke, Timothy; 1-1
Pugh, Jesse; 2-4
Park, Samuel, Sen'r; 1-3
Parke, John, Jun'r; 2-5
Pegg, Thompson; 2-2
Pegg, Nathan; 1-1
Powelson, Charles; 1-2
Parrish, William; 1-2
Poweers, Edward; 1-1
Powers, Stephen, Sen'r; 1-2
Pugh, Joseph; 1-5
Probasco, Samuel; 1-3
Patterson, John; 1-3
Parker, Robert; 1-4-3
Powel, James; 1-3
Powel, Henry; 1-2
Powel, William; 1
Pugh, Abraham; 1-1
Parrell, Edward; 1-4-1
Peters, Phillip, Junr; 1-3
Peters, Phillip, Senr; 1-4
Peters, John; 1-5
Peters, James, Jun'r; 1-2
Peters, James, Sen'r; 1-3
Pownall, George, Jun'r; 1-2
Pownall, Joshua; 1-2
Pownall, Elisha; 2-3
Poston, Rebecca; 0-4
Pugh, Robert, Jun'r; 1-5
Pugh, Robert, Sen'r; 1-1
Paler, Frederic; 1
Porter, Robert; 1-1
Pool, Wm **Constable**; 2-4
Pool, William, Jun'r; 1-1
Pownall, Isaac; 3-5
Pennington, Jacob; 2-3
Peters, Samuel; 1-2
Pugh, Jess, **Frederic**; 2-1
Parke, Samuel, Senr; 3-5
Parke, George; 1-3

1806 Lower District Hampshire County Tax

Patterson, James; 2-4
Powelson, John; 1-4
Peters, John, **B Mountain**; 1-2
Pownall, John, Sen'r; 1-3
Pownall, George; 1-2
Powelson, Cornelius; 1-2
Powelson, Conrad; 1
Powelson, Rynier; 1-3
Peters, Tunis; 3-4
Pettit, Thomas; 1-3
Pennington, Elijah; 1-2
Parrill, William; 2-1
Powers, Stephen; 1
Parke, Amos, Sen'r; 1-3
Peppers, John; 1-4
Pugh, Jonathan; 1-4
Peters, Joshua; 1-2
Pugh, John; 1-2; 1 Stud
Powelson, Cornelius, **Sideling Hill**; 1
Poland, Samuel; 1
Parker, John; 1-2
Parker, Robert, **Constable**; 0-2
Poston, William; 1-2
Poston, Alexander; 1-1
Poston, Samuel; 1-1-2
Pierce, Ezekiel; 1-1
Pierce, Daniel; 2-1
Pugh, Bethel; 1-2
Parrell, John; 1-1
Parrell, Joseph; 1-1
Queen, John; 1-1
Queen, Jonah; 2-2
Reeser, Jacob; 1-1
Ruckman, Thomas; 2-6
Ruckman, Samuel, Jun'r; 1-1
Ruckman, Jacob; 1-2
Rogers, Thomas; 1
Rogers, Aron; 1-1
Rogers, David; 1-1
Richmond, William; 2-1
Roberts, Charles; 1-3
Rosenberry, John; 1-2
Robinson, Benjamin; 1-1
Robinson, John, **Mills Branch**; 1-1
Reid, John; 1-1
Roe, James; 1-2
Russel, Samuel; 1-1
Redburn, John; 1-1

Ruckman, Peter; 1-2
Racey, Luke; 2-4
Rogers, Robert; 2-3-1
Rogers, Owen, Sen'r; 1-4
Rogers, Owen, Jun'r; 1
Royce, Sarah; 0-3
Ruckman, Samuel, Sen'r; 1-4
Ruckman, Samuel, Jun'r; 1-2
Ruckman, John; 1
Reid, Jeremiah; 2-4
Ruckman, Richard; 1-2
Rogers, Arthur; 1-2
Rinehart, Abraham, Sen'r; 2-3
Rinehart, Abraham, Jun'r; 1-1
Rinehart, John; 1-1
Rogers, Patrick; 1-1
Reeder, William; 1-2
Reeder, John; 1-1
Robison, Richard; 1-1
Robison, John; 1-1
Race, William, Sen'r; 1-1
Race, William, Jun'r; 1-1
Race, John; 1-1
Shinholts, Jacob; 1-2
Smoot, John; 3-2
Shinholts, Peter, Jun'r; 1-2
Stoker, John, Jun'r; 1
Starn, John; 1-4
Stoker, John, Sen'r; 2-4
Seibold, James; 1-2
Seibold, Jacob; 1
Sutton, Zachariah; 1-2
Slonuker, Christian; 1-3
Stephenson, Thomas, **Constable**; 0-2
Sherrard, Robert, Junior; 2-1
Slane, James; 2-4
Shafer, David; 1-1
Slack, James; 1-3
Slocum, Robert; 1-2
Starn, Joseph; 1-3
Shafer, Martin; 2-3
Seabring, John; 1-3
Spade, John; 1-1
Stephens, James; 1-1
Stephens, David; 1-2
Switzer, John, Jun'r; 1-1

Selby, Nathan, Sen'r; 1-2-1
Selby, John; 1-3
Summers, John; 2-2
Summers, Andrew; 1
Syler, Peter; 1-2
Smith, Richard; 1-2
Smith, John, **Constable**; 0-3
Simpson, David; 1-5
Smith, James; 1-5
Swan, Edward; 1
Swan, Edward E; 1-1
Stump, Peter; 2-4-4
Stump, Jacob; 1
Short, Isaac; 1-3
Short, Richard; 1-2
Stump, Joseph; 1-1
Stump, John; 1-2-1
Shambough, Lewis; 1-2
Smoot, Barton; 1-3
Starkey, William; 2-3
Starkey, Frederic; 1-4
Sudduth, William; 1-1
Seekrist, Frederic; 3-6
Switzer, Valentine; 1
Switzer, John, Sen'r; 1-3
Starkey, Edward; 1
Smith, John; 1
Smith, Timothy; 1-5
Simmons, Charles; 1-2
Syler, Jacob; 1-5
Savill, Oliver; 1-1
Savill, Joseph; 1-1
Starkey, George; 1-1
Smith, George; 1-1
Slane, Thomas; 1-3
Spade, George; 1-4
Shinholts, John; 1-1
Shinholts, Peter, Sen'r; 1-1
Stutsman, John; 1-3
Slane, John; 2-2
Slane, Benjamin; 1-4
Slane, Hugh; 1-3
Simpkins, Gossage; 1-1
Shaver, Samuel; 1-2
Sharfe, George; 1-4
Shanks, Joseph; 2-2
Shanks, Michael; 1-1
Sherwood, John; 2-3
Shock, John; 1
Trickle, Samuel; 1-1

1806 Lower District Hampshire County Tax

Taylor, Richard; 1-1
Turner, John; 1
Turner, Phillip; 1-2
Trickle, Joshua; 1-1
Trickle, Edward; 1-1
Tharp, John; 1-2
Tucker, Thomas, Jun'r; 1-4
Tucker, Joseph; 3-6
Tucker, Erasmus; 1-3
Thompson, James, **Constable**; 0-3
Thompson, John; 2-6
Tucker, Richard; 1-3-2
Tyler, Jervas; 2-3
Thompson, John, L **Capon**; 1-5-3
Thompson, Jeremia; 1-3-2
Tucker, Josephus; 1-7-3
Timbrook, John; 1-2
Titus, Tunis; 1-3-1
Thompson, John, **Scotch**; 1
Throckmorton, Gabriel; 1-1
Terrance, John; 2-2
Thomas, John, Jun'r; 1-1-2
Thomas, John, 1-7-3
Tyler, Edward; 1; 1 Stud
Towland, Cornelius; 2-2
Vandigrift, Christopher; 1
Vanarsdal, Abraham; 1-2
Vokes, Peter; 2
Vanarsdal, Abraham, Sen'r; 1-1
Vanarsdal, Garret; 1-2
Vanarsdal, Richard; 1
Vanhorn, Joseph; 1-3
Vanarsdal, Peter; 1-2
Williamson, Abraham; 1-1
Williamson, John; 1-3
Wallace, John; 1-2
Widmier, Michael; 1-1
Williamson, Samuel; 1-2
Wolford, John; 1-5
Ward, John; 2-5
Wolverton, Joel; 1-3
Woolery, Henry; 1-2
Wise, Frederic; 1
Warton, Zacharia; 1-1
Williams, Thomas; 2-7-1
Wertz, William; 1
Williams, Benjamin; 1-3
Write, John; 1-1
Withrinton, Isaac; 1-3
Wingate, James; 1
Wood, Ingam; 1
Wilson, Henry L; 1-2
Winterton, John; 1-3
Willson, William; 1-2
Williamson, Cornelius; 1-1
Wright, Joseph; 1
White, John; 1
White, Francis; 2-10-3
Warfield, Sylvanus, Sen'r; 1
Warfield, Sylvanus, Jun'r; 1
Welsh, Phillip; 1-1
Young, John; 1-1

Three merchants licence by me granted to retail goods in the aforesaid district viz:

Robert Rogers for one year 15 dollars
Robert Sherrard, Jun'r, for one year, 15 dollars
Jacob Jenkins for one year, 15 dollars.

John Slane

A List of Ordinary Licences granted by the court of Hampshire County from February 1806:
February court:
  Jacob Mouzer
  Henry Heinzman
July Court:
  Adam Heiskell

1806 UPPER DISTRICT OF HAMPSHIRE COUNTY - JAMES GIBSON

Armstrong, Andrew; 1-3
Arnold, Samuel; 1-4
Adams, Jacob; 0-2
Adams, Widow; 0-1
Adams, Gersham; 1-11-1
Armstrong, William; 1-2-2
Abernathy, Widow; 1-1
Abernathy, James; 1-1
Abernathy, Samuel; 2-5
Arnold, Daniel; 1-5
Abernathy, Rob't; 1-1
Armstrong, Wm; 1-5-8
Abernathy, William; 1-3
Abernathy, Samuel; 1-2
Abernathy, John; 1-3
Ashby, Jeremiah; 2-2-3
Ashby, Benjamin; 1-1
Anderson, James; 1-2
Athy, Thomas; 2-6
Athy, Walter; 1-1
Allen, Robert; 3-4-2
Arnold, Samuel; 1
Beatty, Charles; 1-6
Blue, John, Sen'r; 3-6
Biser, Jacob; 2-4
Beatty, John; 1-1
Buffington, David; 0-1
Beatty, Isaac; 1
Beard, George; 1-3
Busbey, William; 1-3
Baker, Patrick; 1
Bolton, John; 1
Buffington, Rich'd; 1-4
Buffington, William; 1-10-4
Beckhorn, Jacob; 1-1
Buskirk, Isaac; 1
Bevan, Sam'l; 1-2
Bowman, Widow; 1
Blue, Mich'l; 1-2
Blue, Uriah; 3-8-3
Blue, Michael, Sen'r; 3-7
Baker, John; 1-2
Barns, George; 1-2
Brown, Isaac;
Black, Daniel; 1-2

Barkelow, Johnson; 1-11-2; 1 Stud
Beard, William; 1-3
Blue, Garrett; 1-6
Beer, Widow; 1-1
Booklass, William; 1-1
Boseley, James; 3-4
Burbridge, Widow; 0-7-2
Buskirk, John; 1
Beaver, Robert; 1
Beaver, Peter, Sen'r; 1-2
Brinker, Henry; 1-2
Buck, Robert; 1
Buck, Thomas; 1-1
Beatty, George; 1-3
Booklass, David; 1-3
Bowman, George; 2-3
Beer, John; 1
Bond, Thomas; 2-3
Barns, Francis; 1-1
Barnhouse, Henry; 1-1
Beall, Bazel; 1; free Mullatto
Baker, William; 1-3
Baker, Joseph; 1-1
Baker, John; 1-2
Baker, Thomas; 1
Bailes, Edward; 1-4
Barnhouse, John; 1
Bean, Walter; 1-1
Bogle, Thomas; 1-1
Bogle, Andrew; 2-1
Bean, John; 1
Bonum, Zachr; 1-5
Browning, Elias; 1-1
Bean, Jesse; 2-5
Barks, Jacob; 1-4
Barks, John; 1-1
Berry, William; 1-1
Brookhart, Abraham; 1-2
Brown, John; 1-1
Beaver, John; 1
Beaver, Peter, Jun'r; 1-3
Bryan, Benjamin; 1
Bennett, John; 1-1
Barnard, Nottey; 1-4
Breeze, Widow; 0-2-1
Burton, Frederick; 1-1

Baker, Michael; 1-5
Baker, P?; 1-1
Burk, Thomas; 1-1
Cowan, Wm; 1-8-1
Collins, Daniel; 1-14-4
Campbell, Jesse; 1-1
Cunningham, James; 1-18-4
Campbell, Runey; 2-5
Crossley, Davis; 1
Crossley, Henry; 1-1
Clarke, James; 1-2
Carscaddon, Arthur; 1
Corn, Timothy; 1-7
Cookus, Henry; 2-1
Carder, Abot; 1
Cookburn, Robert; 1-1
Campbell, Widow; 1-1
Clark, William; 3-1
Cabridge, Peter; 1-1
Cundiff, John, Sen'r; 1-2
Cundiff, John, Jun'r; 1-1
Cook, Nicholas; 1
Collins, Thomas; 2-7-2
Chambers, Joseph; 1; Free Negro
Cash, Robert; 1
Cade, William; 1-2
Crawfies, Widow; 1-2
Cuttler, Edward; 1-1
Cockerill, Samuel; 1-7-2
Corbin, John; 1
Campbell, Archibald; 2-2
Curry, William; 1-1
Chew, Joseph; 1
Carnard, Leonard; 1-4
Coon, David; 1-2
Craybill, David, Sen'r; 1-8
Constable, Daniel; 1-2; N B; F Negro
Craybill, David, Jun'r; 1-1
Carnard, Andrew; 1-1
Curry, James; 1-1
Chew, Coleby; 1-3
Crossley, Joseph; 1-1
Chew, James; 1

1806 Upper District Hampshire County Tax

Curlet, William; 1-6
Cooper, Widow; 0-2
Canby, Samuel; 1-3
Clark, James; 1-2
Carruthers, George, Sen'r; 1
Carruthers, Maryan; 0-3
Culp, George; 1-6-2
Culp, John; 1-5-3
Combs, Daniel; 1-2
Connelly, Edward; 1-1
Cookerill, Thomas; 1-1-1
Cresap, Thomas; 1-8-3
Calmes, George; 1-8-5
Cordery, Shepherd; 1-2
Cade, William; 1-1
Clark, William; 1-4; F Negro
Clawson, John; 1 Stud
Dollahan, Hugh; 1-5
Dollahan, Daniel; 2-4
Dollahan, John of Dan'l; 1-2
Dollahan, John; 1-1
Dailey, James; 1-4-3
Davis, Eli; 1-1
Dodson, William; 1-1
Dye, Thomas; 2-4-1
Doll, Jacob; 2-2
Davis, Hezekiel; 1-1
Davis, Walter; 1-1
Davis, Samuel; 2-3
Dunn, Ephraim; 1-5-2
Dial, Philip; 1-1
Daniels, Dennis; 1-2
Derham, Benew; 1
Dunn, Lewis; 2-7-2
Daniel, Thompson; 1-1
Donaldson, William; 5-14-2
Dayton, John; 1-2
Dunn, Richard; 1-1
Doolin, William; 1
Dial, Isaac; 1
Douthet, Caleb; 1
Davis, Joseph; 1-3-1
Davis, John; 1-1
Donaldson, Robert; 1-1
Dyer, Edward; 1-1-3
Donaldson, James; 1
Dunn, Thomas; 1-5-1
Dawson, Thomas; 1-1
Doolin, Collin; 1-3

Doolin, William; 2-4
Dean, Thomas; 2-8-2
Dowden, John; 1-5-2
Dennis, Jonathan; 1
Dobbins, Samuel; 1-4; 1 Stud
Damerill, Useperus; 1
Dawson, Robert; 1-2
Dayton, Isaac; 1-1
Decker, John; 3-11-5
Davis, Walter; 2-3
Denny, William; 1-2
Deall, Philip; 1
Davis, John; 1
Dailey, John; 1
Entler, William; 2-1
Edwards, Sloughten; 1-7
Eckhart, Henry; 1
Earsom, John; 1-2
Earsom, Simon; 1-6-1; 1 Stud
Earsom, John of Jacob; 1-2
Earsom, Jacob; 1-1
Edminson, William; 1-3
Earnhalt, Adam; 2-3
Edwards, Jonathan; 1-1
Elliphrits, George; 1-2
Ellifritz, John; 1
Ellifritz, Jacob; 1
Emerson, Abel; 1
Fitzgerald, Thomas, Jun'r; 1-1
Fliner, John; 1
Fleming, Patrick; 1-5-1
Fink, Samuel; 1
Frizzle, John; 1
Frizzle, Jason; 1-1
Frizzle, Charles; 1-2
Frizzle, Soloman; 1
Finley, Abraham; 1
Fitzgerald, Thomas, Sen'r; 1-1
Friddle, John; 1
Franks, Isaac; 1
Fout, Michael; 1-1
Fiddler, Jacob; 1-3
Fink, Frederick; 2-5
French, William; 3-4-1
Fitzpatrick, Joseph; 1-8
Foley, William; 1-4-1
Foster, Archibald; 1
Fouck, John; 1

Fields, John; 1-1
Flack, John; 1-2
Flick, Henry; 1-2
Franks, Henry; 1-3
Fetter, John; 1-1
Franks, John; 1
Franks, Isaac; 1
Fox, William; 1-22-8
Flemming, Wm; 1-1
Flemming, Jane; 0-1
Florence, Thomas; 1-1
Florence, William; 1-0
Fleck, John; 1-2
Fleck, Adam; 1-2
Fleck, Henry, Sen'r; 1-3
Fail, George, Sen'r; 1-1
Fleck, Henry, Jun'r; 1-1
Fleck, Benjamin; 1-1
Foster, Edward; 1
Fluir, John; 1-5
Fail, George, Jun'r; 1-1
Ganoe, Isaac; 1
Gaither, Ralph; 1-1
Grisson, Ambrose; 1-2
Gill, Moses; 1-3
Graham, Jas, V A ; 1-4
Green, Moses; 1-2
Greenwill, Elijah; 1-6-2
Good, Abrham; 1-5-1
Grace, Philip; 1
Guinn, Andrew; 1
Green, William; 2-2
Grymes, James; 1; F Mullato
Gault, John; 1-6
Gibson, James; 2-1
Grooms, John; 1
Glaze, George; 1-3
Glaze, Conrad; 2-3
Greenwell, Thomas; 0-4-2
Gates, Charles; 1-2; Fr Negro
Heiskell, Isaac; 1-4-2
High, Henry; 1-5
Hammilton, John; 1
High, Frederick; 1
High, John; 1
High, Jacob; 2-4
Hawk, Isaac; 1-3
Hawk, Henry, Sen'r; 1-3
Hawk, Henry, Jun'r; 1-2
Hartman, Philip; 1-1

1806 Upper District Hampshire County Tax

Hersman, John; 1-4
Honeyman, Charles; 1-4
Hendrickson, Spencer; 1
Hill, George; 1-1
Hill, Robert; 1; 1 Stud
Hindman, John; 1
Hill, Charles, Sen'r; 1-3
Hill, Charles, Jun'r; 1
Hill, Jesse; 1-1
Hill, Leroy; 2-4
Hogan, Elizabeth; 0-0-2
Harrison, Joseph; 3-4
Hibbs, John; 1-2
Hollenbeck, Widow; 1-3
Hollenbeck, John; 1-2
Hollenbeck, Abraham; 1-2
Herriott, William; 1-5
Hider, Adam; 2-18-2
Hures, John; 1
Hains, George; 1-2
Hansbough, John; 0-2
Hoffman, Conrad; 1-3
Hatten, Charles; 1-1
Hoffman, Aaron; 1-6
Hawk, Abraham; 1-3-4; 1 Stud
Hoffman, Conrad, Sen'r; 1-1
Henderson, John; 1-1
Henderson, Daniel; 1-1
Houser, Charles D; 2-3
Hollenbeck, Daniel; 1-2
Heinzman, Henry; 2-10-4
Hogan, Thomas; 1-3-1
House, Samuel; 1-1
House, John, Junior; 1-1
Humes, Andrew; 2-8-3
Hartman, Henry; 3-5
Hamilton, Charles; 1; F Negro
Hilton, Francis S M; 1
Hilton, Hillery; 1
Hoff Mathias; 1
Hutson, John; 1-1
Hoskingson, Andrew; 1-1
Hooker, John; 1-2
Hull, Benjamin; 0-3
Harvey, William; 1-2
Harvey, Elijah; 1-1
Harvey, Rizon; 1-1
Hannon, Thomas; 1-1
Heiskell, Adam; 1-5-3

Heiskell, Christopher; 1-2
Heiskell, John; 1
Hartman, Daniel at Dan'l Arnold; 1 Stud
Hill, Casper; 1-1
Hopwood, Daniel; 1-1
Hoff, John; 1
Hatten, Samuel; 2-1
Hatten, Israel; 1-2
Hatten, Charles; 1-1
Hunter, Patrick; 3-6
Harsell, Peter; 1-1
Hunter, Richard; 1-4
Herriott, Ephraim; 1-3
Horse, Peter, Sen'r; 1-1
Horse, Peter, Jun'r; 1-1
Hudson, William; 1
Hammilton, Henry; 1-3, F Negro
Harness, Soloman; 1-11-1
Inguire, Robert; 1-1
Jack, John; 2-6-2
Jones, Samuel; 2-4
Jones, Elias; 1
Jones, John; 2-4
Johnson, Isaac; 2-3
Jones, Jonathan; 1-1
John, John of Soloman; 1
Jones, Peter of Peter; 1-1
Inskeep, William; 1-10-2
Jones, Robert; 1
Johnson, Okey; 2-11-3
Johnson, Jonathan; 1
Inskeep, John; 1-6-2
Jenney, William; 1-4-5
Justin, Moses; 1
Inskeep, James; 2-22-1; 1 Stud
Jones, James; 1-1
James, Isaac; 2-2
Isler, George; 1
Isler, Jacob; 1-1
Jones, John; 1; 1 Stud
Inger, Casper; 1-3
Johnson, William; 1-1
Jacob, John J; 1-7
Jones, Joshua; 1-2
Jones, Abel; 1
Jones, Peter, Sen'r; 1
James, Widow; 1-3-1

Johnson, Peter; 1-1
Johnson, Abr'm of Abr'm; 1-1
Jacobs, Joseph; 2-3
Kerran, William; 1
Kline, Philip; 2-4
Kuykendall, Isaac; 1-12-3
Kennedy, Sam'l; 1-2
Kelley, Patrick; 1-3
Kirk, Thomas; 1-2
Keller, Widow; 0-1
King, Alexander; 1-6-2
Kite, Samuel; 1-1
King, George; 1-1
Kyger, Daniel; 1-2
Kyger, George; 1-6-2
Kline, John; 2-1
Kent, John; 1-4
Kennedy, Jacob; 1-1
Ludwick, Widow; 1-2
Ludwick, Jacob; 1-2
Lillar, Henry; 2-4
Long, Thomas; 1-1
Lask, Thomas; 1-1
Lees, Jacob; 1
Landas, Joseph; 1-1
Landas, Frederick; 1-4
Landas, Rudolph; 1-3
Landas, Felix; 1-3
Lawson, John; 1-5-3
Leesinby, William; 1-1
Leesinby, Thomas; 3-2
Logan, John; 0-2
Lyle, John; 1-1-1
Lenix, Thomas; 1
Lenix, James; 1
Long, Jacob; 1-4
Lewis, Joshua; 1-1
Licklighter, Peter; 2-1
Lyon, James; 1-3
Leatherman, Nicholas; 2-3
Leatherman, Abraham; 1-1
Leatherman, Peter; 1-1
Leatherman, Lewis; 1-1
Leatherman, John; 1-1
Lazarus; 1; F Negro
Long, Tho's; 1
Long, William; 1
Long, David; 1-2
Long, Jacob; 1-5

84

1806 Upper District Hampshire County Tax

Linn, Elijah; 1-3-1
Ledman, John; 1-1
Lambert, John; 1
Long, Thomas; 1
Ludwick, Daniel; 1-2
Laubinger, Geo M; 1-1
Lees, Jn'o; 1-2
Moore, Michael; 1-1
Mulledy, Thomas; 1-1; 1 Stud
Means, Isaac, Senior; 2-3
Mill, William; 1-2
Merritt, Michael; 2-2
McDowell, John; 2-2
McGuire, Samuel; 1
Mouser, Jacob; 1
Millar, Henry; 3-8
Mays, Jonathan; 1-1; free Mullatto
Millar, Jacob; 1
Molohan, Raleigh; 2-1
Melts, John; 1
Melts, William; 1
Means, Isaac Junior; 2-4-1
McGlaughlin, Daniel; 2-4
Murphy, John; 2-5
Moon, Abraham; 1-2
Minton, John; 1-2
Minton, William; 1-2
Minton, Widow; 0-1
McCalister, James; 1-2-2
McCartney, Thomas; 1-2
McCartney, John; 1
Mail, Willmore; 1; F Negro
Monroe, Jesse; 1
Monnett, Jeremiah; 1-2
McMahon, Peter; 1-3
Monroe, Widow; 2-4
Monroe, William; 1-1
McCormick, James; 1-2
Martin, John; 1-3
Martin, Edward; 1-5
McGruder, John; 1-5-1
McNeill, John; 1-11
Martin, Luther; 2-10-1; 1 Stud
Mossby, James; 0-9-2
Mossby, William; 1
McChesney, William; 1-2
Matheny, Jesse; 1-1
McCarty, Edward; 2-18-6
Matheny, Frederick; 1-3

McCalley, John; 1-2
Moore, Eli; 1
Millar, Henry; 1-3
Millar, Widow; 0-1
Millar, George; 2-5-1
McDougle, James; 2-2
McDougle, Robert; 1-1
Millar, George, **Blacksmith**; 1-2
Means, Thomas; 1-1
McKenny, William; 1
McKernsey, Luke; 1
Kennedy, Jacob; 1
Matheny, Daniel; 1
Moore, John; 1-2
Mooratt, John; 1
McCabe, Peter; 1
McCrackin, Freedom; 1-2
Marshall, David; 1-1
Martin, Robert; 1-4-1
Murphy, Francis; 2-12-2
Millar, Isaac, N B; 2-9
Millar, Henry; 1-2
Martin, James; 2-5
McDonald, John; 1-2
McDonald, Peter; 1-2
Madden, Widow; 1-2
Madden, John; 1-2
Madden, Jonathan; 1-1
Mason, Thomas; 1-2
McBride, John; 2-6
McNary, Ebenezer; 1-4
McNubb, James; 1-4-1
Newcome, Moses; 1-1
Norman, John; 1-3
Neil, John; 1-1
Neill, Daniel; 1-1
Nelson, George; 1
Newman, William; 1-2
Newman, John; 1-2
Neff, John; 1
Newell, William; 1-1
Neill, Thomas; 1
New, Henry; 1-2
Naylor, William; 1-2-2
OHarra, John; 1-4
Odle, William; 1-3
OcHarsa, Daniel; 1
Obryan, Charles; 1
Parker, Henry; 1-4
Pilcher, William; 1-4
Prichet, John; 1-1
Prichet, George; 1-2

Pilcher, James; 1; 1 Stud
Purcell, John; 2-11-6
Parsons, James; 1-20-3
Price, George; 1-2-1
Price, William; 1-2
Putman, Philip; 1-1
Putman, Jacob; 1-1
Putman, Peter; 1
Poland, John, Sen'r; 1-2
Plumb, John; 1-8
Poland, Robert; 1
Piper, John; 1
Parsons, David; 1-11-3
Parker, Peter; 1-7-2
Peerce, John; 1-4-1
Pickins, Levi at Jacob Mousers; 1 Stud
Powelson, Henry; 1-2
Princrots, Leonard; 1-1
Powelson, John; 1-1
Pugh, Bethel; 1-1
Purget, Henry; 1-2
Price, John H; 1-2-3
Parker, James; 1-5; 1 Stud
Parker, Benjamin; 1-6-1
Parker, Jacob; 1-3
Parsons, Thomas; 1-6-3
Parker, Absolum; 2-5
Paugh, Michael; 1
Paugh, Nicholas; 1-1
Plumb, John Junior; 1-4
Price, Nathan; 1-2
Parker, William; 1
Queen, Denis; 1
Rotrock, Daniel; 1-2
Rickey, William; 1-2
Ready, Charles; 3-12
Rinker, John; 1
Roberts, William; 2-4
Roberts, Elijah; 1-2
Richards, Godfrey; 1
Rose, William; 1
Rose, Thomas; 1
Reed, Jacob; 1-5-1
Rogers, William; 2-4
Rush, Francis; 2-4
Rawlings, Moses; 1-10-5
Ravenscroft, Charles; 1-2
Reed, James; 1-2-2
Ravenscroft, William; 1-2
Rees, Thomas; 1-5

1806 Upper District Hampshire County Tax

Roseboom, Hendrick; 1-6; 1 Stud
Ravenscroft, James; 0-1
Rector, Conway; 2-12-2
Rawlings, Benjamin; 1-2
Ranier, Daniel; 1-3
Rickey, Thomas; 1
Ravenscroft, Frances; 3-3
Ravenscroft, John; 3-9-1
Ravenscroft, John, Jun'r; 1-2
Ravenscroft, Widow; 2-3
Ravenscroft, Samuel; 1-4
Roos, Christian; 1
Ravenscroft, Thomas; 1-1
Reiley, Alexander; 1-2
Rawlings, Elijah; 1
Randles, Robert; 1-3
Ravenscroft, Samuel; 1-3
Ravenscroft, James; 1-2
Rees, William; 1-6-1
Rinehart, George; 1-3
Randall, James; 1-1
Rotrock, Abraham; 1-1
Singleton, John; 1-1
Sloan, Richard; 1-6
Stinnett, Widow; 1-3
Smith, William; 1-2
Smith, Widow; 1-3
Sulser, Adam; 1
Smith, Peter; 1-5
Shofe, John; 1-3
Sage, Samuel; 1-3
Six, George; 1-2
Stucklagle, Jacob; 1
Sisell, Henry; 1
Sheetz, Michael; 1-2
Sheetz, Frederick; 1-1-1
Scrichfield, Joseph; 1-4
Stallcup, Israel; 1-2
Studler, Jacob; 1-3
Smith, John, Sen'r; 1-1
Steerman, John, Sen'r; 2-3
Steerman, John, Jun'r; 1
Scott, James; 1-1
Sterritt, William; 1-5-1
Strother, John; 1-2
Stag, George; 1-2
Sands, John; 1-1
Shores, Lander; 1-5

Schrock, William; 1
Sherriff, Benjamin; 1; F Mullatto
Ship, Godfrey; 1-2
Slicer, Nathaniel; 1-3
Stafford, Rich'd; 1-10; 1 Stud
Ship, Jacob; 1
Ship, John; 1-2
Savers, Nicholas; 2-8-5; 1 Stud
Scott, James; 1-1
Smith, Henry; 1-4
Smith, Benjamin; 1-1
Shores, Thomas; 1-3
Selby, Nathan; 1-1
Squires, Michael; 2-4
Six, John; 1-1
Smith, John; 1-4
Sharadan, Paul; 1-3
Shillenburgh, William; 1-1
Sharpless, Jesse; 1
Shoemaker; 1-2
Stover, Daniel; 1
Stover, Daniel, Junr; 1-1
Stover, Christopher; 1-2
Savage, Patrick; 2-2
Sharpless, Jesse Sen'r; 1-6
Sharpless, David; 1
Spencer, John; 1-1
Snyder, John; 1-13-7
Spillman, William; 1
Starner, John; 1
Sprigg, Osburn; 1-15-11
Starner, George; 1
Slagle, Widow or Hoffman; 0-5-3
Simkins, Widow; 0-2
Steward, Thomas; 2-6
Steward, John; 1-3
Short, William; 1-2
Taylor, Edward; 2-2
Taggart, John; 1-1
Taylor, Widow; 1-1
Thacher, Sylvester; 1
Taylor, Alexander; 1-1
Taylor, Septimus; 1-2
Taylor, Widow, Sp'fd; 0-1
Taylor, Thomas; 1-7
Taylor, Simon; 1-8-4

Thompson, William; 1-1
Thompson, John, Jun'r; 1-1
Towbridge, John; 1-2
Turnbull, John; 1-3
Thomas, Samuel; 1-3
Thomas, William; 1
Tasker, George; 1-1
Taylor, Daniel; 2-4
Totten, Samuel; 1-2
Thompson, Abraham; 1-3
Thrasher, Benj; 1
Taylor, John; 2-10-3
Tracey, Nathan; 1-2
Thompson, John, Sen'r; 1-3
Thomas, Samuel, Jun'r; 1-2
Utt, Chris'n; 1-3
Umpstott, Peter; 1-4
Umpstott, Jacob; 1-2
Vandivere, Jacob; 2-7-1
Vandivere, William; 1-11-3
Vanort, Peter; 1-1
Vandiviere, Lewis; 1-11-2
Vineger, George; 2-3
Vandiviere, John; 1-9-2
Urice, George; 1-3
Vance, William; 3-25-4
Vandivier, Samuel; 1-9; 1 Stud
Vandiviere, Vincent; 2-7-2; 1 Stud
Wright, John; 2-10-5
Wolford, John; 2-5
Willson, Nathaniel; 1-1
Ward, John; 1-4
Waggoner, John M; 1-3
Waggoner, Jacob; 1-1
Walker, Peter; 1-2
Welch, Demcy; 1-3-1
Willson, James; 2-2
Woolverton, Samuel; 1
Woolverton, Charles; 1; 1 Stud
Woolverton, Isaac; 1-1
Williams, Peter; 1-4
Welch, John; 1-4
Welch, Isaac; 1-3
Whiteman, Richard; 1-2
Willson, James; 1-1

1806 Upper District Hampshire County Tax

Waxler, Michael; 1-1
Willson, James, N B; 2-2
Willson, Richard; 1-2
Ward, Lloyd; 2-4
Ward, Edward; 1-1
Welch, Sylvester; 1-4-5
Walker, Henry; 1-3
Wright, Francis; 1
Wodrow; Andrew; 1-1-3; Coach
Ward, Jesse; 1-3
Wells, Peter; 1-4
Wells, Isaac; 1-2
Whip, Daniel; 1-3
Walker, James; 1-3
Walker, Andrew; 3-4
Willcocks, Stephen; 1-3
Wallace, Thomas; 1-3
Walker, Samuel; 1-3-1
Young, Robert; 1-3
Young, George; 1-1
Young, Joseph; 1
Zimmerman, Jacob; 1-1

A list of licences granted to merchants to retail goods of a foreign growth and manufacture for the year commencing the first day of May 1806 for the Upper District of Hampshire County:

John McDowell
James Reed
Hafleigh & Son
McCartey & C
Armstrong & C
Adam Hider
Thomas Dunn
Jacob Vandivier & C
Thomas Mulledy
James Dailey
John Jack
Joseph Fitzpatrick
Reed & Vandivier
Peter & J Hafleigh

1807 UPPER DISTRICT OF HAMPSHIRE COUNTY – JAMES GIBSON

Armstrong, William; 2-3-1
Adams, Jacob; 1-2-1
Abernathy, William; 1-1
Abernathy, John; 1-3
Abernathy, James; 1
Abernathy, Samuel; 2-5
Abernathy, Robert; 1
Abernathy, Widow; 1-2
Adams, Gersham; 1-13
Alkire, Peter; 2-9
Abernathy, Samuel; 1-2
Ashby, Jeremiah; 2-2-1
Ashby, Benj; 1-2
Anderson, James; 1-2
Athey, Thomas; 2-4
Athey, Waltker; 1-1
Allen, Robert; 3-5-2
Arnold, Sam'l; 1-5
Arnold, Zacariah; 1-6
Aderson, Richard; 1-1
Adams, David; 1
Arnholt, Adam; 2-3
Baker, Patrick; 2-1
Bisor, Jacob; 2-4
Busby, William; 1-3
Buffington, Wm; 1-12-2
Buffington, David; 1-1
Buffington, Richard; 1-8
Blue, John, Sen'r; 2-8-1
Blue, Uriah; 2-8-4
Blue, Michael; 3-8
Blue, Garret; 1-7
Barkelow, Johnson; 4-14-2
Berry, Thomas; 1
Brown, Elias; 1; F Mullatto
Beatty, Charles; 1-7
Burtin, Meshack; 1-5-1
Bosely, James; 3-7
Beer, Peter; 1-3
Beer, Widow; 1
Baker, John; 1-3
Buskirk, Isaac V; 1
Buskirk, John; 1
Bowman, Geo; 1-3

Bell, Bazil; 1-2; F Mullatto
Barnhouse, Henry; 1-2
Belford, David; 1
Burtin, William; 1
Belford, Dan'l; 2
Beaver, Robert; 1-3
Barrick, Jacob; 2-3
Bowman, Adam; 2-4-3
Beatty, John; 1-3
Beatty, Isaac; 1
Bolton, John; 1
Bivan, Sam'l; 1-3
Burbridge, Widow; 0-6-1
Beaver, Peter; 1-3
Brinker, Henry; 1-1
Beatty, George; 1-3
Bond, Thomas; 1-4
Baker, William; 1-2
Baker, Joseph; 1-2
Baker, Thomas; 1-1
Bailess, Edward; 1-4
Barnhouse, John; 1
Bryan, Benj; 1-1
Bean, Jesse; 3-5
Beaver, John; 1
Bryan, Benj; 1-2; F Negro
Breeze, Widow; 0-2
Bond, John; 1
Bichhorn, Jacob; 1-2
Bean, Walter; 1-1
Bogle, Thomas; 1-1
Baker, Jonathan; 1-2
Barns, Francis; 1-2
Bean, John; 1
Brown, John; 1-1
Barrett, Notley; 1-3
Busbey, Matthew; 1
Bean, Seth; 1
Browning, Elias; 1-1
Bonom, Zacariah; 2-4
Berry, William; 1-1
Buck, Thomas; 1-3
Baker, Mich'l; 1-2
Beard, Geo; 1-3
Cookus, Henry; 3-1
Campbell, Runey; 1-5

Carruthers, George, Jun'r; 1
Collins, Thomas; 3-6-2
Cresap, Thomas; 1-9-3
Crossley, Joseph; 1
Cunningham, James; 1-15-4
Cockerill, Sam'l; 1-9-2; 1 Stud
Cade, William; 1-2
Crossley, David; 1-1
Cabridge, Peter; 1-1
Clarke, William Senr; 2-1
Camby, Samuel; 1-2
Corn, Timothy; 1-8
Campbell, Archibald; 2-3
Cooper, Widow; 0-2
Corbin, John; 1
Carseden, Arthur; 1-2
Carnard, Leonard; 1-4
Constable, David, N B; 1-2; F N
Carnard, Andrew; 1-1
Culp, Geo; 1-6-2
Culp, John; 1-4-3
Combs, Daniel; 1-2
Cockerill, Thomas; 2-1
Clawson, John; 0-1
Clark, Archibald; 1-2
Cline, Philip; 2-6
Cook, Nicholas; 1-2
Chambers, Joseph; 1
Chandler, Widow; 0-1
Clark, Aaron; 1; F Negro
Cade, Jacob; 1-1
Cade, Abraham; 1-1
Collins, David; 1-18-4
Calmes, George; 1-10-4
Clarke, Joseph; 1-1; F Negro
Cockerill, Jeremiah; 1-1-1
Carruthers, George, Sen'r; 1-1
Carruthers, Maryan; 0-3
Cundiff, John; 1-2
Cowen, William; 2-10
Carder, Abet; 1

1807 Upper District Hampshire County Tax

Carscaden, Thomas; 1-5
Chew, Coleby; 1-4
Cundiff, John, Sen'r; 1-4-1
Crable, David; 2-8
Chew, James; 1
Curlet, William; 1-6
Cheesman, William; 1
Dailey, James; 1-5-3
Davis, Eii; 2-1
Davis, Hezekiah; 1
Dunn, Lewis; 2-7-2
Dean, Thomas; 2-9-1
Dowden, John; 1-6-1
Denham, Beniu; 1
Dobbins, Samuel; 1-8
Dollahan, John; 1-1
Davis, Samuel; 2-4
Dollin, William; 1
Dunn, Thomas; 2-7-1
Dunn, Ephraim; 1-7-2
Dial, Philip; 1
Dust, Daniel; 1
Daniels, Dennis; 1-2
Dunn, Richard; 1
Decker, John; 2-12-5
Davis, James; 1
Davey, William; 1-1
Douglas, Jonas; 1
Dean, John; 1
Dawson, John; 1-3
Dayton, John; 2-2
Dyer, Widow; 0-0-3
Dailey, John; 1
Dooley, James; 1-3
Davis, Joseph; 1-4-1
Dodson, William; 1-2
Dye, Thomas; 1-4-1
Doll, Jacob; 2-4
Davis, Walter; 1-1
Donaldson, William; 5-13-1; 1 Stud
Dawson, Thomas; 1
Doolin, William; **(NC)**; 2-5-2
Douthet, Daniel; 1
Dust, Philip; 1
Doolin, William, Junr; 1-3
Doolin, Collin; 1
Davidson, John; 1-1
Dixon, John; 1-2
Dawson, Robert; 1-1
Dayton, Isaac; 1-2

Denney, William; 1-2
Davis, Joshua; 1-1
Douthey, John; 1-4
Dennis, Jonathan; 1-1
Donaldson, Jas & Robt; 2-1
Devor, John; 1-1
Daniel; 1; F Negro
Eckhart, Henry; 1
Entler, William; 1-1
Entler, John; 1
Easton, John; 1; F Negro
Earsom, Jacob; 2
Earsom, Simon; 1-5-2
Earsom, John; 1-3-1
Edmiston, Thomas; 3-7
Edmiston, William; 1-3
Engle, Peter; 3-4
Earsom, John of Jacob; 1-3
Eller, Daniel; 1-1
Edward, Jonathan; 1-1
Evans, James; 1-1
Ellifritz, George; 1-2
Fitzgerald, Thomas; 1-1
Fitzgerald, Thomas, Jun'r; 1-1
Fitzpatrick, Joseph; 2-7
Fox, William; 2-23-7
French, William; 3-3-1
Florence, Thomas; 1-3
Frizell, Loyd; 1-2
Frizell, Charles; 1-2
Foley, William; 1-5-1
Freeman, Abraham; 1; F Negro
Fleck, Adam; 1-2
Fleck, John; 1-3
Fleck, Henry, Jun'r; 1-1
Fleck, Henry, Sen'r; 1-2
Fridle, John; 1-1
Fields, John; 1-2
Fetter, John; 1-1
Fleming, Patrick; 1-5-1
Frizell, John; 1
Frizell, Jason; 1
Franks, Isaac; 1
Fout, Michael; 1-1
Fink, Frederick; 3-3
Fouk, John; 1-3
Franks, Henry; 1-4
Franks, John; 1
Flemming, Ann; 0-1

Fail, Geo, Sen'r; 1-1
Fleck, Jacob; 1-5
Gibson, James; 1-1
Grisson, Ambrose; 2-3
Greenwell, Thomas; 0-5-4
Grace, Philip; 0-1
Gale, Geo; 1-4-1; 1 Stud
Grimes, James; 1; F Negro
Good, Abr'm; 1-3-2
Good, Philip; 1-2
Gill, Moses; 1-2
Graham, Jas & A; 2-6
Green, Moses; 1-2
Glaze, Conrade; 2-4
Glaze, Geo; 1-4
Gates, Charles; 1-2
Grooms, John; 1
Gilpin, Edward; 1-2
Goldsmith, Benona; 2-3
Gault, John; 1
Heinzman, Henry; 2-7-2
Heiskell, Chris't; 1-2
Heiskell, Jacob; 1
Harness, Soloman; 1-4-2
Hawk, Abr'm; 1-5-6
House, Charles D; 1-3
Heiskell, Adam; 1-5-3
Hider, Adam; 1-5-2
Heiskell, Isaac; 2-5-1
Hamilton, Charles; 1; F Mullatto
Hoffman, Conrade; 1-3
Hogan, Tho's; 1-3-1
Hill, Geo; 2
Hill, William; 1-3
Houser, Lewis; 2-5
Hunter, Richard; 1-1
Hievely, John; 1-1; 1 Stud
Humes, Andrew; 2-6-4
Hamrick, Siras; 1
Hannahs, William; 1
Herriott, Ephraim; 2-7
Haas, Peter; 1-4
Hansbrough, John; 1-2
Hirds, John; 1
Hoffman, Aaron; 1-8
Hoppy, Chris'r; 1
High, Henry; 1-5
Hill, Casper; 2-2
High, John; 1-2

89

1807 Upper District Hampshire County Tax

Hooker, John; 1-2
Hutchinson, John; 1-3
Hull, Silas; 1-2
Hull, Benjamin; 2-4
Huff, Mathias; 1-1
Harras, John; 1; F Mullatto
Honeyman, Cha's; 1-5
House, John; 2-4
Hutchinson, John; 1-1
Hamilton, John; 1; 1 Stud
High, Fred'k; 1-3
High, Jacob; 1-2
Hawk, Joseph; 1-1
Hawk, Henry, Sen'r; 1-3
Hartman, Philip; 1
Henderson, Spencer; 2
Hireman, John; 1-2
Hill, Charles, Sen'r; 1-3
Hill, Charles, Jun'r; 1-2
Hill, Leroy; 3-6
Hogan, Elizabeth; 0-0-2
Hibbs, John; 1-2
Hollenbeck, Widow; 1-3
Hollenbeck, John; 1-3
Hollenbeck, Ab'm; 1-2
Haines, George; 1-2
Henderson, John; 1-1
Hollenbeck, Daniel; 1-3
Huff, John; 1
Hartman, Henry; 2-5
Hartman, William; 1
Houseman, John; 1
Hoskinson, Andrew; 1-2
Harvey, William; 2-1
Harvey, Elijah; 1-3
Harvey, Reason; 1-3
Hanson, Thomas, Sen'r; 0-1
Hanson, Abr'm; 1
Harsell, Peter; 1-2
Hunter, Patrick; 3-6
Harres, Amos; 2-3; F Negro
Housman, Chrit; 1-2
James, Isaac; 1-1
Jenny, Jesse; 1-2
Inskeep, William; 1-10-3
Inskeep, John; 2-6-2
Jack, John; 2-6-1
Jones, John; 1-5
Jones, Robert; 1-1
Isler, Jacob; 1-2

Isler, Geo; 1
Ingmire, Robert; 1-1
Jones, Thomas; 1-1
Jacob, Elizabeth; 0-1-1
Jones, James; 1
Junkins, William; 2-2
Jacob, Joseph; 4-7
Junkins William; 2-2
Jacob, John J; 1-7
Inskeep, James; 2-25-1
John, Ab'm; 1
Jones, Peter of Peter; 1-2
Jones, Widow; 0-3
Jones, John; 1
Jones, Jonathan; 1-3
Jenney, William; 2-16-6
Inskeep, Joseph; 2-31-4
James, John; 1
Johnson, Isaac, P C; 1-3
Jones, Peter of Jn'o; 1
Johnson, Peter; 1-1
Jones, Widow (Nobley); 0-1-1
Johnson, Widow; 2-9-6
Jones, Joshua; 1-2
Johnson, Jonathan (Johnson); 1
Johnson, Okey; 2-11-2
Johnson, William; 1-2
Johnson, Isaac; 1-6
Johnson, Nathaniel; 1-3
Kennedy, Jacob; 1-1
Keys, Cleon; 1
Kirk, John; 1
Kirk, Thomas; 1
King, Alex'r; 1-9-5
Kiger, John; 2-12; 1 Stud
Kite, Sam'l; 1-3
Kite, William; 1
Koyle, Robert; 2-7-1
Kennedy, Samuel; 1-3
Kelley, Patrick; 1-3
King, George; 1-2
Kent, John; 0-7
King, John; 1
Kuykendall, Isaac; 1-12-3
Lyons, James; 1-3
Lillar, Geo; 1
Ludwick, Jacob; 1-3
Ludwick, Widow; 0-2

Long, John; 1-5
Long, Jacob, Jun'r; 1-3
Long, Jacob, Sen'r; 3-5-1
Laubinger, Geo M; 1-1
Lawson, John; 1-6-4
Lyon, John; 1-2
Lenox, James; 1
Lenox, Thomas; 1
Long, Davis, Sen'r; 1-3
Long, William; 1-1
Lecklighter, Geo; 1-3-1
Liller, Henry; 2-7; 1 Stud
Landar, Felix; 2-3
Leatherman, Lewis; 1-2
Longan, John; 0-3
Lyle, John; 1-1-1
Lecklighter, Peter; 1-1
Long, Thomas; 1-1
Lash, Thomas; 1
Leese, George; 1-2
Leese, John; 1-3
Leesenby, William; 1-1
Leesenby, Thomas; 3-3
Leese, Jacob; 1-5
Lawson, Widow; 0-2
Lyons, John; 1-3
Lyons, Daniel; 1-1
Lyons, Morris; 1-2
Lyons, Elijah; 1-3
Lyons, Elisha; 1-2
Leatherman, Nicholas; 1-4
Leatherman, Daniel; 1-1
Leatherman, Abr'm; 1-2
Leatherman, Peter; 1-2
Linn, Elijah; 1-6-1
Murphy, John; 1-4
Munford, David; 1
McCalley, John; 1-2
McKeny, Luke; 1
Moore, Samuel; 1-1
Millar, Henry; 2-2
McCrackin, Freedom; 1-2
Matheyn, Frederick; 1-4
Millar, James; 1-1
Monnett, Jeremiah; 1-2
Monroe, William; 3-5
Montgomery, Matthew; 1
McGuire, Sam'l; 1
McDowell, John; 2-1
McNail, James; 1-7-1

1807 Upper District Hampshire County Tax

McDougle, James; 1-1
Mouser, Jacob; 2
Millar, Isaac; 2-7-2
Means, Isaac; 2-4
Moore, Michael; 2-1
Mitchell, John Esq; 1-6-4
McLoughlin, Dan'l; 2-7
Marshall, David; 1
McCartney, Tho's; 1-3
McCrackin, Isaac; 1-5-2
Millar, Henry; 2-4
Means, Robert; 1-1
Murphy, Francis; 2-14-3; 1 Stud
Martin, Luther; 1-8
Means, Isaac Junr; 2-7-1
Matheny, Jesse; 1-1
Mundle, Michael; 1; F Negro
McGuire, Robert; 1
Mitchell, John; 1-2-1
Mulledy, Tho's; 1-7-1; 1 Stud
McNeill, John; 1-12-1
McGruder, John B; 1-4-2
McChesney, William; 1-1
McAlister, James; 1-2-2
McCrackin, Mary; 0-3
Millar, Isaac (NB); 2-11
Millar, Henry (NB); 1-2
Martin, James; 3-6
McCormick, James; 1-1
Martin, John; 2-2
Millar, Henry; 1-6
Moseley, James; 1-12-2
McCalley, Cornelius; 1-3
McKerny, William; 1
Mitchell, James; 1
Minton, Richard; 1
Minton, John; 1-1
McNary, Ebenezer; 1-5
Moore, John; 1-2
Moore, Zedock; 1-1
Moore, Jarrett; 1
Maloy, James; 1-1
Meritt, Adam; 1
Martin, John; 3-3
McMahon, Peter; 1-2
Maddin, Widow; 1-2
Millar, Widow; 0-1
McCarty, Edward; 3-18-8
Mills, William; 1-2
Melts, William; 1

Neptune, Widow; 0-4
Newman, John; 2
Newlin, Ab'm; 1
Nixon, Jonathan; 1-4
New, Henry; 1-3
Neff, John; 1-4; 1 Stud
Newlin, Powell; 1
Neil, Tho's; 1-1
Naylor, William; 1-2-2
Nelson, George; 1
OHarra, Dan'l; 1
OHarra, John; 1-9
Prichard, William; 1-2
Purget, Fred'k; 2-3
Patch, Isaac; 1
Price, Geo W; 1-4-2
Price, Arjalon, Jr; 1-4-1
Price, Arjalon, Sen'r; 1-3-1
Parsons, James; 1-25-4
Parsons, David; 1-12-3
Poland, John, Sen'r; 1-2
Poland, Robert; 1-1
Poland, Aaron; 1
Poland, Andrew; 1-1
Poland, Amos; 1-2
Poland, John, Jun'r; 1-3
Plum, John, Jun'r; 1-3
Powelson, Henry; 1-4
Parker, James; 1-6
Parker, Jonathan; 1-1
Parker, Benjamin; 2
Parsons, Thomas; 1-6-2
Parker, Soloman; 1-13-2
Parker, Peter; 1-8-2
Purget, Henry; 2-3
Punerotz, Leonard; 1-1
Pry, Geo; 1-2
Paugh, John, Sen'r; 1-4
Paugh, John, Jun'r; 1
Paugh, Nicholas; 1-1
Parker, Jacob; 2-3
Plumb, John, Sen'r; 2-5
Parker, Peter, Jun'r; 2-2
Piper, John; 1
Paugh, William; 1-4
Plumer, Obediah; 1; F Negro
Putman, Philip; 1-1
Putman, Jacob; 1-2
Paugh, Michael; 1
Plumb, Abraham; 1-4
Purceall, John; 1-12-8

Prichhard, George; 1-3
Pierce, John; 1-4-1
Parker, Henry; 1-4
Price, Nathan; 2-3
Price, Silas; 1-1
Parker, Benj; 1-3-1
Ravenscroft, Wm (**Nobly**); 2-2
Rinehart, George; 1-4
Roach, Widow; 2-3
Roberts, William, Sen'r; 1-4
Reed, James; 1-2-2
Reed, Charles; 1-4
Rolins, Elijah; 1
Rogers, William, Jun'r; 2-6
Rolins, Moses; 1-10-5
Rannells, Robert; 1-4
Rickey, william; 1-3
Rainere, Dan'l; 1-4
Rodrock, Abraham; 2-2
Rodrock, Dan'l of Ab; 1-2
Ravenscroft, James of Sam'l; 1-3
Ravenscroft, John of J; 1-3
Ravenscroft, Francis, Jr; 1-2
Ravenscroft, John, Sen'r; 1-7-1
Ravenscroft, Edw'd; 1
Randel, James; 1-1
Rector, Conway; 2-11-3
Rees, Thomas; 2-6
Reiley, Widow; 1-1
Reiley, Samuel; 1-1
Rees, William; 1-6-1
Rose, William; 1
Ravenscroft, Charles; 1-2
Ravenscroft, Francis; 1-3
Ravenscroft, Samuel; 1-5
Rodrock, Daniel; 1-3
Rinker, John; 1-1
Roberts, Elijah; 1-1
Rogers, William; 1-6-1
Richard, Godfrey; 1
Roseboom, Hendrick; 2-6; 1 Stud
Ravenscroft, Ja's, P C; 1-1

1807 Upper District Hampshire County Tax

Robey, Vincent; 1-2
Roberts, William, Jun'r; 1-1
Relf, Richard; 1
Rogers, James; 1-4
Rolins, Benjamin; 1-3
Rodrock, Ludwick; 1-1
Rodrock, Lewis; 1
Ravenscroft, William; 1-3
Rogers, Arthur; 1-1-1
Rush, Francis, Senr; 1-5
Spencer, James; 1-2
Shambin, Isarah; 1
Smith, Henry; 1-5
Sewell, John; 1
Stimmell, Widow; 1-4
Shofe, John; 1-2
Shoemaker, Peter; 2-4
Sutton, Stephen; 1; F Negro
Slagle, Widow; 0-4-3
Stagg, Geo; 1-2
Stamer, Geo; 1
Stafford, Richard; 2-12
Strother, John; 1-2
Smith, Peter; 2-4
Sheriff, Benj; 1; F Mullatto
Squires, Michael; 2-6
Sloan, Richard; 2-6
Smoot, Josiah; 1-8-1
Smith, Jacob; 1-1-1
Savage, Patrick; 2-2
Smith, William; 1-3
Shank, George; 1-2
Shank, Nicholas; 1-1
Smith, Benj; 1
Selby, Thomas; 1
Schrock, William; 1
Ship, Godferey; 1-1
Ship, Jacob; 1
Sheetz, Frederick; 1-1-1
Scrichfield, Joseph; 1-3
Shores, Thomas; 1-2
Sharpless, Jesse, Jun'r; 1-1
Sharpless, Jesse, Sen'r; 1-3
Sinclair, Robert; 1-3
Sterbart, John; 1-3
Shark, Philip; 1-1
Shannon, Thomas; 2
Singleton, John; 1-2

Severs, Nicholas; 1-4-3
Selbey, Nathan; 1
Smith, John; 1-4
Smith, Benjamin; 1-2
Scott, James; 1-1
Sturman, John; 2-2
Shillingburgh, William; 1-1
Six, George; 1-3
Steerman, John, Jun'r; 1-1
Sheetz, Michael; 1
Sheetz, Jacob; 1
Stuckslagle, Jacob; 1-1
Spilman, William; 1-2
Smith, John, Sen'r; 1-2
Smith, John, Jun'r; 1
Stallcup, Israel; 1-2
Snyder, John; 2-14-8
Spencer, John; 1-1
Stover, Daniel; 1-1
Stover, Chris'r; 1-3
Sprigg, Osborn; 1-14-13
Short, William; 1-2
Sharaden, Paul; 1-3
Sage, Samuel; 1-1
Sultzer, Adam; 1-1
Tracey, Nathan; 1-2
Tusk, Gasper; 1-2
Totten, Sam'l; 2-2
Turnbull, John; 1-1-1
Taggart, John; 1
Taylor, Alexander; 1-1
Taylor, Dan'l; 2-4
Taylor, Thomas; 1-6
Thompson, John; 1-1
Thompson, William; 1-2
Taylor, John; 2-12-3
Taylor, Simon; 2-10-4
Taylor, Thomas; 1-1
Taylor, Septamus; 1-1
Taylor, Tarpley; 1
Timberlake, Geo W; 1-1-2
Thompson, John, Sen'r; 1-3
Taylor, James; 1
Thrasher, Benjamin; 1
Taylor, Edward; 1-2
Thayer, Bazil; 1
Thompson, Abraham; 1-3
Turner, Evan; 1-1
Towbridge, John; 1-3
Terry, Stephen; 1-1

Thomas, William; 1-1
Thomas, Moses; 2-3
Thomas, Sam'l, Senr; 1-2
Thomas, Sam'l, Junr; 1-2
Umpstott, Jacob; 1-1
Umpstott, Peter; 2-5
Utt, Chris'r; 1-2
Vandiver, Widow; 0-1-5
Vandiver, Jacob; 2-10-1
Vandiver, Vincent; 1-8-2
Vandiver, Samuel; 1-10-1; 1 Stud
Vandiver, William; 1-11-3
Vandiver, Lewis; 4-14-3
Vandiver, John; 2-10-2
Vause, William; 2-24-4
Vanmeter, Joseph; 1 Stud
Vanort, Peter; 1-1
Ward, Edward; 1-1
Welch, Demcy; 1-4-2
Welch, Sylvester; 1-3-6
Wolverton, Charles; 1-1; 1 Stud
Williams, Peter; 1-7
Whiteman, Richard; 1-2
Welch, Philip; 1
Wilson, James; 1-1
White, Jesse; 1-1
White, James; 1-1
William at J Vandivers; 1-1; F Negro
Welch, William; 1
Welch, Isaac; 1-2
Waxler, Michael; 1-2
Wilson, James, (NB); 2-2
Whip, Daniel, Jun'r; 1
Ward, John; 1-4
Wilson, Nathaniel; 1-1
Whip, Daniel, Sen'r; 2-5
Ward, Jesse; 1-4
Ward, Loyd; 2-4
Welton, Job; 1-10; 1 Stud
Walker, Andrew; 3-6
Wodrow, Andrew; 1-1-3; Coach
Walker, Henry; 1-3
Wilcocks, Soloman; 1
Walker, Peter; 1
Wright, John; 1-10-6
Walker, Sam'l; 1-5-1
Wells, Isaac; 1-2
Wiley, Labon J; 1-1

1807 Upper District Hampshire County Tax

Waggoner, Jacob; 1-2
Wallace, Thomas; 1-3
Walker, James; 1-3
Wilcocks, Stephen; 1-2
Young, Robert; 0-2
Zimmerman, Jacob; 1-1

A list of licences granted to merchants to retail goods of a foreign growth and manufacture for the year commencing on the 1st day of May 1807 for the Upper District of Hampshire County:

John McDowell, May 1, $15.00
James Reed, May 1, $15.00
Hasley & Son, May 1, $15.00
McCarty Armstrong, May 1, $15.00
Adam Hider, May 1, $15.00
Thomas Dunn, May 1, $15.00
Reed & Vandiver, May 1, $15.00
Thomas Mulledy, May 1, $15.00
James Dailey, May 1, $15.00
John Jack, May 1, $15.00
Silas Price, May 1, $15.00
James Moseley, May 1, $15.00
Silas Price, Nov 14, 1806, $6.87

1807 LOWER DISTRICT OF HAMPSHIRE COUNTY – JOHN SLANE

Allin, John, Jr; 1-1
Allin, Thomas, Jur; 1-1
Allin, John, Sen'r; 1-2
Allin, Thomas, Sen'r; 1-3
Andrews, William; 1-1
Andrews, Elisabeth; 1-3
Asberry, Henry; 2-4
Asberry, Isaac; 1-1
Asberry, Jeremia; 1
Ashton, Joseph; 1-1
Allin, Robert; 2-3
Aller, Peter; 1-1
Arnold, John; 1-2
Asberry, Joseph; 1-6-6
Anderson, Richard; 1-1
Alderton, William; 2-2
Allender, William; 1-1
Allender, James; 1-1
Anderson, William; 1-3
Ashbrook, Aron; 1-3
Ashbrook, Eli; 1-3
Arnold, John Sen'r, G
  Capon; 1-3
Arnold, Levi; 1-1
Arnold, Elijah; 1-1
Arnold, Andrew; 1-5
Arnold, John, Jr; 1-1
Anderson, Jesse; 1
Ageu, James; 1-1
Athy, John; 2-3
Athy, Bazil; 1
Anderson, John; 1-3
Alloway, William; 1
Ackman, Adam; 1-2
Akers, John; 1-1
Brown, Daniel; 1-2
Brown, William; 1-1; 1
  Stud
Barrett, Joseph; 1
Bowen, Daniel; 1-1
Brown, Adam, Negro; 2-3
Bennett, Sylvanus,
  Constable; 1-2
Butcher, John; 1-5
Butcher, James; 1-4
Butcher, John, Jr; 1-3
Bryan, James; 1-3
Bryan, James, Jr; 1-1
Baker, Aron; 1-3

Brown, Braxton; 1
Burkett, Thomas; 1-3
Blue, Richard; 1-4
Burk, William; 1-1
Burk, Michael; 1-1
Bennett, William,
  Ferryman; 0-3
Boxwell, Joseph; 1
Boxwell, Robert; 1-1
Bickerstaff, William; 2-3
Bickerstaff, Nancy; 0-3
Baker, John; 1-4
Brown, John, **Constable**;
  0-1
Brown, Anne; 0-2
Brown, Adam; 1-1
Bethel, George; 1-4
Brady, Michael; 1-1
Brown, Robert; 1-2
Buckley, John; 1-2
Brill, Henry; 1-4
Beckwith, Samuel; 1
Brelsford, Bernard; 1-3
Brelsford, Marjoram; 1-4
Bodine, John; 1-1
Bennett, Thomas, Sen'r;
  1-2
Bennett, Thomas, Jr; 1-3
Bennett, James; 1
Blue, Michael; 1-2
Busbay, Samuel; 1-1
Busbay, John; 2-1
Bonsall, Joseph, Sen'r;
  1-1
Bonsall, Joseph, Jr; 1
Bonsall, Samuel; 1
Bruner, Henry; 1-2
Brauf, Jacob; 1-1
Butt, Conrad; 1-2
Barnhouse, Jacob; 1
Buzzard, Frederic; 3-6-1
Buzzard, John; 4-5
Buzzard, Jacob; 1-2
Bomgarner, Reuben; 1-3
Barney, Benjamin; 1-1
Cool, Paul; 1
Cool, Jacob; 1-3
Cool, Phillip; 1-3
Cheshire, Samuel, Jr; 1

Cowgill, Even; 1
Cheshire, Uriah; 1-1
Cunningham, John; 3-3
Cunningham, James; 1-2
Comb, John; 1-2
Chapman, William; 1; 1
  Stud
Cannon, George; 1
Cunningham, Israel; 1-1;
  1 Stud
Curtis, Jobe; 2-2
Cox, John A; 1-2
Carpenter, Jesse; 1-3
Critten, John Jr; 2-4-1
Critten, William; 1-1
Critten, John, Sen'r; 2-2
Calvin, Robert; 2-3
Carlin, Marjery; 0-2
Corbin, David; 2-4
Corbin, Humphry; 1-1
Carter, Joseph; 0-2-2
Cooper, Jobe; 2-1
Case, William; 1-1
Case, Peter; 1-3
Carder, George, Sen'r;
  1-3
Carder, George, Jr; 1-1
Combs, Jonas; 2-2
Combs, John; 1-1
Calvin, Joshua; 2-5
Calvin, Samuel & Luther;
  2-5
Colbert, Robert; 2-4
Cutlope, Francis; 1-1
Constable, Annanias; 1-1
Constable, Thomas; 1
Castler, John; 2-2
Catlett, Alexander; 1
Carey, John; 1-1
Critten, George; 1-1
Chrisman, Phillip; 2-2
Cool, Harbert; 2-8
Critten, John 3rd; 1-2-1
Critten, Gabriel,
  Constable; 0-2
Collins, William; 1-1
Cheshire, Samuel; 2-4
Crampton, Samuel; 1
Clutter, Joseph; 1-2

1807 Lower District Hampshire County Tax

Clutter, Jacob; 1-3
Caudy, James; 1-7-1
Caudy, Evan; 1-4
Clarke, John; 1
Cann, John; 1-2
Caudy, John; 1-4
Carmichael, Daniel; 1-3
Connard, James; 1-3
Connard, Joseph; 1
Conroy, Edward; 1-1
Chenoweth, Absalom; 1-2
Cooper, Adam; 1-2
Cooper, Christopher; 1
Cooper, George; 1-2
Cooper, John; 1-2
Corbin, Joseph; 1
Carlyle, Charles; 1-7
Carlyle, William, Sen'r; 2
Carlyle, William, Jr; 1-2
Chenoweth, Elias; 1-1
Chenoweth, John; 1-2-1
Cheshire, John; 1-4
Chenoweth, James; 1-3
Cram, John; 2
Craswell, Abraham; 1-1
Carnes, Jacob, **Levy Clear**; 0-2
Carnes, John; 1-2
Croston, Travis; 2-1-1
Copsy, John; 1-2-2
Carlyle, George; 1-1
Chisholm, Alexander; 1-1
Day, Ransom; 1
Day, William; 1
Dever, Richard; 1-2
Dougherty, Robert; 1-2
Doman, Jacob, Sen'r; 1
Doman, Jacob, Jr; 1-1
Doman, William; 1-1
Doman, John; 1-3
Dial, James; 1
Dial, Charles; 1-2
Doran, Alexander; 1-5-1
Devault, Andrew; 2-3
Dawson, Abraham; 1-6
Dawson, Isaac; 1-4
Bimmitt, Beel; 1-4-3
Davis, John, Sen'r; 1-2
Dunlap, William; 1-2
Davis, Elijah; 2-3
Davis, Thomas; 1-2
Dormar, Richard; 1
Dorsey, Charles; 2-3

Dawson, Israel or Jno Castler; 1
Davis, John R; 1
Dever, William; 3-4
Dever, Samuel; 1
Eskridge, Geroge; 2-1-2
Ellis, William; 1-1
Emmart, Jacob, Jr; 1-3
Errit, Christopher; 1-2
Edwards, William; 1
Evans, Caleb; 3-4
Emmart, Jacob, Senr; 2-5
Emmart, John; 1
Ely, William; 1-5
Elliot, John; 1-3
Eaton, John; 1-1
Eaton, Leonard; 1
Eaton, Joseph; 1-1
Edwards, Thomas; 3-5
Ellis, Morris; 1-1
Evrengin, Ezekiel; 1
Engle, Mathias; 2-2
Easter, John; 3-4
Engle, Joseph; 1-1
Engle, Levi; 1-2
Engle, William; 1-1
Frizzel, Charles; 1-1
Fitspatrick, John; 1-1
Fleming, John; 1-3
Faus, Phillip; 1-2
Ferryman, John; 1
Ferryman, Stephen; 1-1
Fletcher, George; 1-1
Flemmin, Alexander; 1-1
Frye, Henry; 2-10-3
Frye, Benjamin; 1-7
Frye, John; 1-3-1
Flora, Thomas; 1-2
Flora, Archibald; 1-1
Frazier, John; 1
Fishell, Phillip; 1-2
Furr, Thomas; 1-1
Furman, David; 1-1
Furman, Samuel; 1-1
Furman, Jacob; 1-1
Furman, John; 1-3
Fitspatrick, Daniel; 2-3
French, Robert; 1-3
Fauver, Henry; 1-3
Fauver, Nicholas; 1-1
Furman, Thomas; 1-2
Fletcher, Joseph, **Levy Clear**; 0-3

Frank, John; 1-1
Fletcher, John; 1
Farmer, Thomas; 1
Furman, Catherine; 0-2
Green, John; 1
Gray, Isaiah; 1-1
Gard, John; 1-1
Gard, Samuel; 1-8
George, Richard; 2-4
George, James; 1-3
George, Ellis; 1-3
Grimes, Thomas; 1-1
Gallaway, James; 2-5-1
Grant, William; 1-1
Ganoe, David, Sen'r; 1
Ganoe, Stephen, Sen'r; 1-2
Ganoe, Stephen; 1-2
Garrison, Benjamin; 1
Ganoe, James; 1-1
Garret, Benjamin; 1-3
Grapes, David; 1-2
Gulick, Ferdinand; 1-2
Gulick, Elisha; 1-1
Gulick, John; 1-2
Grove, Peter; 1-2
Grove, Phillip; 1
Grove, William; 1-1
Grove, Jacob; 1
Garmin, William; 1-3
Giffin, John; 1-2
Gillispe, Thomas; 1
?; 1
Hellyer, Thomas; 1
Hinds, Thomas; 1
Higgins, William; 1-1
Hatt, Adam; 1-1
Hiett, John; 1-3
Howard, Reason; 1-3
Henderson, Thomas; 1-2
Horn, Henry; 1-3
Huffman, David; 1
Higgins, John; 1-4-2
Hoge, Solomon; 1-3
Henderson, Sampson; 1-4
Henderson, John; 1-1
Henderson, Thomas Jr; 1
Hains, John; 1-4
Hains, Joseph; 1-1
Huddleston, Nathan; 2-3
Henderson, David; 1-4; 1 Stud

1807 Lower District Hampshire County Tax

Hall, Thomas; 1
Henderson, Moses; 1-2
Hoffman, Adam; 1-2
Hoffman, Joseph; 1-3
Haus, George; 1-2
Hoskinson, Elisha; 1
Higgins, Joseph; 1-2
Higgins, Jane; 0-0-1
Hodges, William; 1-1
Hartley, John; 1-3-1
Hartley, James; 1-1
House, James; 1-3
House, John; 1-2
Hott, Samuel; 1-1
Hiett, Charles; 1-1
Horn, Phillip; 1-2
Hillburn, Henry; 1-5
Hains, Henry; 1-5
Hedrick, Charles; 1
Hall, Edward; 1-1
Horn, George; 1-3
Hook, William; 1-5
Hook, Thomas; 1-3
Hoober, Jacob; 1
Hawkins, John, Senr; 2-1
Hawkins, John, Jr; 1
Hawkins, Jacob; 1
Hellyer, Robert; 1-1
Hickle, Henry; 1-2
Hickle, Tevault; 1
Hickle, Stephen; 1-2
Hickle, George; 1-1
Hoober, Jacob; 1-4
Harlis, George; 1
Hardy, John; 2-5
Hany, John; 1
Hany, David; 1
Hailand, Jesse; 2-2
Hamilton, John; 1-1
Horn, Andrew; 1-1
Hiett, Jeremia; 1-2
Hiett, Evan; 1-4
Hiett, Joseph; 1-3
Hiett, Jonathan; 1-2
Honyhan, John; 1
Hardy, Martin; 1-1
Higgins, Thomas; 1
Higgins, James; 1-3-4
Harison, George; 1
Harison, William; 1-2
Haire, Adam; 1-2
   [crossed off]
James, Levi; 1-1

Johnson, Joseph, L Cap; 2-2
Johnson, William, L Cap; 1-1
Johnson, John Jr; 1-3
Johnson, John, Senr; 1-2
Johnson, Joseph son of Han; 1-1
Johnson, John 3rd; 1-2
Johnson, John, Rock Gap; 1-4
Johnson, William; 1-3
Johnson, Thomas, Jn'os Run; 1-2
Johnson, John, Jn'os Run; 1
John, Thomas; 1-2
John, James; 1
Iser, Samuel; 1
Johnson, Ben, Negro; 1-4-1
Johnson, Ben Jr Negro; 1
Jenkins, Jacob; 1-2-1
Jenkins, John; 1-1
Johnson, Joseph; 1-2
Johnson, Thomas; 1-1
Johnson, John, G Capon; 2-3
Jones, Thomas; 1-1
Kaler, Andrew; 1-2
Kennedy, Hugh; 1-2
Kerby, James; 1-2
Kerby, Nathan; 1
Kesler, Shamsbaugh; 1-2; 1 Stud
Keran, Patrick; 1-2
Keys, Anne P; 1-1-1
Keys, Alexander; 1-1
Kurts, Peter; 2-4
Kline, Abraham; 1-1
Kline, Adam; 3-3
Kline, Phillip; 1-6
Kail, George; 1-2
Keys, George; 1
Keran, Barney; 1-4
Kramer, John; 1-1
Kump, Henry; 1
Kelso, James; 1-2
Kisner, Jacob, Jr; 1-1
Kisner, Jacob, Sen'r; 1-2
Kidwell, John; 2-2-1
Kyter, George; 2-3
Kelly, Aron; 1

Kackely, Abraham; 1-2
Little, George; 2-1
Largent, John Jr; 1-3
Lupton, Isaac; 1-5
Lupton, William; 1-2
Largent, Lewis, Sen'r; 1-5
Larimore, John; 1-2
Lewis, Jacob; 1-2
Larimore, James; 1-1
Leigh, Stephen; 3-3
Lewis, Daniel; 1-3
Lane, Daniel; 1-4
Linthicum, Archibald; 0-4
Linthicum, Hezekiah; 1-2
Lockhart, William; 3-3
Larew, Peter, Potomac; 2-3
Largent, James; 2-5
Loy, John, Sen'r; 1-6
Loy, John, Jr; 1
Loy, Jacob; 1-1
Loy, Daniel; 1-1
Loy, William; 1
Lupton, Jesse; 2-8
Lane, Powel; 1
Lafollet, William; 1-2
Lafollet, George; 1
Lafollet, Isaac; 1-1
Lewis, John; 1-4
Largent, John 3rd; 1-3-1
Largent, Thomas; 1-2
Largent, Samuel; 1
Largent, Abraham; 1
Larew, Hannah; 2-3
Larew, Jacob; 1-2
Larew, Obed; 1-1
Larew, Cornelius; 1-1
Larew, Noah; 2-5
Larew, Peter; 2-6-1
Largent, Lewis, Jr; 1-1
McBride, James, Senr; 3-12
Moreland, David; 1-1
Malick, John; 2-3
Moreland, Bazil; 1-2
Martin, John, Jr; 1-6
Myers, George, Jr; 1-1
Milslagle, George, Jr; 1
Moreland, William; 2-3-1
McBride, Thomas, Jr; 1-1
Moreland, William H; 1-2

1807 Lower District Hampshire County Tax

Moreland, Richard; 1-1
McDannel, Benjamin; 1-3
McDannel, Hugh; 1
Monroe, James; 1-2
Myers, William; 1-2
Monroe, D John; 3-12-2
McBride, John; 2-4-1
McBride, Thomas; 1-3
Miles, Josea, Jr; 1-1
Miles, John; 1
Miles, Josea, Sen'r; 1-3
Malcomb, Peter; 1
Malcomb, William; 1-2
Moore, Henry; 1-2-1
McBride, Alexander, Jr; 1-1
Moxlea, John; 1-2
Meekins, James; 2-4
Millison, John; 1-4
Millison, Benjamin; 1-2
Millison, John, Jr; 1-1
Miller, William, Sen'r; 1-2-1
Miller, William; 1-2
Murphy, Walter; 2-1
Michal, George; 1-3
Michal, Phillip; 1-2
Michal, Frederic; 1-5
Moore, James; 1-5
McKeever, Paul; 2-7; 2 Stud
McKeever, John; 1-3
Moore, William; 1
Meeks, William; 1
Morgan, Humpry; 1
Mitchell, Robert; 3-6-1
McDonald, Nancy; 0-2-2
McDonald, Sally; 0-1-2
Mason, Joseph; 1
Milslagle, George Senr; 2
Milslagle, Andrew Jr; 1-1
Milslagle, George, Jr; 1
Milslagle, Jacob; 2-6
McBride, Alexander; 1-4
McBride, Robert; 1-3
Myers, George, Senr; 2-4
Myers, Henry; 1-2
Martin, John, Sen'r; 1-7
Martin, Joseph; 1-1
Mentzer, Conrad; 2-6
McBride, James, Jr; 1-1
McVicker, Wiliam; 1-4
McVicker, Duncan; 1-2

McVicker, James; 1-2
McVicker, John; 1-1
McVicker, Archibald; 1-1
McGraw, Thomas; 1-1
Michal, Henry; 1
Miller, John; 1
McKibbin, William; 1
McDannel, Charles; 1
Medley, William; 1-1
Mathews, James; 1-2
Mathews, Levi; 1-1
Mathews, John Senr; 1-2
Mathews, Benjamin; 1
Mathews, John; 1-2; 1 Stud
Myers, Martin; 1-2
Mauzy, John & Peter; 2-9-3
Mason, Gideon; 1
Murphy, William; 1-1
Moore, Benjamin; 1-1
Maloy, James; 1-1
McAwley, George; 2-2
Nixon, George; 1-1
Newland, Nicholas; 1-1
Nelson, Ralph; 1-1
Newland, Richard; 1
Neely, William; 1-2
Newbanks, John Sen'r; 1-2
Newbanks, William; 1-1
Newbanks, James; 1
Newbanks, John; 1
Needler, George; 1-1
Nowel, John; 1-1
Nelson, James, Sen'r; 1-2
NBelson, James, Jr; 1-1
Nelson, Robert; 1
Nicholson, Thomas; 1-2
Oqueen, James; 2-3
Orms, Thomas; 1
Ohauver, George; 1-1
Oare, Thomas; 1
Oare, William; 1
Oates, Jacob; 2-3
Oates, Jacob, Jr; 1
Oates, Christian; 1
Peppers, John; 1-4
Pugh, Jonathan; 1-4
Parish, Joseph; 1
Parish, William; 1-2
Pierce, Ezekiel; 1-1
Pierce, Daniel; 3

Pugh, John; 1-2; 1 Stud
Parrell, Edward; 1-4-1
Parke, Amos, Jr; 1-6
Parke, Solomon; 1-8
Parke, John, Sen'r; 1
Pugh, Joseph; 1-5
Pugh, Robert, Jr; 1-5
Pugh, Robert, Sen'r; 1-1
Peters, Phillip; 1-2
Peters, Johua; 1-3
Pugh, Bethel; 1-1
Powel, James; 1-3
Powel, Henry; 1-2
Powel, William; 1
Parrell, Joseph; 1-2
Parrell, William; 1
Patterson, John; 1-3
Powelson, Rynier; 1-3
Powelson, Charles; 1-2
Pugh, Abraham; 1-1
Parke, John, Jr; 2-5
Peters, John; 1-5
Peters, Samuel; 1-2
Peters, James; 1-2
Pool, William, **Constable**; 1-4
Pool, William, Jr; 1-2
Pool, Henry; 1
Pool, Robert; 1; 1 Stud
Perry, Roland; 1
Pownall, Isaac; 3-5
Pennington, Jacob; 2-3
Patterson, James; 2-4
Pegg, Thompson; 2-3
Parker, Robert; 1-4-3
Paschal, William; 1
Pownall, John, Sen'r; 1-3
Peters, John **B Mountain**; 2-2
Peters, John Jr; 1-1
Pownall, Elisha; 2-3
Pownall, Joshua; 1-3
Pownall, George, Sen'r; 1-3
Pownall, George, Jr; 1-2
Pownall, John, Jr; 1-1
Porter, Nicholas; 1
Poston, Samuel; 1-5-1
Poston, Alexander; 1-1-1
Poston, William; 1-2
Prianius, Negro; 1
Powers, Stephen, Jr; 1-1
Pennington, Elijah; 2-2

1807 Lower District Hampshire County Tax

Porter, Robert; 1-3
Parrell, John; 1-1
Pettit, Thomas; 1-4
Peters, Phillip, Jr; 1-2
Peters, James, son of John; 1-2
Parke, Samuel, Junr; 1-2
Parke, George; 1-4
Parke, Samuel, Senr; 2-4
Parke, John 3rd; 1-1
Powelson, Cornelius; 1-3
Peters, Tunis; 3-5
Parke, Amos, Sen'r; 1-3
Pugh, Jess; 2-1
Pugh, Mishael; 1-4
Parker, Doctor Robert; 1-1
Powers, Edward; 1-1
Powers, Stephen, Sen'r; 1-2
Probasco, John; 1; 1 Stud
Powelson, John; 1-3
Philips, Plunket; 1
Pugh, Jesse of Frederic; 2-3-2
Queen, John Jr; 1-2
Queen, Jonah; 2-2
Queen, John, Sen'r; 2-2
Rinehart, John; 1
Rinehart, Abraham, Jr; 1-1
Rogers, Thomas; 1
Rogers, Aron; 1
Rogers, David; 1-2
Redding, James; 1
Ruckman, Samuel son of Tho's; 1-2
Ruckman, Peter; 1-2
Ruckman, Jacob; 1-1
Ruckman, Joseph; 1-3
Rosenberry, John; 1-1
Roberts, Charles; 1-4
Reeder, William; 1-2
Reeder, John; 1-1
Robinson, Richard; 1-1
Robinson, John; 1-2
Robinson, James; 1
Reeser, Jacob; 1-1
Rinker, Samuel; 1
Ruckman, Samuel, Sen'r; 2-4
Ruckman, Samue, Jr; 1-3

Ruckman, John; 1-2
Ruckman, Richard; 1-2
Rinehart, Abraham; 2-4
Reid, Jeremia Sen'r; 1-3
Reid, Jeremia, Jr; 1-1
Reed, John; 1-2
Racey, Luke; 2-6
Racey, Thomas; 1-1
Race, William; 1-2
Royce, Sarah; 0-3
Russel, Samuel; 1-1
Russel, William; 1-1
Rogers, Robert; 2-5-2
Rogers, Owen, Sen'r; 1-3
Rogers, Owen, Jr; 1
Richmond, William; 2-1
Robinson, John Jr; 1-1
Robinson, Benjamin; 1-1
Slane, Hugh; 1-2
Slane, Thomas; 1-3
Slane, Benjamin; 1-5
Slane, John; 2-4
Seibole, James; 1-1
Seibole, Jacob; 1-1
Stephenson, Thomas, **Constable**; 0-3
Shanks, Joseph; 2-2
Shanks, Michael; 1-2
Starkey, Frederic; 1-5
Starkey, Edward; 1-1
Starkey, George; 1-2
Simpson, Thomas; 1
Shinholts, Jacob; 1-1
Short, John; 2
Smoot, John; 2-2
Starn, John; 2-6
Smoot, Barton; 1-2
Swiers, Jacob; 1-3
Stoker, John, Sen'r; 1-4
Stoker, John, Jr; 1
Stoker, Critten; 1-1
Short, Isaac; 1-3
Short, Richard; 1-4
Stump, Peter; 2-2-4
Shearwood, Leonard; 1
Shearwood, John; 2-2
Stump, Joseph; 1-1
Stump, John; 1-2-1
Shambough, Lewis; 1-1
Shaver, Samuel; 1-3
Starn, Joseph; 1-3
Sutton, Zacharia; 1-2
Slack, Henry; 1-1

Spilman, William; 1
Slack, James; 1-2
Starkey, William; 2-3
Seabring, John; 1-2
Smith, James; 2-7
Smith, Timothy; 1-5
Selby, Nathan; 1-2
Selby, Joshua; 1-2
Selby, John; 1-3
Summers, John T; 2-2
Summers, Andrew; 1
Switzer, John Jr; 1-1
Seekrist, Frederic; 3-8
Switzer, Valentine; 1
Spade, George; 1-4
Spade, John; 1-1
Spade, Frederic; 1
Seyler, Peter; 1-3
Smith, Richard; 1-2
Smith, John, **Constable**; 1-3
Simpson, David; 1-5
Star, Benjamin; 1-2
Stuard, Ezra; 1-1
Smith, Fielden; 1
Swan, Edward; 1
Swan, Edward E; 1-1
Slyder, David; 1
Starner, John; 1
Savill, Joseph; 1-2
Savill, Oliver; 1-2
Stutsman, John; 1-3
Sudoth, William; 1-1
Sharfe, George; 1-6
Shafer, Martin; 2-4
Shafer, David; 1-1
Shafer, Jacob; 1
Slocum, Robert; 1-4
Simmons, Charles; 1-3
Stephens, David; 1-2
Shin, David; 2-4
Shin, Samuel; 1-1
Shinholts, Peter; 1-2
Shinholts, John; 1-1
Shinholts, Peter, Senr; 1
Sherrard, Robert; 2-1-1
Slane, James; 2-4
Sedars, Jesse; 1
Slonecker, Christian; 1-2
Spencer, Thomas; 2-1
Turner, Phillip; 1-2
Turner, John; 1

1807 Lower District Hampshire County Tax

Thomas, John; 2-8-4
Trickle, Edward; 1-1
Trickle, Joshua; 1
Tyler, Jervas; 2-1
Taylor, Benjamin; 1-2
Thompson, John, L Capon; 1-6-3
Thompson, John, **Scotch**; 1
Tucker, Thomas, Sen'r; 1
Tucker, Josephus; 1-8-3
Tucker, Richard; 2-3-2
Tucker, Erasmus; 1-2
Tucker, Joseph; 3-5
Thompson, Cornelius; 1-2
Thompson, Joseph; 1-5
Thompson, John; 3-6
Thompson, James; 1-5
Tucker, Thomas; 1-4
Thompson, John, Jr; 1-2
Thornton, John; 1-1-4
Timbrook, John; 1-2
Terrance, John; 1-3
Terrance, William; 1
Throckmorton, Gabriel; 1-1
Towland, Cornelius; 1-1
Towland, Hugh; 1
Thompson, Jeremia; 2-3
Tapper, John; 1-1
Titus, Tunis; 1-3-1
Tharp, John; 1-2
Taylor, Richard; 1-1
Vanarsdal, Abraham, Jr; 1-2
Vokes, Peter; 2
Vanarsdal, Peter; 1-2
Vanarsdal, Abraham; 1-1
Vanarsdal, Garret; 2-2
Vanarsdal, Richard; 1
Williams, Owen; 2-4
Woolery, Henry; 1-2
Win, Robert; 1-1
Williamson, John; 1-3
Williamson, Abraham; 1-1
Willson, Henry; 1-3
Wood, John; 1-1
Wingate, James; 1-1
Wolverton, Joel; 1-5
Warton, Zachariah; 1-1
Williams, Thomas; 2-6-1
Williams, Benjamin; 1-4

Wallace, John; 1-1
Wilson, William; 1-2
Williamson, Samuel; 2-1
Warfield, Sylvanus, Jr; 1-1
Warfield, Sylvanus, Sen'r; 1
Winterton, John; 1-3
Wolford, John; 2-5
Williams, Ebenezer; 1-1
Winkfield, John; 1-1
Woolery, Michael; 1-1
Wright, Joseph; 1
Wright, John; 1-1
Wydmire, Michael; 1-1
White, John; 1
White, Francis; 2-8-2
Ward, John; 2-4
Yinger, Gasper; 1-3
Young, John; 1-1
Yates, Joseph; 1-1

A list of merchants licences to retail by me granted and to whom viz:
Robert Rogers one for one year $15
Robert Sherrard one for one year $15
Jacob Jenkins one for one year $15
Abraham Craswell one for one year $15

The foregoing contains a true and just return of the tytheable and taxable property in the lower district of Hampshire County the year 1807. John Slane.

1809 LOWER DISTRICT OF HAMPSHIRE COUNTY – JOHN SLANE

Allaback, John, **Constable**; 0-4
Athey, John; 2-3
Athy, Bazil; 1-2
Ackman, Adam; 1-2
Adams, Amos; 1-1
Aller, Peter; 1-2
Arnold, Levi; 1-2
Alderton, William; 3-2
Alderton, Thomas; 1
Allender, James; 1-2
Allender, William; 1-1
Allen, Thomas; 2-7
Ashbrook, Aron; 1-2
Asbury, Joseph; 1-7-6
Anderson, William; 2-2
Allin, Robert; 2-2
Anderson, Jesse; 1-1
Aller, Peter; 1-2
Arnold, Andrew; 2-3
Arnold, Elijah; 1-1
Andrews, Elisabeth; 2-3
Andrews, William; 1-1
Ashbrook, Eli; 0-3
Anderson, Richard; 1-1
Akers, John; 1-2
Allaway, William; 1
Allin, John, Sen'r; 1-2
Allin, John; 1-1
Allin, Thomas, Jr; 1-1
Asberry, Henry; 1-3
Asberry, Nimrod; 1-1
Asberry, Jeremia; 1
Brown, Adam, Negro; 2-3
Brelsford, Marjoram; 1-3
Brelsford, David; 1
Brelsford, Bernard; 1-3
Bruner, Henry; 1-3
Blue, Michael; 1-2
Blue, Richard; 1-5
Barney, Benjamin; 1-1
Bickerstaff, William; 1-1
Bruner, Peter; 3-4
Bodine, John; 1-2
Brady, Michael; 1-1
Bear, Peter; 1-2
Brown, Robert; 1-2

Buckley, John; 1-2
Bumgarner, Rebecca; 0-2
Burk, Michael; 1-2
Burk, William; 1-2
Boyl, Henry; 1-2
Bennett, Thomas; 2-2
Bennett, James; 1
Bennett, Thomas, Jr; 1
Boxwell, Robert & Joseph; 2-3
Bickerstaff, Nancy; 0-4
Bickerstaff, William; 2-5
Butcher, John; 2-7
Butcher, James; 1-5
Buzzard, Jacob; 1-3
Buzzard, John; 4-5
Bowman, Jonathan; 1-1
Bringman, Henry; 1
Baker, Nicholas; 1-3
Burkett, Thomas; 1-2
Bowen, Daniel; 1-4
Bryan, James; 2-5
Bryan, John; 1-2
Beckwith, Samuel; 1-1
Brill, Henry; 1-5
Brown, John, **Constable**; 0-3
Bruner, Jacob; 1
Bethel, George; 2-4
Buzzard, Frederic, Jr; 3-7-2
Bennett, Sylvanus, **Constable**; 0-4
Baker, John; 1-8
Brown, Daniel; 1-2
Brown, William; 1-2
Bonsall, Samuel; 1
Barrett, Joseph; 1
Busbay, John; 2-2
Busbay, Samuel; 1-1
Brown, Adam; 1-1
Brown, Alexander; 2-3-1
Brown, Braxton; 1
Barrett, John; 1-3
Collins, Daniel; 1
Collins, Simeon; 2-2
Cheshire, Uria; 1-2

Cooper, Christopher; 2-2
Corbin, Joseph; 1
Cool, Phillip; 1-5
Cool, Jacob; 1-4
Cool, Paul; 1
Carmichael, Daniel; 2-6-1
Corbin, David; 2-5
Calvin, Joshua; 2-3
Calvin, Samuel & Luther; 2-4
Carder, George; 1-2
Carder, George, Jr; 1-2
Cunningham, John; 3-4
Case, William; 1-1
Case, Peter; 2-5
Cain, Gabriel; 1-1
Cann, John; 1-2
Combs, John, B **Mountain**; 1-1
Crampton, Samuel; 1
Caudy, James; 1-6-1
Crampton, Samuel Jr; 1-2
Carlyle, George; 1-3
Carlyle, William; 1-3
Chenoweth, James; 1-5
Carey, John; 1-3
Casler, John; 2-3
Catlett, Strother; 1
Critton, Gabriel, **Constable**; 0-4-1
Critten, John 3rd; 1-1
Critten, George; 1-1
Chrisman, Jacob; 1-1
Chrisman, Phillip; 1-2
Curtis, David; 1-1
Cowen, James; 1-1
Carlyle, William; 2
Carlyle, John; 1
Carlyle, David; 1
Carlyle, Charles; 1-7
Caines, Joseph; 1-1
Combs, James; 1-2
Cool, Harburt; 1-7
Cool, Harbart, Jr; 1-2
Cheshire, Samuel; 2-4
Cheshire, Obedia; 1

100

1809 Lower District Hampshire County Tax

Cheshire, Samuel, Jr; 1
Chisholm, Alexander; 1-1
Conrad, James; 2-5
Copsy, John; 1-3-4
Cotrel, Robert; 1
Cooper, Jobe; 2-3
Combs, Jonas; 2-3
Cox, John A; 1-2
Critten, John, Jr; 2-5
Critten, William; 1-3
Critten, John; 2-3
Calvin, Robert; 2-3
Calvin, Luther; 1-1
Carter, Joseph; 0-2-2
Combs, John; 1-2
Calout, Robert; 1-3
Collins, Jacob; 1-2
Clutter, Joseph; 1-3
Clutter, Jacob; 1-1
Craswell, Abraham; 1-1
Cheshire, John; 1-2
Cooper, John; 1-2
Corbin, Daniel; 2-4
Cooper, Adam; 1-3
Corbin, Lewis; 1-1
Caudy, John; 1-6-1
Cram, John; 1
Cram, Austin; 1
Chenoweth, Elias; 1-1
Chenoweth, John; 1-3
Chenowith, Absalom; 1-3
Cowgill, Ewin; 1
Corbin, Humpry; 1-1
Cutlope, Francis; 1-1
Chapman, William; 1; 1 Stud
Constable, Annanias; 1-1
Croston, Travis; 2-3
Cunningham, James; 1-2
Cunningham, John, Jr; 0; 1 Stud
Delaplane, Isaac; 2-1
Dial, Charles; 1-2
Dawson, Abraham; 1-6
Denham, Oliver; 1
Doran, Alexander; 1-8-1
Davis, Thomas; 1-1
Dorsey, Charles; 2-4
Day, William; 1
Day, Ransom; 1
Dorsey, John; 1
Dawson, Isaac; 1-3
Dimmitt, Beel; 1-5-3

Donally, Hugh; 1
Dougherty, Robert; 1-2
Dever, William; 3-5
Dever, Samuel; 1-1
Dowden, Samuel; 1-3
Doman, Jacob, Sr; 1-1
Doman, Jacob, Jr; 1-1
Doman, John; 1-3
Doman, William; 1-1
Dever, Richard; 2-5
Devault, Andrew; 2-2
Davis, Elijah; 1-3
Dormer, Richard; 1
Davis, John; 1-5
Davis, Thomas, son of John; 1-1
Durk, John; 1-1
Dugan, William; 1-1
Dawson, Aery; 0-0-1
Dar, Emmery; 1
Ellis, Morris; 1-1
Engle, William; 1-1
Engle, Levi; 1-3
Engle, Joseph; 1-3
Eaton, Leonard; 1-2
Eskridge, George; 2-5-4
Engle, Martin; 1-2
Engle, Mathias; 2-6
Easter, John; 2-4
Easter, John, Jr; 1-1
Edwards, Thomas; 2-6
Edwards, Anthony; 1-1
Ely, William; 2-5
Elliot, John; 1-3
Errit, Christopher; 1-3
Evans, Caleb; 2-4
Emmart, Jacob; 2-5
Emmart, Jacob; 1-1
Emmart, John; 1-1
Ellis, William; 1-1
Flemming, John; 1-3
Fitzpatrick, Daniel; 2-4
Fitzpatrick, John; 1-2
Fletcher, George; 1-1
Frazier, John; 1-1
Martin, John alias Fulkimer; 1-8
Fulkimer, John; 1
Foland, John; 1-2; 1 Stud
Fauver, Henry; 1-4
Fauver, Nicholas; 1
Flora, Thomas; 1-3

Flora, Isaac; 1-1
French, Robert; 1-4
Furman, Samuel; 1-2
Furman, Jacob; 1-1
Furman, Catherine; 0-1
Furman, David; 1-1
Fletcher, Joseph, Levy Clear; 0-3
Frye, Benjamin; 2-12-3
Fishell, Phillip; 1-3
Frye, John; 1-4-1
Ferryman, Stephen; 1-1
Ferryman, John; 1
Frizzel, Charles; 1-1
Farmer, Thomas; 1-1
Farmer, Lewis; 1-1
Farmer, William; 1
Faus, Phillip; 2-3
Furman, Thomas; 1-1
Garrett, Benjamin; 1-4
Gaines, Absalom; 1
Gulick, Elisha; 1-1
Gulick, John; 1-2
Grant, William; 1-3
Garetson, Benjamin; 1
Galagher, Samuel; 1-1
Gorden, Kendall; 1-2
Grove, Peter; 1-2
George, Ellis; 1-2
George, James; 1-4
Grove, Magdalena; 1-2
Giffin, John; 1-1
Gulick, Ferdenand; 2-3
Gallaway, James; 2-5-1
Ganoe, David; 1
Ganoe, Isaac; 1
Ganoe, Stephen; 2-1
Grove, William; 1-1
Gard, Samuel; 1-7
Gard, John; 1-1
George, Richard; 2-4
Grapes, David; 1-2
Garmin, William; 1-2
Grimes, Thomas; 1-1
Ganoe, Stephen, Jr; 1-2
Henderson, Thomas; 2-5
Haire, Adam; 1-3
Hiett, John; 1-4
Howard, Reason; 1-2
Higgins, William; 1-3
Hains, Josephen; 1-3
Hains, John; 1-4
Horn, George; 1-4

1809 Lower District Hampshire County Tax

Horn, Phillip; 1-1
Hoppy, Christopher; 1-1
Henderson, David; 1-4
Hannahs, William; 1-1
Huett, Charles; 1-2
Harland, Jesse; 1-2
Harland, Aron; 1-1
Hardy, John; 2-4
Huff, Jacob; 1-1
Hawkins, John Jr; 1
Higgins, John; 1-7-2
Hammick, John; 1-6
Hellyear, Daniel; 1
Hellyear, George; 1
Hedrick, Charles; 1
Horn, Andrew; 1-2
Hellyear, Thomas; 1-2
Hook, Thomas; 1-4
Hodges, William; 1
Higgins, Joseph; 1-2
Howard, Jonathan; 1
House, John; 2-3
Hartley, John; 1-3-1
House, James; 1-3
Hartley, James; 1-2
Hott, John; 2-2
Harrison, George; 1; 1 Stud
Higgins, Thomas; 1
Henderson, Wesley; 1-1
Huddleston, Nathan; 2-3
Huffman, David; 1-1
Henderson, John; 1-1
Henderson, Sampson; 2-4
Hoffman, Adam; 1-3
Hoffman, Joseph; 1-4
Hoober, Jacob; 2-6
Hellyear, Robert; 1-1
Hickle, Henry; 1-1
Hickle, Tevault; 1
Hickle, Stephen; 1-3
Hook, William; 1-4
Haus, George; 1-2
Hiett, Evan; 1-4
Hiett, Joseph; 1-3
Hart, Adam; 1-1
Hiett, Jeremia; 1-1
Hamilton, William; 1-2
Hains, Henry; 1-4
Hott, Samuel; 1-2
Hinds, Thomas; 1-1
Hiett, Jonathan; 1-4

Hoober, John; 1-1
Hoskinson, Elisha; 1
Hardy, Martin; 1-1
Higgins, James; 1-5-4
Hawkins, John; 2-2
Hawkins, Jacob; 1-1
Jones, Prianuis; 1
Johnson, John; 2-5
Jarrett, William; 1-1
Johnson, James; 1
Jenkins, John; 1-2
Johnson, Ben, Negro; 1-4-1
Johnson, John, R Gap; 1-3
Johnson, William; 1-3
Johnson, Thomas of Jno Run; 1-3
Johnson, John of Jno Run; 1
Jones, John; 1-2
Johnson, Joseph; 1-2
Johnson, Thomas; 1-1
Johnson, Eleanor; 1-2
Johnson, Joseph son of Jno; 1-2
Johnson, John 4th; 1-1
Johnson, John, Sr; 1-1
Johnson, Joseph, Sen'r; 1-2
Johnson, John 3rd; 1-2
Johnson, John Jr; 1-3
Jenkins, Jacob; 1-6
John, Thomas & James; 2-2
Iliff, Stephen; 1-3
Keys, Francis; 1
Keys, Anne P; 1-3-1
King, William; 1-3
Kelsey, Smith; 1
Kephart, Anthony; 1-4
Kump, Henry; 1
Kline, Adam; 3-3
Kline, Phillip; 1-6
Kail, George; 1-3
Keys, Catherine; 1-1
Keckley, Abraham; 1-2
Kerns, John; 1-2
Kernes, Jacob, Levy Clear; 0-2
Keran, Barney; 2-3
Kisner, Jacob; 1-3
Kirby, James; 1-1

Kline, Abraham; 1-1
Kisner, Jacob, Jun'r; 1-1
Kelso, James; 1-2
Kennedy, Hugh; 1-1
Kidwell, John; 2-2-1
Kaler, Andrew; 1-2
Kessler, John S; 1-1
Kyter, George; 2-3
Kurtz, Peter; 2-3
Litler, Nathan; 1-2
Loy, Jacob; 1-1
Lane, Daniel; 2-3
Largent, Abraham; 1
Largent, John 3rd; 1-5-1
Largent, Lewis, Sr; 2-5
Largent, Lewis, Jun'r; 1-2
Lewis, John; 1-4
Little, George; 1-1
Largent, John Jun'r; 1-3
Lupton, Isaac; 2-6
Lupton, William; 1-2
Larimore, John; 1
Lewis, Jacob; 1-2
Larimore, James; 2-4
Leigh, Stephen; 3-3
Lewis, Daniel; 1-3
Lane, Powel; 1
Lane, Joshua; 1
Larue, Peter; 2-6-2
Larue, Abraham; 1-1
Lupton, Jesse; 2-6
Lafollet, Isaac; 1
Lafollet, William; 1-2
Longstrath, Samuel; 1-1
Longstrath, John; 1-1
Larue, Hannah; 1-3
Larue, David; 1-1
Larue, Jesse; 1-1
Larue, Jacob; 1-2
Larue, Cornelius; 1-2
Larue, Obed; 1-1
Larue, Noah; 2-5
Leigh, John; 1-1
Largent, Thomas; 1-1
Larrick, Frederic; 1-1
Lockhart, William; 2-4
Loy, John; 1-1
Loy, John; 1
Larimore, Joseph; 1-2
Lansford, Swansel; 0-2
Larimore, James, Jr; 1
Linthicum, Archibald; 0-6

1809 Lower District Hampshire County Tax

Linthicum, Hezekia; 1-3
Largent, Samuel; 1-1
Loy, William; 1
Largent, James; 2-5; 1 Stud
Lockhart, Alexander; 1-1
Myers, William; 1-3
Malick, Philip; 1
Malick, John; 2-4
McDonald, Charles; 1
Moreland, William; 1-2-1
Martin, John; 1-3
Murphy, Walter; 2-1
Mathews, Benjamin; 1
Mathews, John; 1-2-2
Mathews, James; 1-2
Mathews, Levi; 1; 1 Stud
Moreland, Bazil; 1-3
Moreland, Richard; 1-1
McDonald, John; 1-1
Moreland, Wililam H; 1-2
Moreland, David; 1-1
Moreland, George; 1-1
Mathews, John; 1-1
Miller, John; 2-1
McAwley, George; 1-3
McKeever, Paul; 1-10; 1 Stud
McKeever, Paul, Jr; 1
McGinnis, Samuel; 1-2
McBride, Thomas, G **Capon;** 1-2
Myers, Martin; 1-4
McKeenan, Laurence; 2-4-1
Morgan, Humphrey; 1-1
McKabe, Peter; 1
Mitchell, Robert; 2-6-1
McDonald, Nancy; 0-2-2
McDonald, Sally; 0-1-2
Mauzy, John & Peter; 2-8-3
Murphy, William; 1-2
Monroe, Jesse; 1-2
McBride, Alexander, Sr; 1-4
Milslagle, George, Jr; 1-2
Monroe, James; 2-2
Miller, Wiliam; 2-4-1
McBride, John; 1-5-1
McKibbin, William; 1-1
Meekins, Joseph; 1-1
Meekins, James; 1-3

More, Henry; 1-4
Malcomb, Peter; 1-2
Malcomb, William; 1-2
Miles, John; 1-3
Monroe, John; 2-10-3
McBride, James, Sen'r; 3-9
Michal, George; 1-4
Michal, Phillip; 1-1
Michal, Frederic; 1-5
Michal, Elisabeth; 0-2
Moore, James; 1-6
McVicker, James; 1-3
Monroe, James, Jun'r; 1
McVicker, William; 1-5
McBride, Alexander, Jr; 1-2
McVicker, Duncan; 1-4
McGraw, Thomas; 1-1
McVicker, Archibald; 1-2
Michal, Henry; 1-1
Moore, William; 1
Moore, Benjamin; 1-1
Milslagle, Jacob; 2-6
Milslagle, George; 1
Maxwell, John; 1
Myers, George; 2-6
Myers, George, Jr; 1-2
Myers, Henry; 1-2
Mentzer, Conrad; 2-4
McBride, Robert; 1-3
McBride, Thomas; 1-3
Martin, Joseph; 1-4-1
McBride, Thomas, Jr; 1-2
Milslagle, Andrew Jr; 1-4
Miles, Josia; 1
McDonald, Benjamin; 1-6
Mason, Joseph; 1
Mason, Gideon; 1-1
Millison, John; 2-4
Millison, Benjamin; 1-2
Millison, John Jr; 1-1
Milslagle, Jacob, Jr; 1
McBride, James; 1-2
McKeever, John; 1-3
Medley, William; 1-1
Newbanks, John; 1-2
Newbanks, John; 1-1
Newbanks, James; 1
Newbanks, William; 1-2
Nixon, John; 1
Nieley, William; 2-2
Nowel, John; 1-2

Nelson, Ralph; 1-1
Neff, John; 1 Stud
Needler, George; 1-1
Nelson, James; 1-2
Nelson, Robert; 1-1
Nixon, George; 1-1
Nicholson, Thomas; 1-1
Nelson, James, Jr; 1-2
Newland, Nicholas; 1-1
Ofinity, Peter; 1
Oare, Thomas; 1-4
Oqueen's Administrators; 0-6
Oates, Jacob, Jr; 1-2
Oates, John; 1-2
Oates, Jacob; 2-4
Otrong, John; 1-1
Offord, John; 1
Ohauver, George; 1-1
Orm, Thomas;
Poston, Samuel; 1-6-1
Poston, Alexander; 1-1-1
Poston, William; 1-3-1
Peters, Samuel; 1-2
Pettit, Thomas; 2-5
Pownall, George; 1-2
Pownall, George; 1-1
Pownall, Joshua; 1-4
Parke, John, Jr; 3-5
Pownall, John; 1
Pownall, John; 1-5
Pownall, Elisha; 1-3
Pennington, Elijah; 3-4
Powelson, Lewis; 1-1
Peters, John, B **Mountain;** 2-4
Paschal, Davis; 1
Pegg, Thompson; 1-2
Probasco, Samuel; 1-4; 1 Stud
Peppers, John; 3-5
Porter, Nicholas; 1-1
Parrell, Edward; 1-6-1
Parrell, Joseph; 1-6
Parrell, William; 2-3
Pugh, Robert; 1-5
Pugh, Jess, Jr; 1-1
Pugh, Benjamin; 1-1
Pugh, Jesse; 1-1
Pugh, Mishael; 1-6
Pugh, Joseph; 1-5
Phillips, Plunket; 1
Parish, William; 1-2

1809 Lower District Hampshire County Tax

Parish, Joseph; 1-2
Poland, Samuel; 1
Park, John 3rd; 1-1
Peters, James son of John; 1-2
Peters, Phillip, Jr; 1-2
Parke, Samuel; 2-6
Parke, Samuel, Jr; 1-4
Parke, George; 1-4
Peters, James; 1-3
Peters, Tunis; 3-3
Pugh, Abraham; 1-1
Paterson, John; 1-2
Parker, Robert; 1-4-5
Peters, John; 1-5
Powel, James; 2-3
Powel, Henry; 1-1
Pennington, Jacob; 2-3
Pownall, Isaac; 2-4
Pownall, Jonathan; 1-1
Pool, Esther; 1-3
Pool, Henry; 1-2
Pool, Asberry; 1-1
Pool, William; 1-2
Parrell, John; 1-3
Pugh, Jesse, **Winchester**; 1
Pugh, Mahlon; 1
Plumb, Abraham; 1-2
Parke, Amos; 1-3
Parke, John; 1-1
Parke, Solomon; 1-4
Parke, Amos, Jr; 1-5
Powelson, John; 1-3-1
Powelson, Rynier; 1-3
Powelson, Charles; 1-3
Patterson, James; 2-4
Powelson, Cornelius; 1-3
Peters, Joshua; 1-4
Peters, Phillip; 1-2
Pierce, Ezekiel; 1-1
Pierce, Daniel; 2
Pierce, Daniel, Jr; 1-2
Powers, Stephen; 1-1
Powers, Stephen; 2-2
Powers, Edward; 1-3
Pugh, Jonathan; 1-4-1
Pugh, Bethel; 1-1
Poston, Elias; 1-1
Peters, John, Jr; 1-1
Powel, William; 1
Parry, Roland; 1
Pool, Robert; 1-1

Parker, Grace; 1-1
Prather, Silas; 1-1-1
Queen, John; 2-3
Rider, Thomas; 1
Rogers, Thomas; 1
Robison, Richard; 1-1
Robison, John; 1-1
Racey, William; 1
Rosenberry, John; 1-2
Rowe, James; 1-1
Russel, Samuel; 1
Racey, Luke; 1-8
Racey, Thomas; 1-1
Racey, John; 1-1
Ruckman, Samuel; 1-5
Ruckman, John son of Sam'l; 1
Ruckman, Samuel; 1
Ruckman, Richard; 1-1
Ruckman, Samuel son of Thos; 1-4
Ruckman, John; 1-2
Ruckman, Peter; 1-5
Ruckman, Joseph; 1-2
Royce, Sarah; 1-2
Rogers, David; 1-3
Reeder, William; 1-2
Reeder, John; 1-1
Reid, Jeremia; 1-5
Reid, John; 1-2
Reid, Jeremia; 1-2
Race, William; 1-2
Rogers, Robert; 1-4-2
Robers, Owen, Sr; 1-3
Rogers, Owen, Jr; 1
Rinker, Samuel; 1-1
Rinehart, Abraham; 2-4
Rinehart, Abraham; 1-1
Richmond, William; 1-3
Richmond, James; 1
Robinson, Benjamin; 1-2
Robinson, John; 1-2
Ryan, William, **Ferry**; 0-3-1; 1 Stud
Smith, James; 2-6
Slocum, Robert; 1-3
Short, John; 2
Spencer, Thomas; 1-2
Suddth, William; 1-1
Smoot, Jacob; 1-1
Seyler, Jacob; 1-6
Starkey, Edward; 1-1
Slane, Hugh; 1-2

Seebring, John; 1-5
Starkey, George; 1-2
Switzer, John; 1-5
Seekrist, Frederic; 4-8
Spaid, John; 1-2
Seyler, Peter; 1-3
Smith, Richard; 1-2
Simpson, David; 1-8
Star, Benjamin; 1-2
Smith, Middleton; 1-2
Swan, Edward; 1-1
Swan, Edward E; 1-1
Slonuker, Christian; 1-4
Spaid, George; 1-6
Shafer, David; 1-2
Shafer, Martin; 3-3
Shafer, Jacob; 1
Shingleton, Absalom; 1-2
Stutsman, John; 1-3
Saville, Joseph; 1-2
Shinholtz, John; 1-1
Shinholtz, Peter, Sr; 1-1
Saville, Oliver; 1-1
Shinholtz, Peter, Jr; 1-3
Seibole, James; 2-1
Slane, James; 2-3
Slane, Elias; 1-1
Sharf, George; 4-7
Sutton, Zacharia; 1-1
Shaver, Samuel; 1-2
Slack, James; 2-3
Spilman, William; 1
Starkey, William; 3-3
Smoot, Barton; 1-4
Smoot, William; 1-1
Stump, John; 1-2-1
Short, Richard; 1-3
Stump, Joseph; 1-1
Short, Isaac; 1-4
Stoker, John; 1-4
Stoker, William; 1-2
Stump, Peter; 1-3-4
Stump, Benjamin; 1-1
Sheerwood, John; 3-2
Smith, Timothy; 1-8
Selby, Nathan; 1-2
Selby, John; 1-3
Simmons, Jonathan; 1-2
Switzer, John, Jr; 1-1
Starn, Joseph; 1-3
Stephens, David; 1-2
Shoosman, Peter; 1
Spade, Frederic; 1-1

1809 Lower District Hampshire County Tax

Shin, David, Sr; 1-4
Shin, David, Jr; 1
Simmons, Charles; 1-2
Summers, John; 1-2
Summers, Andrew; 1
Summars, Walter; 1
Sherrard, Robert; 1-3-1
Starkey, Frederic; 1-4
Simpson, Thomas; 1-1
Simpson, Ebenezer; 1-1
Slane, John; 1-4
Slane, Benjamin; 1-5
Slane, Thomas; 2-3
Shanks, Joseph, Sr; 1-2
Shanks, Joseph, Jr; 1-1
Shanks, Michael; 1-1
Shinholtz, Jacob; 1-2
Starn, John; 2-4
Seibole, Jacob; 1-2
Slack, Henry; 1-1
Stephens, James; 1
Spicer, William
Sweir, Jacob; 1-1-1
Tapper, Henry; 1
Titus, Tunis; 1-4-2
Thompson, John, L Capon; 1-7-1
Thomas, John; 2-6-6
Timbrook, John; 1-3
Taylor, Richard; 1
Terrance, John; 1-3
Tyler, Edward; 1
Taylor, Benjamin; 2-2
Tyler, Jervas; 2-1
Tucker, Richard; 1-3-2
Tucker, Josephus; 1-9-3
Tucker, Thomas; 1
Tucker, Erasmus; 1-2
Tucker, Thomas 3rd; 1-3
Tucker, Joseph; 2-3
Trowbridge, Jesse; 1-2
Thompson, James; 1-3
Turner, Phillip; 1
Turner, John; 1
Thompson, John; 4-6
Tucker, Thomas W; 1-3
Thompson, Cornelius; 1-2
Thompson, Joseph; 1-7
Trickle, Joshua; 1-1
Trickle, Edward; 1-1
Towland, Hugh; 1
Tharp, John; 1-3

Terrance, William; 1-1
Tucker, John; 1-1
Vanarsdal, Garret; 2-2
Vanarsdal, Peter; 2-2
Vanarsdal, Abraham, Jr; 1-3
Vanarsdal, Abraham; 1-1
Vanarsdal, Richard; 1
Vandigriff, Christopher; 1
Vinegar, David; 1-1
Williamson, Samuel; 3-4
Walter, Elkana; 1-1
Wolverton, James; 1
Wright, Joseph; 1
Wright, John; 1-2
Wydmire, Michael; 1-2
White, John; 1
Williams, Ebenezer; 1-2
Williams, Owen; 2-4; 1 Stud
Woolery, Henry; 1-1
Warton, Zacharia; 1
Williams, Thomas; 2-7-1
Wallace, John; 1
Williamson, Cornelius; 1-1
Wingate, James; 1
Willson, Henry L; 1-3
Wolverton, Joel; 1-5
Wood, John; 1-2
Winterton, John; 1-2-1
Ward, John; 1-4
Ward, Joel; 1-1
Williamson, John; 1-5
Williamson, Abraham; 1
White, Francis; 2-6-2
Watkins, Thomas; 1-1
Young, John; 1-2
Yinger, Gasper; 1-4-1

The foregoing contains a true and just return of the tythables and taxable property in the Lower District of Hampshire County for the year 1809. John Slane.

A list of merchants licences to retail goods in the Lower District of Hampshire County from the first day of May until the first day of September 1809:

Robert Sherrard for one year 15 dollars
Abraham Craswell for one year 15 dollars

1809 UPPER DISTRICT OF HAMPSHIRE COUNTY – JAMES GIBSON

Armstrong, William, Jr; 2-7-4
Abernathy, Samuel, **Spring**; 2-4
Adams, David; 1
Adams, Jacob; 1-4; 1 Stud
Amos, Jas; 1; Free Black
Arnold, Dan'l; 1-3
Allbright, Ben 1; F Black
Arnold, Zach'a; 2-7
Armstrong, William; 1-10-4
Abernathy, James; 1
Abernathy, Widow; 1-2
Allen, Robert; 2-5-3
Abernathy, William; 1-2
Abernathy, Sam'l; 1-2
Abernathy, John; 1-2
Athey, Walter; 1-2
Ashbey, Jeremiah; 1-3-4
Athey, Thomas; 1-2
Athey, Thomas, Jr; 1-1
Arnholt, Adam; 2-3
Adams, Garsham; 1-13
Arnold, Sam'l; 2-7
Alkire, Peter; 2-11
Anderson, Ja's; 2-3
Attkinson, William; 1-7
Bowman, Adam; 1-9-3
Beatty, Isaac; 2-4
Beatty, Geo; 1
Buskirk, John; 1
Beatty, John; 1-3
Baker, Patrick; 2-2
Baker, John; 1-3
Blackburn, Thomas; 1-1
Barns, Francis; 1-3
Blue, John, Sr; 1-9-1
Boseley, James; 4-6
Blue, Uriah, Sen'r; 3-7-5
Baker, Thomas; 1-3
Baker, Perygrin; 1-2
Baker, Jonathan; 1
Buck, Thomas; 1-4
Bivan, Sam'l; 2-8
Busbey, Matthew; 2-1
Baker, Michael; 1-6; 1 Stud

Baker, Geo; 1-1
Blue, Isaac; 1
Buskirk, Isaac; 1-1
Buffington, William; 1-13-2
Blue, Membrance; 1
Buffington, David; 2-2
Bever, Peter, Jr; 1
Bever, John; 1-1
Bever, Peter, Sr; 1-3
Biser, Jacob; 1-2
Boggs, John; 0-1
Buffington, Rich'd; 1
Busbey, William; 1-3
Beatty, Charles; 1-10
Brinker, Henry; 1-1
Burtin, William; 1
Blue, Garret; 1-6-1
Blue, Michael; 1-3-1
Bonham, Zach'a; 1-3
Bowers, Frederic; 1-1
Buck, Robert; 1
Berry, Thomas; 1-1
Bane, Jesse; 2-5
Bane, Avender; 2-1
Beans, Seath; 1
Buck, Thomas; 1-3
Bever, Robert; 1-4
Barnard, Notley; 1-3
Bond, John; 1
Bond, Thomas; 1-4
Beckwith, Newman; 1-3-2
Bell, Bazel; 1-2; Free Mullato
Browning, Elias; 2-2
Bailey, Edw'd; 2-7
Bean, Walter; 1-2
Bogle, Andrew; 1
Bean, John; 1
Baker, Joseph; 1-2
Baker, Thomas, N C: 1-1
Baker, Joshua; 1-2
Baker, John; 1
Baker, William; 1-3
Barnhouse, John; 1-1
Barnhouse, Henry; 1-4
Boseley, Jacob; 1-3
Beard, Geo; 1-3
Burbridge, Widow; 0-5-2

Brown, James; 1-1
Belford, Dan'l; 1-1
Belford, David; 1
Birch, Jonathan; 1-1
Crossley, Henry; 1-1
Crossely, David; 1-1
Carnard, Leonard; 1-3
Coachley, Dan'l; 1-1
Calahan, John; 1
Cunningham, James; 1-14-4
Carruthers, Geo; 1
Collins, John; 1-3
Chew, James; 1-1
Combs, Isereal; 1-1
Clawson, John; 1-4
Cade, Jacob; 1
Cade, William; 1
Crawfies, John; 1-2
Culp, Geo; 1-6-2
Culp, John; 1-5-4
Cabridge, Peter; 1-3
Campbell, Roney; 1-5
Campbell, Sam'l; 1-1
Champ, John; 1-1
Combs, Dan'l; 1-2
Clarke, William; 2-2
Cundiff, John; 1-3-1
Childs, Isaac; 1-1
Cooper, Widow; 0-1
Combs, Joseph; 1
Connelay, Edw'd; 1-1
Cookus, Henry; 3-1-1
Carder, Abot; 1
Carscaden, Thomas; 1-5
Curlet, William; 2-5
Crossley, Joseph; 1-1
Chew, Colebey; 1-3
Cresap, Thomas; 2-13-4
Carter, Henry; 1-1
Constable, Dan'l; 1-2 Free Negro
Calmes, Geo; 1-12-11
Collins, Dan'l; 4-22-4
Clarke, William; 1-5; F Negro
Cundiff, Benj; 1-2-1
Cookus, John T; 1
Casaday, Benj; 1-2

106

1809 Upper District Hampshire County Tax

Chandler, Widow; 0-1
Cowan, William; 2-6
Cockrill, Thomas; 2-0-1
Cockrill, Newton; 1-1
Cockrill, Sam'l; 1-13-3
Collins, Thomas; 2-9-2
Corn. Timothy; 1-8-1
Dolohon, John; 2-1
Douthet, Dan'l; 1-1
Davey, John; 1
Davey, Wiliam; 1
Davey, John, Sen'r; 1
Davis, Sam'l; 2-3
Davis, Joseph W; 1-1
Dean, Thomas; 1-7
Dean, John; 1-1
Dunn, Jacob; 1-1
Dial, Philip; 1
Douglass, Jonas; 1-2
Dunn, Thomas; 2-8-2
Dunn, Lewis; 3-10-2
Dailey, John; 1
Davis, John, **Constable**; 1-1
Dowden, John; 2-4-1
Dailey, Thomas; 1
Dobbins, Sam'l; 1-5
Doolin, William, P C; 1-1
Dotson, William; 1-2
Dye, Thomas; 1-4-1
Davis, Eli; 3-1
Davis, John R; 1
Decker, John; 2-13-6
Davis, James; 1
Davis, John; 1-1
Dyer, Widow; 0-0-1
Dailey, James; 2-6-3
Donaldson, Rob't; 1-1
Donaldson, James; 1
Dunn, Rich'd; 1
Davis, Walter; 2-4
Dixon, Robert; 1-1
Dull, Jacob; 1-3
Donaldson, William; 5-16-2
Devore, William; 1-1
Denney, William; 1-2
Dooley, James; 1-3
Doolin, William, Jr; 1-3
Doolin, Collin; 1-2
Dixon, Joseph; 1-1
Dawson, Thomas; 1-1
Doolin, William; 3-5-1

Davis, Joseph; 2-4-1
Dammviale, Gustin; 1
Dayton, Isaac; 1-2
Denham, Benew; 1
Dawson, John; 1-4
Dixson, John; 1-2
Douthit, Susanna; 0-4
Earsom, Simon; 1-6
Emerson, Abel; 3-12
Entler, John; 1
Earsom, John; 1-4
Earsom, Jacob; 1-2
Earsom, John of John; 1-7-1
Elifritz, Geo; 1-2
Eastors, John; 1; F Black
Entler, William; 2-4
Engle, Isaac; 1-3
Edmondson, Tho's; 1-8-1
Edwards, Jonathan; 1-1
Eller, Dan'l; 1-1
Elifritz, Jacob; 1-1
Frizell, Lloyd; 1-1
Foley, William; 1-5
Fiddler, Jacob; 1-3
Franks, John; 1
Frizell, Solomon; 1-1
Frizell, Jason; 1-1
Fetter, John; 1-1
Fields, William; 1-1
Florence, Thomas; 1-1-1
Flint, Henry; 1; F Negro
Frizell, John; 1-2
Fink, Frederick; 3-3
Flick, Henry; 1-3
Fout, Michael; 1-2
Fridle, John; 1-1
Fitzgerald, Thomas, Sen'r; 1
French, William; 2-6-3
Fleck, Jacob; 1-2
Fitzgerald, Thomas, Jr; 1-5
Fail, Geo; 1-1
Fleck, John; 1-3
Fleck, Henry, Jr; 1-1
Fleck, Adam; 1-2
Fielding, Widow; 1-1
Flemming, Patrick; 1-5-1
Flood, John; 2-6
Fuller, Stephen; 1
Fox, William; 3-21-7; 1 Stud

Franks, Henry; 1-3
Gault, John; 1-3
Gusler, Nicholas; 1
Grace, Philip; 0-2
Good, Abraham; 1-3-1
Graham, Arthur and Ja's; 1-2
Grisson, Ambroce; 2-3
Gibson, James; 1-1
Grymes, James; 1; F Black
Gale, Geo; 2-9-1
Glaze, Conrad; 2-2
Glaze, Geo; 1-5
Gates, Charles; 1-2; F Mulato
Goldsmith, Benona; 2-3
Grim, Geo; 1-2
Grooms, John; 1
Greenwill, Elijah; 1-11-2
Gilpin, Edw'd; 1-3
Greenwell, Thomas; 0-7-4
Gregg, Nathan; 1 Stud
Good, Philip; 1-1
Gaither, Ralfe; 1-2
Harrison, John; 1; F Mulato
Hoffman, Valintine; 1-3
Heartman, Henry, Jr; 1-2
Heartman, Henry; 2-6
Hines, John; 1-1
Holliday, Rich'd; 1-4
Haines, Geo; 1-1
High, John; 1-2
High, Henry; 1-4
High, Frederick; 1-5
High, Jacob; 1-2
Hoffman, Aaron; 1-7
Hersman, Mark; 1
Houser, Charles D; 2-2-1
Heiskell, Jacob; 1
Henderson, John; 1-1
Houser, Lewis; 1-3
Hatten, Sam'l; 1-6
Hatten, David; 1-1
Huff, John; 1
Hull, Silas; 1-2; 1 Stud
Hull, Benj, Sen'r; 1-2
Hull, Benj, Jr; 1-2
Hull, Isaac; 1-1
Hawk, Henry; 1-2
Hawk, Abraham; 1-6-4

1809 Upper District Hampshire County Tax

Hill, Robert; 1-2
Hill, Leroy; 2-6
Heartman, Jacob; 1
Hansbrough, John; 3-4
Heiskell, Chris; 1-3
Hendrickson, Spencer; 2-2
Hibbs, John; 1-3
Hamilton, Charles; 1; F Mullato
Hamilton, John; 1
Heiskell, Adam; 1-4-2
Herriott, Ephraim; 1-9-1
Hider, Adam; 2-5-3
House, John; 2-4
Herriott, Widow; 0-4
Horse, Chris'n; 1-4
Horse, Peter; 1-4
Humes, Andrew; 1-8-2
Humes, William; 1-1
Hirsman, Chris'n; 1-3
Hunter, Rich'd; 1
Heiskell, Isaac; 1-0-1
Harvey, Reason; 1-1
Harrison, Amos; 1; F Black
Harkins, Joseph; 1
House, Sam'l; 1-3
Hickman, William; 1-2
Huff, Mathias; 2-1
Huff, Henry; 1
Harvey, Hezekiah; 1-1
Harvey, William; 1-1
Harvey, Elijah; 1-3
Harvey, Zachariah; 1-1
Hoskinson, Andrew; 1-1
Hooker, John; 1-3
Hill, John; 1-2
Hawk, Henry, Sen'r; 1-3
Hoffman, Conrad, Sen'r; 1-1
Hollenback, John; 1-2
Hollenback, Widow; 1-4
Hollenback, Abraham; 1-2
Hollenback, Dan'l; 1-2
Hill, Jasper; 2-2
Harsill, Peter; 1-1
Howard, John; 1-2
Harness, Solomon; 1-13-2; 1 Stud
Heartman, Philip; 1-1
Hogan, Thomas; 1-3-1

Honeyman, Charles; 2-7
Heinzman, Henry; 1-6-3
Ingmire, Robert; 1
Jeans, James; 1-1
Jones, Thomas; 1
Johnson, Abraham; 1-1
Jones, John; 1-1
Jones, Robert; 1-1
Jones, Jonathan; 1
Jones, Enock; 1-2
Jacobs, Greenberry; 1-1
Inskeep, James; 1-24-1
James, Isaac; 1-1
Jones, Widow; 1-1
Jones, Elias; 1-1
Jones, William; 1-1
Jacobs, Joseph; 2-4
Inskeep, John; 2-10-3
Johnson, Nathaniel; 1-4
Jack, John; 3-6-2
Isler, Geo; 1
Isler, Jacob; 1-2
Junkins, William; 2-2
Johnson, Isaac; 1-3
Jacobs, John J; 1-8
Jones, Joshua; 1-3
Janney, William; 2-16-7
Janney, Jesse; 1-2
Johnson, Widow; 1-10-8
Johnson, Okey; 1-3
Inskeep, William; 1-11-3
Johnson, Okey; 3-13-3
Inskeep, Joseph; 1-42-6
Jones, John of Soloman; 1-1
Kline, John; 1-4
Kline, Philip; 1-4
Keys, William; 1-1
Koil, Robert; 1-6-1
Koil, Robert, Jr; 1-2
Kenady, Sam'l; 1-2
Kirk, Thomas; 1
Kiger, Geo; 1-7-2
Kelley, Michael; 3-5
Kite, Sam'l; 1-1
Kite, William; 1-1
King, Alex'd; 1-8-7
Keneday, Jacob; 1
Kelley, Patrick; 1-3
Kuykendall, Isaac; 1-15-4
Low, William; 1-1
Liller, Geo; 1

Long, John; 1-7
Licklighter, Peter; 1-1
Long, Thomas; 1-1
Larkins, James; 2
Licklighter, John; 1-1
Lyons, Elijah; 1-3
Lyons, John; 2-3
Lyons, Elisha; 1-4
Lyons, Moses; 1-2
Lash, Thomas; 0-1
Lowen, John; 1
Long, David; 1-2
Long, Joseph; 1
Long, Thomas; 1
Liller, Henry; 1-6
Lissenbey, William; 1-1
Lissenbey, Jesse; 1
Lissenbey, Thomas; 1-3
Lissenbey, Thomas; 1-1
Landes, Frederick; 1-2
Ludwick, Jacob; 1-3
Leatherman, Peter; 1-3
Lyon, John; 1-2
Laubinger, Geo M; 1-1
Lyon, Dan'l; 1-1
Lenox, Thomas; 1
Long, Jacob; 3-7-1
Lantz, Dan'l; 0-8
Lyon, James; 1-3
Leese, William; 1
Leese, Andrew; 1-1
Leese, Geo; 1-2
Leese, John; 1-1
Leese, Jacob; 1-3
Leatherman, John; 1-2
Leatherman, Nicholas; 1-3
Leatherman, Abr'm; 1-2
Leatherman, Dan'l; 1-2
Leatherman, Lewis; 1-2
Ludwick, Dan'l; 1-2
Licklighter, Geo; 2-6-1
Long, Jacob, Jr; 1-3
Ludwick, Widow; 0-2
Lambert, John; 1-1
Lobb, Charles; 1-1-1
Minton, Rich'd; 1-1
Miller, Henry; 1-3
McGuire, Sam'l; 1
Minton, John; 1-1
McGloughlin, Dan'l; 2-7-1
McNary, Ebenezer; 1-6

1809 Upper District Hampshire County Tax

MaCrackin, Virgill; 1-3
McMahon, Joseph; 1
Munford, David; 1
Moore, John; 1-1
Moore, Zadack; 1-1
Moore, Sam'l; 1-1
Moore, Josiah; 1-1
Musgrove, Moses; 1-1
Minton, William; 1-2
McChesny, William; 1-1
McCormick, James; 1-1
Martin, James, N.B.; 3-7
Mouser, Jacob; 2-1
Montgomery, Mathew; 1
Mulledy, Thomas; 1-11-1
Means, Isaac, Jrn; 3-7-2
Mouser, Thomas; 1
Marshall, Thomas; 1-1
Marsh, Ezekiel; 1-2
Means, Robert; 1-1
Murphy, John; 1-5
McKinley, Ralf; 1
Martin, Luther; 1-5
Merrett, Michael; 1-2
McDowell, John; 2
Maloy, James; 1-1
McCartney, Thomas; 1-1
Munroe, William; 1-1
Monroe, Widow; 2-5
Miller, Isaac, N.B.; 2-8
Monnett, Jeremiah; 1-2
Madden, Widow; 1-2
Madden, Sam'l; 1-2
Madden, John; 1-2
McMahon, Peter; 2-4
Moore, Wilaz; 1-2
Moore, Widow; 0-3-2
Magruder, John B; 1-4-1
Martin, John; 3-1
McCarty, Edw'd; 3-16-8
McCarty, Edw'd, Jr; 1-2
Mundle, Michael; 1; F Black
Moseley, James; 1-8-2
McCalley, Cornelius; 1-2
McCalley, John; 1-3
Matheny, John; 1-1
Matheny, Frederick; 1-1
Miller, Isaac, Esq; 2-9-2
Mitchel, James; 1
McKiney, Luke; 1
McDougle, James; 1-1
McDougle, Robert; 1-1

Miller, Jacob; 1-1
Means, Isaac Senr; 2-4-1
Mills, William; 1-2
Martin, Ja's, Esq; 1-3
McBride, John; 1-6
Mott, Sylvester; 1-1
Male, Willmore; 1; F Mulato
Newlin, Powell; 1
Neff, John; 1-3
Naylor, William; 1-2-3; 1 Chair
Newman, John, Jr; 1
Nichols, Thomas; 1-1
Nelson, Benj; 1-1
Nixon, Jonathan; 1-4
New, Henry; 1-2
Neal, Thomas; 1-1
Newcome, Moses; 1-1
OHarra, Dan'l; 1
Odle, William; 1-2
Price, Geo W; 1-2-2
Patch, Isaac; 1-1
Plum, John Jr; 1-3
Purgit, Henry, M.C.; 1-2
Pry, Conrad; 1-2
Parker, Peter; 1-7-3
Poland, Robert; 1-1
Piper, John; 1-1
Parker, Jonathan; 1-2
Powelson, Henry; 1-4
Paugh, Michael; 1
Paugh, John; 1
Putman, Peter; 1
Painter, William; 1
Paugh, Nicholas; 1-1
Price, Silas; 1-2
Pearsall, John; 1-12-7
Prichard, Geo; 1-4
Prichard, John; 1-2
Pry, Windle; 1-1
Price, Ignatius; 1-1-1
Parker, Solomon; 1-11-4
Poland, John, Jr; 1-4
Poland, Amos; 1-2
Poland, John; 1-2
Parker, Benj; 2
Purgit, Henry; 1-3
Parsons, David; 1-19-3
Price, Nathan; 1-2
Poland, William; 1
Perry, Michael; 1
Pierce, John; 1-4

Price, William; 1
Perry, Peter; 1
Plumb, Abr'm; 1-3
Plumb, John, Sr; 2-9
Poncrotz, Leonard; 1-2
Price, Arjalon; 1-3-1
Price, Arjalon, Sen'r; 1-4-1
Parmer, Joseph; 1-2
Parker, James; 1-5-1
Price, John H; 1-5-3
Paugh, John, Sen'r; 1-1
Parsons, Tho's; 1-6-3
Parsons, James; 1-36-4
Peal, Geo; 1-2
Peal, James; 1-2
Rinehart, Geo; 1-4
Rees, William; 2-6-1
Rinker, John; 1-1
Reed, Charles; 1-5
Roseboom, Hendrick; 3-6
Ravenscroft, James; 0-2
Rodrock, Frederick; 1-1
Rodrock, Dan'l; 1-2
Rawlings, Moses; 1-12-5
Rankins, John; 1-2
Ravenscroft, William; 1-4
Richards, Godfrey; 1
Roberts, Garsham; 1-2
Roberts, William; 1-4
Roberts, Elijah; 1-1
Reed, James; 1-4-2
Rickey, William; 1-4
Ravenscroft, John; 1-7-1
Ravenscroft, John, Jr; 1-2
Ravenscroft, Charles; 1-2
Rector, Conway; 1-8
Rannalls, Robert; 1-6
Rock, James; 1
Rush, Francis; 1-3
Ravenscroft, Francis; 1-3
Ruse, Christian; 1
Roach, Widow; 1-2-1
Rawlings, Elijah; 1
Rees, Tho's; 2-5
Rawlings, Benj; 1-2
Rodrock, Lewis; 1
Rodrock, Abr'm; 1-1
Rodrock, Dan'l; M.R.; 1-2
Shank, Philip; 1-1

1809 Upper District Hampshire County Tax

Shank, Geo; 2-2
Shank, Nicholas; 1-1
Sloan, Rich'd; 2-12
Shoemaker, Peter; 2-6
Stimmele, Michael; 1-3
Smith, William; 1-2
Sage, Sam'l; 2
Singleton, John; 1-4
Smith, John, Sen'r; 1-2
Sands, John; 2-1
Stotts, Abraham; 1-2
Stodler, Jacob; 1-2
Scrichfield, Joseph; 1
Stallcup, Isereal; 2-2
Stuckslagle, Jacob; 1-1
Sheetz, Fred'k; 1-1-1
Sheetz, Othea; 1
Sheetz, Geo; 1-1
Ship, Jacob; 1
Ship, Godfrey; 1-1
Sulser, Adam; 1
Smith, Jacob; 1-2
Smith, Geo; 1-2
Sharraden, Paul; 1-3
Stewart, John; 1-4
Spencer, John; 1-1
Sturman, John; 3-4
Schrock, William; 1
Snyder, John; 2-12-8
Stanton, Bob; 1; F Black
Stagg, Geo; 1-2
Shores, Lander; 1-3
Spencer, James; 1-2
Shannon, Thomas; 1
Sandy, William; 3-3
Smoot, Josiah; 1-8-1
Spillman, William; 1-3
Smith, John; 1-1
Savage, Patrick; 2-2
Short, William; 1-3
Sprigg, Osburn; 2-17-13
Starner, Geo; 1-1
Slagle, Hanah; 0-5-3
Stafford, Widow; 2-3-1
Stafford, James; 1-1
Stafford, Rich'd; 1-2
Sheep, John; 1-2
Selbey, Nathan; 1-2
Shillingburgh, William; 1-2
Smith, John; 2-4; 1 Stud
Smith, Henry; 1-5
Smith, Benj; 1-2

Six, Conrad; 1
Shores, Thomas; 1-2
Sharpless, Jess; 1-2
Sharpless, David; 1-2
Sharpless, Jesse, Jr; 1-1
Six, Geo; 1-3
Shoaf, John; 1-3
Slagle, Joseph at Tho's Dunns 1 Stud
Sherriff, Benj, P.C.; 1; F Mulato
Stover, Dan'l; 1-2
Smith, Benj; 1
Taylor, Thomas; 1-7-2
Tucker, Dan'l; 1
Taylor, Tho's, S.B.; 1-1
Taylor, Septames; 1
Thomas, Moses; 1-2
Thomas, Sam'l; 1-2
Tolland, Cornelius; 1-1
Thomas, William; 1-1
Thompson, William; 2-3
Thrash, John; 1-2
Taylor, Edw'd; 2-2
Taylor, Dan'l; 2-5
Taggart, John; 1
Taggart, Sam'l; 1
Totton, Sam'l; 0-2
Totton, John; 1-1
Terry, Stephen; 1-1
Taylor, John; 2-17-3
Thayer, Bazell; 1
Throckmorton, Warner; 1-1
Turnbull, John; 1-4-1
Tasker, Geo R; 1-1
Thompson, Mary; 0-1
Thompson, John; 1-2
Towbridge, John; 2-3
Taylor, Simon; 2-15-4
Taylor, Alex'd; 1
Utt, Christian; 1-3
Urice, Geo; 2-2
Umpstott, Jacob; 1
Umpstott, Philip; 1
Umpstott, Peter; 2-4
Vandiver, Jacob; 1-14-2
Vandiver, Vincent; 1-11-1
Vandiver, Lewis; 2-12-3
Vance, William; 1-25-5
Vandiver, Sam'l; 1-12-1; 1 Stud

Vanorts, Peter; 1-1
Vandiver, John; 1-9-2
Vandiver, William; 3-11-4
Wright, John; 1-12-6
Whiteman, Rich'd; 1-1
Welch, Demecy; 1-4-2
Ward, John; 1-4
Walker, Robert; 2-7
Welton, Job; 1-10-1
Wolverton, Charles; 1-1; 1 Stud
Whiteman, John; 1-1
Windsor, Geo; 1
Whip, Dan'l; 2-4
Wodrow, Andrew; 1-2-3; 1 Carriage
White, Robert the 3rd; 1-1
Wallace, Thomas; 1-5
Welch, Philip; 1-1
White, John; 1
White, James; 1
White, James, Sen'r; 1
Walker, James; 1-3
Waw, Jarrett; 1-2; F Black
Waggoner, John; 2-5
Waggoner, Jacob; 1-2
Ward, Jesse; 1-2
Wiley, Laban; 1-1
Wilson, James; 1-2
Wilson, James, Jr; 1-1
Waxler, Thomas; 1
Wolf, Jacob; 1
Ward, Edw'd; 1-3
Ward, Lloyd; 2-3
Ward, William; 1-1
Wilson, Rich'd; 1-1
Wilson, Nathaniel; 1-1
Welch, Sylvester; 1-3-5
Wilson, James; 1-1
Willcocks, Stephen; 2-3
Walker, Sam'l; 1-4-1
Young, Henry; 1
Young, Robert; 0-4
Young, James; 1-1
Zimmerman, Jacob; 1-1

1809 Upper District Hampshire County Tax

A list of licences granted to merchants to retail goods of a foreign growth and manufacture for the year commencing on the first day of May 1809 for the Upper District of Hampshire County:

Jno McDowell, 1 May, $15.00
James Dailey, 1 May, $15.00
Reid & OHarra, 1 May, $15.00
Wm Armstrong, 1 May, $15.00
Silas Price, 1 May, $15.00
Tho's Dunn, 1 May, $15.00
Jacob Vandiver, 1 May, $15.00
Rich'd Holliday, 1 May, $15.00
James Moseley, 1 May, $15.00
John Jack, 1 May, $15.00
Andrew Moore, 1 Sept, $10.00

James Gibson, Commissioner.

1810 UPPER DISTRICT OF HAMPSHIRE COUNTY - JAMES GIBSON

Armstrong, William; 1-8-3
Abernathy, Sam'l; 2-4
Adams, Jacob; 1-3-1
Arnold, Dan'l; 1-3
Albright, Benj L; 1; F B
Arnold, Zachariah; 2-7
Arnold, Sam'l; 2-7
Armstrong, William; 1-10-4
Abernathy, Widow; 2-3
Allen, Rob't; 2-5-3
Abernathy, Sam'l, A M; 1-2
Abernathy, John; 1-2
Athey, Walter; 1-2
Athey, Thomas Senr; 1-2
Athey, Tho's, Jr; 1-2
Ashby, Jeremiah; 3-2-3
Adams, Gersham; 2-10
Alkire, Peter; 2-10
Anderson, James; 1-4
Atkinson, William; 1-5
Addison, Rich'd; 1-1
Ashbey, Benj; 1-1
Ashton, Joseph; 1-3
Akiman, Adam; 1-3
Barks, Jacob; 2-4
Busbey, William; 1-4
Baker, John; 1-2
Buffington, William; 1-11-1
Buffington, David; 2-2
Blue, Uriah, Sen'r; 3-7-4
Blue, John; 2-6
Blue, Garret; 1-5-1
Blue, Michael; 1-3-1
Blue, Membrance; 1-4
Beatty, Isaac; 2-3
Bryan, William; 1-4-1
Boggart, Dan'l; 1-1
Buck, Thomas; 1-3
Bizer, Jacob; 1-4
Bizer, Nicholas; 1-1
Bane, Jesse; 2-3
Buck, Rob't; 1
Baker, Joshua; 1-4
Belford, David; 1

Brinker, Henry; 1-1
Berry, Thomas; 1-1
Boseley, John; 1-2
Boseley, James; 3-3
Browning, Elias; 2-2
Bailey, Edw'd; 2-7
Bardell, John; 2-2
Blue, Isaac; 1
Barns, Francis; 2-2
Bane, Abner; 2-1
Barger, John; 1-1
Buskirk, John V; 1
Brown, James; 1-1
Belford, Dan'l; 1-1
Bivan, Sam'l; 2-5
Barnett, Notley; 1-5
Baker, Michael; 1-5
Baker, Geo; 1-1
Bowman, Geo; 1-3
Bowman, John; 1-1
Bond, Thomas; 1-3
Beckwith, Newman; 1-2-2
Bell, Bazel; 1; F B
Brown, Elias; 1; F M
Barnhouse, Jacob; 1-1
Barnhouse, John; 1-1
Baker, Joseph; 1-2
Bean, John; 1
Bogle, Andrew; 1-1
Bean, Walter; 1-1
Bukhorn, John; 1-1
Bever, Peter; 2-4
Bever, Peter, Jr; 1
Beatty, Charles; 1-11-1
Beatty, John B at J Zimmermans & Jacob Vandivers 1 Stud
Brown, Baxton; 1
Black, Jonathan; 1
Bowman, Adam; 1-12-3
Burtin, Widow; 0-3
Burbridge, Widow; 0-6-2
Burtin, William; 1
Barrett, William; 1
Beard, Geo; 1-2
Clarke, Aaron; 1; F B
Combs, Joseph; 1
Carder, Abot; 1-1

Campbell, Roney; 2-4
Cockrill, Sam'l; 1-15-5
Collins, Dan'l; 4-23-4
Collins, Thomas; 3-9-2
Crossley, Joseph; 1
Curlet, William; 1-5
Chew, Colebey; 2-2
Cookus, Henry; 3-2
Corn, Timothy; 3-7-1
Casaday, Benj; 1-2
Cunningham, James; 1-18-5
Carscaden, Thomas; 1-4
Campbell, Archibald; 2-5
Cowan, William; 1-4
Carnard, Leonard; 1-4
Cundiff, John, Jr; 1-2
Cundiff, John, Sr; 1-3-1
Chamberlain, Jonas; 2-1
Corbin, John; 1
Corbin, William; 1
Culp, John; 1-5-3
Culp, Geo; 1-5-2
Clawson, John; 2-3
Cade, William; 1
Clarke, James; 1-2
Calmes, Geo; 1-13-4
Cunningham, Benj; 1; F B
Clarke, Ebenezer; 1-2
Clarke, William; 1-3; F B
Cambey, Sam'l; 1-3
Clarke, Joseph; 1-1; F B
Chamberlain, John; 1
Cundiff, Benj; 1-2
Cooper, Widow; 0-1
Carruthers, Geo, Sen; 1
Carruthers, Geo, Jr; 1
Carruthers, Maryann; 0-4
Chew, James; 1
Campbell, Moses; 1-1
Cunningham, Aaron; 1
Clarke, William; 1-2
Chandler, Widow; 0-3
Crook, John; 1
Cockrill, William; 1-1
Cockrill, Thomas; 1-1-1

112

1810 Upper District Hampshire County Tax

Carter, John; 1-1
Cabridge, Peter; 1-3
Connely, Edw'd; 1-1
Cline, John; 1-3
Cline, Philip; 2-4
Combs, Dan'l; 1-2
Combs, Thomas; 1-1
Cresap, Thomas; 1-11-4
Decker, Isaac; 1-3
Dailey, James; 3-16-4
Davis, Eli; 3-2
Davis, Francis; 1-1
Donaldson, William; 5-20-2
Dunn, Thomas; 2-7-2
Dunn, Ephraim; 1-7-2
Dunn, Lewis; 3-11-2
Dailey, John; 1
Davis, John; 0-1
Dye, Tho's; 1-4-1
Dulin, William, Sen'r; 2-5-1
Dayton, John; 2-2
Davey, John; 1
Davey, William; 1
Dulin, Collin; 1-2
Dowden, John; 2-4-1
Dean, John; 1-1
Dean, Widow; 0-2
Dust, Casper; 2-2
Davis, Joseph; 1-1
Dixon, Joseph; 1-1
Dixon, John; 1-2
Daniels, Dennis; 1-5
Dunn, Jacob; 1-2
Dulin, William, Jr; 1-4
Davis, Sam'l B, Jr; 1-1
Davis, Sam'l B, Sr; 1-1
Denney, William; 1-4
Dulap, James; 1-3
Dulin, Hezekiah; 1-1
Dawson, John; 1-5
Dent, Frederick; 1
Dulin, William; 1
Dulin, Edward; 1-1
Davis, Joseph; 1-3-1
Dull, Jacob; 1-3
Douthit, Widow; 0-3
Dyer, Widow; 0-0-2
Donaldson, Jas & Rob't; 2-2
Dobbins, Sam'l; 1-6
Douglass, Jonas; 1-1

Dayton, Isaac; 1-2
Darling, Isaac; 1
Decker, John; 2-13-6
Entler, William; 2-3
Entler, John; 1
Earsom, Simon; 2-6-1
Earsom, John; 1-7-1
Edmiston, Thomas; 1-6-3
Earnholt, Adam; 3-3
Evans, James; 1-2
Easton, John; 1; F B
Earsom, John of Jacob; 1-2
Earsom, Jacob; 1-2
Elifritz, Geo; 1-3
Enwsinger, Henry; 1-2
Engle, Isaac; 1-2
Emerson, Abel; 3-15
Elliott, Abra'm; 1
Fitzgerald, Tho's, Sen'r; 2-1
Fitzgerald, Thos, Jr; 1-5
Fleek, Jacob; 1-2
Fidler, Jacob; 1-3
Foley, William; 1-6-1
Flood, John; 2-4
Fink, Frederick; 4-6
French, William; 1-3-2
Fout, Michael; 2-3
Fleming, Patrick; 1-5
Florence, Tho's; 1-1-1
Florence, William; 1
Fail, Geo; 1
Fetter, John; 1-1
Freeman, Abraham; 1; F B
Fox, William; 3-21-7
Frizell, John; 1-3
Fryman, Geo; 1-1
Foley, John; 1-5
Fleek, Adam; 1-2
Fleek, John; 1-2
Fleek, Henry, Jr; 1-2
Fleek, Henry, Sr; 1-2
Franks, John; 1
Franks, Henry; 1-3
Fridle, John; 1
Feilding, Widow; 0-1
Graham, Mark; 2-2
Gibson, James; 1-1
Greenwell, Elijah; 1-8-2
Grisson, Ambroce; 2-2
Grace, Philip; 0-2

Glaze, Conrad; 2-5
Gusler, Nicholas; 1
Graham; Arthur; 1-1
Gaither, Ralf; 2-2
Goldsmith, Benona; 2-1
Guinne, Andrew; 1
Gale, Geo; 2-11-1
Grim, Geo; 1-2
Good, Philip; 1-2
Grymes, James; 1; F M
Gilpin, Edw'd; 1-2
Good, Ab'm; 1-2-1
Gates, Charles; 1; F Black
Heiskele, Adam; 1-1-2
Heiskele, Chris'n; 1-3-2
Heiskele, Jacob; 1-1
Heinzman, Henry; 1-11-3
Honeyman, Charles; 2-7
Hoffman, Conrad, Sen'r; 1-1
Hoffman, Conrad, Jr; 1-3
Hoffman, Aaron; 1-7
Houser, Charles D; 2-2
Hansbrough, John; 2-2
Hill, William; 0-3
Hill, Rob't; 1-1
Hill, Leroy; 2-3
High, Jacob; 2-4
High, John; 1-2
High, Henry; 1-3
High, Frederick; 1-5
Hines, John; 1-2
Hoppy, Chris'r; 1-1
Harvey, Reason; 1-3
Harvey, Hezekiah; 1-1
Harvey, Elijah; 1-2
Harvey, William; 1-1
Hull, Silas; 1
House, John; 2-4
Hibbs, John; 1-2
Hollenback, Dan'l; 1-2
House, Allen; 1-1
Horse, Peter; 1-4
Horse, Chris; 1-4
Hawk, Henry; 1-1
Hawk, Henry; 1-3
Hawk, Joseph; 1-1
Hersman, Chris; 1-4
Hill, Geo; 2
Hawk, Abr'm; 1-5-4
Hartman, Henry; 3-5
Hartman, Jacob; 1

1810 Upper District Hampshire County Tax

Harness, Solomon; 1-12-3
Hamilton, Charles; I; F M
Hunter, Rich'd; 1-1
Humes, William; 1-2
Houser, Lewis; 1-3-1
Hull, Benj; 1-1
Hull, Stephen; 1-1
Hull, Isaac; 1-1
Hull, Widow; 0-1
Hoskinson, Andrew; 0-1
Hooker, John; 1-3
Hamrick, Siras; 1
Holliday, Rich'd; 1-4-1
Hider, Adam; 1-4-4
Herriott, Widow; 0-4
House, Sam'l; 1-2
Hill, Valintine; 1-3
Harsill, Peter; 1-1
Hogan, Tho's; 1-3-3
Hollenback, Widow; 1-5
Hollenback, Abraham; 1-2
Hendrickson, Spencer; 1-2
Hollens, Benj; 1-1
Haines, George; 1-2
Hollenback, John; 1-3
Harress, Amos; 1; F Black
Horn, Philip; 1-1
Hamilton, John; 1
Humes, widow; 0-3-2
Hatten, Sam'l; 1-2
Hartman, Henry, Jr; 1-2
Inskeep, John; 2-10-4
Inskeep, William; 1-12-3
Jones, John Esq; 1-1
Jones, Rob't; 1-1
Jones, Widow; 0-2
Jones, William; 1-1
Jones, Elias; 1-1
Jones, Thomas; 1-1
Jack, John; 2-7-2
Ingmire, Rob't; 1-1
Johnson, Isaac **(Valley)**; 1-6-2
Isler, Geo; 1
Isler, Jacob; 1-1
Johnson, Okey of Wm; 1-3
Johnson, Widow; 1-9-8
Jacob, John J; 0-9

Junkins, William; 2-2
Jacobs, Joseph; 1-3
Jacob, John; 1-1
Inskeep, Joseph; 1-36-4
Jackson, William; 1-2
Inskeep, James; 1-25
Jones, John the 3rd; 1-2
Jones, Jonathan; 1
Jones, Enock; 1-1
Jones, Joshua; 1-5
Jones, Abel; 1-1
Janney, William; 2-16-7
Janney, Jesse; 1-4
Jones, Moses; 1-1
James, Isaac; 1-1
James, John; 1-1
Johnson, Okey; 3-12-2
Johnson, Isaac; 1-3
Kirk, Thomas; 1
Koil, Rob't; 1-6-1
Koil, Rob't, Jr; 1
Keys, Geo; 1-1
Kelly, Patrick; 1-3
Kenady, Sam'l; 1
Kite, Sam'l; 1-1
Kite, John; 1
Kite, William; 1-2
Kiger, Geo; 1-5-2; 1 Stud
Keys, William; 1-1
Kenedy, Jacob; 1-1
Kuykendall, Isaac; 2-12-6
King, Alex'd; 1-8-7
Kelly, Michael; 3-6
Kuck, Dan'l; 1
Ludwick, Jacob; 1-3
Ludwick, Dan'l; 1-5
Long, Jacob, Senr; 4-6-1
Lantz, Dan'l; 0-10
Lowen, John; 1-1
Long, John; 1-7
Laubinger, George M; 1-1
Licklighter, Peter; 1-1
Licklighter, Geo; 2-4
Licklighter, John; 2-2
Landes, Frederick; 1-1
Leatherman, Abr'm; 1-2
Leatherman, Dan'l; 1-2
Lillar, Henry; 2-7
Lash, Thomas; 0-1
Leatherman, John; 1-2
Lease, John; 1-3

Lease, Jacob; 1-3
Leatherman, Nicholas; 1-2
Lyon, John **(near Spring)**; 1-2
Lawson, John; 1-6-4
Lawson, Widow; 0-3-1
Long, Jacob, Jr; 1-6
Licklighter, John, Jr; 1-1
Leatherman, Peter; 1-3
Leatherman, Lewis; 1-2
Lease, William; 1
Lease, Geo; 1-2
Lease, Andrew; 1-1
Long, David, Sen'r; 2-2
Long, David, Jr; 1-2-1
Lyon, John; 2-3
Lyon, Elisha; 1-4
Lyon, Elijah; 1-3
Linox, Tho's; 1
Lenox, James; 1
Means, Isaac, Jr; 2-9-2
Moseley, James; 1-10-3
Maloy, James; 1-1
McGuire, Sam'l; 1
Mouser, Jacob; 3-1
McDowell, John; 2-1
Mulledy, Thomas; 1-14-2
Miller, Isaac; 2-8-2
Merrett, Adam; 1
Marsh, Ezekiel; 1-2
Means, Isaac Senr; 2-5-1
McGloughlin, Danl; 2-6-1
Martin, Luther; 1-4
Martin, James; 1-3
Monnett, Jeremiah; 1-2
Moore, Zadock; 1-1
Moore, Josiah; 1-1
Mott, Sylvester; 1
McDougle, Ja's, Jr; 1
McDougle, James, Sen'r; 1-1
McDougle, Rob't; 1-1
Matheny, John; 1-1
Mathany, Frederick; 2-3
McCally, Cornelius; 1-2
McCalley, John; 1-2
Moore, Sam'l; 1-1
Montgomery, Matthew; 1
Murphy, Widow; 0-2
Miller, Jacob; 1-1
Male, Willmore; 1; F M

1810 Upper District Hampshire County Tax

Minton, William; 1-2
McCartney, Thomas; 1-2
Marpole, Geo; 1-1
McMahon, Peter; 2-3
Madden, Widow; 0-1
McNary, Ebenezer; 2-7
Will; 1; F Black
McMahon, Joseph; 1
Madden, Keeby; 1
McDonald, John; 1-2
Madden, John; 1-2
Monroe, Widow; 2-6
Metts, John; 1
McNail, Widow; 0-3-2
Martin, John; 1-2
Martin, John; 1-2
Miller, William; 1
Mundle, Michael; F Black
Miller, Conrad; 1
Moore, Dan'l; 1
Mason, Benj; 1
McCrakin, Mrs; 0-3
Mitchell, John; 1
McChesney, William; 1-2
Marshall, John; 1
Meyers, Jacob; 1-1
Mills, William; 1-2
Miller, Henry; 2-3
McBride, John; 3-7
Mcheny, Luke; 1
Martin, James, Jr; 1 Stud
Martin, James, Sen'r; 4-6
Murphy, John; 1
Miller, Isaac (N B); 1-8
McCarty, Edw'd; 3-12-6
McDonald, Thos; 1
Naylor, William; 1-2-4; 1 Chair
Neff, John; 1-9
Newman, Joshua; 1-1
New, Henry; 1-1
Nixon, Jonathan; 1-2
Neel, John; 1-1
Newman, John; 1
Newman, John, Jr; 1
O'Harra, Dan'l; 1
Parker, Benj; 1-1
Parker, Jonathan; 1-2
Parker, Jacob; 1-3
Parker, Henry; 1-4
Parker, Solomon; 2-14-4
Parker, Peter; 3-10-3
Parker, James; 3-4

Parsons, James; 1-38-5
Piper, John; 1-1
Powelson, Henry; 1-4
Plumb, John Jr; 2-5
Polland, John Jr; 1-5
Polland, John; 1-3
Plumb, John Sen'r; 2-8
Plumb, Abra'm; 1-4
Polland, Rob't; 1-1
Prather, Bazel; 1
Price, John H; 1-5-3
Purgit, Frederick; 1-2
Purget, Henry; 1-3
Parker, Peter of Rob't Jr; 1-6-2
Price, Silas; 1-2
Price, Nathan; 2-2
Plummer, Obadiah; 1; F M
Putman, Jacob; 1-2
Putman, Peter; 1
Paugh, Michael; 1-1
Peal, Geo; 1-2
Pierce, John; 1-4
Pry, Windle; 1-2
Painter, William; 1
Price, Ignatius; 1-1-1
Parker, John; 1; 1 Stud
Parsons, Tho's; 1-5-3
Paugh, William; 1-3
Plumb, Henry; 1 Stud
Peatt, William; 1-1
Price, Arjalon, Jr; 1-4-1
Price, Arjalon, Sr; 1-3-1
Pearsall, John; 1-13-7
Ponerotz, Lonard; 1-1
Parsons, David; 1-15-3; 1 Stud
Paugh, Nicholas; 1-1
Purget, Henry (N M); 1-3
Pry, Conrad; 1
Polland, Amos; 1-3
Rodrock, Dan'l; 1-2
Reed, James; 2-6-2
Reed, Charles; 1-5
Rannells, Rob't; 1-5
Rees, Thomas; 2-5
Roberts, William; 1-5
Rickey, William; 1-4
Robertson, Solomon; 1-1
Rector, Conway; 1-10-4
Rawlins, Benj; 1-3
Reasor, Jacob; 1-2
Rodrock, Abr'm; 1-1

Randle, James; 1-2
Rinehart, John; 1
Rees, William; 2-6-1
Rawlins, Elijah; 1-1
Rinker, John; 1-1
Rinker, John; 1-1
Rinehart, Geo; 1
Richards, Godfrey; 2
Rock, James; 1-2
Rankins, John; 1-3
Rushy, Francis; 1-3
Ravenscroft, Francis; 1-4
Ravenscroft, Charles; 1-2
Ravenscroft, Thos; 1-3
Ravenscroft, John Sen'r; 1-6-1
Ravenscroft, Jas; 0-2
Ravenscroft, John, Jr; 1-2
Reiley, Alex'd; 1-1
Reiley, Widow; 1-1
Reiley, Elijah; 1
Roach, Widow; 1-2-1
Robey, Vincent; 1-2
Sproul, Oliver; 1
Schrock, William; 2
Smith, Jacob; 1-2
Short, William; 1-3-1
Spilman, William; 1-3
Spilman, William; 1
Savage, Patrick; 2-4
Stimmell, Widow; 2-4
Stimmell, Michael; 1-3
Smith, John; 1
Smith, Elias; 1-1
Smith, William; 1-2
Smith, Peter; 1-7
Smoot, Josiah; 1-7-2
Spencer, James; 1-2
Shoemaker, Peter; 2-6
Shillingburgh, William; 1-3
Sloan, Rich'd; 3-10
Smith, Geo; 1-2
Singleton, John; 2-6
Shores, Tho's; 2-3
Shores, Lander; 1-1
Smith, Benj; 1-1
Stagg, Geo; 1-3
Stover, Dan'l; 1-1
Smith, John; 2-5

115

1810 Upper District Hampshire County Tax

Stanton, Rob't; 1; F M
Strother, John; 1-3
Shank, Geo; 2-2
Sheep, John, Sen'r; 1-2
Sandy, William; 2-2
Shannon, Thomas; 1
Stuckslarger, Jacob; 1-1
Slagle, Hanah; 1-5-3
Scrichfield, Joseph; 1-2
Stallcup, Isareal; 2-2
Ship, Godfrey; 1-2
Ship, Jacob; 1-2
Sheetz, Frederick; 1-2-1
Sheetz, Otho; 1
Schon, John L; 1-5-4
Stotler, Jacob; 1
Stafford, Rich'd; 1-5
Stafford, Widow; 2-4-1
Six, Geo; 2-2
Smith, Henry; 1-6
Steerman, John; 2-4
Six, Philip; 1-2
Sharreeden, Paul; 1-3
Sollars, Tho's; 1
Soolser, Adam; 1
Spurling, James; 1-1
Shields, David; 1
Sinclair, Rob't; 1-2
Sharps, Dan'l; 2-3
Stockpole, John; 1
Sheriff, Benj; 1; F M
Snyder, John; 2-16-10
Sheep, John Jr; 1-4
Stewart, John; 1-3
Spencer, John; 1-2
Sprigg, Osborn; 3-18-14
Sloan, Henry; 1
Throckmorton, Warner; 1-1
Thayer, Bazall; 1
Tucker, Dan'l; 1
Taylor, Widow; 0-5
Taylor, Simon; 3-16-4
Taylor, Septimus; 1
Taylor, Edw'd; 2-1
Taylor, Dan'l; 1-3
Taylor, Tho's; 1-7-3
Thompson, John **(Valey)**; 1-2
Thrasher, Benj; 2
Turner, Evan; 1-1
Taylor, William F; 2-7-4
Turnbull, John; 1-2-1
Thomas, Sam'l; 1-2
Totton, Sam'l; 1-2
Taggart, John; 1
Taggart, Sam'l; 1
Thomas, Moses; 2-3
Taylor, William; 1-1
Tasker, Geo; 1-2
Thompson, Widow; 0-1
Thompson, John; 1-2
Tottin, John; 1
Towbridge, John; 2-4
Thrash, John; 1-3
Umpstott, Peter; 2-5
Umpstott, Philip; 1
Utt, Chris'n; 1-3
Umpstott, Jacob; 1-1
Urice, Geo; 2-2
Vause, William; 1-16-5
Vandiver, Jacob; 2-14-2
Vandiver, John; 1-7-2
Vandiver, Sam'l; 1-15-2
Vandiver, William; 3-15-4
Vandiver, Lewis; 2-15-3
Vandiver, Vincent; 1-15-1
Vandiver, Widow; 0-1-6
Vanorts, Peter; 1
Seymore & Vanmeter; 0-4
Wright, John; 1-13-6
Wodrow, Andrew; 1-5-3; 1 Coach
Welch, Demcey; 1-4-3
Willson, James, Sen'r; 1-2
Willson, James, Jr; 1-1
Walker, Rob't; 2-7
Walker, Ja's; 1-4
Wilcox, Stephen; 2-4
Walker, Sam'l;; 1-4-1
Wallace, Tho's; 1-5
Ward, Edw'd; 1-1
Welch, Isaac; 1
Welch, Sylvester; 1-1
Welton, Job; 1-13-1
Welch, Widow; 0-9-4
Ward, John; 1-2
Williams, Rob't; 1
Wilchamnur, Henry; 1
Wiley, Laban; 1-5
Wolf, Jacob; 1
Waxler, Tho's; 1
Wilson, Rich'd; 1-3
Ward, Lloyd; 2-3
Whip, Dan'l; 1-2
Walker, Widow; 0-2
Wilson, Nathaniel; 2-2
Waggoner, John; 2-13
Waggoner, Jacob; 1-5
Wau, John; 1; F B
Ward, Dan'l; 1 F B
Wau, Joseph; 1; F B
Worthington, Wm M; 1
Young, Rob't; 0-3
Young, Henry; 1
Zimmerman, Jacob; 1-1

1810 Upper District Hampshire County Tax

I James Gibson have examined the foregoing list of taxable property subject to taxation and find the same to be correctly stated given under my hand this 31st day of May 1810. James Gibson Commissioner for the County of Hampshire.

A list of licences granted to merchants to retail goods of a foreign growth and manufacture for the year commencing on the first day of May 1810 for the Upper District of Hampshire County:

James Dailey, May 1, $15.00
John McDowell, May 1, $15.00
Jacob Vandiver, May 1, $15.00
Wm Armstrong, Jr, May 1, $15.00
Isaac Johnson, Dec 29, 1809, $6.42
James Moseley, May 1, $15.00
Tho's Dunn, May 1, $15.00
Isaac Johnson, May 1, $15.00
Silas Price, May 1, $15.00

A list of licences granted to ordinary keepers with the Upper District of Hampshire County for the year 1810:

Henry Heinzman, Feb 19, $2.70
Isaac Means, Sen'r, March 7, $264
Henry Heinzman, May 15, $12.50
Adam Heiskell, May 16, $12.50
Jacob Heiskell, May 18, $12.50
Geo M Laubinger, May 14, $12.50
Benj Mouser, June 1, $11.45

I do hereby certify that the foregoig list of ordinary licences granted by the court of Hampshire County is correctly stated given under my hand and seal this 29th day of June 1810.

James Gibson, Commissioner Upper District of Hampshire County.

1810 LOWER DISTRICT OF HAMPSHIRE COUNTY – JOHN SLANE

Asberry, Joseph; 1-6-6
Asberry, Henry; 2-3
Arnold, John; 0-2
Athy, Bazil; 1-2
Athy, John; 2-3
Athy, Thomas; 1-1
Abrill, Joseph; 1-2
Aller, Peter; 1-1
Alexander, Robert; 1-3
Ashbrook, Eli; 1-3
Andrews, Adam; 1-1
Andrews, William; 1
Andrews, Elisabeth; 1
Allin, Robert; 2-4
Arnold, Elijah; 1
Anderson, Jesse; 1-3
Arnold, Andrew; 1-5
Arnold, Levi; 1-1
Ashbrook, William; 1; 1 Stud
Allin, Thomas; 1
Allin, John; 1-1
Allin, John; 1-1
Allender, James; 1-2
Allender, William; 1-1
Alderton, William; 2-1
Alexander, Joseph; 1
Anderson, Richard; 1-1
Asberry, Jeremia; 1
Adams, Amos; 1
Alloway, William; 1
Allaback, John, **Constable**; 0-4
Anderson, William; 2-3
Arnold, John, Sen'r; 1-1
Allin, Thomas, Sen'r; 1-4
Bethel, George; 2-3
Bruner, Jacob; 1
Bruner, Peter; 3-3
Bodine, John; 1-1
Bruner, Henry; 1-3
Brelsford, Barney; 2-3
Brelsford, David; 1
Buzzard, John; 4-5
Bennett, Sylvanus, **Constable**; 0-4
Brown, Adam; 1-3
Brill, Henry; 1-2
Baker, John; 1-8

Blue, Richard; 1-6
Belknass, Thomas; 1-3
Barrett, John; 2-4
Brady, Michael; 1
Bear, Peter; 1-1
Brown, Robert; 1-2
Beall, Eli; 1-2
Buckley, Joseph; 1-1
Blue, Michael; 1-2
Busbay, John; 2-2
Brown, James; 1
Brown, Alexander; 3-5-1
Baker, Nicholas; 1-3
Bird, Stephen; 1-1
Burkett, Thomas; 1-3
Bowen, Daniel; 2-3
Baker, Patrick; 1-2-1
Bryan, James; 2-4
Bryan, John; 1-2
Bryan, James, Jr; 1-1
Baker, Jonathan; 1
Buzzard, Jacob; 1-3
Bumgarner, Rebecca; 0-2
Boxwell, John; 1
Butcher, John; 2-5
Butcher, James; 1-4
Butcher, John, Jr; 1-2
Bickerstaff, Rachel; 1-3
Bickerstaff, Nancy; 0-3
Boxwell, Rob't & Joseph; 2-5
Bennett, Thomas; 2-2
Bennett, James; 1
Bennett, Thomas, Jr; 1
Boyl, Henry; 1-3
Brooks, William; 1-1
Burk, William; 1-2
Burk, Michael; 2-2
Barrett, Nathan; 1
Barrett, Joseph; 1
Bonsall, Joseph; 1
Brelsford, Marjoram; 1-2
Buzzard, Frederic; 4-7-2
Beckwith, Samuel; 1
Brown, John **Constable**; 0-2
Bazil, Negro; 1-1
Banks, Edward; 1-1
Conrad, James; 2-5

Cann, John; 1-1
Clarke, Francis; 1-3
Conroy, Edward; 1
Catlett, Strauder; 1
Cooper, Adam; 1-3
Cotril, Robert; 1
Combs, James; 1-2
Corbin, Joseph; 1
Cooper, Jobe; 1-3
Crampton, Samuel; 1-1
Crampton, Samuel Jr; 1-5
Corbin, David; 2-4
Cheshire, Samuel; 1
Cunningham, Israel; 1
Cheshire, Uria; 1-1
Cheshire, Obedia; 1-1
Cheshire, Barbara; 1
Cheshires Administrators; 0-3
Caudy, John; 2-6-1
Chenoweth, Absalom; 1-2
Cool, Jacob; 1-4
Cool, Phillip; 1-5
Calvin, Joshua; 1-3
Calvin, Samuel & Luther; 2-4
Case, Peter; 2-5
Case, William; 1
Combs, Jonas; 1-1
Combs, John, Jr; 1-2
Combs, David; 1-1
Combs, Thomas; 1-1
Carder, George, Sen'r; 2-1
Corbin, Daniel; 2-3
Corbin, Lewis; 1-1
Cooper, Christopher; 1-2
Croston, Travis D; 2-3
Combs, John, Sen'r; 1-2
Carter, Joseph; 0-3-2
Cool, Harburt; 1-5
Cool, Harburt, Jr; 1-2
Cunningham, John; 2-4
Carder, George; 1-1
Craswell, Abraham; 1
Clutter, Joseph; 1-4
Carlyle, William, Jr; 1-3
Carlyle, George; 1

1810 Lower District Hampshire County Tax

Carlyle, Charles; 1-7
Carlyle, William, Sen'r; 3
Cooper, John; 1-1
Calvert, Robert; 1-3
Cofman, Paul; 1-1
Constable, Thomas; 1
Collins, Jacob; 1-3
Catloaf, Francis; 1-1
Chenoweth, John; 1-1
Cherry, Isaac; 1
Copsy, John, **Ferryman**; 0-5-2
Cheshire, John; 1-3
Carnes, Benjamin; 1-1
Caudy, James; 2-4-2
Caudy, Evan; 1-3
Christie, Martin; 1-1
Cox, John A; 1-2
Critten, John, Jr; 1-8
Critten, William, Jr; 1-1
Critten, William; 1-2
Critten, John, Sen'r; 2-3
Critten, John 3rd; 1-1
Calvin, Robert; 2-2
Calvin, Luther; 1-1
Chapman, William; 1-1
Cowden, James; 1-1
Chrisman, Phillip; 1-1
Chrisman, Jacob; 1-2
Carrol, Charles; 2-2
Carrol, David; 1-3
Catlett, Alexander; 1
Carey, John; 1-4
Casler, John; 1-4
Casler, James; 1-1
Cowgill, Ewin; 1-1
Carmichael, Daniel; 2-6-1
Cram, John; 1
Cram, Austin; 1
Catlett, David; 0-0-3
Clarke, John; 1-1
Dorsey, John; 1
Dorsey, Charles; 2-4
Dawson, Abraham; 1-4-1
Dimmitt, Beel; 1-5-3
Derham, John; 1-2
Durk, John; 1-1
Dial, Charles; 1-2
Dever, Samuel; 1-1
Doran, Alexander; 1-6-1
Davis, Thomas; 1-2
Doman, William; 1-1
Dogherty, Robert; 2-2

Dever, Richard; 1-4
Doman, Jacob, Sen'r; 1-2
Doman, Jacob; 1-1
Doman, John; 1-3
Dunlap, William; 1-2
Davis, Elijah; 2-2
Davis, Thomas, **Timber Ridge**; 1-2
Devault, Andrew; 2-2
Dever, William; 4-6
Day, William; 1
Day, Ransom; 1
Day, Amary; 1
Dawson, Israel or Casler, John; 1-1
Dawson, Eyrie; 0-0-1
Dawson, Isaac; 1-3
Delaplane, Isaac; 2-1
Dugan, William; 1
Dormer, Richard; 1
Edwards, Thomas; 2-6
Edwards, Anthony; 1-1
Eskridge, George, Jun'r; 2-2-2
Engle, Joseph; 1-1
Ely, William; 2-6
Ellis, Morris; 1-1
Emmart, Jacob; 1-2
Emmart, Jacob, Sen'r; 3-5
Emmart, John; 1-1
Erret, Christopher; 1-4
Evans, Caleb; 2-4
Eaton, Leonard; 1-2
Easter, John; 1-3
Easter, Peter; 1-1
Easter, John, Jr; 1-1
Engle, Mathias; 2-3
Engle, William; 1-1
Engle, Levi; 1-2
Evringin, Ezekial; 1
Ellis, Davis; 3
Elliot, John; 1-1
Fletcher, George; 1-1
Fletcher, Benjamin; 1
French, Robert; 1-4
Frye, Benjamin; 2-13-2
Finaughty, Peter; 1
Fauver, Henry; 1-4
Fitzpatrick, John; 1-2
Fitzpatrick, Daniel; 1-1
Farmer, William; 1
Furman, Catherine; 0-1

Furman, Samuel; 1-1
Furman, Jacob; 1-1
Faus, Phillip; 2-4
Ferryman, John; 1-1
Flemming, John; 1-2
Frizzel, Charles; 1
Frazier, John; 1-1
Fishel, Phillip; 1-4
Fulkimer, John Martin; 1-9
Fulkimer, John M Jr; 1-1
Frye, John; 1-5-1
Fletcher, Joseph; 1-2
Flora, Thomas; 2-2
Flora, Isaac; 1-2
Flora, Archibald; 1-1
Flinn, Alexander; 1-1
Ferryman, Stephen; 1
Furman, David; 1-1
Grimes, Thomas; 2-1
Gard, Samuel; 1-10
Giffin, John; 1-3
Gloyd, James; 1 Stud
Grapes, David; 1-3
Gallaway, James; 2-5-1
Garrison, Benjamin; 1
George, Richard; 2-5
George, James; 1-3
Gulick, Ferdinand; 2-3
Grant, William; 1-2
Ganoe, Stephen; 1-2
Galagher, Samuel; 1
Gorden, Kendall; 1-2
Ginnavan, Mathias; 1-1
Grove, Peter; 1
Grove, Jacob; 1-1
Garmin, William; 1-1
Gulick, John; 1-2
Gulick, Elisha; 1-1
Henderson, Sampson; 1-4
Henderson, John; 1-2
Henderson, Thomas Jr; 1
Hains, Henry; 2-3
Hoober, Jacob; 2-6
Higgins, William; 2-3
Hedrick, Charles; 1
Harlan, Jesse; 1-1
Harlan, Aron; 1
Hall, Samuel; 1-1
Hiett, Evan; 1-3
Hiett, Jeremia; 1-3
Hoge, Moses; 1-2-1

1810 Lower District Hampshire County Tax

Hott, Conrad; 1-1
Higgins, John, G Capon; 1-1
Hott, John; 2-1
Henderson, David; 1-4
Harmer, William; 1-2
Huett, Charles; 1-2
Hains, John; 1-3
Hains, Joseph; 1-2
Hains, Isaac; 1-1
Horsman, William; 1-1
Hammick, John; 1-5
Hott, Samuel; 1-2
Hinds, Thomas; 1
Hiett, Jonathan; 1-5
Hiett, John; 1-3
Horn, Andrew; 1-2
Horn, George; 1-5
Hardy, Martin; 1-1
Huddleston, Nathan; 2-3
Higgins, John; 1-8-3
Hardy, John; 1-4
Huff, John; 1-1
Huff, Jacob; 1-1
Hellyear, Thomas; 1-1
Hellyear, George; 1
Hook, Thomas; 1-3
Hickle, Stephen; 1-2
Hickle, Henry; 2-2
Hellyear, Robert; 1-2
Hill, John; 1
Hoffman, Adam; 1-3
Hoffman, Joseph; 2-4
Haus, George; 1-3
Harris, Samuel; 1
Hoskinson, Elisha; 2
Hook, William; 2-4
House, James; 1-2
Hartley, John; 1-3-1
Hartley, James; 1-1
Higgins, Joseph; 1-3
Hodges, William; 1-2
Howard, Jonathan; 1
Haire, Adam; 1-2
Henderson, Thomas; 2-3
Hamilton, William; 1-1
Higgins, James; 1-5-2
Huffman, David; 1-1
Henderson, Westley; 1
Harrison, George; 1
Hannis, William; 1-1
Hawkins, John Sen'r; 2-2
Hawkins, Jacob; 1-1

Horn, Phillip; 1
Howard, Reason; 1-1
Johnson, Eleanor; 1-3
Johnson, Joseph; 1-2
Johnson, Thomas; 1
Johnson, John; 1-6
Iliff, Stephen; 1
Johnson, Ben Negro; 1-4-1
Jones, Peter; 1
Jones, John; 1-2
Johnson, Joseph L Capon; 1-1
Johnson, William, L Capon; 1-1
Johnson, John, L Capon; 1-1
Johnson, Nancy; 0-2
Johnson, John Sen'r; 1-3
Johnson, John, Jr; 1-2
Johnson, Joseph son of John; 1-2
Jenkins, Jacob; 1-6
Jenkins, John; 1-1
Jones Prianius Negro; 1
Jones, Lewis; 1-1
John, Thomas; 2-2
Johnson, John, Johns Run; 1
Johnson, Thomas, Johns Run; 1-1
Johnson, William; 1-4
Johnson, John, Rock Gap; 1-3
King, William; 1-2
Kerns, John; 1-2
Kyter, George; 1-3
Kyter, John; 1-1
Kelsey, Smith; 1
Kail, George; 1-2
Kurtz, Peter; 2-3
Keran, Barney; 1-2
Keran, William; 1
Kelso, James; 1-2
Kump, Henry; 1-1
Kline, Adam; 2-4
Kline, Phillip; 2-6
Kline, Abraham; 1-1
Keckley, Abraham; 1-2
Keys, Alexander; 1-2-1
Kerby, Nathan; 1-1
Kerby, James; 1-1
Kesler, John S; 1-1

Kurts, Henry; 1-5
Kever, George; 1
Kaler, Andrew; 1-2
Kidwell, John; 2-2-1
Kaler, Jacob; 1
Largent, John Sen'r; 1-3
Largent, Abraham; 1-1
Leimback, John; 1
Largent, James; 1-3-2; 1 Stud
Larue, Jacob; 1-2
Larue, Peter; 3-7-2
Larue, Cornelius; 1-2
Larue, Jesse; 1-1
Laure, Hannah; 1-3
Larue, Noah; 2-4
Largent, Thomas; 2-1
Largent, John; 1-6-1
Largent, Lewis, Sen'r; 2-4
Lockhart, William; 1-1
Lewis, Daniel; 1-3
Lewis, Oliver; 1
Lane, Daniel; 1-3
Lane, Joshua; 1
Lane, Powel; 1-1
Lane, Daniel, Jr; 1-1
Lupton, Isaac; 2-5
Loy, John, Sen'r; 1-4
Little, George; 1-1
Loy, Adam; 1-2
Lupton, Jesse; 2-6
Lupton, William; 1-3
Lewis, Jacob; 1-2
Leigh, John; 1-2
Leigh, Stephen; 2-2
Leigh, Stephen, Jr; 1-1
Lunsford, Swanson; 1-2
Larimore, James; 1-3
Larimore, Joseph; 1-3
Larimore, William; 1-2
Larimore, Samuel; 1
Larimore, James, Jr; 1
Larimore, John; 1-4
Litler, Nathan; 1-2
Lafollet, William; 1-3
Linthicum, Archibald; 0-8
Linthicum, Hezekia; 1-3
Leebly, John; 2-4-1
Lieth, James; 1-6-5
Largent, Lewis; 1-1
Loy, Jacob; 1-1

1810 Lower District Hampshire County Tax

Loy, William; 1
Loy, John; 1
Loy, Daniel; 2-1
Largent, Samuel; 1-1
Lafollet, Isaac; 1
McBride, Robert; 2-4
Murphy, Walter; 2-1
McDonald, John; 1-1
McBride, Thomas, G Capon; 1-3
Mauzy, John & Peter; 2-7-3
Myers, Martin; 1-4
McBride, James; 1
Moreland, William; 1-2-1
Moreland, William H; 1-4-1
Martin, John; 1-2; 1 Stud
Moreland, David; 1-1
McBride, Alexander; 2-5
Milslagle, George Jr; 1-1
Millison, John, Sen'r; 2-3
Millison, John, Jr; 1-2
Millison, Benjamin; 1-2
Martin, Joseph; 1-4-1
Moore, Hamilton; 1
Malick, John; 3-4
Malick, Phillip; 1
Malcomb, Peter; 1-2
Malcomb, William; 1-2
McBride, Thomas; 1-3
McBride, Alexander; 1-3
Myers, William; 1-3
Miller, William; 2-4-1
McBride, John; 1-5-1
McBride, Thomas, Jr; 1-2
Meekins, James; 1-4
Meekins, Joseph; 1-2
Moore, Henry; 1-2
Moore, Benjamin; 1-3
Moore, William; 1
McKeever, John; 1-1
McVicker, Duncan; 1-4
McVicker, James; 1-2
McVicker, William; 1-5
McKeever, Paul, Sen'r; 1-11
McKeever, Paul; 1
Millslagle, Jacob, Sen'r; 2-6
Millslagle, Jacob, Jr; 1
Myers, George, Jr; 1-2
Myers, George, Senr; 2-3

Myers, Henry; 1-2
Monroe, John; 2-3-3
McBride, James; 2-6
Michal, George; 1-3
Michal, Phillip; 1-1
Michal, Frederic; 1-8
Michal, Elisabeth; 0-2
McGraw, Thomas; 1-1
McDonald, Sally; 0-1-2
McDonald, Nancy; 0-2-2
McCrakin, Virgil; 1-2
Mentzer, Conrad; 2-3
Moore, James; 1-7
Morgan, Humphry; 1-1
McKernan, Laurence; 1-4
Monroe, James; 3-2
McDonald, Charles; 1-2
Mathews, James; 1-1
Mathews, John; 1-2-1
Mason, William; 1
McAwley, George; 3-2
Mathews, Levi; 1-1
Moreland, Richard; 1-1
Moreland, Bazil; 1-2
Milslagle, Andrew Jr; 1-1
McDonald, Benjamin; 1-4
Miller, John; 2-2
Monroe, Jesse; 1-2
Miles, Josephus; 1-2
Miles, John; 1-3
Miles, Ruth; 1-2
Michal, Henry; 1-1
Mason, Joseph; 1-1
Nicholson, Thomas; 1
Newland, Nicholas; 1-1
Nelson, Robert; 1-1
Nelson, James, Jr; 1-1
Nelson, James, Sr; 1-2
Nixon, George; 1-1
Nixon, William; 2-3
Nixon, Joseph; 1
Newbanks, John, Sen'r; 1-2
Newbanks, William; 1-1
Nelson, Ralph; 1-1
Nieley, William; 1-3
Needler, George; 1-1
Newbanks, John, Jr; 1-2
Oranduff, David; 1-1
Oats, Jacob, Sen'r; 2-4
Oats, Jacob, Jr; 1-3
Oats, John; 1-2
Oare, Thomas; 1-4

Otrong, John; 1-2
Ohauver, George; 1-3
Ore, William; 1-2
OQueen, Mary; 0-1
Offord, John; 1
Patterson, John; 1-2
Poston, Samuel; 1-4-2
Pugh, Jesse, Sen'r; 1-2
Pugh, Jesse, Jr; 1-1
Pierce, Ezekiel; 1-2
Pierce, Elijah; 1-1
Pierce, Daniel, Sen'r; 1
Pierce, Daniel, Jr; 1
Poston, Elias; 1-2
Pugh, Joseph; 1-4
Pugh, Mishael; 1-4
Parker, Grace; 1-2
Poston, William; 1-3-1
Poston, Alexander; 1-2
Prather, Silas; 1-1
Pugh, Jonathan; 2-5-1
Pettit, Thomas; 2-5
Pownall, John, Jr; 1-5
Pownall, John, Jr; 1
Pownall, Elisha; 1-4
Patterson, James; 2-5
Powelson, Lewis; 1
Pownall, Jonathan; 1-1
Paschal, David; 1
Pownall, George; 1-1
Pownall, Joshua; 1-4
Pugh, Jacob; 1-2
Peters, Phillip Sen'r; 1-2
Parrell, Edward; 1-6-1
Parrell, Josep, **Constable**; 0-2
Pugh, Abraham; 1-1
Peppers, John; 3-5
Peters, John; 2-5
Parke, Samuel, Jr; 1-4
Parke, George; 1-4
Parke, John, Jun'r; 3-3
Peters, Phillip, Jr; 1-2
Peters, James, son of John; 1-2
Parke, Samuel Sen'r; 1-4
Peters, Tunis; 2-4
Peters, Joshua; 1-2
Parke, Amos, Sen'r; 1-4
Peters, Samuel; 1-2
Peters, James; 1-2
Powel, James; 2-2
Powel, William; 1-1

121

1810 Lower District Hampshire County Tax

Powel, Henry; 1-2
Parker, Robert; 1-5-3
Pennington, Jacob; 2-4
Pownall, Isaac; 2-4
Pownall, Thomas; 1-1
Pownall, Jonathan Jr;1-1
Pool, Esther; 1-4
Pool, Henry; 1-1
Pool, William; 1-1
Pool, Robert; 1-1
Plumb, Abraham; 1-2
Parrell, John; 1-3
Parrell, William; 2-2
Pennington, Elijah; 4-7
Parke, John, Sen'r; 1-1
Parke, Solomon; 1-3
Parke, Amos, Jr; 1-6
Parish, William; 1-1
Parish, Joseph; 1
Powers, Edward; 1-3
Powers, Stephen, Sr; 1-3
Powers, Stephen, Jr; 1
Powers, John; 1-1
Powelson, John; 1-3-1
Powelson, Cornelius; 1-4
Powelson, Rynier; 1-3
Powelson, Charles; 1-3
Probasco, Samuel; 1-4
Phillips, Plunket; 1-1
Queen, John; 2-2
Ruckman, Samuel, Sen'r; 2-3
Ruckman, Richard; 1-2
Ruckman, Samuel Jr; 1-2
Ruckman, John; 1
Ryan, William; 2-3
Race, William; 1-2
Robinson, Benjamin; 1-1
Robinson, John, **Mills Branch**; 1-2
Rinehart, Abraham, Sen'r; 2-4
Rinehart, Abraham, Jun'r; 1-1
Rinker, Samuel; 2-1
Ruckman, Samuel, son of Tho's; 1-4
Ruckman, Peter; 1-4
Ruckman, Joseph; 1-4
Ruckman, R Jacob; 1-2
Robison, John; 1-1
Robison, Richard; 2-2
Reeder, William; 1-1
Reeder, John; 1-1
Rogers, David; 1-4
Rogers, Robert; 1-4; 1 Stud
Rogers, Owen, Sen'r; 1-4
Rogers, Owen, Jun'r; 1
Racey, Luke; 2-6
Racey, Thomas; 1-1
Racey, John; 1-1
Racey, William; 1
Royce, Sarah; 1-3
Reid, John; 1-3
Reid, Jeremia; 1-4
Reid, Jeremia, Jr; 1-1
Rosenberry, John; 1-2
Richmond, James; 1-2
Rider, Thomas; 1
Seyler, Jacob; 2-6
Seibole, Jacob; 1-1
Smith, Conrad; 1-2
Smoot, Jacob; 1-3
Seibole, James; 1-1
Shusman, Peter; 1
Simpson, Ebenezer; 1-1
Shin, David, Sen'r; 1-4
Shin, David, Jr; 1-1
Shin, Samuel; 1-1
Slane, Thomas; 2-3
Slane, James; 2-3
Slane, Elias; 1-1
Slane, Benjamin; 1-5
Spicer, William; 1-2
Spicer, Thomas; 1-3
Shinholtz, Peter, Jr; 1-3
Sherrard, Robert; 3-3-1
Savill, Joseph; 1-1
Savill, Oliver; 1-2
Shafer, Martin; 3-3
Shafer, David; 1-1
Swiers, Jacob; 1-5
Seebring, John; 1-4
Slack, James; 1-2
Slack, Henry; 1
Shingleton, Absalom; 1-1
Smith, James; 2-5
Starkey, Frederic; 1-3
Simpson, Thomas; 1-1
Summers, John; 1-1
Summers, Andrew; 1
Summers, Walter; 1-1
Slocum, Robert; 1-3
Shockey, Joseph; 1-2
Stump, John; 1-2-2
Starkey, William; 4-3
Smoot, Barton; 1-6
Starn, Joseph; 1-3
Shaver, Samuel; 1-3
Short, Richard; 1-3
Short, Isaac; 1-2
Stoker, John; 1-5-1
Stoker, Critten; 1-1
Stoker, William; 1-3
Stump, Peter; 1-2-3
Stump, Joseph; 1-2
Stump, Benjamin; 1-2
Stephens, David; 1-1
Seekrist, Frederick; 4-8
Switzer, Valentine; 1
Spaid, George; 1-7
Spaid, Frederc; 1-3
Spaid, John; 1-3
Smith, Timothy; 1-8
Switzer, John, Jr; 1-1
Switzer, John, Sr; 1-6
Simmons, Charles; 1-3
Smith, Nicholas; 2-4
Smith, Middleton; 1-3
Smith, Richard; 1-3
Starn, John; 2-5
Sutton, Zacharia; 1-1
Simpson, David; 1-6
Short, John; 1
Slonecker, Christian; 1-3
Stutsman, John; 1-1
Selby, John; 1-3
Selby, Nathan; 1
Shanks, Joseph; 1-2
Sharf, George; 4-7-1
Selby, Nathan, Sr; 1-1
Slane, John; 2-4
Sherwood, John; 3-2
Stone, Joseph; 2-1
Shanks, Joseph, Jr; 1-1
Towland, Hugh; 1-1
Throckmorton, Gabriel; 1
Topper, Henry; 1-1
Tharp, John; 1-3
Terrance, John; 1-2
Terrance, William; 1-1
Turner, John; 1-1
Timbrook, John; 2-3
Thompson, John, L **Capon**; 2-6-1
Tyler, Jervas; 1-1
Titus, Tunis; 1-4-2

1810 Lower District Hampshire County Tax

Tucker, Richard; 1-3-2
Tucker, Joseph; 2-5
Tomson, Joseph; 2-7
Tucker, Erasmus; 1-3
Tucker, Josephus; 2-8-3
Thompson, John; 3-7
Thomspon, James; 2-4
Tucker, Thomas W; 1-4
Trickle, Joshua; 1-1
Trickle, Edward; 1
Taylor, Richard; 1
Tyler, Edward; 1-2
Thomas, John; 2-5-4
Vandigrift, Christopher; 1
Vanarsdal, Peter; 2-1
Vanarsdal, Garrett; 1-2
Vanarsdal, Abraham, Sr; 1-2
Vokes, David; 1-2
Vanarsdal, Abraham, Jr; 1-3
Wolford, John; 2-6
Winterton, John; 1-3-1
Williams, Owen; 1-3
White, Francis; 2-8-1
Wolverton, Joel; 1-5
Warfield, Sylvanus; 1-1
Watkins, Thomas; 1-1
Wilson, William; 1-2
Wood, John; 1-3
Wilson, Henry L; 1-3
Wolverton, James; 1-1
Weaver, Abraham; 2-4
Ward, John; 1-4
Ward, Joel; 1-2
Woolery, Henry; 1-1
Wright, Joseph; 1
Wydmier, Michal; 1-2
Williamson, Samuel; 3-2
Williams, Thomas; 2-8-2
Young, John; 1-2
Yost, John; 1-1
Yates, Joseph; 1-1
Yinger, Gasper; 1-4

I John Slane having examined the foregoing list of property subject to taxation and find the same to be correctly stated given under my hand the 31st day of May 1810. John Slane.

A List of Merchants Retail Licences granted to the following persons from May 1st 1810:
Robert Sherrard, May 1 for one year $15.00
James Offutt, May 1st for one year $15.00
Abraham Craswell, June 10, 10 2/3 months, $13.33 1/3

1811 LOWER DISTRICT OF HAMPSHIRE COUNTY - JOHN SLANE

Andrews, Adam; 1-1
Andrews, William; 1
Andrews, Elisabeth; 1
Aller, Peter; 1
Allaway, William; 1-1
Allin, Robert; 2-3
Ambler, David; 2-1
Athy, John; 2-3
Athy, Thomas; 1-1
Acres, John; 1-3
Allender, James; 1-2
Allender, William; 1-1
Alderton, William; 3-2
Alderton, David; 1-1
Allin, Thomas, Sr; 2-1
Abrill, Joseph; 1-3
Athy, Bazil; 1-2
Alderton, Thomas; 1-1
Ashbrook, William; 1-1
Arnold, John of G Capon; 1-2
Arnold, Andrew; 3-7
Arnold, Levi; 1-1
Arnold, John; 0-3
Alexander, Robert; 1-2
Anderson, William; 1-2
Asberry, Henry; 2-1
Allaback, John, **Constable**; 1-3
Asberry, Joseph; 1-6-6
Asberry, Nimrod; 1-1
Asberry, Jeremia; 1
Allin, John, Sr; 1-1
Allin, John, Jr; 1-1
Anderson, Richard; 1-1
Allin, Thomas; 1-1
Buzzard, Frederic, Jr; 4-6-2
Brown, Joel; 1-3
Buzzard, Jacob; 1-2
Buzzard, John; 3-5
Bonsall, Joseph; 1
Berriks, Edward; 1-1
Bennett, Sylvanus, **Constable**; 0-4
Blue, Richard; 1-7
Belknap, Thomas; 2-1
Baker, Jonathan; 1

Brown, Gobin; 1-1
Bird, Stephen; 1
Burkett, Thomas; 1-3
Baker, Nicholas; 1-2
Brown, John; 1-1
Butcher, John; 1-5
Bethel, George; 3-1
Barrett, John; 2-4
Bear, Peter; 1-1
Buckley, Joseph; 1
Brown, James; 1-1
Blue, Michael; 1-2
Brelsford, Barney; 2-3
Brelsford, David; 1-1
Butcher, James; 1-4
Butcher, John, Jr; 1-2
Butcher, Nathan; 1-1
Bickerstaff, Rachel; 1-1
Bickerstaff, Nancy; 1-3
Bennett, James; 1-1
Bennett, Thomas, Sr; 3-2
Boyle, Henry; 1-2
Bush, Henry; 1-3-4
Burk, Elisabeth; 1-1
Burk, William; 1-2
Bark, John; 1-1
Boxwell, Robert; 1-4
Boras, Abraham; 1
Brill, Henry; 1-2
Baker, Patrick; 2-1
Busbay, Samuel; 1-2
Bruner, Henry; 1-4
Bryan, James; 2-4
Bruner, Peter; 3-4
Brown, Mathew; 1-1
Beckwith, Samuel; 2-3
Brady, Michael; 1-1
Brown, Robert; 1-2
Barrett, Joseph; 1
Bumgarner, Rebecca; 0-2
Brown, John, **Constable**; 0-2
Beall, Eli; 1-3
Brown, Alexander; 2-2-2
Bowen, Daniel; 2-4
Brelsford, Marjoram; 1-2
Bennett, Thomas, Jr; 1-1
Carlyle, Charles; 1-8

Carlyle, William; 3
Caudy, James; 3-7-2
Caudy, Evan; 1-2
Cheshire, John; 2-4
Combs, John; 1-3
Carder, George; 1-1
Carder, George; 2-2
Corbin, Joseph; 1
Carter, James; 1
Calvin, Joshua; 1-3
Calvin, Samuel & Luther; 2-5
Carter, John; 1-4
Cowgill, Ewin; 1-1
Combs, James; 1-1
Combs, Thomas; 1-1
Combs, Jonas; 1-2
Combs, John, Jr; 1
Combs, David; 1-1
Case, Peter; 2-4
Case, William; 1
Carlyle, William, Jr; 1-2
Carlyle, George; 1
Crampton, Samuel; 1
Crampton, Samuel Jr; 1-4
Crampton, John; 1-5
Carlyle, John; 1
Corbin, Daniel; 2-4
Corbin, Lewis; 1-1
Corbin, Levi; 1
Cool, Herbert; 1-4
Cunningham, John; 2-3
Cunningham, John; 1
Cooper, Christopher; 1-3
Cooper, Adam; 1-2
Cooper, John; 1-2
Cowden, James; 1-1
Critten, John, 3rd; 1-2
Chrisman, Phillip; 1-2
Catlett, David; 2-4-4
Carrol, Charles; 1-2
Carrol, David; 1-1
Catlett, Alexander; 1
Castler, John; 1-4
Chenoweth, Absalom; 1-1
Cox, John A; 1-2
Cutloaf, Francis; 2

1811 Lower District Hampshire County Tax

Cooper, Jobe; 2-2
Christie, Martin; 1
Critten, John, Jr; 1-5
Critten, William Jr; 1-2
Critten, George; 1-1
Critten, William; 1-2
Carmichael, Daniel; 2-6-2
Caudy, John; 2-5-1
Conrad, James; 2-6
Clutter, Joseph; 1-4
Cann, John; 1-3
Carter, Joseph; 0-3-2
Chapman, William; 1-1
Calvin, Roberrt; 2-2
Calvin, Luther; 1-1
Critten, John; 2-2
Cram, Austin; 1
Cram, John; 1
Caufman, Paul; 1-1
Cotrel, Robert; 1
Collins, Jacob; 1-3
Cunningham, Israel; 1; 1 Stud
Craswell, Abraham; 1-1
Chenoweth, John; 1-3
Chenoweth, Elias; 1-3
Croston, Travis D; 2-2
Corbin, David; 2-4
Copsy, John; 1-6-4
Clarke, John; 1
Day, William; 1
Day, Amary; 1
Day, Ransom; 1-6
Davis, Thomas; 1-3
Dever, William; 2-3
Dever, Samuel; 1-2
Dever, William; 1-1
Doman, Jacob; 1
Doman, William; 1-1
Dimmitt, Beel; 1-5-3
Dawson, Isaac; 1-3
Dougherty, Robert; 2-2
Dever, Richard; 2-3
Durk, John; 1-2
Derham, John; 1-2
Dawson, Abraham; 1-4
Doran, Alexander; 2-6-1
Devault, Andrew; 2-2
Devault, Joseph; 1-1
Davis, Elijah; 2-2
Davis, Thomas, **Timber Ridge**; 1-2
Dormor, Richard; 1

Doman, Jacob; 1-2
Dial, Charles; 1-1
Dean, William; 1-1
Deerin, John; 1
Dever, George; 1
Dugan, William; 1-1
Delaplane, Isaac; 2-1
Eaton, John; 1-1
Edwards, William; 1-2
Emmart, Jacob; 2-6
Ellis, Morris; 1-1
Ellis, David; 1
Emmart, Phillip; 1
Emmart, John; 1-1
Eaton, Leonard; 1-2
Emmart, Jacob; 1-2
Engle, Joseph; 1-1
Elliot, John; 1-1
Easter, John; 1-3
Easter, Peter; 1-1
Easter, John; 1-1
Engle, Mathias; 1-3
Eskridge, George; 2-3-3
Ellis, Benjamin; 1-2
Errit, Christopher; 1-4
Evans, Caleb; 2-4
Evans, John; 1-1
Edwards, Thomas; 1-5
Edwards, Thomas Jr; 1-1
Edwards, Anthony; 1-1
Ely, William; 2-7
Engle, William; 1-1
Furman, Catherine; 0-1
Furman, Samuel; 1-1
Furman, Jacob; 1-1
Furman, David; 1-1
Fletcher, Joseph; 1-2
Ferryman, John; 1
Frank, John, Jr; 1
Ferryman, Stephen; 1-1
Frizzel, Charles; 1-1
Fura, Thomas; 1-1
Fulkimer, John M; 1-9
Fulkimer, John, Jr; 1-1
Frazier, John; 1
Flemming, John; 1-2
Flora, Thomas; 2-2
Flora, Isaac; 1-1
Flora, Archibald; 1-1
Fauber, Henry; 1-3
Faus, Phillip; 3-4
Frye, Benjamin; 2-10-1
Flinn, Alexander; 1-1

Fishell, Phillip; 1-4
Furman, Benjamin; 1-2
Fletcher, George; 1-2
Fail, George; 1
Grey, Isia; 1
Garmin, William; 2-2
Gard, Samuel; 1-5
Griffith, Elijah; 1
Garrison, Benjamin; 1-1
Gloyd, James; 0-1
Green, John; 1-1
Gallaway, William; 1-1
Gallaway, James; 2-3-1
Grove, Peter; 1-2
George, Richard; 2-5
George, James; 1-5
Glynn, James; 0-2
Greenwood, Henry; 1
Ginnevan, Mathias; 1-1
Grimes, Thomas; 2-2
Galagher, Samuel; 1-2
Grapes, David; 1-3
Ganoe, Stephen; 1-3
Grove, Jacob; 1-1
Grove, William; 1-1
Gustler, Nicholas; 1
Grant, William; 1-2
Gulick, Ferdinand; 3-3
Gulick, Elisha; 1-1
Gulick, John; 1-2
Grofton, Samuel; 1
Gloyd, Samuel; 1-1-1
Hoge, Moses; 1-2-1
Hellyear, Thomas; 1
Hook, Thomas; 1-4
Higgins, James; 1-5-3
Hoober, Jacob; 2-3
Henderson, Thomas; 2-2
Huett, Charles; 1-2
Henderson, David; 1-4
Huddleston, Nathan; 2-2
Hains, John; 2-3
Hains, Joseph; 1-2
Hott, John; 1-1
Horsman, William; 1-1
Hammack, John; 1-4; 1 Stud
Horn, George; 2-6
Horn, Phillip; 2-2
Horn, Andrew; 1-3
Hardy, John; 1-4
Huff, John; 1-1
House, James; 1-3

1811 Lower District Hampshire County Tax

Hartley, John; 2-3-1
Hartley, James; 1-2
Hendricks, John; 1-2
Higgins, Joseph; 1-4
Hott, Conrad; 1-2
Hott, George; 1-2
Hains, Henry; 2-3
Higgins, John; 1-7-3
Harlan, Aron; 1-1
Harlan, Jesse; 1-2
Hardy, Rudolph; 1-1
Huffman, Joseph; 1-1
Hall, Samuel; 1-1
Hiett, John; 1-3
Hiett, Jonathan; 1-5
Haas, George; 1-3
Hoffman, Joseph; 2-3
Hoffman, Adam; 1-3
Hoober, Jacob, **Great Capon**; 2-6
Hellyear, Robert; 1-1
Henderson, Westley; 1
Howard, Reason; 1-1
Hellyear, Daniel; 1
Hellyear, George; 1
Hiett, Jeremia; 1-3
Hiett, Joseph; 1-3
Hiett, Evan; 1-4
Hott, Samuel; 1-2
Haire, Adam; 2-2
Hott, John; 1
Hickel, Stephen; 1-2
Hickle, Henry; 2-2
Hook, William; 2-5
Hedrick, Charles; 1
Harrison, George; 1
Hawkins, Jacob; 1-1
Hawkins, John; 2-3
Hardy, Martin; 1-1
Henderson, Sampson; 2-3
Hagarty, James; 1-1
Higgins, William; 2-3
Higgins, Joseph; 1-1
Johnson, John; 1-7
Jenkins, Jacob; 1-6
Iliff, Stephen; 1
Jones, John; 1-1
Johnson, Ben; 1-4-1
John, Thomas; 2-2
Johnson, Susan; 0-2
Johnson, John, **Sir Johns Run**; 1

Johnson, William; 1-3
Johnson, John, **Rock Gap**; 1-2
Johnson, Joseph, son of Joseph; 1-2
Johnson, Nancy; 0-2
Johnson, William, **G Capon**; 1-1
Johnson, Eleanor; 2-3
Johnson, Thomas; 1
Johnson, Joseph, **G Capon**; 1-2
Johnson, John; 2-2
Johnson, John, Jr; 1-2
Johnson, Joseph; 1-2
Jenkins, John; 1-1
Keckely, Abraham; 1-2
Kyter, George; 2-3
Kyter, John; 1-1
Kelsey, Smith; 1
Kurtz, Peter; 2-4
Kenny, Joseph; 1-1-1
Kaler, Andrew; 2-2
Kerby, Nathan; 1-1
Kesler, John; 1-2
Kurts, Henry; 1-5
Kerby, James; 2-2
Kline, Abraham; 1-2
Kelso, James; 1-2
Kerns, Jacob; 1-2
Kerns, Jacob; 0-2
Kerns, John; 2-2
Kidwell, John; 1-2-1
Kidwell, Hawkins; 1
Kump, Henry; 2-1
Kline, Adam; 2-4
Kline, Phillip; 2-6
Kail, George; 1-3
Keys, Catherine; 0-1
Keys, Samuel; 1-1
King, William, Sr; 1-3
King, William; 1 Stud
Keran, Barney; 1-1
Litler, Nathan; 1-2
Loy, John; 1-1
Lane, Daniel; 1-3
Lane, Joshua; 1
Lane, Powel; 1-1
Lane, Daniel; 1
Larimore, James; 1-1
Larimore, Samuel; 1-1
Lewis, Daniel; 1-3
Lupton, William; 1-2

Lupton, Isaac; 1-5
Lupton, Jesse; 2-6
Loy, William; 1-1
Lewis, Jacob; 1-2
Leigh, Stephen; 3-2
Largent, Thomas; 2-1
Largent, Lewis, Jr; 1-1
Leepley, John; 3-6-1
Longstrath, Martin; 1-2
Lunsford, Swanson; 1-1
Larimore, William; 1-2
Larimore, Joseph; 1-2
Largent, Lewis; 2-4
Larue, Noah; 2-5
Leith, James; 1-5-4
Loy, Jacob; 1-2
Larue, Jesse; 1-1
Larue, Solomon; 1-1
Larue, Abraham; 1-1
Larue, Peter; 2-5-3
Larue, Jacob; 1-2
Little, John; 1-1
Little, George; 1-1
Linthicum, Archibald; 1-8-1
Linthicum, Hezekia; 1-2
Leigh, John; 1-2
Lafollet, William; 1-3
Largent, Samuel; 1-1
Loy, Adam; 1-4
Loy, Daniel; 2-2
Loy, John; 1
Lyon, Richard; 1-3
Largent, John; 1-4
Lockhart, William; 1-3
Largent, James; 1-4-2; 1 Stud
Largent, John; 1-6-1
Larimore, John; 1-4
Myers, Martin; 1-4
Michal, henry; 1-1
Mauzy, Peter & John; 3-5-3
Myers, William; 1-2
McAwley, George; 2-3
McAwley, Addison; 1
Miller, William; 2-4-1
McKave, Aron; 1
Myers, George; 2-3
Myers, George, Jr; 1-2
Murphy, Walter; 2-1
Monroe, John; 1-8-5
Moore, Hamilton; 1

1811 Lower District Hampshire County Tax

Malick, John; 3-4
Malick, Phillip; 1-1
Milslagle, Jacob; 0-6
McDonald, Charles; 1-1
McDonald, Nancy; 0-2-1
McDonald, Sally; 0-2-2
McKerman, Laurence; 1-3
Meakins, James; 2-3
Meekins, Joseph; 1-1
McBride, James; 1
Martin, Joseph; 1-3-1
Martin, John; 1-2
Mathews, John; 1-4-1
Mathews, James; 1-2
Moore, Benjamin; 1-1
Miles, Ruth; 2-2
Miles, John; 1-2
Malcomb, James; 1
Malcomb, Peter; 1-2
Malcomb, William; 1-2
McDonald, John; 1-1
Moore, Henry; 1-3
McBride, James; 1-3
Stephen; 1-1
Moore, William; 1
Michal, Phillip; 1-2
Michal, George; 1-3
Michal, Fred'k; 1-6
Michal, Elisabeth; 0-2
Moore, James; 1-7
Morgan, Humprey; 1-2
Milslagle, George; 1-1
McBride, Thomas; 1-3
McBride, Robert; 2-4
McBride, Alexander; 2-4
Mason, Joseph; 1
Millison, Benjamin; 1-2
Millison, John; 2-3
Millison, John, Jr; 1-2
Moreland, William H; 1-3-1
McVicker, Archibald; 1-2
McKeever, John; 1-2
McKeever, Paul; 1-11
McKeever, Paul, Jr; 1
McVicker, William; 1-4
McVicker, James; 1-3
McVicker, Duncan; 1-4
McVicker, John; 1-2
Monroe, Jesse; 1-2
McBride, Thomas, **G Capon**; 1

Mentser, Conrad; 2-3
McBride, John; 2-4-1
McBride, Alexander; 1-3
McBride, Thomas; 1-2
Monroe, James; 3-3
Moreland, William; 1-3-1
Moreland, George; 1-1
Moreland, David; 1-2
Mitchell, John; 1-8-4
McDonald, Benjamin; 1-5
Moreland, Richard; 1-2
Miles, Josia; 1-1
Miller, John; 3-1
McKrakin, Virgil; 1-2
Nicholson, Thomas; 1
Nixon, William; 2-4-1
Newbanks, John; 1-2
Nelson, Ralph; 1-2
Nieley, William; 1-4-1
Needler, George; 1-1
Newbanks, John, Jr; 1-2
Nixon, George; 1-2
Nelson, Robert; 1-1
Nelson, James; 1-1
Nelson, James, Sr; 1-2
Nixon, Joseph; 1
Oates, Daniel; 1-1
Oates, Jacob; 1-3
Oates, John; 1-2
Oates, Christian; 1-1
Oates, Jacob, Jr; 1-3
Otrong, John; 1-2
Ore, William; 1-1
Oare, Thomas; 1-3
Ohauver, George; 1-1
Oranduff, David; 1-1
Offord, John; 1
Offutt, James M; 1-1
Pugh, Azaria; 1
Parker, Robert; 1-5-3
Parish, William; 1-3
Powers, Stephen; 1-3
Powers, Stephen, Jr; 3
Powers, John; 1-1
Pownall, Joshua; 1-4
Pownall, Jonathan; 1
Powelson, Charles; 1-2
Pugh, Abraham; 1-1
Pugh, Michael; 1-1
Pugh, Joseph; 1-5
Peters, John, **Branch Mountain**; 2-3
Peters, William; 1

Powelson, Lewis; 1-1
Pettit, Thomas; 2-6
Pownall, John; 1-5
Pownall, John, Jr; 1
Pownall, George; 1-1
Pashal, David; 1
Parke, Solomon; 1-4
Parke, John; 1-1
Parke, Amos; 1-6
Parrill, Edward; 2-6-2
Poston, Alexander; 1-1
Peters, John; 1-5
Parke, George; 1-3
Peters, James, son of John; 1-2
Parkes, Samuel; 2-3
Powelson, John; 1-3-1
Powelson, Cornelius; 1-4
Parke, Samuel; 1-2
Peters, Tunis; 2-5
Peters, Samuel; 1-2
Patterson, John; 1-3
Pipel, David; 2
Phillips, Plunket; 1-2
Paler, Frederic; 1
Powel, James; 2-3
Powel, William; 1-1
Powel, Henry; 1-1
Pennington, Jacob; 1-2
Pennington, Abraham; 1-2
Pownall, Isaac; 2-4
Pownall, Thomas; 1-2
Pownall, Jonathan son of Isaac; 1-2
Pugh, Bethel; 1-1
Prather, Silas; 1-1-1
Porter, Phillip; 1-1
Pool, Esther; 1-4
Pool, Henry; 1-2
Pool, William; 1-2
Probasco, Samuel; 1-2; 1 Stud
Pugh, Jonathan; 2-5-1
Peppers, John; 3-7
Peppers, John, Jr; 1
Parrill, Joseph; 1-2
Parke, John; 4-2
Powelson, Rynier; 1-3
Pugh, Jesse; 1-2
Pugh, Jesse, Jr; 1-1
Parrill, John; 1-1
Parrill, William; 1-3

1811 Lower District Hampshire County Tax

Pennington, Elijah; 3-6
Pennington, Thomas; 1-1
Plumb, Abraham; 1-2
Pugh, Robert; 1-6
Patterson, James; 2-6
Pugh, Jacob; 1-3
Parker, Grace; 1-2
Poston, William; 1-1
Poston, Elias; 1-1
Poston, Richard; 1-1
Prichard, Rees; 1
Prichard, John; 1
Pool, Robert; 1-1
Queen, John; 2-3
Racey, Thomas; 1-1
Robinson, John, **Mills Branch**; 1-2
Robinson, Benjamin; 1-1
Rosinberry, John; 1-3
Racey, John; 1
Racey, Luke; 1
Racey, William; 1
Rogers, Robert; 1-4; 1 Stud
Rogers, Owen; 1-2
Rogers, Mary; 0-1
Royce, Edward; 1
Ruckman, John; 1
Rogers, Aron; 1
Ruckman, Jacob; 1-3
Ruckamn, Samuel, son of Thos; 1-5
Ruckman, Peter; 1-3
Ruckman, Joseph; 1-2
Ruckman, Samuel Jr; 1-2
Ruckman, Samuel; 1-5
Ruckman, Richard; 1-2
Rinker, Samuel; 2-3
Rinehart, Abraham; 2-5
Rinehart, Abraham, Jr; 1-1
Reeder, William; 1-1
Reeder, John; 1-1
Race, William; 1-2
Royce, Sara; 1-3
Reed, James; 2-7-3
Russel, Samuel; 1-1
Rea, Bazil, Negro; 1-1
Reid, Jeremia; 1-4
Reid, Jeremia, Jr; 1-3
Reid, John; 1-3
Russel, Samuel, **Potowmac**; 1

Rigle, George; 1-2
Robison, Richard; 2-2
Robison, John; 1-1
Richmond, James; 1-1
Rider, Thomas; 1-1
Slane, James; 2-4
Slane, Elias; 1-1
Sherrard, Robert; 3-7-1
Slonecker, Christian; 1
Spencer, Thomas; 1
Stone, Joseph; 2-1
Smith, Conrad; 1-3
Sharf, George; 5-7-1
Smith, John; 1-1
Slane, Benjamin; 1-3
Seebring, John; 1-4
Slack, James; 2-3
Slack, Henry; 1-1
Starkey, William; 3-1
Starkey, Edward; 1-2
Starkey, George; 1-2
Starkey, Frederick; 1-2
Slocum, Robert; 1-4
Shinholtz, Jacob; 1-2
Shafer, Martin; 2-4
Shafer, Peter; 1
Shafer, David; 1-1
Smith, Nicholas; 1-3
Simpson, David; 1-7
Smith, Richard; 1-2
Shinholtz, Peter; 1-3
Slane, Hugh; 1-3
Seibole, Jacob; 1-1
Seibole, James; 1-1
Seibole, Eckibud; 1
Seyler, Jacob; 2-7
Stoker, William; 1-4
Stoker, John; 1-3
Stoker, Critten; 1-1
Stump, Peter; 1-3-3
Stump, Benjamin; 0-1-1
Stump, Joseph; 1-2
Stump, John; 1-2-2
Sheerwood, John; 2-3
Sherwood, King; 1-1
Summers, Andrew; 1-1
Summers, Walter; 1
Summers, John; 1-4
Smith, James; 2-2
Smith, Timothy; 2-8
Short, Isaac; 1-2
Short, Richard; 1-2
Smoot, Jacob; 1-1

Savill, Joseph; 1-1
Savill, Oliver; 1-1
Shinholtz, John; 1-2
Shinholtz, Peter; 1
Stephens, David; 2-2
Shanks, Joseph; 1-2
Stutsman, John; 1-1
Simpson, Ebenezer; 1-1
Switzer, John, Jr; 1-2
Swiers, Jacob; 1-2
Selby, John, **Constable**; 0-4
Simpson, Thomas; 1-1
Shusman, Peter; 1
Simmons, Charles; 1-3
Shin, David, Jr; 1-1
Shin, David; 1-4
Short, John; 2-1
Shingleton, Absalom; 1-1
Swisher, John; 1-6
Seekrist, Fred'k; 3-7
Seekrist, Henry; 1-2
Swisher, Valentine; 1
Spade, George; 1-6
Spade, Fred'k; 1-2
Spade, John; 1-3
Slane, Thomas; 2-3
Smoot, Barton; 1-7
Starn, Jacob; 1; 1 Stud
Starn, Joseph; 1-3
Spicer, William; 1-1
Spicer, Thomas; 1-3
Starn, John; 2-6
Slane, John; 2-4
Sutton, Zacharia; 1-1
Sollidy, John; 1
Thomas, John; 2-4-4
Titus, Tunis; 1-6-1
Turner, John; 1
Tucker, Daniel; 1-1
Timbrook, John; 2-4
Tullis, David; 1
Trickle, Joshua; 1-1
Trickle, Edward; 1
Taylor, William; 1-1
Tidd, Joseph; 1-1
Taggart, John; 1
Taggart, Francis; 1
Tyter, Jervas; 1-1
Terrance, John; 1-2
Terrance, William; 1-1
Tucker, Richard; 1-5-2
Tucker, Josephus; 2-7-3

1811 Lower District Hampshire County Tax

Tucker, Erasmus; 1-3
Tucker, Joseph; 2-4
Thompson, John; 2-6
Thompson, Amos; 1-1
Thompson, Elisha; 1-1
Tolin, Hugh; 1-1
Tyler, Edward; 1-3
Tucker, Thomas; 1-1
Throckmorton, Gabriel; 1
Thompson, James; 2-3
Thompson, Joseph; 1-7
Tharp, John; 1-4
Thompson, John, L **Capon;** 2-7-1
Taylor, Richard; 1
Vandift, Christopher; 1-1
Vanorsdal, Garrett; 2-4
Vokes, David; 1-2
Vanarsdal, Abraham; 1-2
Vanarsdal, Abraham, Jr; 1-2
Woolery, Henry; 1-2
Warfield, Sylvanus; 1-1
White, Francis; 2-4-1
Wydmier, Michael; 2-2
Wolverton, Joel; 2-5
Wolverton, James; 1-1
Wingate, James; 1
Wilson, Henry L; 1-3
Ward, John; 1-2
Ward, Joel; 1-3
Williams, Thomas; 2-8-2
Williams, Zedekia; 1-3
Winterton, John; 1-1-1
Winterton, John, Jr; 1-4
Welson, William; 1-2
Wright, Joseph; 1
Wolford, John; 2-5
Wolford, Henry; 1-1
Wettel, Peter; 1
Weaver, Abraham; 1-5
Weaver, John; 1
Williamson, Cornelius; 1-1
White, John; 1-1
Williamson, Samuel; 3-2
Young, John; 1-3
Yonley, David; 1
Yonley, Thomas; 1-2
Yinger, Gasper; 1-5-1
Yost, John; 1-1
Yates, Joseph; 1-1

List of merchants licences in the Lower District Hampshire 1811:

Robert Sherrard $15.00
James M Offutt, $15.00
Abraham Craswell, $15.00

I John Slane having examined the foregoing list of property subject to taxation find the same to be correctly stated given under my hand this 31st day of May 1811.

Number of slaves over 12 years in the foregoing list is 119
7 Stud Horses
1752 Common Horses

1811 UPPER DISTRICT OF HAMPSHIRE COUNTY - JAMES GIBSON

Armstrong, William, Jr; 1-9-3
Armstrong, Willia, Sr; 1-11-6
Abernathy, Nancy; 2-3
Abernathy, Sam'l, **Spring'd**; 2-4
Adams, Jacob; 1-4
Arnold, Dan'l; 2-4
Allbright, Benj L; 1; F Black
Arnold, Zacariah; 2-9
Arnold, Sam'l; 2-7
Abernathy, Sam'l, **A M**; 1-2
Athey, Walter; 1-3
Alkire, Peter; 1-9
Ashton, Joseph; 1-2
Abernathy, John, **Spr'd**; 1-1
Anderson, James; 1-2
Addison, Rich'd; 1-1
Anderson, Cornelius; 1-2
Anderson, John; 1-1
Athey, Thomas; 1-3
Athey, Tho's, Jr; 1-1
Adams, David; 1-1
Athason, William; 1-6
Akiman, Adam B; 1-3
Anderson, Alex'd; 1
Ashby, Benjamin; 1-1
Ashby, Jeremiah; 2-3-3
Abernathy, John, **A M**; 1-2
Allen, Rob't; 2-6-3
Barger, John; 1-1
Bowman, Geo; 1-3
Buffington, David; 1-2
Busbey, William; 1-3
Blue, Uriah; 3-8-6
Blue, John; 1-4
Blue, Garret; 1-7-1
Blue, Michael; 2-7
Blue, Michael, of Uriah; 1-5-1
Brinker, Henry; 1-2
Buffington, William; 1-11-1; 1 Stud
Buffington, Rich'd; 1-2

Beatty, Charles; 2-12
Barkelow, Sally; 0-1
Barks, Jacob; 2-4
Baker, John; 1-2
Blue, Remembrance; 1-4
Bizor, Jacob; 1-3
Bane, Jesse; 2-3
Berry, Thomas; 1-1
Bane, Geo; 1-1
Browning, Elias; 1-1
Boseley, James; 3-5
Bailey, Edw'd; 3-6
Bane, Abner; 1-2
Buskirk, John V; 1
Bond, Thomas; 1-4
Bever, Peter; 1-4
Burbridge, Widow; 0-4-2
Blackburn, Tho's; 1-2
Baker, Joshua; 1-4
Brady, John; 2-1
Bogart, Dan'l; 1-1
Butt, Conrad; 2-1
Barnhouse, John; 1-1
Barnhouse, Jacob; 1-1
Baker, Joseph; 1-3
Brown, James; 1-2
Baker, Geo at Tho's Dunns & Ja's Parkers; 1 Stud
Buck, Robert; 1
Burton, Widow; 0-4
Blue, Dan'l; 1-1
Berry, William; 1
Buckhorn, John; 1-1
Bizor, Nicholas; 1-3
Barnett, Notley; 1-5
Bean, John; 1
Bean, Walter; 1-1
Bogle, Andrew; 1
Beard, Geo; 1-3
Baker, Michael; 1-5
Brown, Elias; 1; F M
Bear, Adam; 1-2
Baker, Henry; 1-1
Buck, Tho's; 1-1
Beckwith, Newman; 1-2-2
Bell, Bazell N B; 1-1; F M
Browning, Westley; 1
Burkholder, Abr'm; 1

Bowman, John; 1-1
Black, Jonathan; 1
Bowman, Adam; 1-12-3
Clark, Aaron; 1-1; F B
Clark, Joseph, **N M**; 1; F B
Clark, William, **N M**; 1-2; F B
Campbell, James; 1
Collins, Thomas, Jr; 1-1
Combs, Joseph; 1
Cookus, Henry; 3-1
Collins, Michael; 1
Crossley, Joseph; 1
Collins, Thomas, Sen'r; 1-8-2
Collins, Dan'l; 6-21-3
Collins, John; 1-3
Curlett, William; 1-7
Carscaden, Thomas; 1-5
Cowan, William, **Constable**; 0-3
Cocrill, Sam'l; 1-14-4
Carder, Abot; 1-1
Campbell, Roney; 1-4
Corn, Timothy; 3-10-1
Cunningham, James; 1-12-4
Carnard, Leonard; 1-4
Cundiff, John, Sen'r; 1-4
Cundiff, John, Jr; 1-1
Chamberlain, Jonas; 2-1
Corbin, John; 1
Culp, John; 1-5-2
Culp, George; 2-6-1
Clawson, John; 1-2
Calmes, Geo; 1-13-4
Carruthers, Geo, Jr; 1
Carruthers, Geo, Sen; 1
Carruthers, Mary Ann; 0-3
Chew, James; 1
Cabridge, Peter; 2-3
Cresap, Thomas; 1-13-6
Calahan, John; 1
Cockrill, Thomas; 1-2
Christy, William; 1-1
Clark, William Jr; 1-1
Cooper, Widow; 0-1

1811 Upper District Hampshire County Tax

Cline, Philip; 3-5
Casady, Benj; 1
Coleshine, Henry; 3-3
Crawfis, John; 1-3
Cade, William; 1-1
Chandler, Widow; 0-1
Connely, Edw'd; 1
Campbell, Moses; 1-1
Clark, James; 1-3
Clark, William Sen'r; 1-2
Cheesman, William; 0-1
Campbell, Sam'l; 1
Cambey, Sam'l; 1-3
Casady, Tho's at Ja's Boseleys and Ja's Ravenscroft; 1 stud
Cash, Rob't; 1; F Black
Combs, Dan'l; 1-2
Connely, Francis; 1
Corbin, William; 1
Douglass, Jonas; 1-1
Douthet, Widow; 1-3
Davis, Eli; 2-2
Davis, John, **Constable**; 0-1
Dyer, Elizabeth; 0-0-1
Dailey, James; 2-12-5
Dye, Thomas; 1-3-1
Davis, Francis; 1-1
Donaldson, William; 5-18-2
Donaldson, James & Rob't; 2-2
Dunn, Thomas; 3-2-8
Dunn, Ephraim; 2-7-3
Dunn, Lewis; 2-10-2
Davey, John; 1-1
Dulin, Collin; 1-3
Dowden, John; 2-6-1
Dean, John; 1-1
Daniels, Dennis; 1-5-1
Dull, Jacob; 1-3
Decker, John; 3-17-7
Davis, Sam'l B; 2-2
Davis, Hezekiah; 1-1
Dean, Jane; 0-1
Dailey, John; 1
Dunn, Rich'd; 1
Davey, William; 1
Davis, Jesse; 1-1
Dulin, Edmond; 1-2
Dixon, Joseph; 1-1
Dixon, John; 1-3

Dulin, William, Jr; 1-5
Dunn, Jacob; 1
Dial, Philip; 1
Dust, Casper; 1-1
Davis, Joseph; 2-4-1
Dayton, Isaac; 1-1
Davis, James; 1
Denney, William; 1-3
Durben, Nicholas; 1-2
Duley, James; 1-4
Dawson, John; 1-5
Dulin, William, Sen'r; 2-4-2
Davis, Walter; 1-2
Dobbins, Sam'l; 1-6
Duley, Hezekiah; 1
Entler, William; 1-4
Entler, John; 1
Earsom, Simon; 2-5-2
Earsom, John; 1-5-2
Edmiston, Thomas; 1-9-2
Easton, John; 1; F Black
Earsom, John of Jacob; 1-3
Earsom, Jacob; 2-4
Engle, Isaac; 1-2
Eliott, Abraham; 1
Emerson, Abel; 2-12
Elifritz, Geo; 1-3
Evans, Benj; 1
Evans, James; 1-2
Enswinger, Henry; 1-2
Fitzgerald, Thomas, Sen'r; 3-2
Fitzgerald, Thomas, Jr; 1-4
Friddle, John; 1
Fleek, Jacob; 1-2
Fiddler, Jacob; 1-3
Flood, John; 1-4
Fink, Fred'k; 4-5
French, William; 1-5-2
Fout, Michael; 1-3
Flemming, Patrick; 1-6
Fleek, Adam; 1-2
Fleek, John; 1-2
Fleek, Henry, Sen'r; 1-2-1
Fleek, Henry, Jr; 1-2
Florence, Thomas; 1-1
Flood, Charles; 1-1
Foley, John; 1-5-1

Freeman, Abraham; 1; F B at J Vandivers
Franks, Henry; 3-4
Fetter, John; 1-1
Fuller, William; 1-1
Fuller, Stephen; 1
Fielding, Widow; 0-1
Flannigan, Sam'l; 1-1
Foley, William; 1-7-1
Fox, William; 4-24-7
Gibson, James; 1-1
Greenwell, Elijah; 1-9-3
Grace, Philip; 0-2
Glaze, Conrad, Jr; 1-2
Guinne, Andrew; 1
Gale, Geo; 2-8-1
Good, Abraham; 1-2-1
Grisson, Ambroce; 2-3
Gates, Charles; 1-3; F M
Glaze, Conrad, Jr; 1-3
Goldsmith, Benona; 1-2
Good, Philip; 1-2
Grigg, John; 1
Gray, William; 0-1
Graham, Arthur; 1-1
Graham, James; 1-2
Grymes, James; 1; F M
Hoffman, Conrad, Sen'r; 1-1
Honeyman, Charles; 3-5
Hill, Leroy, Jr; 1-1
Hines, John; 1-2
Heinzman, Henry; 1-9-1
Heiskell, Adam; 1-1-1
Heiskell, Chris; 2-3-1
Houser, Charles D; 1-1
Heiskell, Isaac; 1-2-2
Hoffman, Conrad, Jr; 1-3
Hansbrough, John; 2-4
Hill, William, **Constable**; 0-4
Hill, Rob't; 1-3
Hill, Leroy, Sen; 2-3
High, Jacob; 1-3
High, John; 1-2
Hains, Geo; 1-3
High, Henry; 1-5
High, Fred'k; 1-6
House, John; 1-5
Hibbs, John; 1-2
Hollenback, Dan'l; 1-1
Hawk, Henry; 1-1
Hawk, Henry, Sr; 1-3

1811 Upper District Hampshire County Tax

Hill, Geo; 2-1
Hawk, Abraham; 1-5-5
Hamilton, Charles; 1; F M
Humes, William; 1-2
Houser, Lewis; 1-3-1
Hamrick, Siras; 1
Holliday, Rich'd; 1-5-1
Hider, Adam; 3-4-6
Hogan, Thomas; 1-4-1
Hendrickson, Spencer; 1-1
Harnus, Widow; 0-4-3
Hunter, Rich'd; 1-2
Hawk, Joseph; 1-1
House, Sam'l; 1-3
House, Alen; 1-1
Holms, Benjamin; 1
Hartman, Henry; 2-7
Harness, Solomon; 1-12-3; 1 Stud
Harvey, Hezekiah; 1-1
Harvey, Zacariah; 1-1
Harvey, Reason; 1-3
Harvey, Elijah; 1-2
Harvey, James; 1
Hattin, David; 1-1
Hurn, Philip; 1-2
Hider, John; 1-2
Hollenback, John; 1-2
Hollenback, Widow; 0-5
Hollenback, Abraham; 1-2
Harsell, Peter; 1-2
Hirsman, Chris; 2-3
Horzman, Abraham; 1-1
Hatten, Sam'l; 1-2
Hutton, James; 1-2
Hugh, Geo; 1-1
Hull, Benj; 1-1
Hull, Stephen; 1-1
Hooker, John; 1-2
Horse, Peter; 1-3
Horse, Chris; 1-3
Hoffman, Aaron; 1-5
Jack, John; 2-7-1
Inskeep, William; 1-10-4
Inskeep, John; 3-11-4
Johnson, Okey, Esq; 3-10-3
Johnson, Okey; 1-2
Johnson, Isaac; 2-4
Jones, Rob't; 1-1
Jones, Thomas; 1

Ingmire, Robert; 1
Johnson, Isaac **(G Valey)**; 2-5-4
Isler, Geo; 1-3
Isler, Jacob; 2-1
Jacob, John J **(Minister)**; 2-9-1
Junkins, William; 2-2
Inskeep, James; 1-20
Janney, William; 3-14-7
Janney, Jesse; 1-4
Jacobs, Joseph; 2-2
Jacobs, John; 1-1
James, Isaac; 1-1
James, John; 1-2
Jones, Wililam; 1-1
Jones, Elias; 1-3
Justice, Danl **NB**; 1-4 F B
Jones, Jonathan; 1
Johnson, Widow; 1-6-9
Jones, Abel; 1-2
Jones, Widow; 0-2
Johnson, James; 1-1
Jackson, William; 1-2
Inskeep, Joseph; 1-30-3
Iden, Geo; at Jacob Vandivers and Henry Cookus 1 Stud
Kirk, Thomas; 1
King, Alex; 1-11-6
Koil, Robert, Senr; 1-9-1
Koil, Rob't, Jr; 1-1
Kelly, Patrick; 1-5
Kennady, Sam'l; 1-2
Kuykendall, Isaac; 1-11-6
Kelly, Michael; 3-6
Kinady, Mathew; 2-2
Kuck, Dan'l; 1
Kennady, Jacob; 1-2; F M
Kite, William; 1-2
Kite, Sam'l; 1-1
King, Geo; 2-3
Keys, Geo; 1-1
Licklighter, Geo; 2-2
Licklighter, Peter; 1-3
Liller, Geo; 1
Liar, Abraham; 1
Lyon, Dan'l; 1-3
Lillar, Henry; 3-3
Long, William; 2-3
Ludwick, Jacob; 2-4
Ludwick, Dan'l; 1-4

Long, Thomas; 1
Lantz, Dan'l; 0-6
Lowen, John; 1
Laubinger, Geo M; 1-1-1
Landes, Fred'k; 1-3
Leatherman, Abraham; 1-3
Leatherman, Dan'l; 1-3
Leatherman, Lewis; 1-2
Lash, Thomas, **Constable**; 0-1
Leatherman, John; 1-3
Long, David, Sen'r; 1-2
Lease, John; 1-2
Lees, Jacob; 1-5
Lees, Andrew; 1-2
Leatherman, Nicholas; 1-3
Lyon, John; 1-2
Lawson, John; 1-6-3
Leatherman, Peter; 1-3
Leas, William; 1-4
Long, David, Jr; 1-4-3
Lyon, Elisha; 1-2
Lyon, Elijah; 1-3
Lenox, Thomas; 1
Lenox, James; 1
Lyon, John, **N M**; 2-5
Lewis, John; 1
Long, John; 1-1
Larkins, John; 1
Licklighter, John; 2-2
Lease, Geo; 1-2
Long, John; 1-5
Ludwick, John; 1-1
Long, Jacob; 1-5
Merritt, Michael; 1-1
Merritt, John; 1-1
Moore, John; 1
Merritt, Adam; 1
Mouser, Benj; 1-1
McDowell, John; 2-1
McGuire, Sam'l; 1-0-1
Mulledy, Thomas; 2-16-2
Maloy, James; 1
Means, Isaac Senr; 3-7-1
Means, Isaac, Jr; 3-5-2
McGloughlin, Dan'l; 2-6
Martin, Luther C; 1-7-2
McDougle, James, Sen'r; 2-1
Montgomery, Matthew; 1
Male, Willmore; 2; F M

1811 Upper District Hampshire County Tax

McCartney, Tho's; 1-2
Marpole, Geo; 1-1
McNary, Ebenezer; 1-5
McNeil, Widow; 0-3-3
Moseley, James; 1-14-3
McChesney, William; 1-1
Marshall, John; 1
Myers, Jacob; 1
McCarty, Edw'd; 3-20-8
Mills, William; 1-1
Murphy, John; 1-1
Miller, Michael; 2-15-2
Monroe, Jermeiah; 1
Means, Robert; 1-1
Miller, Henry; 1-3
Miller, Elizabeth; 0-1
McCalley, Cornelius; 1-2
Mott, Sylvester; 1-1
Moore, Zadock; 1-1
Moore, Josiah; 1-1
Mitts, John; 1
Miller, Isaac, N B; 1-7
Morton, John; 2-1-1
McKinley, Ralf; 1
McDonald, Thomas; 1-1
Monnett, Jeremiah; 1-2
Madden, Samuel; 1-1
Madden, Keely; 1-1
McDonald, John; 1-3
McMahon, Peter; 2-5
Madden, John; 2-2
Martin, John, Jr; 1-1
Miller, Jacob; 2-1
Mundle, Michael; 1; F B; E McCarty
Miller, William; 1
Matheny, Fred'k; 1-2
Miller, Abigail; 0-1
Mall, Nicholas; at Jno Dowdens and Fred'k Purgets 1 Stud
McFarlin, Ezekiel; 1-1
McBride, John; 2-7
Martin, James; 3-8
Naylor, William; 1-2-3; 1 Chair
Neff, John; 1-5
Nixon, Jonathan; 1-3
Newman, John, Sen'r; 1
Newman, John, Jr; 1
Neff, George; 1-3-1
Neal, Thomas; 1-1
New, Henry; 1-1

Parsons, James; 1-28-5
Parsons, David; 1-16-3; 1 Stud
Parker, Benj; 2-3
Parker, Jonathan; 1-1
Parker, Jacob; 1-3
Parker, Solomon; 2-12-6
Parker, Petyr; 3-10-4
Parker, James; 4-6
Piper, John; 1-1
Powelson, Henry; 1-4
Plumb, John, Sen'r; 1-5
Plumb, John, Jr; 1-4
Poland, John; 1-4
Plumb, Abraham; 1-3
Price, John H; 1-3-3
Purgit, Frederick; 1-2
Purgit, Henry; 1-3
Paker, Peter, Jr; 1-7-3
Price, Silas; 2-1-1
Plummer, Obadiah; 1; F M
Putman, Jacob; 1-2
Putman, Peter; 1
Pierce, John; 1-2
Painter, William; 1
Price, Ignatius; 1-1-1
Parker, John; 1-1
Parson, Thomas; 1-2-2
Plumb, Henry; 1-2
Price, Arjalon, Jr; 1-3-1
Price, Arjalon, Sen'r; 1-2-2
Pearcall, John; 1-10-7
Poncrotz, Leonard; 1-1
Pugit, Henry, N M; 1-3
Poland, Amos; 1-3
Pancake, Isaac; 1-14-5
Peatt, William; 1-1
Paugh, William; 1-2
Price, Nathan; 2-2
Price, John; 1-1
Peal, James; 1-4
Paugh, Michael; 1
Parrott, Chris; 2-10-4
Prye, Windle; 2-2
Ravenscroft, John; 2-9-1
Ravinscroft, John, Jr; 1-2
Rodgers, Rhodam; 1-2-2
Reiley, Sam'l; 1-1
Reed, Charles; 2-5
Rannells, Robert; 1-6-1
Rees, Thomas; 2-6

Rickey, William; 1-2
Rees, William; 1-6
Rinker, John; 0-1
Rinker, John, Jr; 1-1
Ravenscroft, James, **Constable**; 0-2
Race, John; 1-7
Robertson, Solomon; 1-1
Robey, Vincent; 1-3
Rush, Francis; 1-3
Richards, Godfrey; 2
Reiley, Tho's; 1-3
Reiley, Elijah; 1
Randall, James; 1-2
Rinehart, Geo; 1-3
Rawlins, Elijah; 1-2
Reasor, Jacob; 1-2
Rankins, John; 1-2
Rawlins, Benj; 1-3
Rees, Tho's of William; 1-2
Rinehart, John; 1-1
Rawhouser, Jacob; 1-2
Ravenscroft, Thomas; 1-3
Ravenscroft, Francis; 1-4
Rooff, Chris'n; 1
Reiley, Alex; 1
Rector, Conway; 1-13-3
Rea, John; 1
Short, William; 1-3-1
Sloan, Henry; 1
Sprigg, Osburn; 3-20-12
Spring, Samuel; 1-1; F B
Savage, James; 1-1
Stradford, Thomas; 1-2
Sloan, Rich'd; 3-11
Schrock, William; 2
Sandy, James; 1-1
Sollars, Tho's; 1
Spilman, William; 1
Spilman, Williams; 1
Savage, Pat'k; 1-3
Stimmell, Hanah; 1-3
Smith, Peter; 1-6
Smoot, Josiah; 1-7-2
Spencer, James; 1-2
Spencer, John; 1-3
Shoemaker, Peter; 2-5
Shillingburgh, William; 4-1
Singleton, John; 1-4

1811 Upper District Hampshire County Tax

Shores, Thomas; 2-4
Shores, Lander; 1-1
Stagg, Geo; 1-3
Stover, Dan'l; 1-1
Smith, John; 1-7
Stanton, Rob't; 1; F M
Strother, John; 2-2
Shank, Geo; 2-3
Sandy, William; 2-2
Shannon, Thomas; 1-1
Stuckslager, Jacob; 1-2
Sands, Bryan; 1
Slagle, Hanah; 1-4-4
Stallcup, Isareal; 2-2
Scrichfield, Joseph; 1-5
Ship, Godfrey; 1-2
Ship, Jacob; 1-2
Sheetz, Fred'k; 4-3-1
Sheetz, Otho; 1-1
Seahon, John L; 1-5-4
Six, Geo; 2-2
Smith, Henry; 1-5
Sturman, John; 2-4
Sultzer, Adam; 1
Spurling, James; 1
Sheriff, Benj; 1; FM
Stewart, John; 1-4
Sciance, Peter; 1-1
Smith, Geo; 1-2
Shoaf, John; 1-4
Smith, Valintine; 1-1
Strother, Anthony; 1
Sharadon, Abraham; 1-1
Shoaf, Jacob; 1-2
Smith, John, M R; 1-1
Stone, Henry; 1
Stafford, Rich'd; 1-5
Stafford, Joseph; 1-1
Stafford, Westley; 1-1
Sharpless, Jesse; 2-2
Steerman, James; 1-2
Snyder, John; 2-14-10
Smith, Jacob; 1-2
Stears, John; at Ja's Parkers 1 Stud
Taylor, Thomas; 1-1
Throckmorton, Warner; 1-1-2
Thayer, Bazil; 1
Taylor, Septimus; 1
Taylor, Edw'd; 2-2
Taylor, Thomas; 1-6-3
Taylor, William F; 1-7-3

Thomas, Sam'l; 1
Thomas, Moses; 2-2
Thrash, John; 1-3
Thomas, William; 2
Thomas, Widow; 0-2
Totton, Sam'l; 2-2
Turner, Evan; 1-1
Thomas, Sam'l N C; 1
Torobridge, John; 1-3
Thrasher, Benj; 2
Trunter, Sam'l; 1
Thompson, Sam'l; 1-3
Trunter, Joseph; 1-1
Tasker, Geo R; 1-2
Totton, James; 1
Taylor, Simon; 3-19-4
Totton, John; 1
Umstott, Peter; 3-5
Umstott, Jacob; 1-1
Urice, Geo; 2-2
Utt, Chris'n; 1-3
Umstott, Philip; 1
Vause, William; 2-18-5
Vandiver, Jacob; 2-14-3
Vandiver, Sam'l; 2-14-3
Vandiver, William; 3-14-4
Vandiver, Vincent; 1-11-2
Vandiver, Lewis; 3-14-2
Vandiver, Elizabeth; 0-1-6
Vandiver, John; 1-5-2
Waxler, Sarah; 1-1
Waxler, Tho's; 1
Wilson, James, Sen'r; 1-3
Watkins, William; 1-1
Wamps, Francis; 1
Walker, Widow; 0-1
Wilson, Rich'd; 1-2
Wilson, Nathaniel; 1-2
Will; 1-1 at V Vandiver
Wilcox, Stephen, Sen'r; 1-3
Welch, William; 1-2
Welch, Widow; 0-2-2
Welch, Sylvester; 1-1
Welch, Isaac; 1
White, John; 1-1
Wright, John; 1-15-7
Wodrow, Andrew; 1-5-5; 1 Carriage
Welch, Demcey; 1-4-3
Walker, Andrew; 2-4

Walker, James; 1-2
Wilcox, Stephen; 1-1
Walker, Sam'l; 1-5-2
Wallace, Tho's; 1-5
Welton, Job; 1-11-1
Ward, John; 2-4
Wiley, Laban; 1-2
Wolf, Jacob; 1
Whip, Dan'l; 2-4
Waggoner, John; 1-10
Waggoner, Jacob; 2-4
Worthington, William M; 1
Wolverton, Charles; 1
Watkins, Thomas; 1-2
Whiteman, John; 1-1
Ward, Lloyd; 2-3
Waw, John, N B; 1-1 F B
Young, Rob't, **Constable**; 0-3
Young, Henry; 1
Zimmerman, Jacob; 1-1

1811 Upper District Hampshire County Tax

White males above 16 years of age: 831
Blacks above 16 year of age: 297
Blacks above 12 and under 16 years: 67
Common Horses 2155, $258.60
Stud Horses 8, $62.00
1 carriage, $5.00
1 chair, 86 cents

I James Gibson have examined the foregoing list of property subject to taxation and find the same to correctly rated given under my hand this 17th June 1811. James Gibson Commissioner.

A list of licences granted to merchants to retail goods of a foreign growth and manufacture for the year commencing on the first day of May 1811 for the Upper District of Hampshire County:

John McDowell
Silas Price
William Armstrong, Jr
James Dailey
Jacob Vandiver
James Moseley
Thomas Dunn
John Brady
Sam'l Sigler
John Piper

1812 UPPER DISTRICT OF HAMPSHIRE COUNTY – JAMES GIBSON

Anderson, Jacob; 1
Akimand, Adam B; 1-3
Ashton, Joseph; 1-4
Anderson, Cornelius; 1-2
Atkison, William; 1-2
Alkire, Peter; 1-9
Adams, David; 1-1
Adams, Jacob; 1-3; 1 Stud
Armstrong, William; 1-8-7
Allen, Robert; 2-4-3
Armstrong, Wm, Jr; 1-10-2
Ashbey, Jeremiah; 1-2-3
Ashbey, Benj; 1-1
Ashbey, John; 1-1
Ashbey, Abraham; 1-1
Addison, Rich'd; 1-2
Athey, Tho's; 1-3
Abernathy, Sam'l; 1-2
Arnold, Zaccariah; 2-8
Abernathy, John; 1-2
Arnold, Dan'l; 2-5
Arnold, Sam'l; 2-6
Abernathy, Sam'l; 2-3
Abernathy, Nancy; 3-4
Blue, Uriah; 3-5-7
Boggart, Dan'l; 1-1
Brinker, Henry; 1-2
Barkelow, Sally; 0-1
Buck, Tho's; 1-4
Bear, Adam; 1
Bryan, Jn'o and Ja's; 2-6
Benjamin; 1; F B: T Taylor
Beatty, Charlis; 2-14
Bardel, John; 1
Blue, Remembrance; 1-4
Buffington, Rich'd; 1
Butt, Conrad; 1-2
Bever, Peter, Jr; 1
Bever, Peter, Sr; 1-3
Bever, Geo; 1
Bukhorn, John; 1-1
Bane, Jesse, Jr; 1
Bane, Jesse, Sen'r; 2-3
Beard, Geo; 1-3
Burtin, Widow; 0-3-1

Burbridge, Mary; 0-4-2
Baker, Thomas; 1-3
Burket, Jesse E; 1
Baker, Mich'l; 1-5
Buffington, David; 1-2
Baker, Henry; 1-1
Browning, Westley; 1
Bond, Thomas; 2-3
Bond, John; 1-1
Bowman, Geo; 1-3
Baker, Joseph; 2-5
Barnhouse, John; 1-1
Bailey, Edw'd; 3-5
Baker, Joshua; 1-3
Boseley, James; 3-5
Boseley, William; 1
Bogle, Andrew; 1
Bean, Walter; 1
Buskirk, John V; 1
Blue, Mich'l of Uriah; 1-6-1
Berry, Tho's; 1-1
Bane, Abner; 1-1
Bane, Geo; 1-1
Barger, John; 1-2
Bizor, Jacob; 1-3
Bizor, Nicholas; 1-2
Barks, Jacob; 1-3
Browning, Elias; 1-1
Barnett, Notley; 1-1
Barrett, William; 1-1
Blue, Mich'l; 2-5
Blue, Isaac; 1-1
Blue, Garrett; 1-7-1
Blue, John; 1-4
Brady, John; 1-2
Black, Jonathan; 1
Busbey, William; 1-3
Buffington, William; 1-7
Belford, Dan'l; 1
Belford, William; 1
Belford, Nathan; 1
Brown, James; 1-2
Cooper, Thomas; 1
Curlet, William; 1-7
Collins, Tho's; 1-8-2
Connelly, Francis; 1
Cresap, Tho's; 1-12-3
Carter, Henry H; 1-1

Cummings, Aaron; 1-1
Campbell, James; 1
Carder, Abott; 2-1
Combs, Joseph; 1
Collins, Tho's C; 1
Cooper, Rebeckah; 0-1
Corn, Timothy; 3-8-1
Cockrill, Tho's; 1-2
Carscaden, Arthur; 1-1
Chamberlain, Jonas; 2-2
Connelly, Edw'd; 1-1
Chandler, Widow; 0-1
Cade, William; 1
Cowan, William; 1-5-1
Cokely, Dan'l; 1
Cokeley, Elijah; 1-1
Caton, William; 1
Clawson, John; 2-2
Crawfris, John; 1-2
Crawfis, Margaret; 0-1
Culp, John; 1-6-2
Culp, Geo; 2-5-1
Combs, Dan'l; 1-2
Calbert, Francis; 1-2; F M
Clarke, William, N B; 1-2; F B
Clarke, Joseph, N B; 1; F B
Cambey, Sam'l; 1-2
Casaday, Benj; 1; 1 Stud
Coleshine, Henry; 3-3
Chamberlain, John; 1-1
Cundiff, John, Jr; 1-2
Carruthers, Geo, Jr; 1
Carruthers, Geo, Sr; 1
Carruthers, Maryann; 0-2
Collins, Mich'l; 1-2
Cockrill, Sam'l; 1-15-3
Carnard, Leonard; 2-4
Cabrick, Peter; 2-2
Clarke, William; 2-2
Clarke, Tho's; 1-1
Campbell, Moses; 1-1
Corbin, John; 1-1
Corbin, William; 2-2
Cundiff, John, Sr; 1-4
Chessman, William; 1-1

136

1812 Upper District Hampshire County Tax

Carscaden, Tho's; 2-5
Calmes, Geo; 1-10-6
Collins, Dan'l; 4-20-2
Clarke, Ja's; 1-1
Clarke, Jacob; 1-1
Cunningham, Benj; 1-2; F M
Collins, John; 1-4
Cookus, Henry; 3-1
Cuningham, Ja's; 1-13-3
Carder, Henry; 1
Chew, James; 1
Dailey, John; 1
Dunn, Rich'd; 1
Donaldson, Ja's & Rob't; 2-1
Doman, John; 1-1
Davis, Walter; 2-7
Dotson, Jesse; 1
Davis, John, Constable; 0-1
Davis, Francis; 1-1
Davis, Eli; 2-2
Dyer, Elizabeth; 0-0-1
Davey, John; 1-1
Davey, William; 1-1
Douthet, Widow; 1-3
Dowden, John; 2-6-1
Dayton, Isaac; 1
Dunn, Lewis; 4-9-2
Daniels, Dennis; 1-5-1
Dunn, Thomas; 3-8-2
Dunn, Jacob; 1-1
Dunn, Ephraim; 1-7-3
Dust, Casper; 1
Dust, Jacob; 1-1
Dobbins, Sam'l; 1-5
Dawson, John; 1-4
Davis, James; 1-2
Davis, Sam'l; 2-3
Davis, Hezekiah; 1-1
Davis, Jesse; 1-1
Davis, Joseph; 2-4-1
Dulin, Collin; 1-2
Dulin, Edmond; 1-2
Doll, Jacob; 1-3
Dye, Tho's; 1-6-1
Darling, Isaac; 1-1
Davidson, John; 1
Dulin, Willim; 1-5
Dean, John; 1-2
Dean, Widow; 0-3
Davis, Tho's; 1-2

Dulin, William; 2-6-1
Dixon, Joseph; 1-1
Denney, William; 1-2
Duley, James; 1-4
Dailey, James; 2-9-6
Dulin, William P C; 1
David, Ja's, Sp'd; 1
Donaldson, William; 5-16-2
Earsom, Simon; 1-5-2
Earsom, Jacob; 2-4
Earsom, John of Jacob; 1-3-1
Eskridge, Geo Jr; 0-0-2
Entler, William; 1-1
Entler, John; 2-1
Elliott, Abraham; 1-1
Edmiston, Tho's; 1-6-2
Emerson, Abel; 3-8
Evans, James; 1-2
Easton, John; 1; F M
Elifritz, Geo; 1-2
Enswinger, Henry; 1-2
Evans, Benj; 1
Earsom, John; 1-5-2
French, William; 1-4-2
Friddle, John; 1
Fidler, Jacob; 1-3
Foley, John; 1-6
Fink, Fred'k; 4-5
Fulow, John; 1
Fulow, William; 1-1
Fleck, Adam; 1-1
Fleck, Jacob; 1-2
Fleck, Henry, Sr; 1-2-1
Fleck, Henry, Jr; 1-2
Fleck, John; 1-2
Fail, Joseph; 1
Fail, Henry; 1
Franks, Henry; 1-4
Franks, Henry, Jr; 1-1
Fout, Mich'l; 1-5; 1 Stud
Flood, John; 1-4
Flood, Charles; 1-1
Fuller, William; 1
Fuller, Stephen; 1
Florence, Tho's; 1-1
Frizell, Charles; 1-4
Flemming, Pat'k; 1-6
Foster, Edw'd; 1-1
Fitzgerald, Tho's Sr; 2-3
Fitzgerald, Tho's Jr; 2-4
Foley, William; 1-8-1

Fetter, John; 1-1
Fox, William; 4-27-7
Grace, Philip; 1-1
Gates, Charles; 1-4; F M
Glaze, Conrad; 2-4
Gale, Geo; 3-8-2
Gregg, Joshua; 1-1
Gibson, James; 1-1
Greenwell, Elijah; 1-7-3
Guynn, Andrew; 1
Gilpin, Edw'd; 1-2
Goldsmith, Benona; 1-2
Grayson, Ambrose; 2-1
Grim, Geo; 1-3
Good, Phillip; 1-2
Graham, Arthur; 1-1
Graham, Janus; 1-3
Graham, Mark; 1
Hines, John; 1
Hansbrough, John; 3-2
Heinzman, Henry; 1-9-3
Hull, Benj; 1-1
Hull, Stephen; 1-1
Hume, Nancy; 0-5-2
Hoffman, Conrad; 1-4
Hume, William; 1-1
Hamilton, Charles; 1-1; F M
Horse, Peter; 1-4
Horse, Chris'n; 1-1
Hammond, Absalom; 1-1
High, Henry; 1-1
High, Fred'k; 1-6
Hawk, Henry; 1-3
Hawk, Henry, Jr; 1-2
Hawk, Joseph; 1-1
High, Jacob; 1-3
High, John; 1-2
Holliday, Rich'd; 1-6-2
Harniss, Solomon; 1-9-3
Hirsman, Abraham; 1
Honeyman, Charles; 2-8
Harsell, Peter; 1-2
Honeyman, Benj; 1-1
Hollenback, Dan'l; 1-2
Hollenback, Abr'm; 1-2
Hunter, Rich'd; 1-2
Hollenback, Margaret; 1-2
Hollenback, John; 1-4
Hartman, Henry; 2-6
Heiskell, Chris'n; 1-3-1
Heiskell, Adam; 2-1-3

1812 Upper District Hampshire County Tax

House, John; 1-4
House, Sam'l; 1-3
House, Allen; 1-1
Harress, Amos; 1-1; F B
Houser, Lewis; 1-5-1
Hider, Adam; 1-6-4
Hider, John; 1-3
Hatten, Sam'l; 1-2
Hoffman, Aaron; 1-8
Hirsman, Chris'n; 2-5
Houser, Charles D; 1-1
Hoskinson, Andrew; 0-1
Hoffman, Conrad, Sr; 1-2
Hamrick, Siras; 1
Hatten, David; 1-1
Hill, Geo; 2-1
Hogan, Tho's; 1-6-3
Hawk, Abraham; 1-6-5
Hill, Leroy, Sr; 2-3
Hill, Leroy, Jr; 1-2
Hill, William, **Constable**; 0-4
Hill, Rob't; 1-2
Hooker, John; 1-4
Hendrickson, Spencer; 1-1
Higgins, James; 1-4-5
Hibbs, John; 1-2
Harvey, James; 1
Harvey, Elijah; 1-2
Harvey, Reason, 1-2
Harvey, Zacariah; 1-1
Harvey, Hezekiah; 1-1
Hughs, Geo; 1-1
Heiskell, Isaac; 2-2-1
Hines, John; 1-2
Haines, Geo; 1-1
Inskeep, William; 1-17-8
Jarvis, Rich'd; 1
Jacob, John J; 3-8
Jones, Jonathan; 1
Jacobs, Greenbery; 1
Johnson, Isaac; 1-1
Johnson, Okey, Esq; 2-14-3
Johnson, Widow; 1-5-9
Johnson, Okey; 1-1
Johnson, William; 1-1
Justice, Dan'l, **N B**; 1-5; F B
Inskeep, James; 1-15
Janney, Jesse; 1-4
Janney, William; 3-12-7

James, John; 1-4
James, Isaac; 1
Jones, Rob't; 1-1
Jones, Elias; 1-2
Jones, William; 1
Ingle, Isaac; 1-2
Ingmire, Rob't; 1
Ingmire, Tho's; 1
Junkins, William; 2-2
Inskeep, Joseph; 1-20-6
Johnson, James; 1-1
Jones, Abel; 1-2
Jones, Widow, S Ponds; 0-2
Isler, Geo; 1-2
Isler, Jacob; 1-1
Isler, Nathaniel; 1
Jack, John; 2-4-1
Inskeep, John; 1-10-3
Kirk, Thomas; 1
Kline, Philip; 3-5
Kuck, Dan'l; 1
Keys, Sam'l; 1-1
Keys, Geo; 1-1
Kenady, Jacob; 1-2; F M
Koils, William; 1
Koil, Rob't; 2-7-1
Kite, Sam'l; 1-1
Kite, William; 1-2
Kennobershoe, John; 1-3
King, Geo; 1-2
Kelly, Mich'l; 4-7
Kuykendall, Isaac; 1-10-6
Kelly, Pat'k; 1-2
King, Alex'r; 1-9-7
Landis, Frederick; 1-3
Lenox, Tho's; 1
Lenox, Ja's; 1
Laubinger, Geo M; 1-2
Lantz, Dan'l; 0-9; 1 Stud
Lawson, John; 1-5-3
Long, Mary; 0-1-1
Long, William; 2-3
Long, John; 1-5
Liller, Geo; 1-3
Ludwick, John; 1-1
Leatherman, Peter; 1-2
Leatherman, Dan'l; 1-3
Leatherman, Ab'm; 1-2
Leatherman, Nicholas; 1-3
Leatherman, John; 1-3

Leatherman, Lewis; 1-2
Long, William, at Geo Beards; 1
Lambert, John; 1-1
Lees, Andrew; 1-2
Lees, Geo; 1-1
Lees, John; 1-2
Lees, Jacob; 1-5
Lyon, John; 1-2
Lasy, Tho's, **Constable**; 0-1
Larkins, John; 1
Long, Tho's, P C; 3-2
Licklighter, Peter; 1-1
Lecklighter, John; 1
Lecklighter, John Jr;1-3
Lecklighter, Geo; 1-3
Lecklighter, Geo, Jr; 1
Lyon, Elisha; 1-2
Lyon, John, N M; 2-4
Lyon, Elijah; 1-2
Long, Joseph; 1
Long, Tho's; 1
Long, Jacob; 1-5
L?r, Ab'm; 1
Lees, William; 1-4
Liller, Henry; 2-2; 1 Stud
Ludwick, Dan'l; 1-4
Long, David; 1-3-3
Ludwick, Jacob; 2-4
Lucus, Jesse; 1-1
Lazarus, 1; F Black
Lyon, Dan'l; 1-1
Mosely, James; 1-12-3
Male, Will, Jr; 1-1; F M
Maloy, Ja's; 1-1
Male, Will; I; F M
Marshall, David; 1
Marshall, John; 1
Martin, Luther C; 1-7-2
McGlouthlin, Dan'l; 2-7
McCrackin, Mary; 0-4-1
McGuin, ?; 1-0-1
Mouser, Benj; 1-1
McDowele, John; 1-1-1
Means, Isaac, Sr; 3-8-2
Means, Rob't; 1
Mills, William; 2-2
Miller, Henry; 1-2
Miller, Peter; 1
Miller, Jacob; 2-2
Mitchell, James; 1

1812 Upper District Hampshire County Tax

McBride, John; 1-2
McBride, Adimiam; 1-0-1
McNary, Ebenezer; 1-5
Martin, James; 4-9
Miller, Isaac; 2-3
Murphy, John; 1
Martin, John; 1-1-1
Millar, Widow; 0-2
Myers, Henry; 1-1
McCarty, Edw'd; 3-15-8
Martin, John; 1-2
McGruder, Elias; 1-2
McGruder, Wm B; 1-1
Moore, Josiah; 1-2
Moore, Eli; 1
Moore, Zadock; 1-1
Moore, Sam'l; 1-1
Means, Isaac, Jr; 3-7-2
Matheny, Fred'k; 1-4
McCormick, James; 1-2
McFarlin, Zekiel; 1-1
Marpole, Geo; 1-1
McChesney, William; 1-1
Mott, Sylvester; 1-1
Monnnett, Jeremiah; 1-4
McMahon, Peter; 1-3
Madden, Keely; 1-1
Madden, Sam'l; 1
McMahon, John; 1
McNeil, Widow; 0-2-2
Miller, Isaac; 3-12-3
Mulledy, Tho's; 2-16-2
Neal, Thomas; 1-1
Neff, Geo; 1-2-1
New, Henry; 1-1
Nixon, Jonathan; 1-3
Neff, John; 1-5
Naylor, William; 1-3-3
Piper, John; 1-1
Parker, Peter C; 1-8-1
Parker, Peter; 2-9-4
Parsons, Tho's; 1-3-2
Painter, William; 1
Porterfield, John S; 2-1
Price, Ignatius; 1-1-1
Parker, Benj; 2-4
Parker, John; 1-1
Peatt, William; 1
Peatt, Moses; 1
Poncrotz, Leonard; 1-2
Purgit, Henry; 1-4
Purgit, Fred'k; 1-2
Plumb, John, Sr; 1-2-3

Plumb, Henry; 1-3
Plumb, John, Jr; 1-5
Plumb, Ab'm; 1-6
Pierce, John; 1-2
Pry, Windle; 1-2
Prichet, John; 1
Prichet, Charles; 1
Polland, Sam'l; 1
Parker, Geo; 1-3
Parker, James; 3-5
Price, Arjalon; 1-2-1
Pearsall, Hanah; 0-2-3; 1 Carriage
Price, Silas; 1-1-1
Putman, Peter; 1-1
Purgit, Henry, **N Mountain**; 1-4-1
Paugh, Nicholas; 1-1
Paugh, Mich'l; 1
Parrott, Chris'n; 2-11-3
Powelson, Henry; 1-4
Polland, Amos; 1-2
Polland, Aaron; 1-1
Polland, Rob't; 1
Parker, Solomon; 2-11-6
Putman, Jacob; 1-4
Pancake, Isaac; 2-13-5
Parker, Jacob; 1-3
Paugh, William; 1-2
Peal, James; 1-3
Price, Arjalon, Jr; 1-3-1
Price, John H; 1-3-2
Price, Nathan; 1-1
Plummer, Obadiah; 1; F M
Parsons, David; 1-15-4
Parsons, James; 1-29-4
Polland, John; 2-3
Purgit, Fred'k; 1; 1 Stud
Rannells, Rob't; 2-7-1
Robertson, Solomon; 1-1
Reiley, James; 1
Rea, John; 2
Rinker, John; 1-1
Reed, Charles; 2-4; 1 Stud
Robey, Vinsent; 1-3
Roberts, William; 1-1
Rawlins, Benj; 1-2
Rawlins, Elijah; 1-2
Rinehart, John; 1-1
Rees, Thomas; 2-3
Rees, William; 1-5

Rees, Tho's, Jr; 1-2; 1 Stud
Randle, James; 1-2
Rinehart, Geo; 1-3
Reeley, Tho's; 1-4
Reed, John; 1
Ravenscroft, John; 2-7-1
Ravenscroft, John, Jr; 1-2
Ravenscroft, Ja's, **Constable**; 0-1
Ravenscroft, Charles; 1-3
Ravenscroft, Francis; 1-3
Richards, Godfrey; 2-1
Roberts, Garsham; 1-1
Reasor, Jacob; 1-4
Rinker, John, Jr; 0-1
Rodgers, Rhodam; 1-2-2
Rector, Conway; 1-9-3
Rieley, Alex'd; 1
Rock, James; 1-1
Rickey, William; 1-3
Race, John; 1-4
Shoafe, Jacob; 1-6
Shoaf, John, Sr; 1-2
Shank, Geo; 2-4
Ship, Godfrey; 1-2
Spillman, Evan; 1-1
Shannon, Tho's; 1-1
Smith, Geo; 1-3
Savage, Pat'k; 2-4
Short, William; 1-3-1
Sloan, Henry; 1-0-1
Smith, Peter; 1-5
Spillman, William; 1
Shockey, Joseph; 1-1
Smith, Jacob; 1-4
Sample, Sam'l; 1
Spurling, Ja's; 1
Schrock, William; 2
Steinbeck, Fred'k; 2-1-1
Sloan, Rich'd; 3-9
Stimmell, Hanah; 1-3
Shoemaker, Peter; 2-4
Shoemaker, Geo; 1-1
Shoafe, John, Jr; 1-4
Strother, Anthony; 1
Six, Geo; 2-1
Singleton, John; 1-4
Stagg, Geo; 1-4
Stover, Dan'l; 1-1

1812 Upper District Hampshire County Tax

Sheetz, Fred'k; 4-3-1
Spillman, William; 1-3
Sheetz, David; 1-1
Sehon, John L; 1-5-3
Ship, Jacob; 1-1
Stuckslager, Jacob; 1-2
Sheetz, Otho; 1-1
Seymore, Garrett; 1-9-3
Sigler, Sam'l; 1-1
Scrichfield, Joseph; 1-4
Stallcup, Isareal; 2-4
Starner, Geo; 1-1
Stewart, John; 1-4-1
Spencer, James; 1-3
Smith, John; 1-2
Spencer, John; 2-3
Smith, John, NC; 2-5
Smith, Valentine; 1-1
Smith, Henry; 1-3
Smith, Benjamin; 1-2
Sigler, Thos, N B; 1-1; F B
Steerman, John; 2-4
Sprigg, Osborn; 3-16-12
Shores, Tho's; 2-4
Sollars, Thomas; 1-1
Smoot, Josiah; 1-7-2
Sharpless, Jesse; 1-2
Shillingburg, William; 1
Sinclair, Rob't; 1-1
Slagle, Hanah; 1-6-4
Smith, John, M R; 1-2
Stone, Henry; 1
Stafford, James; 1-1
Stafford, Joseph; 1-1
Smith, John, N M; 1
Snyder, John; 2-14-10
Sandy, William; 1-2
Sandy, James; 1-1
Sions, Peter; 1-1
Taylor, Thomas; 1-1
Taylor, Griffin; 0-0-6
Taylor, William F; 1-6-2
Throckmorton, Warner; 1-2-1
Towbridge, John; 2-4
Taylor, Dan'l; 1-6-1
Taylor, William; 1-1
Totton, Sam'l; 0-1
Totton, John; 1
Thompson, Widow; 0-1
Thomas, William; 1
Thomas, Hezekiah; 1-1

Totton, James; 1
Thomas, Sam'l; 1-1
Trenter, Joseph; 1-1
Trenter, Joshua; 1-1
Thrasher, Benj; 1
Thomas, Moses; 1-3
Tasker, Geo R; 1-1
Taylor, Edw'd; 3-2
Taylor, Simon; 2-19-5
Thrash, John; 1-2
Taylor, Tho's; 1-6-3
Utt, Chris'n; 1-3
Urice, Geo; 2-3
Urice, Geo, Jr; 1
Umstott, Peter; 2-5
Umstott, Philip; 1
Umstott, Jacob; 1
Vance, William; 2-22-5
Vandiver, William; 3-16-4
Vandiver, John; 1-6-2
Vandiver, Lewis; 2-12-2
Vandiver, Vincent; 1-14-1
Vandiver, Jacob; 2-17-4
Vanmeter, Joseph; 1 stud at Wm Mouser
Vandiver, Sam'l; 2-20-2
Wodrow, Andrew; 1-6-5
Wallace, Tho's; 1-5
Walker, Rob't; 2-4
Whiteman, John; 1-1
Wright, John; 1-12-8
Welton, Job; 1-13-1
Welch, Demcey; 1-5-3
Welch, Jamima; 0-2-2
Wolverton, Isaac; 1-1
Wolverton, Charles; 1
Waggoner, John M; 2-11
Waggoner, Joseph; 1-1
Waggoner, Jacob; 1-4
Ward, Jesse; 1-3
Waw, Joseph, N B; F B
Waxler, Tho's; 1-1
Wolf, Jacob; 2
Watkins, Tho's; 1-2
Welch, Benjamin; 1-2
Welch, William; 1-1
Welch, Isaac; 1-2
Ward, John; 2-5
Welch, Benj of Isaac; 1-1
Wilson, Nathaniel; 1-1
Wilcox, Stephen; 1-2
Wilson, Rich'd; 1-2

Ward, Lloyd; 2-2
Wamps, Francis; 1-1
Wiley, Laban I; 1-2
Wiley, Benj; 1-4
Wilson, James; 1-3
Wilson, James, Jr; 1-1
Wilshammer, Henry; 1-1
Young, Rob't; 1-3
Zimmerman, Jacob; 1-1

White Tithables: 838
Blacks above 16 years: 294
Blacks above 12 and under 16 years: 80
Common Horses; 2111
Stud Horses: 9
Carriage: 1

1812 Upper District Hampshire County Tax

A list of licences granted to merchants to retail goods of a foreign growth and manufacture for the year commencing on the first day of May 1812 for the Upper District of Hampshire County:

John S Portfield; Oct 1, 1811 $8.75
John Jack; Nov 18, 1811 $6.81
Fred'k Steinbeck; Nov 18, 1811 $6.81
Tho's C Collins; Dec 20, 1811 $5.42
John Jack; May 1, 1812 $15.00
Jno S Porterfield, May 1, 1812 $15.00
Jn'o McDowell, May 1, 1812 $15.00
Fred'k Steinbeck, May 1, 1812 $15.00
James Dailey, May 1, 1812 $15.00
Silas Price, May 1, 1812 $15.00
Tho's Dunn, May 1, 1812 $15.00
John Brady, May 1, 1812 $15.00
William Armstrong, Jr, May 1, 1812 $15.00
John Piper, May 1, 1812 $15.00
Sam'l Sigler, May 1, 1812 $15.00
Tho's C Collins, May 1, 1812 $15.00

I James Gibson have examined the foregoing list of property subject to taxation and find the same to be correctly stated given under my hand this 1st day of June 1812.

James Gibson, Commissioner Upper District Hampshire County

1812 LOWER DISTRICT OF HAMPSHIRE COUNTY – JOHN SLANE

Asberry, Joseph; 1-6-6
Asberry, Henry; 1-1
Allin, Thomas, Jr; 1-1
Allin, John, Jr; 1-1
Allins, Joh, Sr; 1-1
Ambrouse, Henry; 1
Abrill, Joseph; 1-2
Adams, Amos; 1
Allin, Thomas, **G Cacap'n**; 2-4
Andrews, William; 1-1
Andrews, Adam; 1-1
Ambler, David; 2-1
Arnold, Andrew; 2-7
Allender, James; 2-3
Alderton, William; 2-2
Alderton, David; 1-1
Alderton, John; 1
Athy, John; 2-3
Athy, Thomas; 1-1
Anderson, William; 1-3
Arnold, John; 0-2
Allin, Robert; 2-3
Aller, Peter; 1-1
Arnold, John, **G Cacap'n**; 1-1
Arnold, Levi; 1-3
Adams, William; 1-3
Allaback, John, **Constable**; 1-3
Asberry, Jeremia; 1
Anderson, Richard; 1-2
Athy, Bazil; 1-2
Busbay, Samuel; 1-2
Busbey, Benjamin; 1-1
Busbey, Hamilton; 1
Brelsford, Marjoram; 1-2
Bennett, Sylvanus, **Constable**; 0-5
Bell, Henry; 1-1
Buzzard, Jacob; 1-2
Baker, Patrick; 2
Bonsall, Joseph; 3
Beall, Eli; 1-3
Beall, Nathaniel; 1-1
Baker, John; 1-8
Brown, Robert; 1-2
Brown, James; 1-1
Brelsford, Bernard; 2-3

Blue, Michael; 1-3
Blue, Richard; 1-6
Bird, Stephen; 1
Brown, Govey; 1-2
Baker, Jonathan; 1
Brown, Braxton; 1
Barrett, John; 2-4
Bethel, George; 3-4
Barrett, Nathan; 1
Brady, Michael; 1-1
Bear, Peter; 1-1
Burger, John; 1
Brill, Henry; 1-2
Beckwith, Samuel; 2-2
Bumgarner, Rebecca; 0-2
Bruner, Jacob; 1
Bryan, James; 2-3-1
Butcher, James; 1-4
Butcher, John; 1-2
Butcher, John, Senr; 1-5
Bickerstaff, Rachel; 1-5
Bickerstaff, Nancy; 1-3
Boxwell, Robert; 1-1
Burkett, Thomas; 1-4
Bruner, Henry; 1-3
Buzzard, Frederick; 4-5-3
Burk, Elisabeth; 1-1
Brooks, William; 1-1
Boyle, Henry; 1-3
Bennett, Thomas, Sr; 3-2
Bennett, Thomas, Jr; 1-1
Bickerstaff, William; 1-1
Bruner, Peter; 4-4
Baker, Nicholas; 1-2
Brown, John; 1-1
Belknap, Thomas; 1-1
Brown, John, **Constable**; 0-1
Brown, Alexander; 2-3-1
Bush, Henry; 1-3-4
Buzzard, John; 3-5
Banks, Edward; 1-1
Banks, Peter; 1
Carmichael, Daniel; 2-6-2
Caudy, John; 2-5-1
Croston, Travis, D; 2-3
Critten, John, Sen'r; 1-6
Critten, William, Jr; 1-2

Critten, George; 1-1
Critten, John; 1-2
Critten, William Sr; 2-2
Critten, Jacob; 1-3
Copsy, John; 1-6-3
Crampton, Jonathan; 1-1
Cofman, Paul; 1-2
Corbin, Daniel; 2-4
Corbin, Levi; 1
Corbin, Lewis; 1-1
Cutloaf, Francis; 2-2
Cheshire, Barbara; 1-2
Cheshire, Obedia; 1-1
Cheshire, Samuel; 1-2
Cheshire, Uria; 1-2
Calvin, Luther, Jr; 1-1
Calvin, Robert; 2-2
Cunningham, John; 2-3
Cunningham, John, Jr; 1-1
Cunningham, Israel; 1; 1 Stud
Carter, James; 1-2
Carter, John; 1-5
Calvin, Joshua; 1-3
Calvin, Samuel & Luther; 2-5
Case, William & Peter; 3-4
Carder, George; 2-2
Combs, Jonas; 1-3
Combs, Woolery; 1-1
Combs, John Jr; 1-1
Combs, John, **Branch Mountain**; 1-1
Combs, James; 1-1
Carder, George; 1-1
Christie, Martin; 1-1
Crampton, Samuel; 1
Caudy, James; 3-10-1
Craswell, Abraham; 1-1
Clutter, Joseph; 2-2
Cox, John A; 1-1
Chapman, William; 1-1
Chrisman, Phillip; 1-2
Catlett, David; 1-4-3
Carrol, David; 1-2
Carrol, Charles; 2-2
Catlett, Stauder; 1-1

1812 Lower District Hampshire County Tax

Collins, Samuel; 1-3
Cann, John; 1-2
Cool, Herbert; 1-6
Corbin, David; 2-4
Cooper, Jobe; 1-2
Carlyle, Charles; 1-7
Carlyle, William; 2
Carlyle, David; 1
Carlyle, George; 1-2
Chenoweth, John; 1-3
Chenoweth, Elias; 1-3
Caudy, Evan; 1-2
Cheshire, John; 2-5
Cooper, John; 1-2
Clarke, John; 1
Conrad, James; 2-6
Cooper, Adam; 1-3
Comb, John; 1-2
Cotril, Robert; 1-1
Cram, John; 1
Cool, Phillip; 1-5
Cool, Jacob; 2-3
Castler, John; 2-4
Dever, Samuel; 1-1
Day, Amray; 1
Day, Ransom; 1-1
Day, William; 1
Dever, William; 1-1
Delaplane, Isaac; 3-1
Davis, Thomas; 1-1
Devault, Andrew; 2-3
Durk, John; 2-1
Dial, Charles; 1-2
Doman, Jacob, Sr; 2-2
Doman, Jacob; 1
Dougherty, Robert; 1-2
Davis, Elijah; 2-2
Davis, Thomas, **Timber Ridge**; 1-2
Denham, Lewis; 1-1
Dever, Richard; 2-3
Dugan, William; 1-1
Dimmitt, Beel; 1-5-3
Dawson, Isaac; 1-2
Doman, William; 1-2
Davis, Spencer; 2-1
Davis, John R; 1-1
Dawson, Abraham; 1-5
Dawson, Israel; 1-1
Derham, John; 2-2
Dever, Alexander; 1-1
Davis, John; 1-3

Dever, William Administrators; 0-2
Doran, Alexander; 2-8-1
Dever, George; 1
Evans, Caleb; 2-6
Eaton, John; 1-2
Emmart, Jacob; 2-4
Emmart, John; 1-1
Emmart, Phillip; 1
Engle, Joseph; 1-1
Erritt, Catherine; 0-3
Easter, John, Sen'r; 1-3
Easter, John, Jr; 1-3-2
Easter, Peter; 1-3-1
Engle, Mathias; 1-4
Edwards, William; 1-1
Eskridge, George, Jr; 1-3-3
Ellis, Benjamin; 1-1
Ely, William; 1-4
Edwards, Thomas; 1-4
Edwards, Anthony; 1-1
Edwards, Thomas, Jr; 1-1
Ellis, Morris; 1-1
Ellis, David; 1
Fletcher, George; 1-2
Fletcher, Benjamin; 1-1
Ferryman, Stephen; 1-3
Ferryman, John; 1-1
Furman, David; 1-3
Fulkimer, John M; 1-9
Fulkimer, John; 1-1
Fishell, Phillip; 1-4
Frye, Benjamin; 1-11-1
Frye, John; 1-5-1
Flora, Prudence; 1-2
Flora, Isaac; 1-1
Flora, Archibald; 1-1
Fauber, Henry; 1-3
Fause, Phillip; 3-4
Fleming, John; 1-2
French, Robert; 2-3
Fletcher, Joseph; 1-2
Furr, Thomas; 1-1
Frazier, John; 1
Furman, Jacob; 1-1
Furman, Samuel; 1-1
Gusler, Nicholas; 1
Grove, Chritopher; 1
Gloyd, James; 0-2
Green, John; 1-1
Grimes, Thomas; 2-2

Garrison, Benjamin; 1-1
Gulick, John; 1
Gallaway, James; 3-6-1
Gloyd, Samuel; 1-1-1
Grant, Wililam; 1-2
Griffith, Elijah; 1
George, Richard; 3-4
George, James; 1-4; 1 Stud
Ginavan, Mathias; 1-2
Greenwood, Henry W; 1-1
Galagher, Samuel; 1-2
Gulick, Ferdinand; 3-3
Gulick, Elisha; 1-2
Ganoe, Stephen; 1-1
Grove, Simeon; 1-1
Grove, Peter; 1-1
Grove, William; 1-2
Grove, Jacob; 1-2
Gard, Samuel; 1-10
Garvin, William; 1-2
Garvin, Jacob; 1-1
Grapes, David; 1-2
Hiett, Jonathan; 1-4
Hiett, John; 1-3
Hagerty, James; 1-1
Henderson, Thomas; 1
Hamilton, William; 1-2
Hoffman, Joseph; 2-3
Haas, George; 1-3
Horn, George; 2-5
Horn, Phillip; 2-2
Hains, John; 2-3
Hains, Isaac; 1-1
House, James; 1-2
Hartley, James; 1-2
Hartley, James; 2-5-1
Higgins, John; 1-6-4
Higgins, William; 1-2
Hammick, John; 1-5
Henderson, Thomas, Sr; 3-2
Hains, Joseph; 1-2
Henderson, David; 1-4
Huett, Charles; 1-3
Huddleston, Nathan; 2-3
Hughs, Aron; 1
Hott, Samuel; 1-2
Horsman, William; 1
Hellyer, Thomas; 1-1
Hellyer, Robert; 1-1
Hoober, Jacob; 2-3
Hickle, Stephen; 1-2

1812 Lower District Hampshire County Tax

Hook, William; 2-3
Horn, Andrew; 1-2
Hardy, Rudolph; 1-1
Hawkins, Jacob; 1-1
Hendricks, John; 1-4
Hanna, Wallace; 1-3-3
Hall, Samuel; 1-2
Hoober, Jacob; 2-4
Howard, Jonathan; 1
Hare, Adam; 2-2
Higgins, Joseph; 1-3
Hannis, William; 1
Hardy, Martin; 1
Hains, Henry; 2-3
Hook, Thomas; 1-4
Hickle, Henry; 1-3
Harland, Jesse; 1-1
Harland, Aron; 1-2
Hardy, John; 1-3
Huff, John; 1-1
Huff, John; 1-1
Huff, Jacob; 1-1
Huff, Andrew; 1
Hellyer, George; 1
Henderson, Sampson; 2-4
Hoge, Moses; 1-2-1
Hiett, Joseph; 1-3
Hiett, Jeremia; 1-2
Hiett, Evan; 1-3
Hawkins, John, Jr; 1
Hawkins, John, Sr; 2-3
Hawkins, Joseph; 1
Higgins, Joseph, S'r; 1-1
Henderson, Westley; 1
Harrison, George; 1
Hott, Conrad; 1-1
Hott, George; 1-2
Hott, John, Sr; 2-1
Jenkins, Jacob; 1-5
Johnson, Joseph; 1-3
Johnson, Ben; 1-6-1
Jones, John; 1
Iliff, Stephen; 1-1
Johnson, Armstrong; 1-1
Johnson, Nancy; 1-2
Johnson, John, Sr; 2-3
Johnson, John; 1-1
Johnson, William; 1-3
Johnson, John, **Sir Johns Run**; 1-1
Johnson, John, **Rock Gap**; 1-1

John, Thomas; 2-2
Johnson, Isaac, **Ferryman**; 0-5-1
Johnson, Joseph, **G Cap'n**; 1-3
Johnson, Thomas; 1-1
Johnson, James; 1-1
Johnson, Eleanor; 1-2
Johnson, John; 1-4
Kyter, George; 2-3
Kyter, John; 1-1
Kline, Abraham; 1-2
Kenny, Joseph; 2-4-1
Kerns, Jacob, **Levy Clear**; 0-2
Kerns, John; 1-2
Kurts, Peter; 2-3
Kremer, John; 2-1
Kaler, Andrew, Jr; 1
Kelsey, Smith; 1
Keran, Barney; 2-2
Kail, George; 1-3
Kline, Philip; 3-6
Kline, Adam; 2-5
Kelso, James; 1-3
Kump, Henry; 2-1
Kaler, Andrew; 1-2
Kurts, Michael; 2-6
Kackley, Abraham; 1-2
Kidwell, John; 1-2-1
Kidwell, Hawkins; 1-1
Kisner, Frederick; 1-1
Kerns, Joseph; 1
Kerby, James; 1-2
King, William; 2-2
Kerby, Elias; 1
Lockhart, William; 1-3
Lewis, Thomas; 2-9
Loy, Dama; 1-3
Lieth, James; 1-6-4
Linthicum, Hezekia; 1-2
Leigh, John; 1-2
Leigh, Stephen; 3-2
Leigh, Amos; 1
Linthicum, Archibal; 1-8-1
Lewis, Jacob; 1-2
Larimore, Joseph; 1-2
Larimore, James, Jr; 1-1
Larimore, Samuel; 1-1
Larimore, William; 1-2
Lane, Daniel, Jr; 1-2
Lane, Daniel; 1-1

Lane, Joshua; 1
Lunsford, Swanson; 1-1
Lane, Powel; 1-1
Littler, Nathan; 1-1
Lewis, Daniel; 1-1
Little, George; 1-1
Little, John; 1-1
Lupton, Jesse; 2-2
Lupton, Isaac; 1-5
Lupton, William; 1-3
Lupton, John; 1 Stud
Lafollet, William; 1-3
Largent, James; 1-4-2
Leapley, John; 2-7
Longstrath, Martin; 1-1
Larue, Peter; 1-4-3
Larue, Lambert; 1-1
Larue, Abraham; 1-1
Lion, Richard; 1-2
Largent, John, Jr; 1-6-1
Lagrent, Thomas; 2-1
Largent, Lewis, Jr; 1-2
Largent, Samuel; 1-1
Largent, Lewis, Sen'r; 2-4
Larue, Noah; 1-4
Larue, Peter, Jr; 1-1
Larue, Jacob; 1-2
Loy, Daniel; 2-2
Loy, Jacob; 1-2
Loy, John, Sen'r; 1-1
Loy, John; 1
Loy, William; 1-1
Millison, Benjamin; 1-2
Martin, John; 1-3
Millison, John; 1-3
Miles, Josia; 1
Millison, Jesse; 1
Moore, Henry; 1-1
McPherson, Thomas; 1-1
Moore, James; 1-7
Michal, Frederick; 1-5
Michal, Phillip; 1-2
Michal, George; 1-4
McBride, Alexander, Jr; 1-2
McBride, John; 1-5-1
McBride, Thomas, Jr; 1-2
Meekins, Joseph; 1-3
Meekins, James; 2-3
Mathews, Levi; 1-1
Monroe, James; 3-3

144

1812 Lower District Hampshire County Tax

Mauzy, John & Peter; 3-6-3
Myers, William; 2-2
Murphy, Walter; 1-1
Murphy, John; 1
Monroe, John; 1-6-4
Monroe, Jesse; 1-2
McBride, James; 1-5
McBride, Stephen; 1
Martin, Joseph; 1-3-1
Moore, William; 1
Milslagle, Jacob; 2-7
McAwley, George; 2-4
McAwley, Addison; 1
McAwley, Alfred; 1
McBride, Robert; 3-4
Mentser, Conrad; 2-3
McBride, Thomas; 1-5
Myers, George; 1
Myers, George, Jr; 1-2
Myers, Jacob; 1-3
Moreland, William H; 1-2
McKeever, Paul; 1-10
McVicker, John; 1-2
McVicker, Archibald; 1-2
McVicker, James; 1-2
McKeever, Paul, Jr; 1
McVicker, Duncan; 1-4
McVicker, William; 1-4
McCormac, John; 2-3-1
Malcomb, William; 1-2
Malcomb, Peter; 1-2
Malcomb, James; 1
Miles, Ruth; 2-3
Miles, John; 1-2
McDannel, Charles; 1-3
Mitchell, John; 1-10-3
Meskimen, Abraham; 1-4
Malick, John; 2-2
Malick, Phillip; 1-1
Morgan, Humphrey; 1-2
Mathews, John; 1-2
Meeks, Moses; 1
Moore, Benjamin; 1-2
Moreland, George; 1-1
Moreland, William; 1-3-1
McBride, Alexander; 2-6
Mason, Joseph; 1-1
Miller, William; 2-4-1
Michal, Henry; 1-1
McGrace, Thomas; 1-1
Mathews, James; 1-2
McDonald, Benjamin; 1-5

Moreland, David; 1-1
Moreland, Richard; 1-2
Millison, John, Jr; 1-1
Miller, John; 2
Miller, Absalom; 1-2
McBrid, James; 1
McBride, Thomas; 1
Moore, Hamilton; 1
Newbanks, John, Sen'r; 1-1
Needler, George; 1
Nieley, William; 1-4-1
Nelson, James; 1-2
Nelson, Robert; 1-1
Nelson, James, Jr; 1-2
Newbanks, John; 1-2
Nixon, William; 1-3-1
Nixon, Joseph; 1-2-1
Nicholson, Thomas; 1-1
Offutt, James M; 1-2-1
Ohauver, George; 1-2
Oats, George; 1
Orandorf, David; 1-1
Oar, William; 1-2
Oare, Thomas, **Constable**; 0-3
Otrong, John; 1-1
Oats, Jacob, Sen'r; 1-4
Oats, Jacob, Jr; 1-3
Oats, Christian; 1
Oats, John; 1-2
Pugh, Jacob; 1-3
Poston, Samuel; 1-3
Prichard, John; 1-1
Pownall, Joshua; 1-4
Powel, Dade; 1-1-1
Powers, Stephen; 4-1
Pugh, Jesse, Jr; 1-1
Parke, Samuel, Senr; 2-3
Parke, George; 1-4
Peters, James; 1-2
Peters, John; 1-4
Peters, Tunis; 1-5
Peters, Samuel; 1-3
Pennington, Abraham; 1-2
Pennington, Jacob; 1-3
Prather, Silas; 1-2
Pool, William; 1-2
Powel, James; 2-3
Powel, William; 1-1
Powel, Henry; 1-1
Poston, Elias; 1-1

Poston, Richard; 1-1
Poston, Alexander; 1-3
Parrell, Joseph, Sen'r; 1-2
Parrill, Joseph; 1
Parrill, Edward; 2-5-2
Pownall, Jonathan son of Elisha; 1-1
Powelson, Lewis; 1-1
Pownall, Elisha; 1-3
Paschall, David; 1
Peters, John, **Branch Mountain**; 2-3
Parker, Robert; 1-6-4
Park, John; 4-4
Patterson, John; 1-3
Powelson, Cornelius; 1-4
Powelson, Rynier; 1-3
Powelson, John; 1-3-1
Powelson, Charles; 1-2
Pugh, Bethel; 1-1
Park, John, Sen'r; 1
Park, Solomon; 1-4
Park, Amos; 1-6
Pugh, Robert; 1-6
Pugh, Jesse; 1-2
Pugh, Joseph; 1-3
Pennington, Elijah; 3-5
Pennington, Thomas; 1-1
Parrill, William; 1-3
Plumb, Abraham; 1-2
Probasco, Samuel; 1-4; 1 Stud
Pownall, Isaac; 2-4
Pownall, Thomas; 1-3
Pownall, Jonathan; 1-3
Pool, Esther; 1-3
Pool, Henry; 1-1
Poston, William; 1-2
Phillips, Plunket; 1-3
Pettit, Thomas; 2-4
Pownall, John; 1-3
Pownall, John; 1-1
Patterson, Alexander; 1-2
Pattersons Executors; 0-2
Patterson, Robert; 1
Pugh, Jonathan; 3-5-1
Peppers, John; 3-5
Peppers, John, Jr; 1-1
Parish, William; 1-1
Pugh, Mishael; 1-3

1812 Lower District Hampshire County Tax

Pugh, Azaria; 1-1
Powers, Stephen, Sen'r; 1-2
Powers, John; 1-1
Queen, John; 2-3
Queen, Absalom; 1-1
Reed, Nancy; 0-3-2
Reed, James; 1-1
Robison, John; 1-1
Robison, Richard; 2-2
Royce, Edward; 1
Rogers, Robert; 1-5
Rogers, Owen; 1-2
Race, William; 1-2
Robinson, John, **Mills Branch**; 1-2
Rosenberry, John; 1-3
Ruckman, Samuel, son of Tho's; 1-4
Ruckman, Jacob; 1-3
Ruckman, Peter; 1-2
Ruckman, Joseph; 1-2
Rogers, Thomas; 1
Rogers, Aron; 1-1
Rinehart, Abraham, Sr; 2-4
Rinehart, Abraham; 1-1
Racey, William; 1-2
Racey, John; 1-1
Racey, Thomas; 1-1
Reed, James of **Timber Ridge**; 1
Richmond, William; 1-1
Richmond, James; 1
Ruckman, Samuel Jr; 1-3
Ruckman, Richard; 1-2
Ruckman, John; 1
Racey, Luke; 1-4
Reid, Jeremia; 1-2
Reid, Jeremia, Jr; 1-2
Reagle, George; 1-2
Royce, Sara; 1-3
Ruckman, Samuel, Sen'r; 2-4
Shafer, Peter; 1
Sharf, George; 4-7-1
Starkey, William, Jr; 1
Simpson, Ebenezer; 1-1
Slane, Thomas; 2-4
Stump, John; 1-2-2
Sherwood, John; 1-2
Sherwood, King; 1-1
Sherwood, Johnsey; 1-1

Starn, John; 2-6
Stone, Joseph; 1-1
Swisher, John; 2-5
Swisher, John, Jr; 1-2
Stoker, Critten; 1-2
Stoker, William; 1-5
Stump, Joseph; 1-2-1
Stump, Benjamin; 1-2
Spicer, William; 1-1
Spicer, Thomas; 1-2
Solliday, John; 1
Smith, James; 2-5
Smith, Timothy; 3-7
Summers, John; 1-4
Summers, Walter; 1
Summers, Andrew; 1-2
Selby, John, **Constable**; 0-3
Starkey, George; 1-2
Simpson, Thomas; 1-2
Shingleton, Absalom; 1-1
Slack, James; 2-3
Starkey, William; 3-3
Seebring, John; 1-3
Smith, Charles; 1-2
Swiers, Jacob; 1-4
Smoot, Jacob; 1
Shinholtz, John; 1-2
Seyler, Jacob; 2-6
Seekrist, Frederick; 1-5
Swisher, Valentine; 1
Spade, George; 2-6
Spaid, Frederic; 1-2
Spaid, John; 1-4
Smith, Joseph N; 1
Stump, Peter; 1-3-3
Short, Isaac; 1-1
Short, Richard; 1-2
Stoker, John; 1-4
Slider, David; 1-1
Smith, Nicholas; 2-4
Savill, Joseph; 1-1
Savill, Oliver; 1-1
Slocum, Robert; 1-3
Sherrard, Robert; 2-2-1
Smith, Richard; 1-2
Simpson, David; 1-6
Sibole, Jacob; 1-2
Sibole, James; 1-1
Sibole, Eckibud; 1
Smoot, Barton; 1-4; 1 Stud
Starn, Frederic; 1-2

Starn, Joseph; 1-3
Shafer, Martin; 2-4
Shafer, David; 1-1
Shinholts, Jacob; 1-2
Shinholts, Peter; 1
Shonecker, Christopher; 2-3
Shin, David, Sen'r; 1-3
Shin, Samuel; 1-1
Shin, David; 1-2
Stipe, John; 1-5
Simmonds, Charles; 1-3
Smith, John; 1-1
Smith, Conrad; 1-3
Slane, James; 2-4
Slane, John; 2-4
Slane, Elias; 1-1
Slane, Benjamin; 1-3
Shinholts, Peter; 2-2
Tucker, Daniel; 1
Terrance, John; 1-2
Terrance, William; 1-1
Tyler, Edward; 1-3
Tharp, John; 2-4
Taylor, William; 1-1
Tucker, Richard; 1-4-3
Thompson, Elisha; 1-2-1
Tucker, Josephus; 1-6-4
Tucker, Joseph; 2-3
Thompson, Joseph; 1-9
Thompson, John; 2-5
Tullis, David; 1-1
Tucker, Erasmus; 1-3
Thompson, James; 2-3
Thompson, John, L **Cap'n**; 2-4-1
Turner, John; 1-2
Tate, Joseph; 1
Treagle, Joshua; 1
Treagle, Edward; 1-1
Timbrook, John; 1-2
Timbrook, William; 1-1
Thompson, James, L **Cap'n**; 1
Thomas, John; 2-5-4
Taylor, Richard; 1
Unglesby, Zacharia; 1-2
Vanarsdal, Peter; 2-1
Vanarsdal, Abraham 3rd; 1-1
Vanarsdal, Abraham, Jr; 1-2
Vanarsdal, Garrett; 2-4

1812 Lower District Hampshire County Tax

Vandegrift, Christopher; 1
White, Francis; 2-3-1
Warfield, John; 1
Whetsel, Jacob; 1-1
Wolverton, Joel; 1-1
Weaver, Abraham; 2-5
Weaver, John; 1-1
Wilson, Henry; 1-3
Ward, John; 1-2
Ward, Joel; 1-3
Williams, Ebenezer; 1-3
Winterton, John; 1-2-1
Winterton, John, Jr; 1-3
Wolford, John; 2-5
Wolford, Henry; 1-1
Williams, Thomas; 2-7-2
Wright, Joseph; 1
Wilson, William; 1-2
Warfield, Sylvanus; 1-1
Wolverton, James; 1-1
Williamson, Cornelius; 1-1
Woolery, Henry; 1-2
Williamson, Samuel; 3-5
Wydmier, Michael; 2-1
Yost, John; 1-1
Yonnelly, Thomas; 1-3
Yonnelly, David; 1
Yinger, Gasper; 1-4-1
Young, John; 1-2
Yates, Joseph; 1

Total amount of Tythables 1030
Slaves over 16: 98
Slaves over 12: 20
Common Horses: 1747
Stud Horses: 4

A List of Merchants Retailing Licences in the Lower District of Hampshire county 1812:

Robert Sherrard for one year $15.00
James M Offutt for one year $15.00
Abraham Craswell for one year $15.00

I John Slane having examined the foregoing list of property subject to taxation and find the same to be correctly stated given under my hand the first day of August 1812. John Slane.

1813 UPPER DISTRICT OF HAMPSHIRE COUNTY - JOHN PEERCE

Atkinson, William; 1-5
Adams, Jacob; 1-4
Adams, David; 1
Allkyre, Peter; 1-12; 1 **Grist Mill**
Allen, Robert; 2-6-3
Askins, Joseph; 1-5
Abernathy, Samuel; 2-5
Abernathy, Nancy; 0-5
Abernathy, John; 1
Anderson, Jacob; 1
Armstrong, William; 1-9-5
Arnold, Daniel; 2-5
Arnold, Zachariah; 4-7
Arnold, Samuel; 3-5
Arnholt, Adam; 3-4
Anderson, James; 2-2
Anderson, William; 1-1
Athey, Thomas; 1-3
Addison, Richard; 1-1
Abernathy, Samuel; 1-2
Abernathy, John; 0-3
Ashby, Benjamin; 1-1
Ashby, John; 1-1
Ashby, Jeremiah; 3-2-5
Armstrong, William; 1-12-2
Burkett, Jessee E; 1
Brady, John; 1-1-1
Boncratz, Leonard; 1-2
Bardle, John; 1; **1 Grist Mill**
Buffington, William; 1-9
Blue, Michael; 1-5
Beaty, Charles; 2-8
Blue, Garret; 1-9-1
Belford, Daniel; 2-2
Baker, Michael; 1-6
Berry, William; 1
Bowman, George; 2-3
Bowman, John; 1-2
Blue, John; 1-6
Blue, Michael; 1-6-1
Bly, Isaac; 1
Barrett, William; 1
Bryan, John & James 2-5
Bear, Adam; 1-0-1

Benjamin; Free Black; 1; A S Taylors
Baker, Patrick; 2
Brinker, Henry; 1-2
Blair, Samuel; 2-1
Baker, Jonathan; 1
Bush, Henry; 1-0-1
Baker, Thomas; 1-5
Buck, Thomas; 1-3
Bolton, William; 1
Boyd, Daniel; 1-1
Burbridge, Mary; 0-4-3
Burton, Hulday; 1-5-1
Beard, George; 1-3
Barger, John; 1-1
Bane, Abner; 1-2
Bane, George; 1-1
Bane, Jessee; 2-1
Bison, Nicholas; 1-4
Buskirk, John Van; 1-1
Blackburn, Thomas; 1
Butts, Conrad; 2-3
Bever, Peter; 2-3
Bever, Peter; 1
Bever, George; 1
Baker, Joshua; 1-3
Barkes, George; 1-1
Barnhouse, John; 1-1
Browning, Elias; 1-2
Bogle, Andrew; 1-1
Been, John; 2
Been, Walter; 1-1
Boseley, William; 1
Boseley, James; 3-3; **1 Grist Mill**
Baley, Edward; 2-4
Baley, Benjamin; 0-1
Black, John; 1-1
Baker, Joseph; 2-3
Barkes, Jacob; 1-3
Baker, Hannah; 0-1
Bussey, Hezekiah; 1-1
Bond, Thomas; 2-3
Bond, John; 1-1
Buffington, David; 1-4
Brown, James; 1-1
Blue, Remembrance; 1-4
Blue, Uriah; 3-7-5

Berry, Thomas; 1
Bison, Jacob; 1-3; **1 Saw Mill**
Black, Rev'd James; 0-1
Beall, Isaac; 1 Grist Mill
Blue, Isaac; 0-2
Benjamin, Romney; 1; F B
Charlton, William; 1
Cowan, William; 2-5-1
Clawson, John; 2-2
Campbell, Runey; 2-5
Campbell, Samuel; 1
Cockrell, Thomas; 1
Cookus, Henry; 3-1-1
Cheeseman, William; 1-1
Chesseman, William; 1-1
Cragin, James; 1-3
Cragin, Patrick; 1-1
Corbin, John; 1
Chamberlain, Jonah; 2-1
Culp, George; 1-5-2
Cockrell, Samuel; 1-13-3
Culp, John; 1-6-2
Cade, William; 1
Cokeley, Daniel; 1-1
Cokeley, Elijah; 1-2
Crawfies, Widow; 0-1
Combs, Daniel; 1-3
Cummings, Aaron; 1
Cresap, Thomas; 2-14-4
Conley, Francis; 2-1
Chandler, Elizabeth; 0-1
Conley, Edward; 1-1
Caskaden, Thomas; 1-5
Caskaden, Arthur; 1-1
Clarke, Aaron; 1-1; F Black
Combs, Robert; 1; 1 Stud
Clarke, William; 2-2
Clarke, Thomas; 1-1
Clarke, William; 1-1
Cockrell, Thomas; 1-4-1
Corn, Timothy; 3-9-1
Cunduff, Benjamin; 1-3
Cunduff, John; 1-3
Clarke, William; 1-4; F Black

1813 Upper District Hampshire County Tax

Colbert, Francis; 1-2; F Mullatto
Clary, Adin; 1; 1 Stud
Collins, Daniel; 2-19-7
Collins, John; 0-6
Clarke, James; 1-4
Clarke, James; 1-1
Cade, Jacob; 1
Calmes, George; 1-14-6
Cuningham, Benjamin; 1-2; F Mullatto
Cuningham, James; 2-9-4
Combs;, Joseph; 1
Cooper, Rebeckah; 0-1
Cabrick, Peter; 2-4
Carnand, Andrew; 1-1
Carnand, Leonard; 1-5
Carder, Abbed; 1-1
Collins, Thomas; 1-1
Carruthers, George; 1
Carruthers, Mary Ann; 0-5
Curlet, William; 1-7
Collins, Thomas; 1-6-4
Collins, Michael; 0-2
Cunduff, John; 2-4
Cassady, Benjamin; 1-2; 1 Stud
Dunn, Thomas; 3-5-2
Daniels, Dennis; 1-8-1
Dunn, Jacob; 1-1
Doolin, William, P C; 1-1
Davy, John; 1-1
Dulling, Collin; 1-4
Davis, Francis; 1
Davis, John; 1
Dailey, James; 1-14-6; 1 **Grist Mill**
Dunn, Lewis; 1-10-2
Dawson, John; 1-3
Duley, James; 2-4
Davis, Walter; 2-4
Doman, John; 1-4
Daley, John; 1-1
Daniel; 1-4; F Black
Dunn, Ephraim; 0-7-4
Dayton, Isaac; 1-1
Duling, Edmon; 1-3
Davis, Joseph; 3-4-1
Davis, Jessee; 1-1
Dowden, John; 2-6
Dowthit, Susannah; 1-3
Dye, Thomas; 1-6-1

Doll, Jacob; 1-3; **1 Grist Mill**
Davis, Samuel B; 2-2
Davis, Samuel B; 2-2
Davis, Samuel B, Jr; 1-2
Duling, William; 2-6-2
Davis, James; 1-3
Dixon, Joseph; 1-2
Davison, John; 0-1
Davis, Henry L; 1
Dean, John; 1-2
Dean, Jane; 1-4
Duling, William, Jr; 1-5
Dobbins, Samuel; 1-5
Deaney, William; 1-4
Davy, William; 1-1
Decker, John; 2-14-7
Dew, Samuel; 1-2
Duglass, Jonah; 1
Donaldson, William; 5-14-2; **1 Grist & 1 Saw Mill**
Davis, Thomas; 1-1
Davis, James; 0-1
Donaldson, James; 1
Donaldson, Robert; 1-1
Davis, Eli; 1
Davis, John; 1-1
Emberson, Able; 3-6
Emberson, Thomas; 1-2
Evans, James; 1-2
Entler, William; 1-2
Entler, John; 2-1
Elifritz, George; 1-2
Edmonson, Thomas; 1-6-3
Ensminger, Henry; 1-3
Earsom, Simon; 1-4-2
Evans, Benjamin; 1-1
Elliott, Abraham; 1-2
Earsom, John of Jacob; 1-2
Easton, John; 1-1; F M
Earsom, John of John; 1-5-2
Earsom, Jacob; 1-2
Farlow, William; 1-1
Farlow, John; 1
Farlow, John; 1
French, William; 1-3-2
Frizzle, Charles; 1-5
French, John; 1-1
Fitzgerald, Thomas; 1-4
Fetter, John; 1-1

Flud, John; 1-4-1
Flud, Charles; 1-2
Florence, Thomas; 1-2
Florence, William; 1
Fitzgerald, Widow; 1-1
Foley, William; 1-8-1
Fox, William; 5-27-8; 1 **Saw Mill**
Fink, Frederick; 3-6
Fleck, Jacob; 1-2
Fogle, Phillip; 1-2
Farlow, Robert; 1
Flemming, Patrick; 1-7
Fidler, Jacob; 2-4
Foley, John; 1-8
Fuller, William; 1-1
Fout, Michael; 2-3
Fail, George; 1
Fail, John; 1
Fleck, Henry; 1-2-1
Fleck, Solomon; 1
Fleck, Henry, Jr; 1-2
Fleck, John; 1-1
Fleck, Adam; 1-2
Foster, Edward; 1-1
Friddle, John; 1
Fail, Joseph; 1
Flanagin, Samuel; 1-2
Goldsmith, Benoni; 1-2; 1 **Grist Mill**
Grace, Philip; 1-1
Graham, James; 1-3
Glaze, Conrad; 3-8
Gray, Josiah; 1
Grimes, Thomas; 1-1
Gates, Charles; 2-4; F Black
Greenwell, Elijah; 2-7-3
Gilpin, Edward; 1-3
Good, Abraham; 1-3-1
Garner, James; 1
Grimes, James; 1; F Mulatto
Grayson, Abrose; 2-3
Grimm, George; 1-4
Good, Philip; 2-3
Gibson & Gregg; 2-2; 1 **Grist Mill**
Guinn, Andrew; 1
Gale, George; 0-5-2
Hider, Adam; 1-4-4
Hains, George; 1-4
High, John; 2-4

1813 Upper District Hampshire County Tax

High, Henry; 1-5
Huffman, Conrad, Jr; 1-3
High, Jacob; 1-6
Honeyman, Charles; 3-7
Hogan, Thomas; 1-5-3
House, John; 2-4
Hadden, William; 1
Heinzman, Henry; 1-1
Heinzman, Henry; 2-6-3
Harness, Solloman; 1-11-3
Hill, George; 2-2
Hill, John; 1-1
High, Frederick; 1-7
Householder, John; 1
Hyatt, Obednigo; 1-1
Hollinback, Daniel; 1-2
Hollinback, John; 1-3
Hunter, Richard; 1-4
Horse, Peter; 1-5
Horse, Christian; 1-4-1
Hammond, Absalom; 1-1
Harris, Amos; 2-1; F Black
Hollinback, Margaret;1-2
Hollinback, Abraham; 1-3
Harsel, Peter; 2-2
Hershman, Marki; 1-2
Hershman, Christopher; 2-4
Hershman, Abm; 1
Hill, Leroy; 2-4
Hill, William; 1-3
Hill, Robert; 1-2
Hill, Leroy, Jr; 1-3
Hendrickson, Spencer; 1-1
Hogan, Elizabeth; 0-0-3
Harrison, Mary; 0-2
Harrison, Henry; 1-1
Hull, Benjamin; 1-1
Hibbs, John; 1-2
Hatton, David; 1-2
Hamrick, Siras; 1
Hooker, John; 1-3
Harvy, Hezekiah; 2-3
Harvy, Elijah; 1-4
Harvy, Zachariah; 1-2
Harvy, James; 1-1
Harvy, Rizen; 1-3
Hoskinson, Andrew; 0-2
Hull, Stephen; 1-1
Houser, Charles D; 2-4

Hull, Jemimah; 0-2
Hatton, Samuel; 1-2
Hutton, Susannah, S B; 0-1
Higgans, James; 1-6-5
Hughs, George; 1-1
Houser, Lewis; 1-4-1
Hartman, Henry; 2-6
Hartman, Henry, Jr; 1-1
Holliday, Richard; 2-9-2; **1 Grist Mill**
Harper, Leonard; 1-1
Hansbrough, John; 3-5
Hoffman, Aaron; 1-7
Hickey, William; 1-4
Huffman, Conrad; 1-1
Hines, John; 1-4
Hines, Thomas; 2-1
Huffman, Polley; 0-1
Heiskell, Christopher; 1-3-2
Heiskell, Adam; 1-1-4
Humes, Nancy; 1-5-4
Humes, William; 1-1
Heiskell, Isaac; 0-2-1
Hawke, Henry; 1-3
Hawke, Henry, Jr; 1-2
Hawke, Joseph; 1-1
Hawke, Isaac; 1-1
Hawke, Abraham; 2-8-7; 1 Two Wheel Carriage
House, Samuel; 1-3
Holms, Benjamin; 1
Johnson, Okey, Jr; 1-3
Iseler, Jacob; 1-2
Jacobs, Joseph; 1-2
Jack, John; 2-2-1
Jones, Jonathan; 1
Jarvis, Richard; 1
Jackson, William; 1-2
Inskeep, Joseph; 1-22-3; 1 Stud
Jones, Moses; 1
Jones, Peter; 1
Jacob, John J Esq; 1-8; same 2 F Blacks
Jacobs, Joseph, Jr; 1-1
Jones, John; at Allens; 1-1
Johnson, Catharine; 1-4-9
Johnson, William, **P C**; 1-2

Jacobs, Greenberry; 0-1
Jones, William; 1
Jones, Elias; 1-3
Jones, Robert; 0-2
James, John; 1-5
James, Isaac; 1-1
Johnson, Okey, Esq; 2-14-3
Jacobs, John; 1-4
Johnson, Isaac; 1-5
Junkins, John; 1-1
Inskeep, James; 2-15
Jenney, Jesse; 1-4
Jenney, William Jr; 1
Jenney, William; 1-7-7
Jenney, Daniel; 1-1
Johnson, Abraham; 1-2
Jones, Elizabeth, **S Pons**; 1-5
Jones, Able; 1-3
Ingmire, Thomas; 1-1
Jones, Thomas, **M Ridge**; 2-1
Junkins, Benjamin; 1-2
Junkins, William; 3-3
Inskeep, William; 1-18-7
Inskeep, John; 2-11-4
Inskeep, Abm W; 1-1
Ingle, Isaac; 1-3
Johnson, William, at Rectors; 1-2
Jones, Thomas; **1 Grist Mill**
King, Alexander; 1-9-7
Koyle, Robert; 2-7-1
Kelley, Michael; 3-9
King, George O; 1-3
Kight, Samuel; 1-1
Kight, William; 1-2
Kenawbeshoe, John; 1-3
Kuykendall, Isaac; 2-11-7; **1 Grist Mill**
Kirk, Thomas; 1
Kelley, Patrick O; 2-4
Long, Thomas; 3-4
Larsh, Thomas; 1-1
Laubinger, George M; 1-3
Liller, George; 1-2
Long, Joseph; 1
Lakeliter, George; 1-2
Lyons, Daniel; 1-6
Long, David; 1-2-4

1813 Upper District Hampshire County Tax

Love, Archible; 1
Lyons, John, near S F; 1-2
Lambert, John; 1-2
Lakeliter, John; 1
Leese, George; 1-2
Leese, Jacob; 1-4
Lyons, Elisha; 1-4
Lyons, Elijah; 1-2
Lyons, John, **Nobley**; 1
Lyons, Philip B; 1-1
Lakeliter, John, Jr; 1-2
Lakeliter, George, Jr; 1
Loy, Jacob; 1-2
Lawson, John; 1-5-3
Leese, John; 1-3
Leese, Andrew; 1-2
Leatherman, Abm; 1-2
Leatherman, Daniel; 1-2
Leatherman, John; 1-3
Leatherman, Nicholas; 1-3
Leatherman, Peter; 1-3
Leatherman, Lewis; 1-2
Landers, Frederick; 1-4
Ludwick, Daniel; 1-3
Ludwick, Jacob; 2-5
Litton, Daniel; 1
Lear, Abraham; 1
Lewis, John; 1-1
Liller, Henry; 3-4
Long, William, **N C**; 1-2
Long, Eliz'th, **Nobley**; 0-3
Long, Eliz'th, **C Tun**; 0-2
Lucas, William; 1-2
Leach, James; 1
Leach, Benjamin; 1-1
Long, John; 1-5
Long, William of Jacob; 1-5-2
Ludwick, John; 1-1
Ludwick, Catharine; 1-2
Leese, William; 1-4
McChesney, William; 1-2
Martin, James; 1-6
McDoogle, James; 1
McNary, Ebenezer; 1-8
Means, Isaac, Jr; 3-8-2
McDowell, John; 1
McGruder, Elias; 2-3
Martin, John; 1-1
Martin, John, Jr; 1-1

McDoogle, James; 1
McBride, John; 1-2
McBride, Adiniam; 1
Moore, Marquis; 1-4
Martin, Luther; 1-6-2
McDaniel, Charles; 1-2
McGlaughlin, Daniel; 2-9
McCrakin, Mary; 0-4-1
Mulloy, James; 0-1
Morton, John; 1-1-1
Miller, William; 1-1
McNemarron, Felix; 1; 1 Stud
McKinley, Abm' 1
Miller, Isaac, **N B**; 2-7
Murphy, John; 1
Mitchel, James; 1
Marshal, John; 1
Musgrove, Job; 1-2
Miller, Abby; 1-2
Moore, Eli; 1-1
Moore, Samuel; 2-2
Miller, Jacob; 2-2
Miller, Peter; 3-3
Mills, William; 2-2
Matheny, Frederick; 1-3
McColly, Cornelius; 2-3
McColly, John; 1-3
Moore, Zedock; 1-1
Moseley, James; 1-14-4
Myers, Henry; 1
Moore, Charles L; 1-2
McNeill, Widow; 0-3-2
McDaniel, John; 2-5
McMahon, John; 1-3
McMahon, Peter; 2-6
Madden, Samuel; 1-1
Madden, Healy; 1-3
Monnett, Jeremiah; 1-3
McCormick, James; 1-2
Miller, Henry, **M C**; 1-2
McCarty, Edward; 3-16-10; **1 Grist Mill**
Merrett, Adam; 1-2
Merritt, Mich; 2-2
Miller, Isaac, Esq; 3-13-4
Mouser, Jacob; 1
Mulledy, Thomas; 2-16-1
Means, Isaac; 2-6-2; **1 Grist Mill**
Means, Robert; 1-1
Marpole, George; 1-1
Malone, Hugh; 1

Myers, Jacob; 1-1
Myers, Peter; 1
McFarland, Ezekiel; 1-1
Newman, John; 1
Nixon, Jonathan; 1-3
Neff, George; 1-4-1
Neal, Thomas; 1-1
Nisbett, John; 1-1
Norman, Baziel; 1; F Black
Nelson, Benjamin; 1-1
New, Henry; 1-1
Nail, John; 1
Natt, at **Springfield**; 1; F Black
Neff, John; 1-8
Naylor, William; 1-2-4
Price, John H; 1-3-3
Parsons, Andrew; 1
Price, Anjahlon; 1-4-2
Patruff, Andrew; 1-1
Price, Silas; 2-2-1
Pierceall, Hannah; 0-2-3
Parker, Benjamin; 1-4
Purget, Frederick, **M C**; 1-2
Parker, Jonathan; 1-1
Parson, David; 1-16-4
Parsons, James; 1-25-4
Parker, Jacob; 1-3
Poulson, Henry; 1-4
Poland, John, Jr; 2-3
Pland, Aaron; 1-1
Poland, Robert; 1-1
Parker, Peter; 2-8-4; 1 **Grist Mill**
Poland, Amos; 1-2
Poland, John; 1-1
Parker, Solomon; 1-12-6
Porterfield, John S; 1
Painter, William; 1
Parson, Thomas; 1-5-2
Price, Ignatius; 1-1-1
Putman, Jacob; 1-4
Putman, Peter; 1
Piper, John; 1
Price, Arjalon; 1-2-2
Parker, James; 3-6
Parker, George; 1-3
Plumb, Henry; 1-3
Plumb, John; 1-3
Plumb, Abraham; 1-6
Plumb, John, Jr; 1-4

1813 Upper District Hampshire County Tax

Pry, Windle; 2-2
Pritchet, John; 1-1
Pritchet, Charles; 1
Pritchet, Aaron; 1-1
Paugh, Michael; 1
Purget, Frederick; 1; 1 Stud
Paugh, Nicholas; 1-1
Price, Nathan; 1-1
Price, William; 1-1
Price, John; 1-1
Perry, Roger, **Cumberland**; 0-4-2
Paugh, William; 1-3
Parrott, Christopher; 2-9-3
Parriott, John; 1-2-2
Peatt, William; 1
Peatt, Moses; 1
Poland, Samuel; 1
Plummer, Obediah; 1; F Molatto
Parker, Peter C; 1-7-3
Parker, Robert; 0-1
Purget, Henry; 2-4
Pancake, Isaac; 1-11-5
Pearce, John; 1-3
Richards, Jacob; 1
Richards, Godfrey; 1
Rinehart, George; 2-3
Riley, Thomas; 1-4
Rau, John; 2-7
Reynolds, Robert; 1-5-1
Rogers, Rhodon; 1-4-2
Rice, Philip; 1-1
Reese, Thomas, Jr; 1-4
Ravenscroft, Francis; 1-4
Ravenscroft, John; 1
Ravenscroft, Charles; 1-4
Rankins, John; 1-5
Rogers, Benjamin; 1
Rawhouser, Jacob; 1-2
Reed, Benj; 1-2
Randle, James; 1-4
Ralf, Richard; 1-1
Reese, William; 2-7
Reese, Thomas; 3-3
Rinker, John; 1-1
Rawlins, Benjamin; 2-2
Rawlins, Elijah; 1-1
Reed, Charles; 2-6

Roberts, Gersham; 1-1
Ravenscroft, Thomas; 1-2
Ravenscroft, John; 2-9
Ravenscroft, John, Jr; 1-2
Rock, Henry; 1-1
Roby, Vincent; 1-2
Riley, Isabella; 1-2
Riley, Samuel; 1-1
Ravenswcroft, James; 1-1
Rush, Francis; 1-3
Rector, Conway; 1-9-4
Ruser, Jacob; 1-4
Roberts, Eli; 1
Ravenscroft, Jas of John; 1
Rinker, John; 1-1
Shores, Thomas; 2-4
Scritchfield, Joseph; 1-4
Seymore, Garret; 1-9-3
Stallcup, Israel; 2-4
Sigler, Samuel; 1-1
Sheetz, Michael; 1
Stuckslager, Jacob; 1-1
Sheetz, Frederick; 4-3-1; **1 Grist & 1 Saw Mill**
Sines, Peter; 1-1
Singleton, John; 2-4
Spurlin, James; 1
Shanks, George; 2-6
Stinebeck, Fred'k; 1-3-1
Snyder, John; 2-16-11; 1 **Grist Mill**
Starkey, Timothy; 1-1
Smith, John, **MR**; 1-2
Stewart, John; 1-4-1; 1 **Grist Mill**
Stagg, George; 1-4
Spencer, James; 1-4
Sheetz, Otho; 1-1
Starner, George; 1-1
Shields, David; 1-1
Smith, John, **G Run**; 1
Smith, Peter; 1-4
Spillman, Wm; 1
Smith, Jacob; 0-4
Shannon, Andrew; 1
Shockey, Joseph; 1-1
Smith, George; 0-3
Savage, Patrick; 1-3
Short, William; 1-3-1

Steel, John; 1
Stover, Daniel; 1-2
Sollers, Thomas; 1-1
Smoot, Josiah; 1-8-2
Shoaf, John, Jr; 1-5
Shoemaker, Peter; 2-5
Shoemaker, George; 1-2
Six, George; 2-3
Smith, Henry; 1-4
Smith, John, **N Creek**; 2-6
Smith, Peter, **N Creek**; 1-1
Smith, Valentine; 1-1
Smith, Benjamin; 1-2
Shillingburg, William; 1-3
Seygull, Thomas; 1-1; F Black
Sturman, John; 1-4
Sturman, James; 1-2
Sharpless, Jesse; 2-4
Saintclair, Robert; 1-2
Spencer, John; 2-3
Stafford, James; 1-3
Stafford, Joseph; 1-2-1
Stone, Henry; 1
Slagle, John; 1-2
Slagle, Hannah; 0-6-4
Smith, Patsy; 1-2
Sandy, William; 1-2
Sultzer, Adam; 1-1
Shoaf, John; 1-2
Shoaf, Jacob; 1-6
Schrock, William; 1
Seders, Jessee; 1
Shores, Lander; 1-2
Sprigg, Michael C; 1-9-8
Sprigg, Osborn; 1-1
Slone, Richard; 4-9
Slicer, Samuel; 1-2
Spillman, William; 1-3
Spillman, Evan; 1-1
Taylor, Thomas; 1-7-3
Thayer, Baziel; 1-2
Taylor, Edward; 3-2
Throckmorton, Warner; 1-3-1
Taylor, Daniel; 2-6-1
Taylor, William; 1-2
Taylor, Grif & Ebn; 0-2-2
Taylor, Simon; 3-19-6
Taylor, William F; 1-7-3

1813 Upper District Hampshire County Tax

Thompson, Mary; 0-1
Totton, Samuel; 0-2
Towbridge, John; 1-4
Thomas, Samuel; 1-1
Thomas, Moses; 4-4; 1 **Saw Mill**
Thrash, John; 1-2
Turner, Evan; 2-2
Trenter, Joshua; 1-2
Thrasher, Benjamin; 2
Trenter, Joseph; 1-1
Totton, John; 1
Totton, James; 1
Tucker, Daniel; 1
Taylor, Thomas; 1-1
Tasker, George R; 1-1; 1 **Grist Mill**
Umstott, Peter; 3-4
Umstott, Philip; 1
Umstott, Jacob; 2-1
Utt, Christian; 1-3
Urice, George; 1-5
Urice, George, Jr; 1
Urice, John; 1
Vause, William; 2-23-6
Vandiver, William; 2-20-5
Vanidver, John; 1-5-2
Vandiver, Lewis; 3-12-3; 1 Stud
Vandiver, Jacob; 1-20-5; **1 Grist Mill**
Vandiver, Samuel; 1-23-5; 1 Stud
Vanmeter, Abm; 1-12-4
Vandiver, Vincent; 1-12-1
Vandiver, Widow; 0-1-3
Wodrow, Andrew; 1-2-4
Wolverton, Charles; 1-1
Wilson, Nathaniel; 1-1
Watson, Thomas; 1-2
Walker, Widow; 1-2
Wiley, Benjamin; 1-3-1
Wiley, Laban T; 1-2
Walker, James; 1-3
Welch, Benjamin; 1-3-1
Welch, Widow; 0-3-4
Wamps, Francis; 1
Waggoner, Jacob; 1-5
Waggoner, John M; 2-12
Waggoner, Joseph; 1-1
Winzer, George; 1-2
Wallace, Thomas; 0-6

Walker, Andrew; 1-5
Ward, Jessee; 1-3
Worley, John; 1-1
Whip, Daniel; 2-6
Ward, John; 2-5
Welch, Dempsey; 1-5-3
Welton, Job; 1-15-1
Wilson, William; 1
Ward, Lloyd; 1-3
Ward, Lloyd, Jr; 1-1
Ward, William; 1-2
William; 1-2; F Black, J Vand'r
Waxler, Widow; 0-2
Wolf, Jacob; 1-1
Wilson, James; 1-2
Welch, Isaac; 2-2
Welch, William; 1-2
Welch, Benj'm of Isaac; 1-1
Welch, Sylvester; 1
Wolverton, Isaac; 1-1
Wright, John; 1-15-9
Whiteman, John; 1-1
Young, Robert; 2-4
Zimmerman, Jacob; 1-1

White Tithables: 909
Blacks above 16 years old: 340
Blacks above 12 and under 16 years: 73
Common Horses: 2424
Stud Horses: 8
Grist Mills: 20
Saw Mills: 6
Free Blacks & Molattos: 20
Riding Carriages: 1

I John Peerce have examined the foregoing list of property subject to taxation and find the same correctly stated given under my hand this sixteenth day of June 1813. John Peerce Commissioner Upper District of Hampshire County.

1813 LOWER DISTRICT OF HAMPSHIRE COUNTY - JOHN SLANE

Arnold, John **Licenced Preacher**; 0-4
Aller, Peter; 1-1
Asberry, Joseph; 1-5-6
Allin, Robert; 2-3
Allaback, John; 1-3
Abrill, Joseph; 1-2
Ambler, David; 2-2
Anderson, Richard; 1-1
Asberry, Henry; 1-1
Asberry, Jeremia; 1
Andres, Adam; 1-1
Andres, William; 1-1
Alderton, Thomas; 1-2
Aikman, Adam; 1-2
Adams, William; 1-3
Allender, James; 1-4
Alderton, William; 2-2
Alderton, John; 1-2
Alderton, David; 1
Adams, Amos; 1
Andres, George; 1
Alloway, William; 1-2
Allin, Thomas; 2-4
Allin, Thomas, Jr; 1-2
Allin, John; 1-1
Allin, John; 1-1
Arnold, John; 1-1
Arnold, Levi; 1-2
Athy, Bazil; 1-3
Athy, John; 2-3
Athy, Thomas; 1-1
Ambrous, Henry; 1
Acres, John; 1-3
Anderson, William; 1-2
Arnold, Andrew; 1-4
Alexander, Robert; 1-1
Busbey, Samuel; 1-3
Busbey, Hamilton; 1
Busbey, Benjamin; 1
Beckwith, Samuel; 2-2
Butler, Charles; 1-1-2*
  *Free Blacks over 16
Burger, John; 1
Brown, George; 1-2
Bryan, James; 2-3-1
Barrett, John; 2-5
Baker, John; 1-8
Bickerstaff, Rachel; 1-4
Bickerstaff, Nancy; 1-3

Barns, Francis; 2-3
Bennett, Thomas; 3-3
Bennett, Thomas, Jr; 1-2
Burk, William; 1-2
Bethel, George; 2-4
Bear, Peter; 1-1
Brady, Michael; 1-1
Bruner, Jacob; 1
Bruner, Henry; 1-1
Bell, Henry; 1-2
Brown, John, Jr; 1-2
Bird, Stephen; 1
Blue, Richard; 1-5
Brown, Alexander; 2-3
Bonsall, Joseph; 3-1
Buzzard, Frederic, Jun'r; 3-6-3
Buzzard, Jacob; 1-3
Brill, Henry; 1-3
Bumgarner, Rebecca; 0-2
Banks, Edward; 1-1
Barrett, Joseph; 1
Brown, Robert; 1-1-2*
  *Free Blacks over 16
Burkitt, Thomas; 1-4
Beall, Eli; 1-2
Brown, John; 1-2
Brown, Adam; 1-2
Baker, Nicholas; 1-1
Bringman, Henry; 1-1
Bruner, Peter; 2-4
Bruner, Daniel; 1
Boyle, Henry; 1-4
Buzzard, May; 2-4
Buzzard, Frederic; 1
Birch, Thomas; 1-1
Brelsford, Marjoram; 1-3
Bennett, Sylvanus; 2-4
Brelsford, Bernard; 2-3
Brown, Govey; 1-2
Brooks, William; 1-1
Brown, Braxton; 1
Belknap, Thomas; 1-3
Cooper, Adam; 1-1
Cool, Heburt; 1-3
Cunningham, Israel; 1-1
Carmichael, Daniel; 2-6-2
Cooper, John; 1-3
Calvin, Joshua; 1-3-1
Calvin, Samuel & Luther;

2-6
Case, William & Peter; 3-4
Combs, James; 1-2
Combs, David; 1-1
Combs, Jonas; 1-1
Combs, John; 1-1
Collins, Jacob; 1-2
Combs, Wollery; 1-1
Cannon, George; 1
Corbin, Lewis; 1-1
Corbin, Levi; 1-1
Corbin, Daniel; 2-4
Cowgill, Ewin; 1-2
Clutter, Joseph; 2-4
Chenoweth, Elias; 1-2
Cofman, Paul; 1-2
Cheshir, Barbara; 1-2
Cooper, Jobe; 1-3
Cooper, Amos; 1
Christie, Martin; 1-1
Cox, John A; 1-2
Cheser, Obedia; 1-2
Cheser, Uria; 1-3
Cunningham, John; 2-3
Calvin, Luther; 1-1
Carter, John; 1-5
Cross, Gazaway; 1-4
Cheser, John; 2-4
Corbin, David; 2-6
Critten, William; 1-2
Critten, George; 1-1
Critten, John; 1-1
Critten, William; 2-2
Critten, Jacob; 1-2
Calvin, Robert; 2-3
Copsy, John; 1-5-3
Chrisman, Phillip; 1-2
Chrisman, Jacob; 1-2
Catlett, Alexander; 1-1
Casler, John; 2-5
Carter, Asa; 1-2
Critten, John; 2-3
Cross, Alfred; 1
Croston, Travis D; 1-2-2*
  *Free Blacks over 16
Crampton, Samuel; 1
Carlyle, Charles; 1-7
Carlyle, William; 2

1813 Lower District Hampshire County Tax

Carlyle, David; 1
Caudy, James; 2-6-1
Caudy, Michael; 1-2
Caudy, Evan; 1-2
Carlyle, George; 1
Conrad, James; 3-7
Carlyle, William; 1-3
Custard, David; 1-1
Cann, John; 1-4
Corbin, Joseph; 1
Cotrill, Robert; 1-1
Comb, John; 2-2
Cheser, Samuel; 1-2
Carter, James; 1-3
Carder, George; 2-1
Cool, Phillip; 2-3
Cool, Jacob; 1-4
Cutloaf, Francis; 2-1
Caudy, John; 2-6-1
Craswel, Abraham; 1-1
Carder, George; 1-2
Crampton, Jonathan; 1-3
Day, Amory; 1-1
Dever, William; 1-1
Dever, Samuel; 1-1
Dever, Alexander; 1-2
Doman, William; 1-2
Day, Amory; 1-1
Day, Ransom; 1-1
Delaplane, Isaac; 3-2
Davis, David; 1-1-2*
  *Free Blacks over 16
David, Spencer; 1-2
Davis, Humphrey; 1
Davis, John R; 1-1
Davis, Eli; 1
Davis, Elijah; 1-3
Davis, Thomas, **Timber Ridge**; 1-2
Doman, Jacob; 1
Doman, Jacob; 2-2
Devault, Phillip; 1-2
Dever, Richard; 2-4
Dial, Charles; 1-2
Dougherty, Robert; 1-2
Dawson, Isaac; 1-2
Dugan, William; 1-1
Durk, John; 1-1
Durk, Henry; 1
Doran, Alexander; 2-8-1
Dawson, Israel; 1-1
Deerin, John; 1
Dawson, Abraham; 1-3-2

Davis, John; 1-1
Davis, Thomas; 1-3
Dimmitt, Bell; 1-4-1
Day, William; 1
Evans, Caleb; 2-6
Ely, William; 1-5
Eaton, John; 1-2
Ellis, Morris; 1-1
Eaton, Leonard; 1-1
Eaton, William; 1-1
Emmart, Jacob; 2-4
Emart, John; 1-1
Emmart, Phillip; 1
Edwards, Anthony; 1-2
Edwards, Thomas; 1-1
Easter, Peter; 1-3-2
Easter, John; 1-3
Easter, John; 1-5-2
Engle, Mathias; 1-2
Edwards, Thomas; 1-3
Ellis, Benjamin; 1-3
Engle, Joseph; 1-1
Edwards, William; 1-2
Ellis, David; 1-1
Elliot, John; 1
Emmart, Jacob, Jr; 1-2
Eskridge, George, Jr; 1-3-3
Fause, Phillip; 3-4
Fletcher, Joseph; 1-2
Frye, Benjamin; 1-12-1
Frye, John; 1-4-1
Fishell, Phillip; 1-4
Fulkimer, John M; 1-9
French, Robert; 2-6
Fletcher, George; 2-2
Fletcher, John; 1
Flemming, John; 1-3
Ferryman, John; 1-2
Ferryman, Stephen; 1-3
Furrman, Jacob & Samuel; 2-4
Flora, Isaac; 1-1
Flora, Archibald; 1-1
Flora, Prudence; 1-1
Forshee, Anthony; 1-1
Fauber, Henry; 1-3
Fauber, Nicholas; 1
Furman, David; 1-3
Frazier, John; 1
Fail, George; 1
Fletcher, Benjamin; 1
Gloyd, Samuel; 1-1-1

Grant, William; 1-2
Garmin, William; 1-2
Garmin, Jacob; 1
Grove, Jacob; 1-2
Grove, William; 1-2
Grove, Peter; 1-1
Grove, Simmeon; 1-1
Grimes, Thomas; 1-2
Gallaway, James; 2-8-1
Ganoe, Stephen; 1-2
Gloyd, Daniel; 1-1
Grapes, David; 1-2
George, Reuben; 1-2
Gustler, Nicholas; 1-1
Grofton, Samuel; 1-1
Ginnevan, Mathias; 1-2
George, Richard; 3-6
Griffith, Elijah; 1
George, James; 1-4
Glenn, James; 0-1-1
Glenn, William; 1
Gulick, Ferdenand; 3-4
Gulick, Elisha; 1-3
Gulick, John; 1-1
Goldsmith, Samuel; 1-1
Gard, Samuel; 1-9
Gloyd, James; 0-2
Galagher, Samuel; 1-2
Hardy, John; 1-3
Huff, Jacob; 1-3
Huff, Andrew; 1
Huff, John; 1-3
Hall, Samuel; 1-2
Hannas, William; 1-2
Harland, Jesse; 2-2
Harland, Aron; 1-3
Hains, Henry; 1-3
Hiatt, Joseph; 1-3
Howard, Reason; 1-1
Hiett, Jonathan; 1-4
Hiett, John; 1-3
Hickle, Henry; 2-2
Hickle, Stephen; 1-1
Howard, Jonathan; 1
Huddleston, Nathan; 2-4
Hoge, Moses; 1-3-1
Huett, Charles; 1-2
Hoober, Jacob, G **Cacap**; 2-5
Hellyer, Robert; 1-1
Hammack, John; 2-4; 1 Stud
Hoffman, Joseph; 2-4

1813 Lower District Hampshire County Tax

Haas, George; 1-4
Horn, George; 2-4
Horn, Phillip; 2-4
Henderson, Sampson; 1-4
Hains, John; 2-4
Hains, Isaac; 1-1
Hains, Joseph; 1-2
Hughs, Aron; 1
Haire, Adam; 2-4
Hott, Conrad; 1
Higgins, Joseph; 1-3
Hardy, Rudy; 1-1
Hawkins, Jacob; 1-1
Huffman, David; 1
Higgins, William; 1-1
Higgins, William, Jr; 1-1
Hott, Samuel; 1-2
Higgins, John; 1-8-4
House, James; 1-3
Hartley, James; 1-2
Hartley, John; 3-4-1
Hendricks, John; 1-4
Hanna, Wallace; 1-6-3
Hadley, Richard; 1-2
Havner, Andrew; 1
Hoober, Jacob; 2-4
Horsman, William; 1-1
Hott, George; 1-2
Hellyer, Thomas; 1-2
Hook, William; 2-5
Hook, Thomas; 1-5
Hellyer, Daniel; 1
Hagerty, James; 1-1
Hawkins, John; 3-4
Hiett, Jeremia; 1-3
Hiett, Evan; 1-2
Hawkins, Joseph; 1-1
Henderson, Thomas; 1-3
Henderson, Larkin; 1-1
Henderson, Thomas; 1
Hardy, Peter; 1-1
Henderson, Westley; 1-1
Higgins, Joseph; 1
Hardy, Martin; 1-1
Horn, Andrew; 1-1
Hamilton, William; 1-2
Johnson, John; 1-3
Johnson, William, **Sir Jno's Run**; 1-3
John, Thomas; 1-2
Iliff, Stephen; 1-2
Jenkins, Jacob; 1-5

Johnson, Ben Negro; 1-6-1-2*
*Free Blacks over 16
Johnson, Nancy; 2-2
Johnson, John; 2-2
Johnson, John; 1-2
Johnson, Joseph, L **Cap**; 1-2
James, Levi; 1-2-1
Jones, John; 1-1
Johnson, James; 1-1
Johnson, William; 1-1
Johnson, Eleanor; 0-1
Johnson, Joseph; 1-4
Johnson, Thomas; 1-2
Johnson, Isaac, **Ferryman**; 0-4
Johnson, John, **Sir Jno's Run**; 1-1
Keys, Samuel; 1
Keys, Catherine; 0-1
Kenny, Joseph; 1-4
Kurts, Peter; 2-3
Kyter, John; 1-1
Kyter, George; 3-3
Kelsey, Smith; 1
King, William; 2-2
Kyter, George, Jr; 1
Kerns, Jacob; 1-2
Kackley, Abraham; 1-2
Kline, Phillip; 3-6
Kline, Jacob; 1
Kline, Adam; 2-6
Kelso, James; 1-3
Kump, Henry; 2-1
Kline, Abraham; 1-2
Kerns, John; 1
Kail, George; 2-3
Kramer, John; 1-2
Kerby, James; 1-2
Kerns, John; 1-2
Kaler, Andrew; 1-2
Kurts, Henry; 2-5
Kefer, Frederic; 1
Kendricks, William; 1
Kidwell, John; 1-3-1
Kisner, Frederic; 1-1
Kerns, Joseph; 1
Kidwell, Hawkins; 1-1
Kesler, John; 1-1
Lyon, Richard; 1-2
Larimore, John; 1-2
Lewis, Daniel; 1-3

Lewis, Thomas, **N River**; 2-2
Larimore, Samuel; 1-2
Largent, John; 2-2
Lane, Daniel; 1-3
Lane, Joshua; 1
Lane, Powel; 1
Lafollet, William; 1-3
Leigh, Stephen; 2-2
Leigh, Stephen, Jr; 1-1
Loy, Adam; 1-3
Lockhart, William; 2-3
Lundsford, Swanson; 1-1
Larimore, William; 1-1
Larimore, James; 1-1
Larimore, James; 1
Largent, Lewis; 1-2
Largent, Samuel; 1-2
Loy, Daniel; 2-1
Little, George; 1-2
Loy, John; 1-1; 1 Stud
Lunsford, Lewis; 1-2; 1 Stud
Larue, Noah; 2-4
Larue, Peter; 1-1
Largent, Lewis; 3-6
Liepley, John; 2-4
Longstrath, Martin; 1-1
Lupton, Isaac; 1-5
Lupton, William; 1-2
Liller, Nathan; 1-2
Lieth, James; 2-4-3
Linthicum, Joseph; 1-1
Linthicum, Mary; 0-2
Lupton, Jesse; 2-2
Largent, John; 1-9-1
Largent, James Executors; 1-6-2
Largent, Thomas; 2-1
Larue, Jacob; 1-2
Larue, Peter; 1-4-3
Larue, Abraham; 1-1
Linthicum, Hezekia; 1-3
Lewis, Jacob; 1-1
Leigh, John; 1-2
Larimore, Josep; 1-1
Larue, Lambert; 1-4
Loy, John; 1
Loy, William; 1-1
Miller, John; 2-2
Miller, Absalom; 1-1
Morgan, Humphrey; 1-3

1813 Lower District Hampshire County Tax

McBride, Thomas; 1-5
McBride, Robert; 3-4
McAwley, Adison; 1-1
Mason, Joseph; 1-1
Milslagle, Jacob; 2-8
Monroe, James; 3-4
Monroe, Alexander; 1-1
McBride, Alexander; 1-3
McBride, Thomas; 1-2
McBride, John; 2-5-1
Martin, John; 2-5
Moreland, William; 1-2-2
Mauzy, John & Peter; 4-7-3
Moreland, Richard; 1-2
McKeever, Paul; 1-12
McKeever, Paul, Jr; 1
McVicker, Archibald; 1-3
McVicker, William; 1-4; 1 Stud
McBride, Alexander; 2-7
McVicker, James; 1-2
Michael, Frederick; 1-6
Michael, George; 1-4
Michael, Phillip; 1-3
Michael, Betsy; 0-2
Moore, James; 1-7
Martin, Joseph; 1-4-1
Miller, William; 2-4-1
Meekins, James; 2-5
Meekins, Joseph; 1-4
Malcomb, Peter; 1-2
Malcomb, James; 1
McDonald, John; 1-2
Malcomb, William; 1-2
Millison, Jesse; 1-1
Moreland, George; 1-1
Meskemon, Abraham; 1-4
Malick, John; 2-3
Malick, Phillip; 1-2
Millison, John; 1-3
Millison, Benjamin; 1-2
Mentzer, Conrad; 2-4
Moreland, David; 1-3
Millison, John; 1-3
Myers, Jacob; 1-3
Myers, George; 1-3
Myers, William; 2-3
Moore, William; 1
Murphy, Walter; 1-1
Monroe, John; 0-7-4
Myers, George, Jr; 1-1
Mathews, Levi; 1-1

McAwley, Alfred; 1
Monroe, Jesse; 0-3
Mathews, James; 1-1
McAwley, George; 2-3
McCormac, John; 1-3
Medley, John; 1
Moore, Henry; 1-1
Miles, Robert; 1-2
Miles, Ruth; 1-2
Mitchell, John; 1-9-3
McKernan, Laurence; 0-2
McCandliss, William; 1
McBride, James; 1-5
McBride, Stephen; 1-1
McBride, Thomas; 1-1
McBride, James; 1
Milslagle, George; 1-2
McKibbin, William; 1-1
Miles, Josia; 1
McDonald, Benjamin; 1-3
McVicker, Duncan; 1-3
Moreland, William H; 1-3
McVicker, John; 1-1
McGraw, Thomas; 1-1
Moore, Benjamin; 1-2
Nelson, James, Jr; 1-1
Nelson, James; 1-2
Nelson, Robert; 1-1
Needler, George; 1-1
Newbanks, John; 1-3
Newbanks, John; 1-3
Nixon, George; 1-2
Nicholson, Thomas; 1
Nieley, William; 1-3-2
Nixon, Joseph; 1-4-1
Nixon, William; 1-4-1
Oats, George; 1-2
Oats, Jacob; 1-3
Oats, Jacob; 1-2
Oats, Christopher; 1
Oats, John; 1-1
Orndorf, David; 1
Ohaver, George; 1-2
Ott, Daniel; 1-1
Otrong, John; 1-2
Oare, William; 1-1
Oare, Thomas; 1-3
Offutt, James M; 1-1-1
Park, George; 2-5
Pugh, Mishael; 1-3
Poston, Elias; 1-2
Paschal, David; 1
Pownall, Joshua; 1-4

Pettit, Thomas; 2-3
Prichard, John; 2-1
Pownall, John; 1-3
Pownall, John; 1-2
Pownall, Elisha; 1-4
Powelson, Charles; 1-3
Patterson, Alexander; 1-3
Patterson, Robert; 1-3
Pugh, Jacob; 1-3
Pugh, Abraham; 1-2
Peppers, John; 3-4
Powers, Stephen, Jr; 2-1
Peppers, John, Jr; 1-2
Parish, William; 1-2
Parrill, William; 1-3
Plumb, Abraham; 1-3
Prichard, Rees; 1
Powel, James; 1-1-2
Pugh, Robert; 1-4
Pugh, Jesse; 1-2
Pugh, Jesse, Jr; 1-1
Powel, Dade; 1-2
Pugh, Azaria; 1-1
Pennington, Elijah; 2-4
Pennington, Thomas; 1-2
Pennington, James; 1-1
Parrill, Edward; 2-4-2
Parrill, Joseph; 1-3
Parke, Samuel; 2-3
Peters, John; 1-4
Park, John; 2-5; 1 Stud
Peters, Tunis; 2-5
Powel, Henry; 1-2
Powel, James; 2-2
Powel, William; 1-1
Parker, Robert; 1-6-4
Pownall, Jonathan; 1-2
Pennington, Jacob; 1-2
Pennington, Abraham; 1-2
Pownall, Martha; 2-5
Pool, Easter; 0-2
Pool, William; 1-2
Pool, Robert; 1-1
Pool, Henry; 1-1
Pennington, William; 1; 1 Stud
Pownall, Thomas; 1-2
Perry, Roland; 1-1
Probasco, Samuel; 2-4
Pugh, Jonathan; 3-5-1
Powel, William M; 2-4-3

1813 Lower District Hampshire County Tax

Pownall, Jonathan; 1-1
Powelson, Lewis; 1-1
Powelson, John; 1-3-2
Powelson, Rynier; 1-3
Powelson, Cornelius; 1-3
Prather, Silas; 1-1
Phillips, Plunket; 1-1
Parke, Amos; 1-5
Price, James; 1-1*
  *Free Black over 16
Poston, Alexander; 1-4
Poston, William; 1-2
Poston, Richard; 1-1
Parke, Solomon; 1-5
Parke, John, Sen'r; 1-2
Pugh, Joseph; 1-3
Patterson, John; 1-4
Powers, Stephen; 2-2
Parker, Grace; 1-1
Poston, Samuel; 1-1
Peters, James; 1-2
Park, Samuel, Jr; 1-3
Pugh, Bethel; 1-1
Queen, John; 1-4
Queen, Absalom; 1
Ruckman, Richard; 1-2
Racey, Luke; 1-4
Racey, John; 1-1
Rogers, Aron; 1-1
Rogers, Robert; 1-4
Rogers, Owen; 1-1
Rosenberry, John; 2-4
Regle, George; 1-3
Reid, Jeremia; 1-2
Reid, Jeremia, Jr; 1-2
Reid, John; 1-3
Racey, Thomas; 1-1
Rinehart, Abraham; 1-3
Rinehart, Andrew; 1-2
Rinehart, Abraham, Jr; 1-1
Robinson, Benjamin; 1
Rinker, Samuel; 2
Rinker, Joseph; 1-1
Robinson, John; 2-2
Ruckman, Jacob; 1-4
Ruckman, Peter; 1-4
Ruckman, Joseph; 1-3
Ruckman, Samuel, son of Tho's; 1-3
Ruckman, Samuel; 2-4
Ruckman, Samuel; 1-1
Ruckman, John; 1

Race, William; 1-1
Rea, Bazil; 1-1-2*
  *Free Black over 16
Royce, Frederic; 1-1
Royce, Sara; 0-1
Richmond, James; 1-1
Richmond, William; 1
Russel, Samuel; 1-1
Russel, Samuel, Jr; 1
Robison, John; 1-1
Reed, Nancy; 0-3-2
Reed, James; 1
Racey, William; 1-1
Ross, Joseph; 1-2
Sheerer, James; 1-2-5; 1 Stud
Selby, John; 1-3
Starn, Jacob; 1
Sulivan, Henry; 1-2
Sharf, George; 4-4-1
Short, John; 1
Savill, Oliver; 1-1
Savill, Joseph; 1-1
Shingleton, Absalom; 1
Starn, Joseph; 1-3
Starn, Frederic; 1-2
Slack, James; 2-3
Slack, Henry; 1-1
Smoot, Barton; 1-1
Slocum, Robert; 1-4
Spencer, Thomas; 1-2
Slonecker, Christopher; 2-4
Simpson, Thomas; 2
Shin, David; 1-2
Stipe, John; 2-5
Simmonds, Charles; 1-4
Spaid, George; 2-6
Spaid, Frederic; 1-2
Spaid, John; 1-5
Smith, John; 1-2
Stephens, David; 1-2
Seekrist, Frederic; 3-6
Swisher, Valentine; 1
Starkey, George; 1-2
Swisher, John; 2-4
Summers, John; 1-2
Summers, Walter; 1-1
Starkey, Frederic; 1-3
Spurling, John; 1-1
Shafer, David; 1-1
Swier, Jacob; 1-4
Spicer, Thomas; 1-3

Starkey, William; 3-3
Starkey, William, Jr; 1-1
Seebring, John; 1-2
Smith, Charles; 2-3
Short, Richard; 1-3
Short, Isaac; 1-1
Stoker, Critten; 1-2
Stoker, John; 2-4
Smoot, Joseph; 1
Spicer, William; 1-1
Shafer, Martin; 3-5
Shafer, Peter; 1
Smoot, Jacob; 1
Stump, Peter; 1-3-3
Stump, Benjamin; 1-3
Stump, Joseph; 1-2-1
Stump, John; 1-2-2
Sheerwood, John; 1-2
Sheerwood, Johnsey; 1-1
Sheerwood, King; 1-1
Smith, Nicholas; 3-4
Smith, John; 1
Smith, James; 1-2
Smith, Middleton; 1-2
Swisher, John; 1-2
Simpson, David; 1-5
Smith, Richard; 1-2
Stone, Joseph; 2-1
Smith, James; 1-5
Smith, Abraham; 1
Starn, John; 3-5
Shinholts, Peter, Jr; 2-3
Seibole, James; 1-1
Seibole, Jacob; 1-3
Smith, Timothy; 4-7
Sherrard, Robert; 2-2-2
Syler, Jacob; 2-4
Slane, Benjamin; 1-4
Slane, Thomas; 2-3
Slane, James; 2-6
Slane, Elias; 1-2
Slane, John; 2-4
Shinholts, Jacob; 1-3
Shinholts, John; 1-2
Shinholts, Peter; 1-1
Smith, Conrad; 1-2
Summers, Andrew; 1-2
Thomspon, John, L Cap'n; 2-6-1
Tyler, Edward; 1-2
Thompson, James, L Cap; 1
Taylor, William; 1-1

158

1813 Lower District Hampshire County Tax

Tharp, John; 2-3
Thomas, John; 2-6-4
Terrance, William; 1-1
Tylor, Jervas; 1-2
Trickle, Edward; 1-2
Taggart, Francis; 1
Thompson, Elisha; 1-2-1
Tucker, Joseph; 2-3
Tucker, John; 1-1
Thompson, Joseph; 1-8
Thompson, John; 1-4
Thompson, Nathan; 1-1
Thompson, James; 1-2
Tucker, Josephus; 1-6-4
Taylor, Richard; 1-2
Timbrook, John; 1-3
Timbrook, William; 1
Tucker, Erasmus; 1-4
Terrance, John; 1-2
Titus, Tunis; 1-5-3
Tucker, Richard; 1-4-2
Turner, John; 1-1
Wolford, Henry; 1-2
White, Robert N; 1-1
Woolery, Henry; 2-2
Wetsel, Jacob; 1-1
Winterton, John; 1-2-1
Winterton, John, Jr; 1-1
Williams, Ebenezer; 1-3
Wingate, James; 1
Wilson, Henry; 1-3
Wolford, John; 3-5
Williamson, Samuel; 3-7
Williamson, William; 1
Williams, Thomas; 2-9-2
Wiliams, Zedekia; 1-3
Williams, William; 1
Weaver, Abraham; 2-6
Weaver, John; 1-1
Wolverton, James; 1-1
Ward, Joel; 1-3
Ward, John; 1-2
White, Francis; 2-3-1
Wydmier, Michael; 2-2
Williamson, Cornelius; 1-1
Wilson, William; 1-2
Unglesby, Zacharia; 2-2
Vanarsdal, Garrett; 1-1
Voke, Mary Anne; 0-1
Vanarsdal, Garrett, Jr; 1-1
Vanarsdal, Abraham; 1-2

Vanarsdal, Peter; 2
Vanarsdal, Abraham; 1-1
Yonally, Thomas; 1-3
Yinger, Gasper; 2-4-1
Young, John; 1-2
Yates, Joseph; 1-1

1813 Lower District Hampshire County Tax

A list of Merchants Retailing Licences in my district for the year 1813:
Robert Sherrard one for one year $23.
James M Offutt one for one year $23.

Persons names owning grist mills, saw mills & tanyards:
Jesse Harland – saw mill
Isaac Hollingsworth – grist mill
Thomas Lewis, N River – saw mill, grist mill
William & Peter Case – saw mill
John Thompson L Cacap – grist mill
Barton Smoot – grist mill
William Doman – saw mill
Jonathan Hiett – saw mill
John & Peter Mauzy – saw mill
David Shin – saw mill
Frederic Seekrist – grist mill
Ebenezer Williams – saw mill
Joseph Parrill – grist & saw mill
John T Summers – saw mill
John Parke, Jr – saw mill
John Stoker – grist & saw Mill
John McBride – grist & saw mill
Israel Cunningham – saw mill
Robert Rogers – saw mill
Francis White – grist & saw mill
Thomas Edwards – saw mill
William Wilson of Berkley – grist & saw mill
John Easter – saw mill
James Allender – saw mill
Ignatius O'Ferrall – grist mill
John Joliff – saw mill
John Casler – saw mill
William McCandliss – saw mill
Isaac Lupton – grist & saw mill
Joseph Thompson – grist mill
Elias Postons Executors – grist mill
Peter Grove – grist & saw mill
James Caudy – grist mill
Peter Bruner – grist & saw mill
Reeds Executors – grist & saw mill
Peter Larue – grist mill
Jesse & Hannah Larue – saw mill
John Kidwell – saw mill
Jeremia Thompsons Exec'rs – saw mill
Benjamin Furman – saw mill
John Largent, Jr – grist & saw mill
Frederic Buzzard – saw mill

William Parrill – saw mill
John Cunningham – saw mill

Number of white tythables in the foregoing list: 881
Number of blacks over 16: 112
Number of blacks over 12: 13

1814 UPPER DISTRICT OF HAMPSHIRE COUNTY – JOHN PEERCE

Adams, Jacob; 1-4
Atkinson, William; 1-5
Ashton, Joseph; 1-5
Ashby, Jeremiah; 3-2-6
Ashby, Benjamin; 1-1
Ashby, John; 1-2
Addison, Richard; 1-3
Anderson, William; 1-1
Anderson, James; 1-2
Anderson, John; 1-1
Anderson, Jessee; 1
Athey, Thomas; 1-3
Athey, Thomas, Jr; 1-1
Arnholt, Andrew; 1
Arnold, Daniel; 2-6
Arnold, Zachariah; 4-7
Arnold, Samuel; 2-4
Arnold, Jacob; 1-1
Abernathy, Samuel, **A Mtn;** 1-2
Abernathy, John; 0-3
Allkire, Peter; 1-11
Armstrong, William; 1-12-3
Armstrong, Robert; 1-1
Abernathy, Samuel, **SpF;** 3-5
Anderson; 3-4
Armstrong, William; 1-7-6
Allin, Robt & Thos; 2-6-3
Blue, Michael; 2-5
Buffington, William; 2-8-1
Buffington, Richard; 1
Blue, Remembrance; 1-5
Blue, Garrett; 1-9-2
Buffington, David; 1-3
Bonerotz, Leonard; 1-2
Brinker, Henry; 1-2
Brown, James; 1-2
Bizon, Jacob; 1-4; **1 Saw Mill**
Black, Jonathan; 1
Benjamin, Romney; 1; F Black
Buskirk, John Van; 1-1
Butts, Conrod; 1-3
Bever, Peter, Jr; 1-1

Bever, Peter, Sr; 1-4
Bowman, Elizabeth; 0-2
Black, John; 1-1
Bussey, Hezekiah; 1
Barrick, George; 2-1
Barrick, Jacob; 2-3
Barrick, Henry; 1-1
Baker, Joseph; 2-3
Bayley, Benjamin; 1-1
Bayley, Edward; 2-5
Barnhouse, John; 1-1
Bean, John; 3
Bean, Walter; 1-2
Bosely, James; 3-5; **1 Grist Mill**
Boseley, William; 1
Baker, Joshua; 1-2
Browning, Westley; 1
Browning, Elias; 1-3
Bogle, Andrew; 1-1
Bizer, Nicholas; 1-3
Bane, Jessee; 3-3-1
Bane, George; 1-2
Berry, William; 1-1
Barger, John; 1-1
Bane, Abner; 2-2
Beard, George; 1
Blanchard, David; 1-1
Bond, John; 1-1
Bond, Spelman; 1-4
Beatty, Charles; 3-10
Burget, Frederick; 1; **1 Stud**
Belford, Daniel; 2-2
Belford, William; 1-1
Blue, Susannah; 2-7-7
Blue, Michael, Jr; 1-6-1
Berry, Thomas; 1-1
Blue, John; 1-5
Busby, William; 1-4
Bogart, Daniel; 1-2
Blair, Samuel; 2-7
Brady, John; 1-3-1
Bush, Henry; 2
Barnes, Abraham; 1-1
Benjamin, Taylors; 1; F Black
Bear, Adam; 1
Bryan, John & Jas; 2-9

Buck, Thomas; 1-3
Baker, Thomas; 1-3
Baker, Jonathan; 1
Baker, Perry; 1-1
Bolton, William; 1
Bartruff, Andrew; 1-1
Baker, Michael; 1-5
Burbridge, Mary; 0-4-3
Burton, Widow; 0-4-1
Bowman, John; 1-2
Black, Rev'd James; 0-1
Bartrim, Benjamin; 1
Beall, Isaac; 1-1-2; **1 Grist Mill**
Carscadon, Arther; 1-1
Campbell, Runey; 1-4
Cheeseman, William; 1
Cheeseman, William, Jr; 1
Carnand, Leonard; 2-5
Carnand, Andrew; 1-1
Cookus, Henry; 3-1
Collins, Michael; 1-2
Clawson, John; 2-2
Carder, Abber; 1-1
Cundiff, John; 1-1
Cuningham, James; 1-10-4
Chew, James; 1-1
Corn, Timothy; 3-8-1
Cockrell, Thomas; 1-3-1
Clarke, William; 2-4
Clarke, William, Jr; 1-1
Clarke, Thomas; 1
Cunduff, Benjamin; 1-4
Clark, William; 1-3; F Black
Cassady, Benjamin; 1-2
Coleshine, Henry; 3-4; **1 Grist Mill**
Cunduff, John; 2-4
Chamberlain, Jonas; 2-1
Cockrell, Samuel; 1-17-3
Carscadon, Thomas; 2-6
Carrathers, Mary Ann; 0-4
Crook, John; 1
Casey, Nicholas; 1-1
Corbin, John; 1
Collins, Thomas; 1

1814 Upper District Hampshire County Tax

Collins, Thomas; 1-8-3
Collins, John; 1-5
Cockrill, Thomas; 1
Curlett, William; 1-7
Creesap, Thomas M; 1-10-4
Cokeley, Elijah; 1-2
Cokeley, Daniel; 1-2
Crawvius, John; 1-2
Crawvius, Margaret; 1-1
Cade, Jacob; 1
Cuningham, James; 2-1
Clarke, James, Jr; 1-1
Clarke, James; 1-6
Calmes, George; 1-14-5
Collins, Daniel; 2-16-5
Culp, John; 1-5-2
Culp, George; 1-6-2
Combs, Daniel; 1-3
Cash, Bob; 1; F Black
Cade, William; 1
Chandler, Elizabeth; 0-1
Cowan, William; 2-6
Catlett, Henson; 2
Connelley, Edward; 1-1
Colbert, Francis; 1-2, F Mulatto
Cabrick, Peter; 4-3
Clarke, Aaron; 1; F Black
Cooper, Widow; 0-1
Cooper, David; 1-1
Combs, Joseph; 1
Conway, Daniel; 1-1
Dawson, John; 1
Davy, William; 1-1
Davy, John; 1-2
Dotson, Jeremiah; 1
Davis, John, B S; 1
Davis, Francis; 1
Davis, John, **Constable**; 1-1
Dunn, Ephraim; 1-5-4
Doolin, William; 1-1
Dust, Casper; 1-1
Dust, Jacob; 1-2
Daley, John; 1
Dew, Samuel; 1-3
Decker, John; 2-16-7
Dowden, John; 2-6
Douthit, Susannah; 1-3
Darling, Isaac; 1-1
Davis, Joseph; 2-4-1
Davis, Rubin; 1-1

Duling, William; 1-6
Davis, Jessee; 1-1
Duling, Collin; 1-4
Davis, James; 1-4
Duling, Edmon; 1-3
Duling, William; 2-5-1
Duling, William 3rd; 1-1
Dixon, Joseph; 1-2
Davis, Samuel B; 1-2
Davis, Samuel B; 1-1
Dean, John; 1-4
Dean, James; 1-2
Davis, Joseph W; 1-1
Dunkle, George; 1
Davis, Thomas; 1-2
Douglass, Jonas; 1
Dye, Thomas; 1-5-2
Dailey, James; 1-15-9; 1 **Grist Mill**
Davis, Eli; 2-2
Doman, John; 1-3
Davis, Walter; 2-4
Donaldson, William; 5-14-2; **1 Grist Mill; 1 Saw Mill**
Donaldson, Jas & Robt; 2-2
Dunn, Lewis; 4-10-2
Dunn, Jacob; 1-2
Dun, Thomas; 2-4-2
Dunn, Van; 1
Dunn, William; 1
Daniels, Dennis; 2-7-1
Denney, William; 1-4
Dawson, Isaac; 1
Dailey, James; 2-4
Dawson, Eli; 1-2
Dobbins, Samuel; 1-5
Dayton, Isaac; 1-1
Doll, Jacob; 1-3
Earsom, John of John; 1-8-2
Entler, John; 1-1
Earsom, Simon; 1-4-2
Earsom, Jacob; 2-3
Earsom, John of Jacob; 1-4
Entler, William; 1-2
Evans, Benjamin; 1-1
Evans, James; 1-3
Eskridge, George; 2-4-3
Emmerson, John; 1-1
Emmerson, Abel; 2-5

Emmerson, Abel; 1
Emmerson, Thomas; 1-2
Edmonson, Thomas; 1-7-2
Enswinger, Henry; 1-4
Elifritz, George; 1-3
Fetter, John; 1-1
French, John; 1-1
Fitzgerald, James; 1-1
Fitzgerald, Thomas; 1-6
Fink, Frederick; 4-8
Florence, Thomas; 1-3-1
Florence, William; 1
Flud, John; 1-4-1
Flud, Charles; 1-2
Flanagin, Samuel; 1-2
Fout, Michael; 2-3
Fishwater, Hez & Jas; 1-1
Filling, Henry; 1-1
Flemming, Patrick; 1-6
Fleek, Jacob; 1-2
Fleek, Henry, Jr; 1-3
Fleek, Solomon; 1
Foley, John; 0-7
Fox, William; 6-27-8; 1 **Saw Mill**
Friddle, John; 1
French, William; 1-3-1
Farlow, John; 1
Farlow, Robert; 1
Farlow, William; 1-1
Fleek, Henry; 1-2-1
Fleek, Adam; 1-2
Fleek, John; 1-2
Grimes, James; 1; F Mulatto
Gale, George; 3-4-2
Grayson, Ambrose; 2-4
Grayson, Thompson; 1-2
Goldsmith, Benoni; 2-2; 1 **Grist Mill**
Good, Philip; 2-2
Grimm, George; 1-5
Gibson, James; 1-3
Grigg, Joshua; 1
Gibson & Grigg; 1 **Grist Mill**
Good, Abraham; 1-3-1
Grace, Philip; 1-1
Glaze, Conrad; 2-5
Grimes, Thomas; 1

1814 Upper District Hampshire County Tax

Gates, Charles; 1-4; F Black
Graham, James; 1-4
Greenwell, Elijah; 1-7-3
Gilpin, Edward; 1-3
Hines, John; 1-4
High, John; 2-4
Houser, Charles D; 1-1
Hoffman, Conrad, Jr; 1-3
Humes, William; 1-1
Hansberry, John; 3-6
High, Henry; 1-5
High, Frederick; 2-8
Hoffman, Conrad, Sr; 1-1
Hines, Thomas; 2
Howard, Michael; 1
Hill, George; 3-2
Hayden, William; 1
Hogan, Thomas; 1-5-4
High, Jacob; 2-4
Heinzman, Henry; 1-2
Householder, John; 1
Hains, George; 1-1
House, John; 2-3
House, Samuel; 1-4
House, John; 1
Hull, Benjamin; 2-1
Hoffman, Aaron; 1-8
Hartman, Henry; 2-6
Hartman, Anthony; 1-1
Honeyman, Charles; 2-5
Honeyman, Benjamin; 1-1
Honeyman, Michael; 1-1
Harper, Lonard; 1-1
Hawke, Henry, Sr; 1-4
Hawke, Henry, Jr; 1-1
Hawke, Isaac; 1-1
Hawke, Joseph; 1-1
Hill, William; 1-2
Hill, James; 1-1
Holliday, Richard; 2-9-1; 1 Grist Mill
Harrison, Henry; 1-1
Harrison, Mary; 1-3
Harvey, Zachariah; 1-1
Harvey, William; 1-1
Harvey, Reson; 1-2
Hill, Leroy, Jr; 1-2
Hibbs, John; 1-2
Harvey, Hezekiah; 1-2
Harvey, Elijah; 1-4
Hooker, John; 1-3
Hershman, Christopher; 2-5
Hill, Leroy; 2-6
Hill, Robt; 1-2
Hull, Stephen; 1-1
Heiskell, Christopher; 1-2-1
Heiskell, Adam; 1-1-5
Heiskell, Peter; 1-1
Humes, Nancy; 0-4-4
Hineman, James; 1
Heiskell, Jacob; 1-1
Hammond, Absalom; 1-1
Hass, Peter; 1-5
Hass, Christopher; 1-3
Hollinback, John; 1-4
Harriss, Amos; 1-1; F Black
Houser, Lewis; 1-5-1
Higgans, James; 1-8-6
Hughes, George; 1-2
Hollinback, Widow; 1-2
Hollinback, Abraham; 1-3
Hollinback, Daniel; 1-3
Hunter, Richard; 1-3
Hatton, Samuel; 1-1
Harsell, Peter; 2-3
Hawke, Abraham; 4-7-7
Iseler, Nathan; 1-1
Iseler, Jacob; 1-2
Iseler, George; 1-1
Ingmire, Thomas; 1-1
James, Isaac; 1-1
Jones, Robert; 1-2
Jones, William; 1-1
Jones, Elias; 1-3
Jones, Thomas; 1; 1 Grist Mill
Inskeep, Abm W; 1-6-3
Ingle, Isaac; 1-3
Jones, Moses; 1-1
Jones, Jacob; 1-1
Jacobs, Thomas; 1-1
Johnson, Isaac; 1-7-1
Junkins, John; 1-1
Junkins, Benjamin; 1-3
Junkins, William; 2-3
Junkins, James; 1-1
Janney, William; 2-10-7
Jenney, Daniel; 1-1
Jenney, Jessee; 1-5
Johnson, Okey Esq; 2-14-3
Jacobs, John; 1-4
Jacobs, Joseph; 1-2
Inskeep, James; 2-14
James, John; 1-1
Johnson, Okey, Jr; 1-4-1
Inskeep, William; 1-17-8
Johnson, Catharine; 1-5-7
Jack, John; 2-1-2
Inskeep, John; 3-8-3
Johnson, William; 1-2
Jackson, William; 1-2
Jacobs, John J; 1-7-2
Johnson, Isaac; 1-4
Justice, Daniel; 1-3; F Black
Jones, Jonathan; 1-11
Jones, Elizabeth; 1-5
Johnson, Abraham; 1-3
Kelley, Patrick O; 2-4
Kile, Robert; 1-3
Kuykendall, Isaac; 2-12-6; 1 Grist Mill; 1 Saw Mill
Kees, George; 1-1
Kick, Daniel; 1
Kennobershoe, John; 1-2
King, George O; 2-2
Kelley, Michael; 3-7
Kight, Samuel; 1-1
Kight, William; 1-2
Kight, Calib; 1-1
Kile, Hannah; 0-1
King, Alexander; 1-8-6
Lash, Thomas; 1-1
Lecklighter, George; 1
Loy, Jacob; 1-3
Long, David; 1-3-4
Ludwick, John; 1-1
Leach, Benjamin; 1-1
Leach, James; 1
Ludwick, Catharine; 1-2
Ludwick, Jacob; 2-4
Lear, Abraham; 1
Long, Elizabeth; 0-2
Leatherman, Peter; 1-3
Leatherman, Nicholas; 1-3
Leatherman, John; 1-4
Leatherman, Lewis; 2-2
Leatherman, Daniel; 1-2
Leatherman, Abm; 1-1
Landers, Frederick; 1-4

1814 Upper District Hampshire County Tax

Ludwick, Daniel; 1-4
Liller, Henry; 3-3
Liller, Henry, Jr; 1-1
Liller, George; 1-2
Long, Joseph; 1
Long, Thomas; 1
Lazarus; 1; F Black
Lyons, Elisha; 1-4
Lyons, Elijah; 1-2
Lyons, Daniel; 2-5-1
Lawson, John; 1-6-3
Lennox, Thomas; 1
Litton, Daniel; 1
Lee, Richard; 2
Long, John; 1-5-1
Long, Wm & David; 2-3-1
Lilley, Joseph; 1-1
Lyons, John; 1-1
Long, Thomas; 2-2
Lucas, William; 1-3
Licklighter, John Sr; 2-1
Licklighter, John Jr; 1-2
Lucas, Thomas; 1; F Black
Lambert, John; 1-2
Leese, Jacob; 1-3
Leese, Andrew; 1-2
Leese, George; 1-2
Leese, John; 1-2
Lewis, John; 1-21
Leese, William; 1-6
McCartney, Thomas; 1-1
Mathews, Nat; 1; F Black
McFarland, Ezekiel; 1-3
Means, Isaac, Jr; 3-7-2
McCarty, Edward; 3-16-10; **1 Grist Mill**
Munde, Michael; 1; F Black
Means, Robert; 1-1
McBride, John, Jr; 1-1
Mouser, Jacob; 1
McDowell, John; 1
McMahan, John; 2-4
Madeden, Keeley; 1-2
Madden, Samuel; 1-2
McMahan, John; 1-2
Moore, Samuel; 1-1
Moore, Jeremiah; 1-1
Miller, Henry; 1
Mills, William; 2-3
Miller, Rubin; 1-2
Meritt, Adam; 1-2

Meritt, Michael; 2-2
Miller, Michael; 2-15-3
Means, Isaac; 2-6-1; 1 **Grist Mill**
Marpole, George; 1-1
Martin, John; 1-1
Martin, John, Jr; 1
Martin, Joseph; 1-2
McCalley, John; 2-1
Moore, Zadeck; 1-1
Matheny, Fre'd; 1-2
Miller, Peter; 1-4
Moore, Eli; 1-1
Miller, Jacob; 2-3
Miller, Adam; 1
Musgrove, Job; 1-2
Miller, Abby; 1-2
Moore, Josiah; 1-1
Moseley, James; 1-15-5
Myers, Henry; 1
McCormick, James; 1-2
McChesney, William; 1-2
Mitchell, John; 1
Mulledy, Thomas; 1-16-1
McDoogle, Robert; 1
Morton, John; 1-1-1
Meloy, James; 1-1
McGlaughlin, Daniel; 2-8
McCrakin, Mary; 0-4-1
McDaniel, Charles; 1-2
Murphey, John; 1
Miller, Isaac; 2-7
McDaniel, John; 2-4
Moore, Charles; 1-3
McNeill, Widow; 0-4-2
McBride, John; 1-3
McBride, Adaniram; 1-2-1
McNary, Ebenezer; 1-8
McGruder, Elias; 1-2
Marshall, John; 1
Martin, Luther; 2-6-1
Nixon, Jonathan; 1-3
Neff, John; 1-8
Nesbitt, John; 1-1
New, Henry; 1-1
Newman, John; 1
Naylor, William; 1-3-3
Neff, George; 1-4-1
Parker, Solomon; 2-12-5
Poland, Robert; 1-1
Poland, John; 2-3
Poland, John; 1-1

Poland, Amos; 1-3
Poulson, Henry; 1-3
Parker, Benjamin; 1-4
Parker, John; 1
Parker, Henry of Benj; 1
Parsons, David; 2-13-4
Parker, Peter; 2-8-4; 1 **Grist Mill; 1 Saw Mill**
Price, William; 1-1
Price, John; 1-1
Purgett, Frederick; 1-3
Purgett, Henry; 2-4
Peatt, Moses; 1
Painter, William; 1
Price, John H; 1-4-3
Plumb, John; 1-2
Plumb, Abraham; 1-5; 1 Stud
Plumb, John, Jr; 1-3
Pritchett, John; 1-1
Parrott, Christopher; 1-13-6
Parrott, John; 1-2-2
Parker, James; 3-7
Pry, John; 1-1
Pry, Windle; 1-3
Price, Arjalon; 1-5
Paugh, Michael; 1-1
Paugh, Nicholas; 1-2
Parsons, James; 1-20-6
Piper, John; 1
Parson, Thomas; 1-5-2
Parker, Peter C; 1-8-1
Parker, Robert; 1-1
Price, Elizabeth; 0-1-1
Price, Nathan; 1
Perry, Roger; 0-0-4; Exe of M Rollins, Dec'd
Plummer, Obediah; l; F Black
Puttman, Jacob; 2-5
Puttman, Peter; 1-1
Pierceall, Widow; 0-2-3
Price, Arjalon; 1-3-2
Poland, Samuel; 1
Price, Ignatius; 1-1-1
Pancake, Isaac; 1-12-5
Peerce, John; 1-2
Queen, Dennis; 1-1
Reese, Thomas; 1-4
Rollings, Elijah; 1-1
Rankin, John; 1-4
Rogers, Rhodon; 1-3-2

1814 Upper District Hampshire County Tax

Rannells, Robert; 2-5-1
Reeser, Jacob; 1-3
Reed, Charles; 2-6
Race, John; 2-7
Rukey, William; 1-2
Roby, Vincent; 1-2
Roberts, Gersham; 1-3
Ravenscroft, Charles; 1-5
Ravenscroft, John; 1-2
Reese, Thomas; 2-5
Rinker, John; 1-1
Rinker, John; 1-2
Ravenscroft, James of John; 1-2
Riley, Alex'r; 1-1
Riley, Isabella; 0-1
Riley, William; 1-1
Rogers, John; 2-3-1
Reese, William; 2-6
Ravenscroft, James of Wm; 1-1
Rinker, Joseph; 1-2
Rector, Conway; 1-16-6
Rawhouser, Jacob; 1-2
Riley, Thomas; 1-3
Richards, Jacob; 1
Richards, Godfrey; 2
Reed, John; 1-1
Riley, Elijah; 1
Russell, Anthoney; 1-1
Rinehart, George; 2-3
Randle, James; 2-3
Ralf, Richard; 1-2
Riley, Samuel; 1-1
Ravenscroft, John; 2-7-1
Ravenscroft, Edward; 1-1
Ravenscroft, Francis; 1-3
Rush, Francis; 1-3
Stagg, George; 2-4
Shank, George; 1-2
Shank, Jacob; 1-1
Shores, Lander; 1-2
Spurlin, James; 1
Shoemaker, Peter; 3-5
Shoemaker, George; 1-2
Shores, Thomas; 2-5
Singleton, John; 1-5
Smith, Peter; 1-6-1
Shipley, Conrad; 1
Sporlin, James; 1

Sions, Peter; 1-2
Shillingburg, William; 1-4
Slone, Richard; 3-10
Sage, James; 1
Sollers, Thomas; 1-2
Smith, Elias; 1-2
Shoaf, John; 1-5
Slicer, Samuel; 1-1
Smith, John; 1-6
Smith, Valentine; 1-3
Smith, Peter; 1-1
Smith, Benjamin; 1
Segirl, Thomas; 1-1; F Black
Sturman, John; 1-3
Sturman, Richard; 1-1
Sturman, James; 1-2
Six, George; 2-3
Shields, David; 1-1
Stover, Daniel; 1-2
Sheetz, Frederick; 6-3-1; **1 Grist; 1 Saw Mill**
Smoot, Josiah; 2-8-2
Saintclair, Robert; 1-3
Sharpless, Jessee; 2-4
Spencer, John; 1-2
Spencer, James; 1-2
Starkey, Timothy; 1-1
Sulser, Adam; 1-1
Stinebeck, Frederick; 2-2-2
Shannon, Andrew; 2-1
Savage, Patrick; 1-2
Smith, Jacob; 1-4-1; 1 **Grist Mill**
Smith, George; 1-2
Short, William; 1-5-1
Smith, John; 1-2
Spilman, William; 1-5
Sheetz, Otho; 1-1
Sigler, Samuel; 1-1
Stuckslager, Jacob; 2-1
Slagle, Hannah; 0-4-3
Slagle, John; 1-1; 1 Stud
Sprigg, Michael; 3-12-8
Stafford, James; 1-2
Stafford, Joseph; 1-0-1
Scritchfield, Joseph; 1-2
Stallcup, Israel; 2-3
Stewart, John; 1-6-3; 1 **Grist Mill**

Stewart, John; 0-0-1 as Executor of R ?Kile
Smith, John; 1
Sheriff, Benjamin; 1; F Black
Shoaf, Jacob; 1-5
Shoaf, John; 1-2
Seymour, Garrett; 1-14-3
Snyder, John; 2-16-12; 1 **Grist Mill**
Schrock, William; 1
Sandy, William; 1-2
Sandy, William; 1-1
Sandy, Philip; 1
Sandy, James; 1-1
Taylor, Daniel; 2-8-1
Thompson, Mary; 0-2
Thayer, Baziel; 1-3
Taylor, Thomas; 1-7-2
Tucker, Daniel; 2-1
Thomas, Moses; 4-4; 1 **Saw Mill**
Towbridge, John; 2-4
Thomas, Samuel; 1-2
Thrash, John; 1-2
Trenter, Joshua; 1-2
Tasker, G R; 2-1; 1 **Grist Mill**
Taylor, Edward; 4-2
Taylor, William F; 1-9-3
Taylor, Thomas; 1-1
Taylor, Septamus; 1
Taggart, John; 1
Taylor, Grif'n & Ebn'r; 0-0-4
Totton, John; 1
Totton, Samuel; 1-2
Totton, James; 1
Turner, Evan; 2-1
Taylor, Simon; 2-18-8
Trentor, Joseph; 1-1
Throckmorton, Warner; 1-2-1
Umstott, Jacob; 1-2; 1 **Grist Mill**
Utt, Christian; 1-2
Umstott, Peter; 2-4-1
Umstott, Abraham; 1-1
Urice, John; 1-3
Urice, George; 1-3
Urice, George; 1
Umstott, Philip; 1-4

1814 Upper District Hampshire County Tax

Vanmeter, Ab'm; 1-17-4
Vandiver, Vincent; 1-17-1
Vandiver, John; 1-7-2
Vandiver, Jacob; 1-18-6; 1 Gigg; **1 Grist Mill**
Vandiver, Samuel; 2-24-4; 1 Stud
Vandiver, Widow; 0-1-2
Vandiver, William; 2-16-5; 1 Stud
Vause, William; 1-27-5
White, John; 1
White, Robert; 1
White, John; 1-1
Wilson, Nathaniel; 1-1
Welton, Job; 1-12-1
Wilson, William; 1
Ward, Lloyd; 1-3
Ward, Lloyd, Jr; 1-1
Ward, William; 1-2
Waxler, Sarah; 0-2
Ward, John; 3-5
Welch, Dempsey; 1-6-3
Whip, Daniel; 1-5
Whip, William; 1-1
Whip, John; 1-1
Welch, Benjamin; 1-4-1
Welch, Isaac; 2-2
Welch, Benjn; 1-1
Welch, Dempsey; 1-1
Welch, William; 1-2
White, Samuel; 1-1
Wolf, Jacob; 1-2
Wodrow, Andrew; 2-1-3
Wright, John; 2-15-9
Walker, Robert; 2-5
Walker, James; 1-3
Wallace, Thomas; 1-4
Waggoner, John M; 2-15
Waggoner, Joseph; 1-2
Waggoner, Jacob; 1-7
Ward, Jessee; 2-4
Wamps, Francis; 1-1
Wiley, Laban T; 1-2
Wilson, James; 1-3
Welseimer, Philip; 1-1
Welseimer, John; 1-5
Worley, John; 1-1
Welch, Widow; 0-2-3
Wolverton, Isaac; 1-1
Young, Robert; 2-4
Young, James; 0-1

Zimmerman, Jacob; 2-1

Whites: 920
Free Blacks: 19
Blacks Above 16: 340
Blacks between 12 & 16: 71
Horses: 2386
Grist Mills: 20
Saw Mills: 6
Stud Horses: 5
Two wheel Carriages: 1

Merchants Licences:
Lewis Dunn from 1 Feb 1814 to 1 May 1814, $5.75
Lewis Dunn from 1 May 1814, $30.00
Christopher Heiskell from 1 Dec 1813 to 1 May, $9.55
Christopher Heiskell from 1 May, $30.00
John Jack from 1 May $30.00
John McDowell from 1 May $30.00
Samuel Sigler from 1 May, $30.00
James Daley from 1 May, $30.00
Frederick Stinebeck from 1 May, $30.00

I do hereby certify that I have examined the foregoing list of property tax and find the same correct given under my hand. John Peerce, Commissioner Western District Hampshire County.

1814 LOWER DISTRICT OF HAMPSHIRE COUNTY - JOHN SLANE

Andrews, George; 1
Allaback, John; 1-2
Abrill, Joseph; 1-2
Arnold, John; 1-1
Arnold, Levi; 1-3
Arnold, Andrew; 1-5
Arnold, Elias; 1-1
Adams, Amos; 1-1
Anderson, James; 1
Ambler, David; 2-2
Asberry, Joseph; 1-6-4
Adams, William; 1-3
Allen, John; 1-2
Allen, John; 1-1
Allen, Thomas; 1-1
Allen, Thomas, **G Cacap**; 2-4
Aller, Peter; 1-1
Allen, Robert; 2-4
Alexander, Joseph; 1
Alderton, Thomas; 1-2
Ambrouse, Henry; 1
Alexander, Robert; 1-3
Arnold, John; 0-4
Anderson, William; 1-2
Asberry, Henry; 1-1-1
Athy, John; 2-3
Athy, Thomas; 1-1
Aikman, Adam B; 1-3
Allender, James; 1-3; 1 **Saw Mill**
Alderton, William; 1-2
Alderton, David; 1-1
Alderton, Enos; 1-1
Alderton, John; 1-1
Athy, Bazil; 1-3
Asberry, Jeremia; 1
Allaway, William; 1-2
Anderson, Richard; 1-2
Andrews, William; 1-1
Andrews, Adam; 1-1
Acres, John; 1-3
Bumgarner, Becky; 0-3
Butler, Charles; 1-1-1
Brill, Henry; 1-2
Bruner, Jacob; 1-1
Brown, John, **T Ridge**; 1-3
Barrett, Joseph; 1

Beckwith, Samuel; 2-2
Burger, John; 1
Bear, Peter; 2-1
Banks, Edward; 1-2
Birch, Thomas; 1-2
Bethel, George; 1-1
Bethel, George; 2-3
Beall, Nathaniel; 1
Beall, Eli; 1-2
Buckley, John; 1
Barrett, Nathan; 1
Barrett, John; 2-4
Brown, Braxton; 1
Blue, Richard; 1-4
Berry, William; 1-1
Banks, Peter; 1
Baker, Nicholas; 1-2
Buzzard, Frederic; 4-6-3; 1 **Saw Mill**
Buzzard, Jacob; 1-3
Buzzard, Polly; 2-6
Brown, Robert; 1-2-1
Brelsford, Bernard; 1-3
Bennett, Sylvanus; 2-4
Bruner, Henry; 1-1
Brown, Alexander; 1-1; 1 **Grist Mill**
Brown, John; 1-3
Brooks, James; 0; 1 Stud
Brown, Adam; 1-2
Baker, John; 1-9
Busbey, Samuel; 1-3
Busbey, Benjamin; 1-1
Bringman, Henry; 1-1
Bear, Jonathan; 1
Brelsford, Jesse; 1
Brown, Govey; 1-2
Burkett, Thomas; 1-4
Burk, William; 1-3
Brooks, William; 1-1
Boyle, Henry; 1-4
Bonsall, Joseph; 3-1
Bell, Henry; 1-1-1
Bryan, James; 1-3-1
Belknap, Thomas; 2-1
Barnes, Francis; 2-3
Bird, Stephen; 1
Bruner, Peter; 2-4; 1 **Grist Mill; 1 Saw Mill**

Bruner, Daniel; 1
Bruner, Peter, Jr; 1
Bennett, Thomas, Jr; 1-2
Bennett, Thomas Sr; 2-3; 1 **Grist Mill; 1 Saw Mill**
Baxter, Samuel; 1-2
Bickerstaff, Nancy; 1-3
Bickerstaff, Rachel; 1-3
Beckdol, Joseph; 1
Busbey, Hamilton; 1-1
Brown, Mathew; 1-1; 1 **Saw Mill**
Brelsford, Marjoram; 1-3
Chrisman, Phillip; 1-3
Chrisman, Jacob; 1-3
Corbin, David; 2-6
Cooper, Jobe; 1-2
Cooper, Amos; 1-1
Capper, Gabriel; 1
Capper, Charles; 1-1
Clutter, Joseph; 2-4
Collins, Jacob; 1-2
Craswell, Abraham; 1-1
Cross, Gazaway; 1-1-1
Carter, Asa; 1-2
Carter, John; 1-5
Carter, James; 1-3
Cool, Jacob; 2-4
Cool, Phillip; 1-3
Calvin, Sam'l & Luther; 3-8
Calvin, Joshua; 1-3-1
Combs, James; 1-3
Case, William; 1-1
Carlyle, William; 1
Carlyle, Robert; 1
Carlyle, Charles; 1-6
Carlyle, David; 1
Caudy, James; 2-6-1
Same & Co; 1 **Grist Mill**
Caudy, Evan; 1-4
Caudy, Michael; 1-3
Cheshire, John; 2-5
Cowgill, Ewin; 2-2
Carlyle, William; 1-3
Carlyle, George; 1
Cheshire, Obedia; 1-2
Cofmon, Paul; 1-1
Corbin, Lewis; 1-2

1814 Lower District Hampshire County Tax

Cheshire, Samuel; 1-1
Cheshire, Uria; 1-3
Cheshire, Barbara; 0-2
Cool, Herbert; 2-5-1
Cunningham, John; 1-4;
 1 Saw Mill
Croston, Travis D;1-3-1*
 *Free Negro/Mulatto
 over 16
Croston, John; 1-1-1*
 *Free Negro/Mulatto
 over 16
Carmichael, Daniel; 3-7-2
Cooper, Adam; 1-1
Cooper, John; 1-3
Caudy, John; 2-6-1
Case, Othniel; 1-2
Case, Peter; 3-2
Combs, Woolery; 1-1
Combs, John son of
 Jonas; 1-1
Combs, Jonas; 1-2
Combs, John; 1
Carder, George; 1-2
Carder, John; 1-1
Carder, George; 1
Castler, John; 2-5; **1 Saw Mill**
Catlett, Alexander; 2-1
Custard, David; 1
Cann, John; 1-4
Creek, Jacob; 1-2
Case, William & Peter; **1 Saw Mill**
Cunningham, Israel; 1-1;
 1 Saw Mill
Calvin, Robert; 2-3
Calvin, Luther; 1-1
Critten, John; 2-4
Critten, George; 1-1
Critten, John; 1-2
Critten, Jacob; 1-3
Critten, William; 2-4
Clarke, John; 1
Christie, Martin; 1-1
Combs, David; 1-2
Copsy, John; 1-4-2
Conrad, James; 2-7
Conrad, George; 1-1
Corbin, Daniel; 2-3
Corbin, Levi; 1
Corbin, Joseph; 1
Cotrel, Robert; 1-1

Cox, John A; 1-2
Crampton, Samuel; 1
Comb, John; 1-2
Davis, Thomas, **Timber Ridge**; 1-2
Davis, Anne; 0-3
Davis, Absalom; 1-1
Derby, John; 1
Davis, Spencer; 2-2
Dial, Charles; 1-2
Doman, William; 1-2; **1 Saw Mill**
Dainall, William D; 1-3
Doran, Alexander; 2-7-1
Day, Ransom; 1-1
Day, Amray; 1
Dever, George; 1
Day, William; 1
Delaplane, Isaac; 3-2
Dever, William; 1-2
Dever, Alexander; 1-2
Dugan, William; 1-1
Dever, Samuel; 1-3
Dougherty, Robert; 1-2
Dougherty, Robert, Jr; 1
Devault, Phillip; 1-1
Doman, Jacob; 2-2
Doman, Jacob; 1
Davis, Thomas; 1; 1 Stud
Dawson, Isaac; 1-1
Durk, John; 2-2
Dever, Richard; 3-4
Dawson, Israel; 1-1
Dawson, Abraham; 1-3-1
Dimmitt, Beel; 1-3-2
Day, Amray 2nd; 1
Deerin, John; 1
Eaton, John; 1-1
Edwards, Anthony; 1-2
Engle, Joseph; 1-1
Emmart, Jacob, Jr; 1-2
Eblin, Michael; 2-2
Emmart, Jacob; 2-5
Emmart, John; 1
Emmart, Phillip; 1-1
Emmart, George; 1
Emmart, Henry; 1
Ellis, Morris; 1-2
Evans, Caleb; 2-5
Eaton, William; 1-1
Edwards, Thomas; 2-1; **1 Saw Mill**

Edwards, Tho's Estate; 0-3
Errit, Catherine; 0-1
Ely, William; 1-5
Engle, Mathias; 1-2-1
Ellis, Benjamin; 1-2
Easter, John; 1-3; **1 Saw Mill**
Easter, Peter; 1-4-2; **1 Saw Mill**
Easter, John; 1-4-2
Edwards, William; 1-2
Ellis, David; 1-1
Forsha, Anthony; 1-1
Fause, Phillip; 3-4
Fause, Phillip, Jr; 1-1
Frank, Adam; 1-1
Fletcher, Elijah; 1-2
Fletcher, Joseph; 1-2
Furr, Thomas; 1-1
Frye, Benjamin; 1-11-1
Frye, John; 1-6
Fishell, Phillip; 1-3
Ferryman, John; 1-1
Ferryman, Stephen; 1-3
Furman, David; 1-3
Fulkimer, John M; 1-7
Frazier, John; 1
Flemming, John; 1-1
Fox, Barney; 1
Fletcher, George; 2-2
Furman, Samuel; 1-3
Furman, Jacob; 1-2
Ford, David; 2-3
French, Robert; 1-5
French, William; 1-1
Flora, Isaac; 1-1
Flora, Archibald; 1-1
Fauber, Henry; 1-3
Fauber, Nicholas; 1-1
Furman, Benjamin; **1 Saw Mill**
Fletcher, Benjamin; 1
Gulick, John; 1-2
George, Richard; 3-6
George, James; 1-5
Grimes, Thomas; 1-1
Grimes, John; 1
Gallaway, James; 3-6-1
Gallawsy, Samuel; 1-2
Gallaway, William; 1-1
Garretson, Ephraim; 1
Gard, Samuel; 1-10

1814 Lower District Hampshire County Tax

Garmin, William; 1
Groves, Simmeon; 1
Groves, Peter; 1-4
Grove, William; 1-2
Grove Mudlin; 0-1
Grove, Christopher; 1
Green, Mary; 0-2
Grant, William; 1-1
Grapes, David; 1-3
Ganoe, Stephen; 1-2
Garner, Elisha; 1
Ginnavan, Mathias; 1-2
Galagher, Samuel; 1-2
Gulick, Ferdenand; 2-4
Gulick, Elisha; 1-2
Gulick, William; 1-1
Gloyd, Daniel; 1-3
Gloyd, James; 1
Pugh Eli & Groves, Peter; **1 Grist Mill; 1 Saw Mill**
Groves, Jacob; 1-2
Gusler, Nicholas; 1-1
George, Reuben; 1-1
Gloyd, Samuel; 1-1-1
Henderson, Thomas; 1-2
Henderson, Larkin; 1-2
Horn, Andrew; 1-2
Hains, Joseph; 1-2
Hott, Samuel; 1-2
Higgins, William; 1-1
Hiett, Evan; 1-2
Hook, Thomas; 1-4
Hickle, Henry; 2-3
Hickle, Stephen; 2-2
Hoober, Jacob, **G Cacap**; 2-5
Hellyer, Robert; 1-1
Horsman, William; 1-1
Haas, George; 1-4
Hammack, John; 2-6
Hiett, Jonathan; 1-5; **1 Saw Mill**
Hott, John; 1
Huett, Charles; 1-1
Hains, John; 2-3
Hains, Isaac; 1-1
Hoge, Moses; 1-3-1
Higgins, William; 2-3
Hellyer, Daniel; 1-1
Hellyer, George; 1
Hook, William; 2-5
Hook, William; 1-1

Harris, Samuel; 1
Hoffman, Joseph; 2-4
Heiskell, Isaac; 1-3-3
Hardy, Martin; 1-2
Hamilton, William; 1-3
Horn, George; 2-3
Horn, Phillip; 2-3
Hiett, John; 1-3
Henderson, Sampson; 1-2
Henderson, William; 1-1
Higgins, Joseph; 1-1
Hott, Conrad; 1-2
Hiett, Joseph; 2-3
Hawkins, John; 2-2
Hawkins, James; 1-1
Hawkins, Joseph; 1-1
Henderson, Westley; 1-1
Higgins, John, L Cap'n; 1-7-6
Huddleston, Nathan; 2-4
Hoober, Jacob; 2-5
Howard, Jonathan; 1
Huff, Jacob; 1-4
Hunter, David; 0-0-2
Hall, Samuel; 1-2
Higgins, Joseph; 1-1
Hawkins, Jacob; 1-1
Huffman, David; 1
Haire, Adam; 2-4
Hott, David; 1
Hains, Henry; 1-3
Hott, George; 1-2
Hardy, John; 1-3
Hardy, Peter; 1-2
Huff, John; 1-2
Huff, Andrew; 1-1
Harland, Jesse; 2-2; **1 Saw Mill**
Harland, Aron; 1-2
Hamilton, John A; 2-5-3
Hendricks, John; 1-4
Hanna, Wallace; 1-5-3
Hartley, John; 3-3-1
Hartley, James; 1-2
House, James; 1-2
Hutson, William; 1-1
Hollingsworth, Isaac; **1 Grist Mill**
Hardy, Rudolph; 1-1
Howard, Reason; 1-1
James, Levi; 1-2-1

Johnson, Benjaminn; 1-5-2-1*
*Free Black of 16
Iliff, Stephen; 2-2
Johnson, John; 1-5
Johnson, William; 1-3
Johnson, James; 1-1
Johnson, Joseph; 1-4
Johnson, Thomas; 1-2
Iser, Samuel; 1
Johnson, William, **Sir Johns Run**; 1-4
Johnsno, John, **Sir Johns Run**; 1-1
John, Thomas; 1-2
John, John, **L Cacap'n**; 2-3
Johnson, John 2nd; 1-2
Johnson, Joseph, **L Cap'n**; 1-3
Johnson, Nancy; 1-1
Johnson, John 3rd, **L C**; 1
Jenkins, Jacob; 1-3
Joliff, John; **1 Saw Mill**
Johnson, Isaac, **Ferry**; 0-3
Jones, John; 1-1
King, William; 2-2
Kerns, Jacob; 1-2
Kenny, Joseph; 1-4
Kackley, Abraham; 1-3
Kump, Henry; 2-2
Kelso, James; 1-3
Kerns, Joseph; 1
Keran, Barney; 1-2
Kelsey, Smith; 1
Kyter, John; 1-1-1
Kyter, George; 2-3
Kail, George; 3-4
Kline, Phillip; 3-5
Kline, Adam; 2-5
Kline, Jacob; 1-1
Kline, Abraham; 1-3
Kurtz, Christopher; 1-3
Kremer, John; 1-1
Kaine, Gabriel; 1-2
Kurtz, Henry; 2-5
Kidwell, Hawkins; 1-2
Kidwell, John; 1-4-1
Kerns, John; 1-3
Kerns, Frederic; 1

1814 Lower District Hampshire County Tax

Kesler, John S; 1-1; **1 Grist Mill**
Kerby, James; 1-3
Kern, John; 1
Kisner, Frederic; 1-1
Larue, Jesse & Hanna; **1 Saw Mill**
Leepley, John; 2-3
Lupton, Jesse; 2-2
Lupton, William 2nd; 1-2
Lupton, Isaac; 1-4; **1 Grist Mill; 1 Saw Mill**
Lane, Daniel; 1-2
Lane, Powel; 1
Lane, Joshua; 1
Larimore, Samuel; 1-1
Litler, Nathan; 1-2
Linthicum, Hezekia; 1-1
Linthicum, Joseph; 1-3
Leigh, John; 1-2
Lewis, Thomas, N R; 1-3; **1 Grist Mill; 1 Saw Mill**
Lieth, James; 2-5-2
Loy, Adam; 1-4
Loy, John; 1-2
Lyon, Richard; 1-3
Larimore, John; 1-3
Larimore, James; 2-2
Lewis, Daniel; 1-3
Larimore, James, Jr; 1
Larimore, William; 1-2
Larimore, Joseph; 1-2
Lunsford, Swanson; 1-1
Larue, Peter; 1-1
Largent, Thomas; 1-2
Largent, Randall; 1-1
Largent, Samuel; 1-2
Largent, Lewis; 1-1
Largent, John; 2-1
Largent, John 3rd; 1-1
Lockhart, William; 2-4
Larue, Jacob; 1-1
Larue, Abraham; 1-1
Larue, Lambert; 1-3
Larue, Peter; 1-5-2; **1 Grist Mill**
Larue, Noah; 2-4
Lafollet, William; 1-4
Longstrath, Martin; 1-2
Leepley, Jacob; 1-1
Largent, John; 1-6-1; **1 Grist Mill; 1 Saw Mill**
Loy, Daniel; 2-2
Little, George; 1-2
Loy, William; 1-1
Loy, John; 1
Maxwell, John H; 1
McCandliss, William; 1-1; **1 Saw Mill**
McVicker, John; 1-1
McVicker, James; 1-2
McVicker, Duncan; 1-3-1
Mitchell, John; 1-7-3
Moore, James; 1-7
McKeernan, Laurence; 1-3
Merchant, Justice; 1-1
Michal, Henry; 1-1
Myers, George; 1-2
McGraw, Thomas; 1-1
McVicker, Wiliam; 1-5
Mud, Edward; 1-1
McKeever, Paul; 1-10
Moreland, William H; 1-3
Myers, George, Jr; 1-2
Myers, Jacob; 1-2
McAwley, George; 2-4
Milslagle, Jacob; 2-6
McAwley, Alfred; 1
McAwley, Adison; 1-2
Millslagle, George; 1-2
Myers, William; 3-3
McBride, Robert; 3-5
McBride, Thomas; 1-5
Mason, Joseph; 1-1
Meekins, James; 2-3
Mauzy, John & Peter; 3-7-3; **1 Saw Mill**
McBride, Thomas, G Cap'n; 1
Michal, Betsy; 0-2
Michal, George; 1-4
Moreland, David; 1-1
Michael, Frederick; 1-6
Michael, Phillip; 1-3
Martin, Joseph; 1-5-1
McBride, James; 1-4
McBride, Stephen; 1-1
Monroe, John; 0-6-4
Monroe, Jesse; 0-3
Murphy, Walter; 1-1
Millison, John; 1-3
Millison, Jesse; 1-1
Millison, Isaac; 1-2
Millison, Benjamin; 1-2-1
Moreland, William; 1-2-1
Moreland, George; 1-2
Monroe, James; 2-1
Monroe, John, 2nd; 1
Monroe, Alexander; 1-1
Monroe, William; 1-1
Millison, John, Jr; 1-2
Moreland, Richard; 1-1
McCormac, John; 1-3
Malick, John; 2-4
Malick, Phillip; 1-2
McBride, James, Jr; 1-1
McBride, Thomas; 1-2
McBride, John; 3-7-1; **1 Grist Mill; 1 Saw Mill**
McBride, Alexander; 1-3
Miller, William; 2-3-1
Meeks, Moses; 1
Moore, Benjamin; 1-3
Mathews, James; 1-2
Miskeman, Abraham; 1-4
Moreland, David; 1-1
Miles, Josephus; 1-1
Miles, Robert; 1-1
Miles, James; 1-1
Martin, John; 1-3
Medley, John; 1
Malcomb, William; 1-2
McDonald, John; 1-2
Malcomb, Peter; 1-2
Malcomb, James; 1
McBride, Alexander; 3-5-1
Mentser, Conrad; 1-5
McDonald, Benjamin; 1-4
McKinley, Ralph; 1
Miller, John; 2-2
Miller, Absalom; 1-1
Morgan, Humphrey; 1-2
Moreland, William; 1-2-1
Moreland, George; 1-2
Nelson, Robert; 1-1
Nelson, James; 1-2
Nelson, James; 1-1
Nixon, William; 1-3-1
Nixon, Joseph; 1-5-1
Newbanks, John; 1-3
Nixon, George; 1-2
Newbanks, John; 1-2
Nicholson, Thomas; 1
Nieley, William; 1-3-2
Oats, Jacob; 1-2
Oats, Christopher; 1-1
Oats, John; 1-1

1814 Lower District Hampshire County Tax

Ott, Daniel; 1-3
Oare, Thomas; 1-2
O'Ferrall, Ignatius; 1
   Grist Mill
Offutt, James M; 1-0-1
Otrong, John; 1
Oare, William; 1-2
Orndorf, David; 1
Parish, William; 1-1
Powers, Stephen; 2-3
Pugh, Azaria; 1
Price, James; 1-1-1
Pennington, Elijah; 2-2
Pennington, Thomas; 1-1
Pennington, James; 1-1
Plum, Abraham; 1-2
Parrill, William; 1-3; 1
   Saw Mill
Park, Solomon; 2-6
Park, Amos; 1-6
Pickering, Benjamin; 1
Parrill, Edward; 2-7-2
Powel, Henry; 1-2
Pettit, Thomas; 3-5
Pownall, Elisha; 2-3
Pownall, Joshua; 1-4
Powel, William M; 2-4-3
Pownall, John, Jr; 1-4
Pownal, John; 1-3
P?, Jonathan; 1-1
Powers, John; 1-2
Pugh, Jesse, Jr; 1-4
Pugh, Jesse; 1-2
Pugh, Joseph; 1-4
Pugh, Robert; 1-5
Pugh, Mishael; 1-4
Parill, Joseph; 1-1; 1
   Grist Mill; 1 Saw Mill
Prichard, Rees; 1
Parrill, Abraham; 1-1
Poston, William; 1-4
Poston, Alexander; 1-4
Poston, Richard; 1-2
Poston, Elias; 1-1
Park, George; 2-4
Powelson, Lewis; 1-1
Park, Samuel; 2-5
Parke, John; 2-5; **1 Saw Mill**
Park, Jacob; 1-1
Peter, John; 1-2
Peters, James; 1-2
Peters, Tunis; 2-4

Poston, Sam'l; 1-1
Parrill, Joseph, Jr; 1
Powel, William; 1-1
Powel, James; 2-3
Prather, Silas; 1-1
Powel, Robert M; 0-0-3
Powel, Dade; 1-2-1
Parker, Grace; 0-1
Probasco, Samuel; 1-2
Patterson, John; 1-4
Pugh, Abraham; 1-3
Pugh, Jonathan; 3-6-1
Peppers, John; 1-2
Pugh, Bethel; 1-1
Pennington, Abraham; 1-3
Pennington, Jacob; 1-2
Parker, Robert; 1-6-4
Phillips, Plunket; 1-1
Powers, Stephen, Jr; 2-1
Pool, Esther; 0-2
Peppers, John; 3-5
Pool, Henry; 1-2
Pool, William; 1-2
Pownall, Thomas; 1-2
Pownal, John 3rd; 3-6
Pownall, Jonathan; 1-2
Pugh, Jacob; 1-4
Patterson, Robert; 1-3
Powelson, John; 1-3-2
Powelson, Cornelius; 1-3
Powelson, Rynier; 1-3
Powelson, Charles; 1-2
Park, Samuel, Jr; 1-4
Poston, Elias Executors;
   1 Grist Mill
Peppers, Jacob; 1; **Stud**
Porter, Phillip; 1-1
Perry, Roland; 1-1
Paschal, David; 1
Queen, John; 2-3
Queen, Absalom; 1-1
Robison, John; 1-1
Racey, Elisabeth; 1-1
Robinson, John; 2-4
Rosenberry, John; 1-2
Reed, Jeremia; 1-1
Reid, Jeremia, Jr; 1-2
Reid, John; 1-3
Rosebrough, John; 1-1
Rosebrough, Charles; 1
Rinehart, Abraham; 1-1

Rinehart, Abraham; 1-3
Racey, John; 1-1
Racey, Thomas; 1-1
Ruckman, John; 1-1
Ruckman, Samuel; 1-3
Ruckman, Peter; 1-3
Ruckman, Joseph; 1-3
Ruckman, Catherine; 0-1
Robinson, Benjamin; 1
Rea, Bazil; 1-2-1*
   *Free Black over 16
Robison, Richard; 3-2
Richmond, William; 1
Rinehart, Andrew; 1-2
Racey, William; 1-1
Russel, Samuel; 1-1
Rogers, Owen; 1
Rogers, Mary; 0-1
Russel, William Jr; 1-1
Rogers, Aron; 1-2
Ruckman, Samuel; 1-3
Ruckman, Richard; 1-2
Ruckman, Wilson; 1
Reed, Nancy; 0-3-2
Reed, James; 1
Royce, Sara; 0-2
Rogers, Robert; 1-4; 1
   Saw Mill
Reed, Ja's Executors; 1
   Grist Mill; 1 Saw Mill
Russel, Samuel; 1
Ross, Joseph; 1-1
Savill, Joseph; 1-1
Savill, Oliver; 1-1
Swier, Jacob; 1-4
Spicer, William; 1-3
Shinholts, John; 1-2
Shinholts, Peter; 1-1
Spicer, Thomas; 1-3
Shin, David; 1-3; **1 Saw Mill**
Switzer, Valentine; 1
Seekrist, Andrew; 1-3
Shin, Samuel; 1-1
Stipe, John; 2-4
Simmons, Charles; 1-2
Seekrist, Frederic; 3-6;
   1 Grist Mill
Simpson, Thomas; 2-2
Starkey, George; 1-2
Smith, Timothy; 3-9
Smith, James; 1-5
Shingleton, Absalom; 1

171

1814 Lower District Hampshire County Tax

Smoot, Jacob; 1-1
Seabring, John; 1-2
Smith, Conrad; 1-2
Spencer, John; 1-1
Spaid, George; 2-5
Spaid, Frederic; 1-2
Spaid, John; 1-3
Swisher, John; 2-5
Swisher, John; 1-2
Selby, John; 2-3
Summers, John; 1-2; 1 **Saw Mill**
Summers, Walter; 1-1
Summers, Andrew; 1-2
Starkey, William; 3-2
Smoot, Barton; 2-3; 1 **Grist Mill**
Slack, James; 2-3
Slack, Henry; 1-1
Starkey, Frederic; 1-3
Slocum, Robert; 1-4
Shafer, David; 1-1
Shafer, Maritn; 2-3
Shafer, John; 1
Shafter, Peter; 1
Smoot, Mary; 0-1
Sharf, George; 2-5-1
Slane, Thomas; 1-4
Slane, John; 1-1
Shinholts, Jacob; 1-3
Shinholts, Peter, Jr; 2-3
Smith, John, **T Ridge**; 1-1
Starn, John; 4-5
Stump, Joseph; 1-3-1
Smith, Charles; 3-2
Smith, Richard; 1-2
Simpson, David; 2-8
Smith, James, **G Cacap'n**; 1-2
Smith, Middleton; 1-2
Starns, Joseph; 2-1
Stump, John; 1-3-1
Stump, Peter; 1-3-1
Stump, Benjamin; 1-3
Stoker, John; 2-4; 1 **Grist Mill; 1 Saw Mill**
Short, Richard; 1-4-1
Short, Isaac; 1-1
Starn, Joseph; 1-3
Smoot, Joshua; 1-1
Sherwood, Johnsey; 3-2
Slane, Benjamin; 1-5

Sherrard, Robert; 2-5-3
Syler, Jacob; 2-4
Sheerer, James; 1-5-5; 1 **Saw Mill**
Smith, John; 1
Smith, Nicholas; 3-4
Slane, James; 1-5-1
Slane, Daniel; 1-1
Slane, Elias; 1-3
Slane, John; 2-4
Seibole, Jacob; 1-2
Short, John; 1
Slonecker, Christopher; 2-4
Starn, Jacob; 1
Tate, Joseph; 1-2
Topper, Henry; 1-1
Turner, John; 1
Timbrook, John; 2-2
Timbrook William; 1
Thompson, Samuel; 1-2
Thomas, John; 2-7-4
Thompson, Amos; 1-1
Thompson, James; 1-5
Tucker, Richard; 1-4-3
Tyler, Edward; 1-2
Thompson, John; 1-3
Thompson, Joseph; 1-5; **1 Grist Mill**
Tucker, Joseph; 1-4
Tucker, John; 1-1
Tucker, Erasmus; 2-4
Tucker, Josephus; 1-6-4
Thompson, Elisha; 1-4-1
Taylor, William; 1
Tharp, John; 2-3
Terrance, John; 1-2
Terrance, William; 1-1
Titus, Tunis; 1-5-4
Trickle, Edward; 1-2
Tyler, Jervas; 1-2
Thompton, James, **L Cacap'n**; 1
Thompson, John, **L Cacap'n**; 2-8-1; 1 **Grist Mill**
Taylor, Richard; 1-2
Unglesby, Zacharia; 2-2
Vandegrift, Christopher; 1-1
Vanarsdal, Abraham; 1-2
Voke, Ambrose; 1-1
Vanarsdal, Garret; 1-3

Vanarsdal, Garret, Jr; 1
Vanarsdal, Abraham Jr; 1
Vanarsdal, Peter; 1
Vanarsdal, Luke; 1-1
Williamson, Samuel; 4-12
Wolford, John; 3-5
Wolford, Henry; 1-2
Woolery, Henry; 1-2
Woolery, Henry; 2-2
Winterton, John; 1-2
Winterton, John; 1-2-1
Wetsel, Jacob; 1
Ward, John; 1-2
Ward, Joel; 1-4
Williams, Ebenezer; 0-4; **1 Saw Mill**
Willson, William; 1-3
Watkins, Thomas; 1-1
Warfield, Sylvanus; 1-1
Wolverton, Sara; 0-1
Williams, Daniel; 1
Weaver, John; 1-1
White, Robert N; 1-2
Wingate, James; 1-1
Wilson, Henry; 1-2
Williams, Thomas; 2-7-2
Williams, Zedekia; 1-2
Williams, William; 1-2
Wright, Joseph; 1
Weaver, Abraham; 2-6
Williamson, Cornelius; 1-1
White, Francis; 3-5-1; 1 **Grist Mill; 1 Saw Mill**
Warfield, John; 1
Willson, William of **Berkeley**; 1 **Grist Mill; 1 Saw Mill**
Yonnely, Thomas; 1-6
Yates, Joseph; 1-1
Young, John; 1-2
Yinger, Gasper; 2-4-1

1814 Lower District Hampshire County Tax

I John Slane having examined the foregoing list of property subject to taxation and find the same to be correctly stated given under my hand the 25th day of September 1814.
John Slane

A list of merchants licences in the lower district of Hampshire for the year 1814:

Robert Sherrard May 1, $20.00
James M Offutt, May 1, $30.00
Abraham Craswell, Feb 14, $6.25
Abraham Craswell, May 1 $30.00

INDEX

Abernathy, James – 33, 39, 64, 82, 88, 106
Abernathy, John – 33, 39, 58, 82, 88, 106, 112, 130, 136, 148, 161
Abernathy, Nancy – 130, 136, 148
Abernathy, Robert – 39, 58, 82, 88
Abernathy, Samuel – 33, 39, 58, 64, 82, 88, 106, 112, 130, 136, 148, 161
Abernathy, Widow – 64, 82, 88, 106
Abernathy, William – 33, 39, 58, 64, 82, 88, 106, 112
Abrill, Joseph – 118, 124, 142, 154, 167
Achos, John – 46, 52, 70, 76
Ackman, Adam – 14, 94, 100
Ackman, John – 14
Ackman, Joseph – 9
Acre(s), John – 9, 124, 154, 167
Adams, Amos – 76, 100, 118, 142, 154, 167
Adams, Catherine – 20, 58
Adams, Caty – 1
Adams, David – 88, 106, 130, 136, 148
Adams, Garsham (Gersham) – 20, 33, 64, 82, 88, 106, 112
Adams, Graham – 39
Adams, Jacob – 20, 33, 58, 64, 82, 88, 106, 112, 130, 136, 148, 161
Adams, John – 1, 20, 33, 52, 70
Adams, Thomas – 1, 20, 33
Adams, Widow – 82
Adams, William – 27, 46, 52, 70, 142, 154, 167
Addison, Richard (Aderson) – 88, 112, 130, 136, 148, 161
Ageu, James – 94
Aikman, Adam – 27, 46, 52, 70, 76, 112, 130, 154, 167
Aikman, John – 27, 52, 70
Aires, Richard – 33
Akers, John – 14, 94, 100
Albright, Benj L – 112
Alderton, David – 124, 142, 154, 167
Alderton, Enos – 167
Alderton, John – 142, 154, 167
Alderton, Thomas – 100, 124, 154, 167
Alderton, William – 14, 27, 46, 52, 70, 76, 94, 100, 118, 124, 142, 154, 167
Alexander, Joseph – 9, 118, 167
Alexander, Robert – 9, 14, 27, 46, 52, 70, 76, 118, 124, 154, 167
Alkire, Peter – 106, 112, 136
Allaback, John – 100, 118, 124, 142, 154, 167
Allan, John – 14
Allaway, William – 14, 52, 100, 124, 167
Allbright, Benj L – 106, 130
Allen, David – 1, 20, 33, 39, 58
Allen, John – 9, 27, 46, 52, 70, 76, 94, 100, 118, 124, 142, 154, 167
Allen, Nathan – 1, 20, 33, 39, 58, 64
Allen, Robert – 9, 14, 27, 33, 39, 46, 52, 58, 70, 76, 82, 88, 94, 100, 106, 112, 118, 124, 130, 136, 142, 148, 154, 161, 167
Allen, Thomas – 1, 20, 64, 76, 94, 100, 118, 124, 142, 154, 161, 167
Allen, William – 39
Allender, James – 46, 52, 70, 76, 94, 100, 118, 124, 142, 154, 160, 167
Allender, William – 9, 14, 27, 46, 52, 70, 76, 94, 100, 118, 124
Aller, Elisabeth – 14
Aller, Peter – 14, 27, 46, 52, 70, 76, 94, 100, 118, 124, 142, 154, 167
Allin(s), (see Allen)
Alliway, William – 9

Allkire, Peter – 88, 130, 148, 161
Allkyre, (see Allkire)
Alloway, William – 27, 46, 70, 76, 94, 118, 154
Ambler, David – 124, 142, 154, 167
Ambrous(e), Henry – 142, 154, 167
Amen, Anthony – 76
Amerson, Abel – 39, 58
Amos – 58, 64
Amos, Jas – 106
Amrey, Edward – 1, 20
Anderson – 161
Anderson, Alex'd – 130
Anderson, Cornelius – 130, 136
Anderson, David – 70
Anderson, Jacob – 39, 136, 148
Anderson, James – 1, 33, 39, 58, 64, 82, 88, 106, 112, 130, 148, 161, 167
Anderson, Jesse – 27, 94, 100, 118, 161
Anderson, John – 70, 76, 94, 130, 161
Anderson, Richard – 94, 100, 118, 124, 142, 154, 167
Anderson, Thomas – 1, 20, 33, 58, 64
Anderson, William – 1, 9, 14, 20, 27, 33, 46, 52, 70, 76, 94
Andres, Adam – 154
Andres, Elisabeth – 52
Andres, George – 154
Andres, William – 154
Andrew, John – 9, 14, 27, 46
Andrews, Adam – 118, 124, 142, 167
Andrews, Elisabeth – 70, 76, 94, 100, 118, 124
Andrews, George – 167
Andrews, William – 76, 94, 100, 118, 124, 142, 167
Aranhath, Adam – 58
Arbineathy, James – 20
Arbineathy, John – 1, 20
Arbineathy, Samuel – 1, 20
Arbineathy, William – 1, 20
Armstrong & C – 87
Armstrong, Andrew – 1, 20, 33, 39, 64, 82
Armstrong, Robert – 64, 161
Armstrong, William – 1, 33, 58, 64, 82, 88, 106, 111, 112, 117, 130, 135, 136, 141, 148, 161
Arnhalt, Adam – 33, 64, 88, 106, 148
Arnholt, Andrew – 161
Arnold, Adam – 1, 20, 39
Arnold, Andrew – 9, 14, 27, 46, 52, 58, 70, 76, 94, 100, 118, 124, 142, 154, 167
Arnold, Daniel – 20, 33, 39, 58, 64, 82, 84, 106, 112, 130, 136, 148, 161
Arnold, Elias – 167
Arnold, Elijah – 76, 94, 100, 118
Arnold, Jacob – 39, 161
Arnold, John – 9, 14, 27, 46, 52, 70, 76, 94, 118, 124, 142, 154, 167
Arnold, Levi – 14, 46, 52, 70, 76, 94, 100, 118, 124, 142, 154, 167
Arnold, Samuel – 1, 20, 33, 39, 58, 64, 82, 88, 106, 112, 130, 136, 148, 161
Arnold, Zachariah – 1, 20, 33, 39, 58, 64, 88, 106, 112, 130, 136, 148, 161
Arret, Christopher – 14
Arsham, Jacob – 1, 20
Arsham, Simon – 1, 20
Asberry, Henry – 3, 9, 14, 27, 46, 52, 70, 76, 94, 100, 118, 124, 142, 154, 167
Asberry, Isaac – 70, 76, 94
Asberry, Jeremia(h) – 9, 27, 46, 52, 70, 76, 94, 100, 118, 124,

INDEX

142, 154, 167
Asberry, John – 46
Asberry, Joseph – 9, 14, 27, 52, 76, 94, 100, 118, 124, 142, 154, 167
Asberry, Nimrod – 100, 124
Asbury – (see Asberry)
Ashbey, Abraham – 136
Ashbey, Benj – 39, 58, 64, 82, 88, 112, 130, 136, 148, 161
Ashbey, Jeremiah – 1, 14, 20, 33, 39, 58, 64, 82, 88, 106, 112, 130, 136, 148, 161
Ashbey, John – 136, 148, 161
Ashbrook, Aron – 14, 27, 46, 52, 76, 94, 100
Ashbrook, Eli – 27, 46, 52, 70, 76, 94, 100, 118
Ashbrook, Mary – 9, 14, 27, 46, 52, 70, 76
Ashbrook, William – 70, 118, 124
Ashby – (see Ashbey)
Ashton, Alexander – 1, 20, 33, 39, 58, 65
Ashton, Joseph – 27, 46, 52, 70, 76, 94, 148
Askins, Joseph – 148
Aster, John – 9
Aston, Joseph – 14
Atha, John – 9
Athason, William – 130
Athey – (see Athy)
Athy, Bazil – 94, 100, 118, 124, 142, 154, 167
Athy, John – 14, 27, 46, 52, 70, 76, 94, 100, 118, 124, 142, 154, 167
Athy, Thomas – 1, 20, 33, 39, 58, 64, 82, 88, 106, 112, 118, 124, 130, 136, 142, 148, 154, 161, 167
Athy, Walter – 64, 82, 88, 106, 112, 130
Atkinson, William – 106, 112, 136, 148, 161
Atkison – (see Atkinson)
Attkinson – (see Atkinson)
Ayers, Richard – 1, 20
Ayles, David – 14, 27, 46, 52, 64, 76
Aylis – (see Ayles)
Bailes(s), Edward – 20, 58, 82, 88
Bailey, Edward – 1, 106, 112, 130, 136
Bailey, John – 9
Bailey, Rob't – 64
Bailey, William – 14, 27, 46, 52
Baily – (see Bailey)
Bain, Jesse – 1, 20
Baker, Aaron (Aron) – 9, 14, 27, 46, 94
Baker, George – 106, 112, 130
Baker, Hannah – 1, 20, 39, 148
Baker, Henry – 130, 136
Baker, John – 1, 9, 14, 20, 27, 33, 39, 46, 52, 58, 64, 70, 76, 82, 88, 94, 100, 106, 112, 118, 130, 142, 154, 167
Baker, Jonathan – 58, 70, 88, 106, 118, 124, 142, 148, 161
Baker, Joseph – 1, 20, 33, 39, 58, 64, 82, 88, 106, 112, 130, 136, 148, 161
Baker, Joshua – 58, 106, 112, 130, 136, 148, 161
Baker, Michael – 1, 20, 33, 39, 58, 64, 82, 88, 106, 112, 130, 136, 148, 161
Baker, Nicholas – 9, 14, 27, 46, 52, 70, 76, 100, 118, 124, 142, 154, 167
Baker, P? – 82
Baker, Patrick – 1, 14, 64, 82, 88, 106, 118, 124, 142, 148
Baker, Periguine – 27, 106
Baker, Perry – 39, 58, 161
Baker, Thomas – 9, 20, 39, 58, 64, 82, 88, 106, 136, 148, 161
Baker, Widow – 33, 58, 64
Baker, William – 1, 14, 20, 27, 33, 39, 58, 64, 82, 88, 106
Bale, Vickall – 39
Baley – (see Bailey)
Ballentine, Hugh – 1, 20, 33, 39, 58, 64

Bane, Abner – 112, 130, 136, 148, 161
Bane, Alexander – 58
Bane, Avender – 106
Bane, George – 130, 136, 148, 161
Bane, Jesse – 39, 58, 64, 106, 112, 130, 136, 148, 161
Banks, Edward – 118, 142, 154, 167
Banks, Peter – 142, 167
Bannion, Benjamin – 9, 14, 27, 46, 52
Bannon – (see Bannion)
Barber, George – 9, 14
Barber, James – 9, 14, 27, 46
Barbridge, Widow – 39
Bardel(l), John – 112, 136, 148
Bardle – (see Bardel)
Bardmissir, Adam – 14
Bare, Susanna – 39
Bare, Widow – 58, 64
Barger, John – 112, 130, 136, 148, 161
Bark – (see Barkes)
Barkeloe, Johnson – 1, 39, 58, 64, 82, 88
Barkelow, Sally – 130, 136
Barkes, George – 148
Barkes, Jacob – 82, 112, 130, 136, 148
Barkes, John – 82, 124
Barklow – (see Barkeloe)
Barks – (see Barkes)
Barlow, Charles – 39
Barnard, Notley – 82, 106
Barnes – (see Barns)
Barnet, Benjamin – 1, 9
Barnett, Notley – 112, 130, 136
Barney, Benjamin – 27, 52, 70, 94
Barnhouse, Henry – 1, 20, 33, 39, 58, 64, 82, 88, 106
Barnhouse, Jacob – 27, 46, 52, 70, 76, 94, 112, 130
Barnhouse, John – 58, 64, 82, 88, 112, 130
Barns, Abraham – 161
Barns, Francis – 82, 88, 106, 112, 154, 167
Barns, George – 1, 20, 33, 58, 64, 82
Barns, John – 1
Barny, Benjamin – 14, 76, 100
Barrack, Jacob – 1, 20, 33, 64
Barrack, John – 64
Barrauk – (see Barrack)
Barrett, Benjamin – 9
Barrett, John – 9, 14, 27, 46, 52, 70, 76, 100, 118, 124, 142, 154, 167
Barrett, Joseph – 70, 76, 94, 100, 118, 124, 154, 167
Barrett, Nathan – 46, 118, 142, 167
Barrett, Notley – 88
Barrett, William – 112, 136, 148
Barrick, George – 161
Barrick, Henry – 161
Barrick, Jacob – 88, 161
Barritt, Jesse – 1
Barrock, Jacob – 39, 58
Barrock, John – 58
Bartlow, Johnson – 33
Bartrim, Benjamin – 161
Bartruff, Andrew – 161
Baruis, George – 39
Basket, William – 33, 39, 58
Bates, Meir – 58
Baxter, Samuel – 167
Baycorn, Jacob – 20
Bayless, Edward – 33, 39, 64
Bayley, Benjamin – 161
Bayley, Edward – 161

INDEX

Bayley, Wm - 64
Baylis(s) - (see Bayless)
Bazil - 76, 118
Beal, Baswell - 58 - 14
Beal, Elisha - 9, 14
Beal, Midleton - 58
Beal, Prudence - 9
Beale - (see Beal)
Beale & Green - 63
Beall, Baswell (Bazel) - 33, 64, 82
Beall, Eli - 9, 14, 27, 118, 124, 142, 154, 167
Beall, Elisha - 27
Beall, Isaac - 148, 161
Beall, Middleton - 33, 39
Beall, Nathaniel - 142, 167
Beall, Robert - 58
Bean, Jesse - 33, 82, 88
Bean, John - 33, 39, 82, 88, 106, 112, 130, 161
Bean, Seth - 76, 88, 106
Bean, Walter - 64, 82, 88, 106, 112, 130, 136, 161
Bear, Adam - 130, 136, 148, 161
Bear, Anne - 39
Bear, Jonathan - 167
Bear, Peter - 100, 118, 124, 142, 154, 167
Beard, George - 1, 20, 33, 39, 58, 64, 82, 88, 106, 112, 130, 136, 138, 148, 161
Beard, James - 1, 20, 33
Beard, William - 64, 82
Beatty, Charles - 1, 20, 33, 39, 58, 64, 82, 88, 106, 112, 130, 136, 148, 161
Beatty, George - 1, 20, 33, 58, 64, 82, 88, 106
Beatty, Henry - 1, 20, 33
Beatty, Isaac - 1, 20, 39, 64, 82, 88, 106, 112
Beatty, John - 1, 20, 33, 39, 58, 64, 82, 88, 106, 112
Beatty, Levy - 1, 20
Beaty - (see Beatty)
Beaver, John - 82, 88
Beaver, Moses - 58
Beaver, Peter - 33, 39, 58, 64, 82, 88
Beaver, Robert - 58, 64, 82, 88
Beckdol, Joseph - 167
Beckhorn, Jacob - 82
Beckwith, Newman - 106, 112, 130
Beckwith, Samuel - 1, 33, 46, 52, 70, 76, 94, 100, 118, 124, 142, 154, 167
Bedine, John - 46
Been, John - 148
Been, Walter - 148
Beer, John - 82
Beer, Peter - 1, 33, 88
Beer, Widow - 82, 88
Beer, William - 1
Belford, Daniel - 64, 88, 106, 112, 136, 148, 161
Belford, David - 88, 106, 112
Belford, Nathan - 136
Belford, William - 136, 161
Belknap, Thomas - 142, 154, 167
Belknass, Thomas - 118, 124
Bell, Bazel - 20, 88, 106, 112
Bell, Henry - 142, 154, 167
Bell, Josiah - 1
Bell, Middleton - 1, 20
Benjamin - 33, 39, 136, 148
Benjamin, Romney - 148, 161
Benjamin, Taylor's - 161
Bennet, Goldsmith - 39
Bennet, James - 70, 76, 94, 100, 118, 124

Bennet, John - 82
Bennet, Sylvanius (Silvanus) - 1, 20, 33, 46, 52, 70, 76, 94, 100, 118, 124, 142, 154, 167
Bennet, Thomas - 9, 14, 27, 46, 52, 70, 76, 94, 100, 118, 124, 142, 154, 167
Bennet, William - 9, 14, 27, 46, 52, 70, 76, 94
Bennett - (See Bennet)
Bennit - (see Bennet)
Berger, Adam - 33
Berger, Simon - 33
Berriks, Edward - 124
Berry, Aaron - 9
Berry, Joseph - 9, 14, 19, 27, 32
Berry, Thomas - 14, 27, 46, 52, 88, 106, 112, 130, 136, 148, 161
Berry, William - 82, 88, 130, 148, 161, 167
Berryman, William - 27, 39
Bethel, George - 9, 14, 27, 46, 52, 70, 76, 94, 100, 118, 124, 142, 154, 167
Beuik, Henry - 46
Bevan, Samuel - 33, 39, 58, 64, 82
Bevan, Stacy - 27, 46, 52
Bever, George - 136, 148
Bever, John - 106
Bever, Peter - 1, 20, 106, 112, 130, 136, 148, 161
Bever, Robert - 106
Bevin, Samuel - 1, 20
Bias, Thomas - 39
Bichhorn, Jacob - 88
Bickerstaff, Nancy - 76, 100, 118, 124, 142, 154, 167
Bickerstaff, Rachel - 118, 124, 142, 154, 167
Bickerstaff, William - 76, 100, 142
Bigam, Hugh - 76
Biggerstaff, Anne - 27, 46, 52
Biggerstaff, Nancey - 70, 94
Biggerstaff, Samuel - 9, 14
Biggerstaff, William - 9, 14, 46, 52, 70, 94
Biggins, John - 14
Birch, Jonathan - 106
Birch, Thomas - 154, 167
Birch, William - 27, 46, 52,
Bird, Stephen - 118, 124, 142, 154, 167
Biser, Jacob - 82
Bishop, Noah - 1, 20, 33, 39
Bishop, William - 14, 27, 46, 52, 70
Bison, Jacob - 88, 148
Bison, Nicholas - 148
Bisor, Jacob - 106
Bivan, Sam'l - 88, 106, 112
Bivan, Stacy - 14
Bizan, Hugh - 52
Bizer, Jacob - 112, 130, 136
Bizer, Nicholas - 112, 130, 136, 161
Bizon, Jacob - 161
Bizor - (see Bizer)
Black, Daniel - 1, 20, 33, 39, 58, 64, 82
Black, James - 33, 58
Black, John - 148, 161
Black, Jonathan - 112, 130, 136, 161
Black, Rev'd James - 148, 161
Blackburn, Thomas - 106, 130, 148
Blair, Samuel - 148, 161
Blanchard, David - 161
Blew, Barney - 39
Blew, Garret - 64, 82, 106
Blew, Jacob - 9
Blew, John - 27
Blew, John - 9, 33

176

INDEX

Blew, Mich'l – 9
Blew Richard – 9
Blew, Uriah – 9
Blough, John – 20
Blow, John – 39, 58
Blue, Barnibas – 33
Blue, Barny – 1, 20, 58
Blue, Benjamin – 14, 27
Blue, Dan'l – 130
Blue, Frederic – 46, 58
Blue, Garret – 1, 20, 33, 39, 88, 112, 130, 136, 148, 161
Blue, Isaac – 106, 112, 136, 148
Blue, Jacob – 14, 27
Blue, John – 1, 14, 20, 33, 39, 46, 52, 58, 64, 70, 82, 88, 106, 112, 130, 136, 148, 161
Blue, John Michael – 14
Blue, Membrance – 1, 39, 58, 106, 112
Blue, Michael – 1, 20, 27, 33, 39, 58, 64, 76, 82, 88, 94, 100, 106, 112, 118, 124, 130, 136, 142, 148, 161
Blue, Remembrance – 130, 136, 148, 161
Blue, Richard – 14, 46, 52, 70, 76, 94, 100, 118, 124, 142, 154, 167
Blue, Susannah – 161
Blue, Uriah – 1, 14, 20, 33, 39, 46, 52, 58, 64, 70, 82, 88, 106, 112, 130, 136, 148
Bly, Isaac – 148
Bobo, Wm – 64
Bodine, John – 14, 27, 52, 70, 76, 94, 100, 118
Bogart, Daniel – 112, 130, 136, 161
Boggart – (see Bogart)
Boggs, James – 14, 27, 46
Boggs, John – 106
Bogle, Andrew – 1, 20, 33, 39, 58, 64, 82, 106, 112, 130, 136, 148, 161
Bogle, Thomas – 1, 20, 33, 39, 58, 64, 82, 88
Bohrer, George – 14, 27
Bolin, William – 27
Bolton, John – 82, 88
Bolton, William – 148, 161
Bolvere, Henry – 9
Bomgarner, Reuben – 94
Bonam – (see Bonham)
Boncratz, Leonard – 148
Bond, John – 52, 70, 88, 106, 136, 148, 161
Bond, Spelman – 161
Bond, Thomas – 1, 20, 33, 39, 58, 64, 82, 88, 106, 112, 130, 136, 148
Bonerotz, Leonard – 161
Bonham, Zachariah – 1, 20, 33, 88, 106
Bonom – (see Bonham)
Bonsall, Joseph – 9, 14, 52, 70, 76, 94, 118, 124, 142, 154, 167
Bonsall, Samuel – 94, 100
Bonsel – (see Bonsall)
Bonsil – (see Bonsall)
Bonum, Zachr – 82
Booklass – (see Bookless)
Bookless, David – 1, 20, 33, 39, 58, 64, 82
Bookless, William – 1, 20, 33, 39, 58, 64, 82
Booklis(s) – (see Bookless)
Boozley, James – 1
Boras, Abraham – 124
Borer, George – 9
Boseley, Jacob – 106
Boseley, James – 33, 39, 58, 64, 82, 88, 106, 112, 130, 136, 148, 161
Boseley, John – 112

Boseley, William – 136, 148, 161
Bouch, Henry – 9, 14, 27
Bough, Henry – 52
Boulton, John – 64
Bouorn, Zacariah – 58
Bousell, Joseph – 46
Bowen, Daniel – 27, 52, 70, 76, 94, 100, 118, 124
Bower, Henry – 14, 27
Bower, Jacob – 27, 70
Bowers, Daniel – 46
Bowers, Frederic – 106
Bowers, Henry – 9, 46, 52
Bowers, Jacob – 46, 52
Bowlin, Bryan – 14
Bowman, Adam – 88, 106, 112, 130
Bowman, Christopher – 9, 14
Bowman, Elizabeth – 161
Bowman, George – 20, 33, 39, 58, 64, 82, 88, 112, 130, 136, 148
Bowman, Jacob – 9, 14
Bowman, John – 1, 112, 130, 148, 161
Bowman, Jonathan – 27, 100
Bowman, Widow – 64, 82
Bowman, Zacariah – 39, 64
Boxwell, John – 9, 14, 27, 46, 52, 70, 76, 118
Boxwell, Joseph – 46, 94, 100, 118
Boxwell, Robert – 76, 94, 100, 118, 124, 142
Boyce, John – 20
Boyd, Daniel – 148
Boyd, John – 1, 33
Boyd, William – 1
Boyl(e), Henry – 100, 118, 124, 142, 154, 167
Bozley, James – 1, 20
Brady, John – 130, 135, 136, 141, 148, 161
Brady, Michael – 9, 14, 46, 52, 70, 76, 94, 100, 118, 124, 142, 154
Brady, William – 9, 33, 39, 64
Brauer, Henry – 46
Brauf(f), Jacob – 52, 70, 76, 94
Bray, Samuel – 1, 20, 33, 39, 58
Brees, Margaret – 33, 58
Breese, Widow – 64
Breeze, Margerit – 1, 20, 82
Breeze, Widow – 88
Brelsford, Barnard (Bernard) – 9, 14, 27, 46, 52, 70, 76, 94, 100, 142, 154, 167
Brelsford, Barney – 118, 124
Brelsford, Daniel – 9, 14, 27, 46, 52
Brelsford, David – 100, 118, 124
Brelsford, Jesse – 167
Brelsford, Margorim (Marjoram) – 9, 14, 27, 46, 52, 70, 76, 94, 100, 118, 124, 142, 154, 167
Brelsford, Nathan – 9
Briant, James – 1
Briant, John – 1
Briggs, Joseph – 1, 20, 33, 39
Briggs, Walter – 39
Brill, Henry – 9, 14, 27, 46, 52, 70, 76, 94, 100, 118, 124, 142, 154, 167
Bringereden, Henry – 76
Bringman, Henry – 100, 154, 167
Brinker, Henry – 1, 20, 33, 39, 58, 64, 82, 88, 106, 112, 130, 136, 148, 161
Brookhart, Abraham – 33, 39, 58, 64, 82
Brookhart, Abram – 20
Brookhart, Jacob – 1, 20, 33
Brookhart, John – 1, 20, 33
Brookhart, Mich'l – 1, 20, 33, 39

INDEX

Brookhart, Philip – 1, 20, 33
Brookheart – (see Brookhart)
Brooks, James – 167
Brooks, William – 52, 118, 142, 154, 167
Brown, Adam – 14, 27, 46, 52, 76, 94, 100, 118, 154, 167
Brown, Alexander – 100, 118, 124, 142, 154, 167
Brown, Anne – 76, 94
Brown, Braxton – 70, 76, 94, 100, 112, 142, 154, 167
Brown, Daniel – 9, 14, 27, 52, 76, 94, 100
Brown, Dennis – 58
Brown, Elias – 33, 58, 64, 88, 112, 130
Brown, George – 154
Brown, Gobin – 70, 124
Brown, Govey – 142, 154, 167
Brown, Isaac – 1, 20, 33, 39, 58, 64, 82
Brown, James – 106, 112, 118, 124, 130, 136, 142, 148, 161
Brown, Joel – 124
Brown, John – 1, 9, 14, 20, 27, 33, 39, 46, 52, 58, 64, 70, 76, 82, 88, 94,100, 118, 124, 142, 154, 167
Brown, Mathew – 70, 124, 167
Brown, Robert – 46, 76, 94, 100, 118, 124, 142, 154, 167
Brown, Samuel – 9, 20, 33
Brown, William – 52, 76, 94, 100
Browning, Elias – 20, 64, 82, 88, 106, 112, 130, 136, 148, 161
Browning, Westley – 130, 136, 161
Bruner, Daniel – 154, 167
Bruner, Henry – 9, 14, 27, 52, 70, 76, 94, 100, 118, 124, 142, 154, 167
Bruner, Jacob – 100, 118, 142, 154, 167
Bruner, Peter – 9, 14, 27, 46, 52, 70, 100, 118, 124, 142, 154, 160, 167
Brus, Widow – 39
Bryan, Benjamin – 64, 82, 88
Bryan, Jacob – 1
Bryan, James – 9, 14, 27, 46, 52, 70, 76, 94, 100, 118, 124, 136, 142, 148, 154, 161, 167
Bryan, John – 1, 9, 14, 27, 33, 39, 46, 52, 58, 76, 100, 118, 136, 148, 161
Bryan, William – 112
Bryant, James – 20
Bryant, John – 20
Buch, Jonathan – 76
Buck, Anthony – 1
Buck, Robert – 82, 106, 112, 130
Buck, Thomas – 39, 58, 64, 82, 88, 106, 112, 130, 136, 148, 161
Buckelow, Park – 58, 64
Buckhorn, John – 130, 167
Buckley, John – 14, 27, 70, 76, 94, 100
Buckley, Joseph – 70, 118, 124
Buffington, David – 1, 33, 39, 64, 82, 88, 106, 112, 130, 136, 148, 161
Buffington, Richard – 58, 64, 82, 88, 106, 130, 136, 161
Buffington, William – 1, 20, 33, 39, 58, 64, 82, 88, 106, 112, 130, 136, 148, 162
Bukhorn Jacob – 1
Bukhorn, John – 112, 136
Buls, Wm – 58
Bumgardner, Reubeon – 52, 70, 76
Bumgarner, Becky (Rebecca) – 100, 118, 124, 142, 154, 167
Bumgarner, Rudolph – 9, 14, 27, 46, 52, 70
Bunn, Henry – 27
Bunn, Jacob – 27, 46, 52, 70
Bunn, Peter – 9
Bur, Peter – 58
Burbridge, Mary – 1, 20, 33, 58, 64, 136, 148, 161

Burbridge, Widow – 82, 88, 106, 112, 130
Burbrige, John – 20
Burch, John – 9
Buress, Charles – 52
Burger, John – 142, 154, 167
Burges, Frederick – 1
Burges, George – 1
Burges, Jacob – 1
Burges, John – 1
Burget, Frederick – 20, 161
Burget, Henry – 1, 20
Burget, Jacob – 20
Burget, John – 20
Burgo, Simon – 1
Burgow, Simon – 20
Burk, Elisabeth – 124, 142
Burk, James – 14, 27, 46, 52
Burk, Luke – 14
Burk, Michael – 9, 14, 27, 46, 70, 76, 94, 100, 118
Burk, Samuel – 9
Burk, Thomas – 82
Burk, William – 52, 76, 94, 100, 118, 124, 154, 167
Burket, Jesse E – 136, 148
Burket, Thomas – 9, 14, 27, 46, 52, 70, 76, 94, 100, 118, 124, 142, 154, 167
Burkett – (see Burket)
Burkholder, Abr'm – 130
Burkit – (see Burket)
Burnfield, John – 14
Burns, John – 33
Burress, Charles – 9, 14, 27, 46
Burress, William – 33
Burris – (see Burress)
Burtin – (see Burton)
Burton, Abedinego – 11, 33
Burton, Frederick – 82
Burton, Hulday – 148
Burton, John – 1
Burton, Meshack – 88
Burton, Obednigo – 39
Burton, Widow – 112, 130, 136, 161
Burton, William – 1, 20, 33, 39, 46, 70, 88, 106, 112
Busbay, John – 14, 27, 52, 76, 94, 100, 118
Busbay, Samuel – 46, 52, 70, 76, 94, 100, 124, 142, 154, 167
Busbay, William – 14, 27, 46
Busbey, Benjamin – 142, 154, 167
Busbey, Hamilton – 142, 154, 167
Busbey, John – 9
Busbey, Mathias – 33
Busbey, Matthew – 64, 88, 142, 154, 167
Busbey, Samuel – 46, 52, 70, 76, 94
Busbey, William – 9, 14, 27, 46, 64, 88
Busby – (see Busbey)
Bush, Henry – 124, 142, 148, 161
Buskirk, Isaac – 82, 88, 106
Buskirk, John – 82, 88, 106, 112, 130, 136, 148, 161
Bussey – (see Bussy)
Bussey, Hezekiah – 1, 148, 161
Bussy, John – 1, 20, 33, 39, 64
Busy, John – 58
Butcher, James – 9, 14, 27, 46, 52, 70, 94, 100, 118, 124, 142
Butcher, John – 14, 27, 46, 52, 70, 76, 94, 100, 118, 124, 142
Butcher, Joseph – 46, 52, 70
Butcher, Nathan – 124
Butlar, Jacob – 1, 20, 33
Butler, Charles – 154, 167
Butler, Joseph – 46, 52, 70

178

INDEX

Butler, William – 27, 52
Butt(s), Conrad – 70, 76, 94, 130, 136, 148, 161
Buzzard, Frederick – 9, 14, 27, 46, 52, 70, 76, 94, 100, 118, 124, 142, 154, 160, 167
Buzzard, Jacob – 14, 27, 52, 70, 76, 94, 100, 118, 124, 142, 154, 167
Buzzard, John – 70, 76, 94, 100, 118, 124, 142
Buzzard, May – 154
Buzzard, Polly – 167
Byser, Jacob – 58
Byser, John – 39, 58
Byson, John – 20
Bysor, Jacob – 20, 33, 39, 64
Bysor, John – 33
Cabrick, Peter – 136, 149, 162
Cabridge, Peter – 82, 88, 106, 113, 130
Cade, Abraham – 88
Cade, Jacob – 88, 106, 149, 162
Cade, William – 82, 83, 88, 106, 112, 131, 136, 148, 162
Cain, Gabriel – 100
Cain, John – 46
Caines, Joseph – 100
Calahan, John – 106, 130
Calbert, Francis – 136
Calhound, Robert – 14
Calin, Marjery – 76
Calmes, Fielding – 2, 21, 39, 59
Calmes, George – 1, 20, 33, 40, 65, 83, 88, 106, 112, 130, 137, 149, 162
Calout, Robert – 76, 101
Calter, Edward – 39
Calvert, Robert – 15, 47, 53, 70, 119
Calvin, Benjamin – 15, 27, 52, 70
Calvin, David – 15, 28, 47, 52
Calvin, George – 59
Calvin, Joshua – 15, 27, 46, 52, 70, 77, 94, 100, 118, 124, 142, 154, 167
Calvin, Luther – 15, 27, 46, 52, 70, 77, 94, 100, 101, 118, 119, 124, 125, 142, 154, 167
Calvin, Malan – 28, 47, 52, 70
Calvin, Robert – 15, 46, 52, 70, 76, 94, 101,$$3,
Calvin, Robert – 15, 46, 52, 70, 76, 94, 101, 119, 125, 142, 154, 168
Calvin, Samuel – 15, 27, 46, 52, 70, 77, 94, 100, 118, 124, 142, 154, 167
Cambell, John – 9
Cambey, Sam'l – 88, 112, 131, 136
Camby – (see Cambey)
Campbell, Archibald – 1, 20, 33, 39, 58, 64, 82, 88, 112
Campbell, James – 130, 136
Campbell, Jesse – 58, 65, 82
Campbell, John – 27, 39, 46, 59, 64
Campbell, Moses – 112, 131, 136
Campbell, Robert – 1
Campbell, Roney (Rooney/Runa/Runey) – 1, 20, 33, 39, 58, 65, 82, 88, 106, 112, 130, 148, 161
Campbell, Samuel – 106, 131, 148
Campbell, Widow – 2, 59, 65, 82
Canby, Samuel – 1, 20, 34, 40, 59, 64, 83
Canby, Thomas – 20, 34, 40, 59
Cann, John – 10, 15, 27, 52, 71, 77, 95, 100, 118, 125, 143, 155, 168
Cannand, Andrew – 1
Cannand, Leonard – 1
Cannon, Andrew – 40, 59, 64
Cannon, George – 9, 15, 94, 154
Cannon, James – 9, 14
Cannon, Leonard – 33, 59, 64

Canty, Edw'd – 64
Capper, Charles – 167
Capper, Gabriel – 167
Carathers, James – 39
Carder, Abbed (Abber) – 149, 161
Carder, Abot (Abet) – 2, 21, 33, 40, 58, 64, 82, 88, 106, 112, 130, 136
Carder, George – 10, 14, 27, 47, 52, 70, 76, 94, 100, 118, 124, 142, 155, 168
Carder, Henry – 137
Carder, John – 76, 168
Carey, John – 27, 76, 94, 100, 119
Carlin, John – 9, 14, 27
Carlin, Margorim – 9
Carlin, Marjery – 14, 27, 46, 53, 71, 94
Carlyle, Charles – 15, 76, 95, 100, 119, 124, 143, 154, 167
Carlyle, David – 100, 143, 155, 167
Carlyle, George – 95, 100, 118, 124, 143, 155, 167
Carlyle, John – 27, 53, 70, 77, 100, 124
Carlyle, Robert – 167
Carlyle, William – 9, 14, 27, 47, 53, 70, 77, 95, 100, 118, 119, 124, 143, 154, 155
Carmichael, Daniel – 15, 27, 46, 52, 71, 77, 95, 100, 119, 125, 142, 154, 168
Carmichael, James – 9
Carmichael, Thomas – 10
Carnand, Andrew – 82, 88, 149, 161
Carnand, Leonard – 20
Carnard, Leonard – 82, 88, 106, 112, 130, 136, 149, 161
Carnes, George – 14, 28, 53
Carnes, Jacob – 28, 95
Carnes, John – 14, 28, 53, 95, 119
Carns, John – 53
Carpenter, Jesse – 76, 94
Carrathers – (see Carruthers)
Carrol, Charles – 119, 124, 142
Carrol, David – 119, 124, 142
Carroll, Catherine – 71, 77
Carrolph, Catherine – 9
Carruthers, George – 33, 39, 58, 63, 65, 69, 83, 88, 106, 112, 65, 69, 83, 88, 106, 112, 130, 136, 149
Carruthers, Maryan – 83, 88, 112, 130, 136, 149, 161
Carry, William – 40
Carscaddon, Arthur – 82, 88, 136, 148, 161
Carscaddon, Thomas – 58, 89, 106, 112, 130, 137, 148, 161
Carscaden – (see Carscaddon)
Carscadon – (see Carscaddon)
Carseden – (see Carscaddon)
Carskaden – (see Carscaddon)
Carswell, John – 27, 46, 53, 76
Carter, Asa – 154, 167
Carter, Henry – 106, 136
Carter, James – 124, 142, 155, 167
Carter, John – 113, 124, 142, 154, 167
Carter, Joseph – 76, 94, 101, 118, 125
Caruthers, James – 9, 14, 33, 59
Caruthers, William – 14
Casaday, Benj – 106, 131, 136
Casady, Tho's – 131
Case, Gabriel – 76
Case, Othniel – 168
Case, Peter – 9, 14, 27, 47, 52, 70, 76, 94, 100, 118, 124, 142, 154, 160, 168
Case, William – 47, 52, 70, 76, 94, 100, 118, 124, 142, 154, 160, 167, 168
Casey, John – 15, 46, 53, 71
Casey, Nicholas – 161

INDEX

Cash, Robert - 34, 39, 58, 64, 82, 131, 162
Casity, Benjamin - 40, 59, 65
Caskaden - (see Carscaddon)
Casler, James - 119
Casler, John - 10, 27, 46, 100, 119, 154, 160
Cassady, Benjamin - 112, 149, 161
Castler, John - 15, 53, 71, 76, 94, 95, 124, 143, 168
Castlir - (see Castler)
Casweel, John - 10
Caswell, John - 14
Catlett, Alexander - 46, 76, 94, 119, 124, 154, 168
Catlett, David - 119, 124, 142
Catlett, Henson - 162
Catlett, Strauder/Strother - 100, 118, 142
Catloaf, Francis - 119
Caton, William - 136
Caudy, Evan - 9, 15, 28, 47, 53, 70, 76, 95, 119, 124, 143, 155, 167
Caudy, James - 9, 15, 27, 47, 52, 70, 76, 95, 100, 119, 124, 142, 155, 160, 167
Caudy, John - 9, 15, 27, 47, 52, 71, 77, 95, 101, 118, 125, 142, 155, 168
Caudy, Marthew - 9
Caudy, Michael - 155, 167
Caufman, Paul - 125
Cavender, Garret - 33, 40
Cavinger, Garret - 21
Cavinger, Peter - 59, 65
Cawdy - (see Caudy)
Cengro, Wm - 65
Cerby, John - 34
Chamberlain, John - 64, 112, 136
Chamberlain, Jonas/Jonah - 112, 130, 136, 148, 161
Chambers, Ja's - 65
Chambers, Joseph - 82, 88
Champ, John - 106
Chandler, Elizabeth - 148, 162
Chandler, Widow - 88, 107, 112, 131, 136
Chapman, William - 76, 94, 101, 119, 125, 142
Charles - 34, 40, 64
Charlton, William - 148
Cheeseman, William - 9, 15, 28, 65, 89, 131, 136, 148, 161
Cheesman - (see Cheeseman)
Cheiseman - (see Cheeseman)
Chenoweth, Absolem - 10, 47, 53, 71, 76, 95, 101, 118, 124
Chenoweth, Elias - 71, 77, 95, 101, 125, 143, 154
Chenoweth, James - 28, 47, 71, 77, 95, 100
Chenoweth, John - 15, 47, 70, 77, 95, 101, 119, 125, 143
Cherry, Isaac - 119
Cheser - (see Cheshire)
Cheser, John - 154
Cheshere - (see Cheshire)
Cheshire, Barbara - 118, 142, 154, 168
Cheshire, John - 9, 14, 28, 47, 52, 71, 77, 95, 101, 119, 124, 143, 167
Cheshire, Obedia - 100, 118, 142, 154, 167
Cheshire, Samuel - 9, 15, 28, 47, 53, 70, 77, 94, 100, 101, 118, 142, 155, 168
Cheshire, Uriah - 77, 94, 100, 118, 142, 154, 168
Cheve, James - 1, 21
Chew, Colby - 21, 33, 38, 39, 58, 64, 82, 89, 106, 112
Chew, James - 33, 39, 58, 64, 82, 89, 106, 112, 130, 137, 161
Chew, Joseph - 33, 39, 58, 64, 82
Childs, Alexander - 39
Childs, Isaac - 106
Childs, John - 33, 39, 58
Chinoweth, Absalom - 15, 27

Chinoweth, Elias - 53
Chinoweth, James - 10, 15, 53
Chinoweth, John - 9, 10, 15, 28, 52
Chisholm, Alexander - 9, 15, 27, 47, 53, 71, 95, 101
Chopson, George - 1, 21, 33, 64
Chresman, William - 46
Chrisman, Jacob - 100, 119, 154, 167
Chrisman, Phillip - 10, 28, 46, 52, 71, 76, 94, 100, 119, 124, 142, 154, 167
Christie, Martin - 119, 125, 142, 154, 168
Christman, Phillip - 14
Christy, William - 130
Clark, Aaron - 88, 112, 130, 148, 162
Clark, Alexander - 14, 27
Clark, Archibald - 1, 20, 34, 39, 59, 65, 88
Clark, Ebenezer - 112
Clark, Francis - 118
Clark, Gabriel - 34, 39, 59, 65
Clark, Jacob - 137
Clark, James - 1, 20, 33, 34, 39, 58, 59, 65, 82, 83, 112, 131, 137, 149, 162
Clark, John - 20, 39, 95, 119, 125, 143, 168
Clark, Joseph - 39, 65, 88, 112, 130, 136
Clark, Samuel - 1, 20, 34, 39, 58
Clark, Stephen - 1
Clark, Thomas - 136, 148, 161
Clark, William - 2, 14, 20, 33, 39, 40, 58, 59, 65, 82, 83, 88, 106, 112, 130, 131, 136, 148, 161
Clarke - (see Clark)
Clary, Adin - 149
Clawson, Frederick - 10, 27, 46
Clawson, John - 20, 38, 39, 59, 64, 65, 83, 88, 106, 112, 130, 136, 148, 161
Clawson, Josiah - 10, 14, 27, 46, 53
Clawson, Thomas - 14, 40, 53
Clayton, John - 1, 14, 28, 47
Clayton, Thomas - 9, 14, 28, 47, 52
Cline, John - 113
Cline, Philip - 2, 20, 33, 40, 59, 88, 113, 131
Clossin, John - 1
Clowson, Josiah - 10
Clowson, Thomas - 10
Clutter, Jacob - 9, 14, 28, 47, 53, 71, 77, 95, 101
Clutter, Joseph - 9, 28, 53, 70, 76, 94, 101, 118, 125, 142, 154, 167
Clyne, Adam - 9, 15
Clyne, Phillip - 9, 15
Coachley, Dan'l - 106
Cochran, James - 22, 33
Cockerill - (see Cockrill)
Cockran, Benjamin - 40, 59
Cockran, George - 40
Cockrell - (see Cockrill)
Cockrill, Edward - 9, 15
Cockrill, Jeremiah - 64, 88
Cockrill, Jesse - 65
Cockrill, Newton - 107
Cockrill, Samuel - 82, 88, 107, 112, 130, 136, 148, 161
Cockrill, Thomas - 88, 107, 112, 130, 136, 148, 161, 162
Cockrill, William - 112
Cofman, Paul - 119, 142, 154, 167
Cokeley, Dan'l - 136, 148, 162
Cokeley, Elijah - 136, 148, 162
Cokely - (see Cokeley)
Cokle, John - 21
Colbert, Francis - 149, 162
Colbert, Robert - 9, 94

INDEX

Cole, George - 46
Coleshine, Henry - 131, 136, 161
Collins, Daniel - 1, 14, 20, 27, 34, 40, 47, 52, 58, 63, 65, 69, 71, 77, 82, 100, 106, 112, 130, 137, 149, 162
Collins, David - 88
Collins, Jacob - 1, 9, 101, 119, 125, 154, 167
Collins, James - 1, 20
Collins, John - 106, 130, 137, 149, 162
Collins, Joseph - 14
Collins, Mich'l - 130, 136, 149, 161
Collins, Pratt - 20, 33
Collins, Samuel - 143
Collins, Simeon - 10, 14, 27, 47, 52, 70, 77, 100
Collins, Thomas - 2, 20, 33, 40, 58, 65, 82, 88, 107, 112, 130, 136, 141, 149, 161, 162
Collins, William - 77, 94
Colter, Samuel - 1, 20
Colvert, Robert - 28
Colvin, Banjamin - 10
Colvin, David - 10
Colvin, Joshua - 10
Colvin, Luther - 10
Colvin, Robert - 9, 33
Colvin, Samuel - 10
Comb - (see Combs)
Combs, Daniel - 1, 20, 33, 59, 83, 88, 106, 113, 131, 136, 148, 162
Combs, David - 118, 124, 154, 168
Combs, Isereal - 106
Combs, James - 46, 52, 77, 100, 118, 124, 142, 149, 154, 167
Combs, John - 9, 10, 15, 27, 47, 52, 53, 70, 71, 76, 77, 94, 100, 101, 118, 124, 142, 143, 154, 155, 168
Combs, Jonas - 14, 27, 47, 52, 70, 76, 77, 94, 101, 118, 124, 142, 154, 168
Combs, Joseph - 106, 112, 130, 136, 162
Combs, Robert - 148
Combs, Thomas - 10, 14, 27, 47, 52, 113, 118, 124
Combs, Woolery - 142, 154, 168
Comston, Jacob - 9
Conley, Edward - 148
Conley, Francis - 148
Conly, Edward - 59
Connard, James - 10, 14, 70, 77, 95
Connard, Joseph - 95
Connard, Nathan - 14
Connelay - (see Connely)
Connelley - (see Connely)
Connelly - (see Connely)
Connely, Edward - 83, 106, 113, 131, 136, 162
Connely, Francis - 131, 136
Conoroy, Edward - 28
Conrad, George - 168
Conrad, James - 101, 118, 125, 143, 155, 168
Conroy, Edward - 9, 46, 52, 71, 77, 95, 118
Constable, Annanias - 70, 76, 94, 101
Constable, Daniel - 82, 106
Constable, David - 88
Constable, Thomas - 70, 94, 119
Conway, Daniel - 162
Cook, John - 10
Cook, Nicholas - 34, 40, 59, 64, 82, 88
Cook, Stephen - 20
Cook, William - 2, 9,15, 20, 33, 40, 46, 53
Cookburn, Robert - 82
Cooke - (see Cook)
Cookerill, Thomas - 83
Cookis, Henry - 40, 64, 82, 88, 106, 112, 130, 132, 137, 148, 161
Cookis, John T - 106
Cookiz - (see Cookis)
Cookus - (see Cookis)
Cool, Harbert/Harburt/Heburt/Herbert - 10, 15, 28, 47, 53, 70, 77, 94, 100, 118, 124, 143, 154, 168
Cool, Jacob - 9, 15, 27, 46, 53, 71, 77, 94, 100, 118, 143, 155, 167
Cool, Paul - 46, 53, 71, 77, 94, 100
Cool, Philip - 9, 14, 27, 46, 53, 70, 77, 94, 100, 118, 143, 155, 167
Coole - (see Cool)
Coon, David - 33, 39, 58, 65, 82
Cooper, Adam - 9, 70, 77, 95, 101, 118, 124, 143, 154, 168
Cooper, Amos - 154, 167
Cooper, Christopher - 95, 100, 118, 124
Cooper, David - 162
Cooper, George - 9, 15, 28, 47, 52, 70, 77, 95
Cooper, Jobe - 14, 27, 53, 70, 76, 94, 101, 118, 125, 143, 154, 167
Cooper, John - 9, 15, 27, 46, 52, 71, 76, 95, 101, 119, 124, 143, 154, 168
Cooper, Rebeckah - 136, 149
Cooper, Thomas - 1, 20, 34, 39, 64, 136
Cooper, Widow - 34, 39, 83, 88, 106, 112, 130, 162
Coosick, John - 1, 21
Coosick, Peter - 1, 21
Copass, Isaia - 15, 28
Copass, John - 15
Copass, Lydia - 15, 47
Copes, Lydia - 9
Copsey, John - 10, 14, 27, 46, 53, 70, 77, 95, 101, 119, 125, 142, 154, 168
Copsy - (see Copsey)
Corbin, Daniel - 10, 15, 28, 47, 53, 70, 76, 101, 118, 124, 142, 154, 168
Corbin, David - 10, 15, 28, 47, 53, 71, 77, 94, 100, 118, 125, 143, 154, 167
Corbin, Humphrey/Umphry - 10, 15, 28, 47, 53, 71, 77, 94, 101
Corbin, John - 33, 39, 58, 64, 82, 88, 112, 130, 136, 148, 161
Corbin, Joseph - 77, 95, 100, 118, 124, 155, 168
Corbin, Levi - 124, 142, 154, 168
Corbin, Lewis - 101, 118, 124, 142, 154, 167
Corbin, William - 112, 131, 136
Cordery, Shepherd - 83
Coreathers, Geo - 1, 20
Coreathers, James - 20
Corn, Timothy - 1, 20, 33, 39, 59, 64, 82, 88, 107, 112, 130. 136, 148, 161
Cornet, Thomas - 34
Cornwell, Abraham - 1
Cornwell, Abram - 20
Cornwell, William - 1, 20
Correathers,Geo - 20
Cossity, Benjamin - 34
Cotrel, Robert - 101, 118, 125, 143, 155, 168
Cotril - (see Cotrel)
Cougill - (see Cowgill)
Cougle - (see Cowgill)
Coulter, Samuel - 34, 39
Counard, James - 46
Cowan - (see Cowden)
Cowden, David - 52, 71
Cowden, James - 10, 14, 28, 52, 71, 76, 100, 119, 124
Cowden, William - 1, 20, 33, 39, 59, 65, 82, 88, 107, 112, 130, 136, 148, 162

INDEX

Cowen – (see Cowden)
Cowgill, Ewen/Ewin – 28, 46, 52, 71, 76, 94, 101, 119, 124, 154, 167
Cox, John – 9, 10, 15, 27, 28, 46, 52, 53, 70, 71, 76, 94, 101, 119, 124, 142, 154, 168
Cox, Joseph – 46
Crabb, Stephen – 53
Crafias, John – 64
Cragin, James – 148
Cragin, Patrick – 148
Cram, Austin – 101, 119, 125
Cram, John – 9, 10, 28, 47, 53, 71, 77, 95, 101, 119, 125, 143
Cramblit, Jacob – 15
Cramer, John – 9
Cramlett, Jacob – 9
Crampton, John – 28, 46, 53, 70, 77, 124
Crampton, Jonathan – 142, 155
Crampton, Samuel – 46, 53, 70, 77, 94, 100, 118, 124, 142, 154, 168
Craphias, Widow – 33
Craswel, Abraham – 95, 99, 101, 105, 118, 123, 125, 129, 142, 147, 155
Cravin, Garrett – 15
Crawfies, John – 106, 131, 136, 162
Crawfies, Margaret – 136, 162
Crawfies, Widow – 1, 20, 82, 148
Crawfis – (see Crawfies)
Crawford, John – 15, 27, 46, 71, 77
Crawvius – (see Crawfies)
Craybele – (see Crayble)
Craybill – (see Crayble)
Crayble, David – 2, 21, 33, 39, 64, 82. 89
Crayble, Jacob – 58
Crayble, Jonathan – 2, 20, 33, 39
Creek, Jacob – 168
Creesap – (see Cresap)
Cregar, Jacob – 1, 39, 58, 65
Cregard, Jacob – 20
Cresap, Michael – 40
Cresap, Thomas – 2, 21, 33, 40, 59, 64, 83, 88, 106, 113, 130, 136, 148, 162
Crigar – (see Cregar)
Crist, John – 15
Criswell, James – 27
Critten, Gabriel – 10, 14, 46, 53, 70, 94, 100
Critten, George – 94, 100, 125, 142, 154, 168
Critten, Jacob – 53, 142, 154, 168
Critten, John – 9, 10, 14, 15, 27, 46, 53, 70, 71, 76, 94, 100, 101, 119, 124, 125, 142, 154, 168
Critten, William – 14, 27, 46, 53, 70, 76, 94, 101, 119, 125, 142, 154, 168
Crock, George – 1, 20
Crock, John – 9, 15, 28, 47, 52, 71
Crofias, Widow – 59
Crook, John – 112, 161
Crosby, John – 2, 20
Crosley – (see Crossley)
Cross, Alfred – 154
Cross, Gazaway – 154, 167
Crossely, David – 40, 58, 65, 88, 106
Crossley, Davis – 82
Crossley, Henry – 33, 65, 82, 106
Crossley, John – 33, 40, 58, 65
Crossley, Joseph – 58, 65, 82, 88, 106, 112, 130
Crossley, Widow – 58, 65
Croston, David D – 9
Croston, John – 168

Croston, Travis – 15, 27, 53, 71, 77, 95, 101, 118, 125, 142, 154, 168
Crum, Anthony – 15
Crumblet, Jacob – 27
Cryton – (see Critton)
Cullins, John – 1
Culp, George – 59, 64, 83, 88, 106, 112, 130, 136, 148, 162
Culp, John – 64, 83, 88, 106, 112, 130, 136, 148, 162
Cummings, Aaron – 53, 71, 136, 148
Cummins – (see Cummings)
Cump, Henry – 9
Cumpston, Jacob – 15
Cundiff, Benj – 106, 112, 148, 161
Cundiff, John – 1, 20, 34, 40, 58, 64, 82, 88, 89, 106, 112, 130, 136, 148, 149, 161
Cunduff – (see Cundiff)
Cunnard, James – 53
Cunnard, John – 28
Cunnard, Nathan – 27
Cunningham, Aaron – 112
Cunningham, Benj'm – 1, 20, 33, 59, 112, 137, 149
Cunningham, Israel – 52, 94, 118, 125, 142, 154, 160, 168
Cunningham, James – 1, 20, 33, 39, 59, 64, 76, 82, 88, 94, 101, 106, 112, 130, 137, 149, 161, 162
Cunningham, John – 15, 28, 47, 52, 70, 77, 94, 100, 101, 118, 124, 142, 154, 160, 168
Cunningham, William – 10
Cuotter, Sam'l – 58
Curby, John – 1, 20
Curlet(t), William – 1, 20, 33, 39, 59, 65, 83, 89, 106, 112, 130, 136, 149, 162
Curry, James – 82
Curry, Jesse – 34
Curry, John – 9, 14, 58
Curry, William – 38, 59, 64, 82
Curtis, David – 100
Curtis, Job – 10, 14, 28, 46, 52, 71, 76, 94
Curtis, Joseph – 9, 10, 15, 27, 47
Curts, Peter – 9
Custard, David – 155, 168
Cuthbert, William – 9, 15
Cutler, Edward – 33
Cutler, James – 65
Cutload, Francis – 76
Cutloaf, Francis – 124, 142, 155
Cutlope, Francis – 94, 101
Cutter, Edmond – 64
Cutter, Edward – 58
Cutter, James – 58, 59
Cuttler, Edward – 82
Dailey, James – 2, 7, 21, 26, 34, 38, 40, 45, 59, 63, 65, 69, 83, 87, 89, 93, 107, 111, 113, 117, 131, 135, 137, 141, 149, 162, 166
Dailey, John – 2, 34, 40, 59, 65, 89, 83, 107, 131, 149, 162
Dailey, Thomas – 107
Dailey, William – 40
Daily – (see Dailey)
Dainail, William D – 168
Daley – (see Dailey)
Dall, Jacob – 59
Damerile – 40
Damerill, Useperus – 83
Dammviale, Gustin – 107
Daniel – 89, 149
Daniel, Thompso – 83n
Daniels, Benj'm – 2
Daniels, Davis – 59
Daniels, Dennis – 2, 34, 40, 65, 83, 89, 113, 131, 137, 149, 162

182

INDEX

Danois, Denis - 21
Danvrill, Old - 65
Dar, Emmery - 101
Darling, Isaac - 113, 137, 162
Daugherty, John - 59
Daugherty, Robert - 10, 53
Dauson, Jesse - 59
Davey - (see Davy)
Davey, John - 21, 107
Davey, William - 89, 107
David, Ja's - 137
David, Spencer - 155
Davidson, John - 34, 40, 59, 89, 137
Davis, Absalom - 168
Davis, Anne - 168
Davis, Augustine - 34
Davis, Elijah - 10, 15, 28, 34, 40, 47, 53, 71, 77, 95, 101, 119, 125, 143, 155
Davis, Ely - 34, 40, 65, 83, 89, 107, 113, 131, 137, 149, 162
Davis, Francis - 113, 131, 137, 149, 162
Davis, Gus - 2, 21
Davis, Henry - 10, 28
Davis, Henry L - 149
Davis, Hezekiah - 83, 89, 131, 137
Davis, Humphrey - 155
Davis, James - 59, 65, 89, 107, 131, 137, 149, 162
Davis, Jesse - 65, 131, 137, 149, 162
Davis, John - 40, 53, 59, 65, 71, 83, 95, 101, 107, 113, 131, 137, 143, 149, 155, 162
Davis, Jonathan - 59
Davis, Joseph - 28, 34, 40, 47, 59, 65, 71, 83, 89, 107, 113, 131, 137, 149, 162
Davis, Joshua - 89
Davis, Rubin - 162
Davis, Samuel - 2, 10, 15, 21, 28, 34, 40, 47, 53, 59, 65, 71, 77, 83, 89, 107, 113, 131, 137, 149, 162
Davis, Spencer - 143, 168
Davis, Thomas - 10, 15, 28, 47, 53, 71, 77, 95, 101, 119, 125, 137, 143, 149, 155, 162, 168
Davis, Walter - 2, 21, 34, 40, 59, 65, 83, 89, 107, 131, 137, 149, 162
Davis, William - 21
Davison, John - 2
Davison, Samuel - 47, 53, 77,
Davy, John - 59, 113, 131, 137, 149, 162
Davy, William - 113, 131, 137, 149, 162
Dawl, John - 28
Dawson, Abraham - 15, 28, 47, 53, 71, 77, 95, 101, 119, 125, 143, 155, 168
Dawson, Aery - 101
Dawson, Arci - 77
Dawson, Ary - 71
Dawson, Eli - 162
Dawson, Eyrie - 119
Dawson, Isaac - 47, 53, 77, 95, 101, 119, 125, 143, 155, 162, 168
Dawson, Israel - 71, 95, 143, 155, 168
Dawson, Jesse - 40
Dawson, John - 89, 107, 113, 131, 137, 149, 162
Dawson, Robert - 15, 34, 59, 83, 89
Dawson, Thomas - 2, 21, 34, 40, 59, 65, 83, 89, 107
Day, Amary/Ambray/Amby - 21, 119, 125, 143, 155, 168
Day, Emory - 34
Day, Ransom - 47, 77, 95, 101, 119, 125, 143, 155, 168
Day, William - 10, 15, 28, 47, 53, 95, 101, 119, 125, 143, 155, 168
Dayton, Isaac - 2, 21, 34, 40, 59, 65, 83, 89, 107, 113, 131, 137, 149, 162
Dayton, John - 65, 83, 89, 113
Deall, Philip - 83
Dean, James - 162
Dean, Jane - 131, 149
Dean, John - 89, 107, 113, 131, 137, 149, 162
Dean, Robert - 28, 47, 53, 71
Dean, Thomas - 2, 21, 34, 40, 59, 65, 83, 89, 107
Dean, Widow - 113, 137
Dean, William - 28, 47, 53, 71, 125
Deane - (see Dean)
Deaney, William - 149
Decker, Isaac - 113
Decker, John - 2, 21, 34, 59, 65, 83, 89, 107, 113, 131, 149, 162
Deerin, John - 125, 155, 168
Delaplane, Isaac - 15, 28, 47, 71, 101, 119, 125, 143, 155, 168
Deliplain, John - 10
Deloe, William - 10
Denham, Benew - 89, 107
Denham, Lewis - 143
Denham, Oliver - 101
Denney, William - 59, 89
Dennis, Jonathen - 2, 21, 40, 59, 65, 83, 89
Denny, David - 59, 65
Denny, William - 2, 21, 65, 83, 107, 113, 131, 137, 162
Dent, Frederick - 113
Dentz, Tho's - 65
Derby, John - 168
Derham, Benew - 63, 65, 83
Derham, Bruce - 47
Derham, John - 119, 125, 143
Derrough, John - 10, 15, 47, 71, 77
Devault, Andrew - 28, 47, 71, 77, 95, 101, 119, 125, 143
Devault, Joseph - 125
Devault, Phillip - 155, 168
Devault, William - 28
Dever, Alexander - 143, 155, 168
Dever, George - 10, 15, 47, 53, 125, 143, 168
Dever, John - 2, 10, 15, 89
Dever, Johnathan - 10, 15
Dever, Richard - 53, 77, 95, 101, 119, 125, 143, 155, 168
Dever, Samuel - 95, 101, 119, 125, 143, 155, 168
Dever, William - 10, 15, 47, 53, 71, 77, 95, 101, 107, 119, 125, 143, 155, 168
Devor(e) - (see Dever)
Dew, Samuel - 2, 149, 162
Dial, Charles - 47, 95, 101, 119, 125, 143, 155, 168
Dial, Isaac - 83
Dial, James - 95
Dial, Philip - 83, 89, 107, 131
Dillen, Joseph - 15, 28, 47, 53, 77
Dillin - (see Dillen)
Dillon - (see Dillen)
Dillow, William - 15
Dimmit, Moses - 10, 15, 28, 47, 53, 71, 77
Dimmit(t), Beal(l)/Beel - 10, 15, 28, 47, 53, 71, 77, 95, 101, 119, 125, 143, 155, 168
Dixon, John - 2, 40, 65, 89, 107, 113, 131
Dixon, Joseph - 107, 113, 131, 137, 149, 162
Dixon, Robert - 107
Dixon, William - 2, 21, 40, 59, 65
Dixson - (see Dixon)
Dobbins, Samuel - 2, 21, 34, 40, 59, 65, 83, 89, 107, 113, 131, 137, 149, 162
Dobbins, Thomas - 2, 21, 34, 40, 59, 65
Dobbyins - (see Dobbins)
Dobson, Patty - 40

INDEX

Dodson, Manuel - 34
Dodson, Richard - 2, 21
Dodson, Thomas - 21, 34, 40
Dodson, William - 2, 21, 34, 40, 59, 65, 83, 89
Dogherty, Robert - 28, 119
Doll, Jacob - 83, 89, 137, 149, 162
Dollahan - (see Dolohan)
Dollhon - (see Dolohan)
Dollin, William - 89
Dolohan, Daniel - 2, 21, 34, 40, 59, 65, 83
Dolohan, Hugh - 65, 83
Dolohan, John - 83, 89, 107
Dolohan, Michael - 2, 34, 40, 59, 65
Dolohen - (see Dolohan)
Dolohon - (see Dolohan)
Doman, Jacob - 10, 15, 28, 47, 53, 71, 77, 95, 101, 119, 125, 143, 155, 168
Doman, John - 53, 71, 77, 95, 101, 119, 137, 149, 162
Doman, William - 10, 53, 71, 77, 95, 101, 119, 125, 143, 155, 160, 168
Donaldson, James - 2, 83, 89, 107, 113, 131, 137, 149, 162
Donaldson, Robert - 83, 89, 107, 113, 131, 137, 149, 162
Donaldson, William - 21, 34, 40, 59, 65, 83, 89, 107, 113, 131, 137, 149, 162
Donally, Hugh - 101
Dooley, James - 89, 107
Doolin, Collin - 83, 89, 107
Doolin, William - 83, 89, 107, 149, 162
Doran, Alexander - 2, 21, 34, 47, 53, 71, 77, 95, 101, 119, 125, 143, 155, 168
Dorin - (see Doran)
Dormar, Richard - 95, 101, 119, 125
Dormer - (see Dormar)
Dormor - (see Dormar)
Dorsey, Charles - 10, 15, 28, 47, 53, 71, 95, 101, 119
Dorsey, John - 101, 119
Dotson, Jeremiah - 162
Dotson, Jesse - 137
Dotson, William - 107
Dougherty, John - 34, 40
Dougherty, Neal - 10
Dougherty, Robert - 15, 47, 71, 77, 95, 101, 125, 143, 155, 168
Douglas, Jonas - 89, 107, 113, 131, 162
Douthart, Daniel - 34, 107
Douthart, John - 34
Douthet, Caleb - 21, 59, 83
Douthet, Daniel - 40, 89, 107
Douthet, David - 2, 21, 40, 59
Douthet, John - 2, 21, 40, 59, 65
Douthet, Rob't - 65
Douthet, Susanna - 107, 149, 162
Douthet, Widow - 113, 131, 137
Douthey, John - 89
Douthit - (see Douthet)
Dowden, John - 2, 21, 34, 40, 59, 65, 83, 89, 107, 113, 131, 137, 149, 162
Dowden, Samuel - 101
Dowdin, Thomas - 2
Dowele, George - 40
Dowell, George - 59
Dowlin, Geo - 34
Dowman, John - 40
Dowthit - (see Douthet)
Doyal, Pillip - 34
Doyle, Charles - 71, 77
Drew, Widow - 2

Dugan, Daniel - 10, 15, 28
Dugan, Thomas - 2
Dugan, William - 53, 77, 101, 119, 125, 143, 155, 168
Duglass, Jonah - 149
Dulap, James - 113
Duley, Hezekiah - 131
Duley, James - 131, 137, 149
Dulin - (see Duling)
Duling, Collin - 113, 131, 137, 149, 162
Duling, Edmond - 131, 137, 149, 162
Duling, Edward - 113
Duling, Hezekiah - 113
Duling, William - 2, 21, 34, 40, 59, 65, 113. 131, 137, 149, 162
Dull, Abraham - 34
Dull, Jacob - 107, 113, 131
Dulling - (see Duling)
Dumy, William - 34
Duncan, Crosbury - 2, 21
Duncan, Widow - 65
Dunkin - (see Duncan)
Dunkle, George - 162
Dunkle, Henry - 40
Dunlap, Robert - 47
Dunlap, Samuel - 34, 59
Dunlap, William - 10, 15, 28, 53, 71, 77, 95, 119
Dunn, Ephraim - 2, 21, 34, 40, 59, 65, 83, 89, 113, 131, 137, 149, 162
Dunn, Jacob - 107, 113, 131, 137, 149, 162
Dunn, Lewis - 2, 21, 34, 40, 59, 65, 83, 89, 107, 113, 131, 137, 149, 162, 166
Dunn, Richard - 83, 89, 107, 131, 137
Dunn, Thomas - 2, 21, 34, 40, 59, 65, 69, 83, 87, 89, 93, 107, 111, 113, 117, 131, 135, 137, 141, 149, 162
Dunn, Van - 162
Dunn, William - 162
Durben, Nicholas - 131
Durham, Burius - 59
Durk, Henry - 155
Durk, John - 101, 119, 125, 143, 155, 168
Durough, John - 28
Dust, Casper - 113, 131, 137, 162
Dust, Daniel - 65, 89
Dust, Jacob - 137, 162
Dust, Philip - 89
Dyal, Amos - 2, 21, 34
Dyal, Isaac - 65
Dyal, Philip - 2, 21, 40, 59, 65
Dye, Thomas - 59, 65, 83, 89, 107, 113, 131, 137, 149, 162
Dyer, Edward - 2, 34, 40, 59, 65, 83
Dyer, Elizabeth - 131, 137
Dyer, Nathaniel - 21, 34, 40
Dyer, Widow - 89, 107, 113
Earley, Peter - 40, 59
Earnhalt, Adam - 83, 113
Earsom, Jacob - 34, 59, 65, 83, 89, 107, 113, 131, 137, 149, 162
Earsom, John - 34, 40, 59, 65, 83, 89, 107, 113, 131, 137, 149, 162
Earsom, Simon - 34, 40, 59, 65, 83, 89, 107, 113, 131, 137, 149, 162
Easter, John - 15, 28, 47, 53, 71, 77, 95, 101, 119, 125, 143, 155, 160, 168
Easter, Peter - 119, 125, 143, 155, 168
Easton, John - 34, 40, 89, 113, 131, 137, 149
Eastors, John - 107
Eaton, John - 95, 125, 143, 155, 168
Eaton, Joseph - 95
Eaton, Leonard - 95, 101, 119, 125, 155

INDEX

Eaton, William - 155, 168
Eblin, Michael - 168
Eckhart, Henry - 2, 7, 21, 26, 34, 40, 59, 63, 65, 83, 89
Eckman, William - 10
Edmiston, Thomas - 89, 131
Edmiston, William - 83, 89
Edmonson, Thomas - 107, 113, 137, 149, 162
Edward - (see Edwards)
Edwards, Anthony - 101, 119, 125, 143, 155, 168
Edwards, James - 2
Edwards, John - 34
Edwards, Jonathan - 2, 21, 40, 59, 83, 89, 107
Edwards, Sloughten/Stouton - 34, 59, 65, 83
Edwards, Thomas - 10, 15, 28, 47, 53, 71, 77, 95, 101, 119, 125, 143, 155, 160, 168
Edwards, William - 95, 125, 143, 155, 168
Elifitch, John - 53
Elifritz, George - 2, 21, 34, 40, 59, 65, 83, 89, 107, 113, 131, 137, 149, 162
Elifritz, Jacob - 83, 107
Elifritz, John - 83
Eliphritz - (see Elifritz)
Ellar, Daniel - 2, 21, 34, 59, 65, 89, 107
Eller - (see Ellar)
Elles, Christopher - 10
Ellifrits - (see Elifritz)
Elliott, Abraham - 113, 131, 137, 149
Elliott, John - 10, 15, 28, 47, 53, 71, 77, 95, 101, 119, 125, 155
Elliphrits - (see Elifritz)
Ellis, Benjamin - 125, 143, 155, 168
Ellis, David - 143, 155, 168
Ellis, Davis - 119, 125
Ellis, Morris - 53, 77, 95, 101, 119, 125, 143, 155, 168
Ellis, William - 95, 101
Ely, William - 10, 15, 28, 47, 53, 71, 77, 95, 101, 119, 125, 143, 155, 168
Elyfrits - (see Elifritz)
Emart - (see Emmart)
Emberson - (see Emerson)
Emerson, Abel/Able - 2, 21, 34, 40, 65, 83, 107, 113, 131, 137, 149, 162
Emerson, John - 162
Emerson, Thomas - 34, 40, 149, 162
Emmart, George - 168
Emmart, Henry - 168
Emmart, Jacob - 10, 15, 28, 47, 53, 71, 77, 95, 101, 119, 125, 143, 155, 168
Emmart, John - 71, 77, 95, 101, 119, 125, 143, 155, 168
Emmart, Phillip - 125, 143, 155, 168
Emmerson - (see Emerson)
Emmet - (see Emmart)
Emory, Edward - 34, 40
Engle, Casper - 40
Engle, Isaac - 40, 107, 113, 131
Engle, Joseph - 28, 53, 71, 77, 95, 101, 119, 125, 143, 155, 168
Engle, Levi - 28, 47, 53, 71, 77, 95, 101, 119
Engle, Martin - 28, 47, 53, 71, 101
Engle, Mathias - 47, 53, 71, 77, 95, 101, 119, 125, 143, 155, 168
Engle, Peter - 34, 40, 59, 65, 89
Engle, William - 28, 47, 53, 71, 77, 95, 101, 119, 125
English, Patrick - 15
Ensminger, Henry - 113, 131, 137, 149, 162
Enswinger - (see Ensminger)
Entler, John - 89, 107, 113, 131, 137, 149, 162

Entler, William - 59, 65, 83, 89, 107, 113, 131, 137, 149, 162
Enwsinger - (see Ensminger)
Eoringim, Ezekiel - 71
Erret, Christopher - 28, 47, 53, 77, 95, 101, 119, 125
Errit(t), Catherine - 143, 168
Eskridge, George - 53, 71, 77, 95, 101, 119, 125, 137, 143, 155, 162
Estes, William - 10
Evans, Benjamin - 131, 137, 149, 162
Evans, Caleb - 47, 53, 71, 77, 95, 101, 119, 125, 143, 155, 168
Evans, James - 89, 113, 131, 137, 149, 162
Evans, John - 125
Evans, Thomas - 47, 53
Everingin, Ezekiel - 53
Eversole, Abraham - 2, 21, 34, 40, 59, 65
Eversole, Peter - 2, 21, 34, 40, 59, 65
Evingim, Ezekiel - 47, 77
Eviston, Francis - 47, 53
Evit, Christopher - 71
Evrengin, Ezekiel - 95, 119
Ewing, Tustram - 21
Exline, John - 2, 21
Fail, George - 34, 40, 59, 65, 83, 89, 107, 113, 125, 149, 155
Fail, Henry - 137
Fail, John - 149
Fail, Joseph - 137, 149
Fairby, David - 2
Fairley David - 21
Fans, G Phillip - 10
Farlow, John - 149, 162
Farlow, Robert - 149, 162
Farlow, William - 149, 162
Farmer, Henry - 15, 28, 47, 53, 71
Farmer, Henry - 10
Farmer, Lewis - 101
Farmer, Thomas - 10, 15, 28, 53, 71, 77, 95, 101
Farmer, William - 101, 119
Fauber, Henry - 125, 143, 155, 168
Fauber, Nicholas - 155, 168
Faus, Philip - 15, 28, 47, 53, 71, 95, 101, 119, 125
Fause, Phillip - 143, 155, 168
Fauver, Henry - 15, 28, 47, 53, 71, 77, 95, 101, 119
Fauver, Nicholas - 95, 101
Fawver, Jacob - 10
Feilding, Widow - 113
Felink, Catharine - 59
Ferguson, John - 15
Ferree, Corniluis - 28, 47, 53, 71
Ferree, Isaac - 10
Ferree, Israel - 10, 15, 28
Ferree, Jeremiah - 47, 53, 71
Ferree, Joel - 10
Ferryman, John - 71, 77, 95, 101, 119, 125, 143, 155, 168
Ferryman, Stephen - 10, 15, 47, 53, 71, 77, 95, 101, 119, 125, 143, 155, 168
Fetter, John - 34, 40, 65, 83, 89, 107, 113, 131, 137, 149, 162
Fettir - (see Fetter)
Fiddler - (see Fidlar)
Fidlar, George - 2, 21, 34, 40,
Fidlar, Jacob - 2, 21, 34, 59, 65, 83, 107, 113, 131, 137, 149
Fidler - (see Fidlar)
Fielding, Widow - 107, 131
Fields, John - 65, 83, 89
Fields, William - 107
Fig, Thomas - 28
Filey, Wm - 59
Filling, Henry - 162

INDEX

Finaughty, Peter - 119
Finesey, James - 2
Finesy, James - 21
Fink, Frederick - 2, 21, 34, 40, 59, 65, 83, 89, 107, 113, 137, 149, 162
Fink, Samuel - 83
Finley, Abraham - 83
Firby, Benjamin - 34
Firman, William - 2, 21
Fishel, Phillip - 95, 101, 119, 125, 143, 155, 168
Fisher, Phillip - 77
Fishwater, Hez - 162
Fishwater, Jas - 162
Fitspatrick, Daniel - 15, 47
Fitzgerald, James - 162
Fitzgerald, John - 65
Fitzgerald, Thomas - 2, 21, 34, 40, 65, 59, 83, 89, 107, 113, 131, 137, 149, 162
Fitzgerald, Widow - 149
Fitzjarald - (see Fitzgerald)
Fitzpatrick & Morrison - 69
Fitzpatrick Daniel - 10, 28, 53, 71, 77, 95, 101, 119
Fitzpatrick, John - 71, 77, 95, 101, 119
Fitzpatrick, Joseph - 40, 65, 83, 87, 89
Fitzpatrick, Morris - 45
Flack, John - 83
Flanagin, Samuel - 131, 149, 162
Fleck, Adam - 21, 40, 59, 65, 83, 89, 107, 113, 131, 137, 149, 162
Fleck, Benjamin - 83
Fleck, Henry - 2, 21, 34, 40, 59, 65, 83, 89, 107, 113, 131, 162, 137, 149, 162
Fleck, Jacob - 2, 21, 34, 40, 59, 65, 89, 107, 113, 131, 137, 149, 162
Fleck, John - 34, 40, 59, 65, 83, 89, 107, 113, 131, 137, 149, 162
Fleck, Solomon - 149, 162
Fleek - (see Fleck)
Fleming, Alexander - 10, 15, 28, 47, 71, 95
Fleming, Ann - 89
Fleming, Jane - 83
Fleming, John - 10, 15, 28, 47, 53, 77, 95, 101, 119, 125, 143, 155, 168
Fleming, Patrick - 2, 21, 34, 40, 65, 83, 89, 107, 113, 131, 137, 149, 162
Fleming, Robert - 59, 65
Fleming, Wm - 83
Flemmin - (see Fleming)
Flemming - (see Fleming)
Flemmon - (see Fleming)
Fletcher, Benjamin - 119, 143, 155, 168
Fletcher, Elijah - 168
Fletcher, George - 53, 71, 77, 95, 101, 119, 125, 143, 155, 168
Fletcher, John - 77, 95, 155
Fletcher, Joseph - 10, 15, 47, 53, 71, 77, 95, 101, 119, 125, 143, 155, 168
Fletcher, Thomas - 34
Flick - (see Fleck)
Flin(n), Alexander - 15, 28, 53, 119, 125
Flin(n), John - 2, 21, 34, 59, 65,
Fliner, John - 83
Flint, Henry - 107
Flisher, James - 2, 21
Flood, Charles - 131, 137
Flood, John - 2, 21, 34, 40, 59, 65, 107, 113, 131, 137
Flora, Archibald - 95, 119, 125, 143, 155, 168

Flora, Isaac - 10, 15, 28, 47, 53, 71, 101, 119, 125, 143, 155, 168
Flora, Joseph - 10, 15
Flora, Prudence - 143, 155
Flora, Thomas - 10, 15, 28, 47, 53, 71, 77, 95, 101, 119, 125
Florah - (see Flora)
Florance - (see Florence)
Florence, Thomas - 65, 83, 89, 107, 113, 131, 137, 149, 162
Florence, William - 2, 21, 34, 40, 59, 65, 83, 113, 149, 162
Flud, Charles - 149, 162
Flud, John - 149, 162
Fluir, John - 83
Flummin, Alexander - 53
Fogle, Phillip - 149
Foland, John - 101
Foley, John - 21, 34, 113, 131, 137, 149, 162
Foley, William - 2, 21, 34, 40, 65, 83, 89, 107, 113, 131, 137, 149
Ford, David - 168
Foreman, William - 34
Forkner, William - 10
Forman, Aron - 15
Forman, Catherine - 15, 47
Forman, David - 15, 47
Forman, George - 15, 47
Forsha, Anthony - 168
Forshee, Anthony - 155
Fortner, William - 15
Foss, Phillip - 77
Fosset, John - 65
Foster, Archibald - 2, 34, 59, 83
Foster, Edward - 83, 137, 149
Foster, John - 21
Fouck, John - 83
Fouk, John - 89
Fout, John - 40
Fout, Michael - 2, 21, 34, 40, 59, 65, 83, 89, 107, 113, 131, 137, 149, 162
Foutch, Hugh - 10, 15, 28, 47, 53, 71, 77
Fowler, Zachariah - 2, 21, 34, 40, 59, 65
Fox, Barney - 168
Fox, James - 10, 28, 47, 107, 113, 131, 137, 149, 162
Fox, William - 2, 21, 34, 40, 59, 65, 83, 89, 107, 113, 131, 137, 149, 162
Frank, Adam - 168
Frank, John - 10, 15, 28, 47, 53, 71, 89, 95, 125
Franks, Henry - 2, 21, 34, 40, 59, 65, 83, 89, 107, 113, 131, 137
Franks, Isaac - 83, 89
Franks, John - 40, 83, 107, 113
Frazier, Alexander - 10, 15, 28, 47, 71
Frazier, John - 15, 28, 47, 53, 71, 77, 95, 101, 119, 125, 143, 155, 168
Freeman, Abraham - 89, 113, 131
French, John - 149, 162
French, Robert - 10, 15, 28, 47, 53, 71, 77, 95, 101, 119, 143, 155, 168
French, William - 2, 21, 34, 40, 59, 65, 83, 89, 107, 113, 131, 137, 149, 162, 168
Friddle, John - 40, 65, 83, 89, 107, 113, 131, 137, 149, 162
Fridle - (see Friddle)
Frizell, Charles - 47, 53, 65, 83, 89, 95, 101, 119, 125, 137, 149
Frizell, Jason - 28, 47, 53, 83, 89, 107
Frizell, Jesse - 65
Frizell, John - 83, 89, 107, 113
Frizell, Loyd - 28, 47, 53, 71, 77, 89, 107
Frizell, Solomon - 83, 107
Frizzel - (see Frizell)
Frizzle - (see Frizell)

INDEX

Fry, Benjamin – 10, 28, 47, 53, 71, 77, 95, 101, 119, 125, 143, 155, 168
Fry, Catherine – 15
Fry, Henry – 10, 15, 28, 47, 53, 71, 77, 95
Fry, John – 10, 15, 28, 47, 71, 77, 95, 101, 119, 143, 155, 168
Fry, William – 10, 15, 28, 47, 71, 77
Fryback, John – 10, 15, 47, 53
Frye – (see Fry)
Fryman, Geo – 113
Fuke, John – 28
Fulk, John – 2
Fulk, Samuel – 2
Fulkimer, John Martin – 119
Fulkimer, John M – 119, 125, 143, 155, 168
Fulkimer, John – 101, 125, 143
Fullar, Mary – 21
Fullar, Thomas – 21, 59
Fuller, Frances – 59
Fuller, Jacob – 40
Fuller, John – 2
Fuller, Robert – 2
Fuller, Stephen – 107, 131, 137
Fuller, Thomas – 34, 65
Fuller, William – 34, 40, 59, 65, 131, 137, 149
Fulmore, Andrew – 2
Fulow, John – 137
Fulow, William – 137
Fura, Thomas – 125
Furee, Cornelius – 15, 77
Furman, Aron – 28, 47
Furman, Benjamin – 125, 160, 168
Furman, Catherine – 53, 71, 77, 95, 101, 119, 125
Furman, David – 28, 53, 71, 77, 95, 101, 119, 125, 143, 155, 168
Furman, George – 28
Furman, Jacob – 71, 77, 95, 101, 119, 125, 143, 155, 168
Furman, John – 28, 47, 53, 71, 77, 95
Furman, Samuel – 71, 95, 101, 119, 125, 143, 155, 168
Furman, Thomas – 47, 71, 77, 95, 101
Furr, Thomas – 77, 95, 143, 168
Furrman – (see Furman)
Gail, George – 15
Gaines, Absalom – 101
Gaither, Elijah – 2, 21, 34, 40, 59
Gaither, Ralph/Ralf/Ralfe – 28, 47, 53, 83, 107, 113
Galagher, Samuel – 101, 119, 125, 143, 155, 169
Galaspy, Michael – 34
Gale, George – 10, 47, 53, 71, 77, 89, 107, 113, 131, 137, 149, 162
Gallaway, Doc't – 65
Gallaway, James – 15, 95, 101, 119, 125, 143, 155, 168
Gallaway, William – 125, 168
Gallawsy, Samuel – 168
Gallispy, Henry – 41
Gallispy, Michael – 40
Galloway, James – 10, 28, 47, 53, 71, 77
Galt, John – 21
Gannan, William – 15
Gano, Isaac – 34, 40
Ganoe, David – 15, 47, 53, 71, 77, 95, 101
Ganoe, Isaac – 53, 83, 101
Ganoe, James – 28, 47, 53, 71, 77, 95
Ganoe, Stephen – 15, 28, 47, 53, 71, 77, 95, 101, 119, 125, 143, 155, 169
Gant, John – 65
Gard, Cornelius – 10

Gard, John – 71, 95, 101
Gard, Samuel – 10, 15, 28, 47, 53, 71, 77, 95, 101, 119, 125, 143, 155, 169
Garetson, Benjamin – 101
Garey, Loyd – 10, 15
Garman, William – 10, 28, 47, 53, 77, 95, 101, 119, 125, 155, 169
Garmin, Jacob – 155
Garner, Elisha – 169
Garner, Henry – 15, 28, 53, 71
Garner, James – 149
Garnnin, William – 71
Garret, Benajmin – 10, 15, 95, 101
Garret, James – 34, 41, 59
Garretson, Ephraim – 168
Garrett, Benjamin – 28, 47, 53, 71, 77
Garrison, Benjamin – 95, 119, 125, 143
Garrison, Joseph – 10, 15, 28, 47, 53
Garrit, James – 2
Garver, Henry – 47
Garvin, Jacob – 143
Garvin, William – 143
Gassaway, Robert – 10
Gates, Charles – 59, 83, 89, 107, 113, 131, 137, 149, 163
Gates, Peter – 59
Gatt, John – 2
Gauf, John – 40
Gault, John – 83, 89, 107
Gaut, John – 40, 59
Gawt, John – 34
Gazaway, Robert – 15, 28, 47, 53, 71
Genoe, David – 10
Genoe, James – 10
Genoe, Stephen – 10
George, Ellis – 10, 28, 47, 53, 71, 77, 95, 101
George, James – 15, 28, 47, 53, 71, 77, 95, 101, 119, 125, 143, 155, 168
George, Jesse – 10, 15, 28
George, Reuben – 115, 169
George, Richard – 10, 15, 28, 47, 53, 71, 77, 95, 101, 119, 125, 143, 155, 168
Gibson & Gregg – 149, 162
Gibson, James – 2, 21, 34, 40, 59, 65, 83, 89, 107, 113, 117, 131, 135, 137, 141, 162
Giffin, John – 54, 71, 77, 95, 101, 119
Gill, Moses – 2, 21, 34, 40, 59, 65, 83, 89
Gillaspi, Michael – 2, 21
Gillispe, Thomas – 95
Gilpin, Edward – 89, 107, 113, 137, 149, 163
Ginavan – (see Ginnevan)
Ginnavan – (see Ginnevan)
Ginnevan, Mathias – 119, 125, 143, 155, 169
Glaze, Conrod – 2, 21, 34, 40, 59, 65, 83, 89, 107, 113, 131, 137, 149, 162
Glaze, George – 2, 21, 34, 40, 59, 65, 83, 89, 107
Glaze, John – 59
Glenn, James – 155
Glenn, William – 155
Gloyd, Daniel – 155, 169
Gloyd, James – 119, 125, 143, 155, 169
Gloyd, Samuel – 125, 143, 155, 169
Glynn, James – 125
Goff, John – 2, 21, 34
Golden, John – 15, 28
Golding, John – 10
Goldsberry, Jerimiah – 10, 15
Goldsbury, Benj – 21
Goldsbury, Thomas – 21

INDEX

Goldsmith, Benjamin - 2, 21, 40
Goldsmith, Benoni - 34, 59, 65, 89, 107, 113, 131, 137, 149, 162
Goldsmith, Samuel - 155
Golow, John - 47
Gonder, Peter - 21
Good, Abraham - 2, 21, 34, 40, 59, 65, 83, 89, 107, 113, 131, 149, 162
Good, Felix - 10, 15, 47, 54
Good, Isaac - 2, 34, 40, 59
Good, Peter - 2, 21, 34, 40, 59, 65
Good, Philip - 89, 107, 113, 131, 137, 149, 162
Goolsberry, Wm - 65
Goolsbury, Benjamin - 34, 40
Goolsbury, Thomas - 2, 34, 40
Goolsbury, William - 40, 59
Goolsby, Thomas - 59
Gooseck, John - 34
Gorden, Kendall - 101, 119
Gordin, Josiah - 2, 21
Goulick, Ferdinand - 15
Grace, Philip - 2, 21, 34, 41, 65, 83, 89, 107, 113, 131, 137, 149, 162
Grafton, Thomas - 10, 15, 28, 47, 53, 71, 77
Graham, Arthur - 40, 41, 107, 131, 137
Graham, James - 83, 89, 107, 131, 149, 163
Graham, Janus - 137
Graham, Mark - 113, 137
Grams, John - 65
Grant, James - 34, 40, 65
Grant, John - 71, 77
Grant, William - 10, 15, 28, 47, 53, 71, 77, 95, 101, 119, 125, 143, 155, 169
Grapes, David - 10, 28, 47, 54, 77, 95, 101, 119, 125, 143, 155, 169
Graw, Phillip - 59
Gray, Caleb - 21, 34
Gray, Friend - 2, 21, 34
Gray, Isaiah - 95
Gray, James - 21, 40, 59, 65
Gray, Josiah - 149
Gray, William - 10, 131
Grayham, Arthur - 2, 21, 34, 65, 113
Grayson, Abrose - 2, 21, 34, 41, 59, 65, 137, 149, 162
Grayson, Thompson - 162
Green, Christopher - 41
Green, John - 15, 28, 47, 77, 95, 125, 143
Green, Mary - 169
Green, Moses - 83, 89
Green, Peter - 2
Green, William - 65, 83
Greenwell, Elijah - 2, 21, 34, 40, 59, 65
Greenwell, James - 21
Greenwell, Thomas - 2, 21, 34, 40, 59, 65, 83, 89, 107
Greenwill, Elijah - 83, 107, 113, 131, 137, 149, 163
Greenwood, Henry - 125, 143
Gregg, Joshua - 137
Gregg, Nathan - 107
Grey, Isia - 125
Grey, William - 28, 47
Griffee, David - 34, 40, 59
Griffee, Evan - 10
Griffee, Samuel - 34, 40
Griffith, Elijah - 125, 143, 155
Griffy, David - 2, 21
Grigg, John - 131
Grigg, Joshua - 162

Grim, Geo - 107, 113, 137
Grimes, James - 89, 149, 162
Grimes, John - 168
Grimes, Thomas - 10, 15, 47, 54, 71, 77, 95, 101, 119, 125, 143, 149, 155, 162, 168
Grimm, Christan - 2, 21, 34
Grimm, George - 149, 162
Grimmoce, Abram - 2
Grimmoce, Barney - 2
Grinno, Isaac - 21
Grisson, Ambrose - 83, 89, 107, 113, 131
Grofton, Samuel - 125, 155
Groom, Esiriah - 59
Groom, Ezekiah - 2, 21, 34, 40, 59
Groom, John - 15, 107
Groom, John - 28, 47, 83, 89
Groom, Uriah - 40
Gross, Peter - 15, 71
Grove, Chritopher - 143, 169
Grove, Jacob - 47, 53, 71, 77, 95, 119, 125, 143, 155, 169
Grove, Magdalena - 101
Grove, Mandlin - 71
Grove Mudlin - 169
Grove, Peter - 10, 15, 28, 47, 53, 71, 77, 95, 101, 119, 125, 143, 155, 160, 169
Grove, Phillip - 10, 15, 28, 47, 53, 95
Grove, Samuel - 10, 15, 28, 47, 53
Grove, Simeon - 143, 155, 169
Grove, William - 13, 95, 101, 125, 143, 155, 169
Groves - (see Grove)
Grymes, James - 83, 107, 113, 131
Guinn(e), Andrew - 83, 113, 131, 149
Guler, Nicholas - 28
Gulick, Elisha - 95, 101, 119, 125, 143, 155, 169
Gulick, Ferdinand - 10, 47, 53, 71, 77, 95, 101, 119, 125, 143, 155, 169
Gulick, John - 95, 101, 119, 125, 143, 155, 168
Gulick, Pherdinand - 28
Gulick, William - 169
Gunsinghouser, John - 41
Gusler, John - 10
Gusler, Nicholas - 10, 15, 47, 54, 107, 113, 143, 169
Gustler, Nicholas - 125, 155
Guy, William - 15
Guynn, Andrew - 137
Haas, George - 126, 143, 156, 169
Haas, Peter - 89
Hadden, William - 150
Hadley, Richard - 156
Hafer, William - 78
Hafleigh & Son - 87
Hagarty, James - 126, 156
Hager, Samuel - 28
Hagerty, James - 143
Haiere, Adam - 16
Haies, Henry - 41
Hailand, Jesse - 96
Haile, Peter - 11
Hain, Adam - 28
Hain, George - 78
Hainbrick, Siras - 41
Haines, George - 35, 41, 60, 66, 84, 90, 107, 114, 131, 138, 149, 163
Hains, Henry - 15, 29, 54, 72, 78, 96, 102, 119, 126, 144, 155, 169
Hains, Isaac - 120, 143, 156, 169
Hains, John - 54, 71, 77, 95, 101, 120, 125, 143, 156, 169

INDEX

Hains, Joseph – 16, 29, 48, 54, 71, 77, 95, 120, 125, 143, 156, 169
Hains, Josephen – 101
Haire, Adam – 48, 54, 72, 77, 96, 101, 120, 126, 156, 169
Halbert, William – 35
Hall, Edward – 96
Hall, Samuel – 54, 119, 126, 144, 155, 169
Hall, Thomas – 16, 96
Hambecker, John – 11
Hambleton, Henry – 3, 22
Hambleton, John – 3, 22
Hambleton, Tho's – 3
Hamilton, Charles – 60, 66, 84, 89, 108, 114, 132, 137
Hamilton, George – 41, 66
Hamilton, Henry – 41, 60, 66
Hamilton, John – 35, 41, 60, 66, 83, 96, 108, 114, 169
Hamilton, William – 102, 120, 143, 156, 169
Hammack, John – 54, 71, 78, 125, 155, 169
Hamman, John – 35
Hammick, John – 29, 48, 102, 120, 143
Hammilton, Henry – 35, 84
Hammilton, John – 90
Hammond, Absalom – 137, 150, 163
Hammond, Casper – 66
Hammond, James – 2, 21, 35, 41, 60
Hammrick, Siras – 3, 35, 114, 132, 150
Hampson, John – 11
Hamrick, Siras – 21, 89, 138
Handsburgh, John – 22
Handsbury, John – 3
Hanes, George – 3, 22
Hanna, Wallace – 144, 156, 169
Hannah(s), William – 11, 15, 28, 54, 89, 102, 120, 144, 155
Hannas – (see Hannahs)
Hannis – (see Hannahs)
Hannon, John – 3
Hannon, Thomas – 84
Hansberry, John – 163
Hansborough, John – 41
Hansbough, John – 84
Hansbrough, John – 66, 89, 108, 113, 131, 137, 150
Hanson, Abr'm – 90
Hanson, Thomas – 90
Hany, David – 96
Hany, John – 96
Hardy, Henry – 2
Hardy, John – 11, 16, 28, 48, 54, 72, 78, 96, 102, 120, 125, 144, 155, 169
Hardy, Martin – 11, 78, 96, 102, 120, 126, 144, 156, 169
Hardy, Peter – 156, 169
Hardy, Rudolph – 11, 16, 28, 48, 72, 78, 126, 144, 169
Hardy, Rudy – 156
Hare, Adam – 10, 144
Hargis, William – 3, 22
Harison, George – 96
Harison, William – 54, 96
Hariss, Solomon – 41
Harkins, Joseph – 108
Harkley, John – 54
Harkley, Thomas – 54
Harlan – (see Harland)
Harland, Aron – 102, 119, 126, 144, 155, 169
Harland, Jesse – 72, 78, 102, 119, 126, 144, 155, 160, 169
Harlin – (see Harland)
Harlis, George – 78, 96
Harman, Joseph – 3
Harmer, William – 120

Harness, Solomon – 3, 21, 35, 60, 66, 84, 89, 108, 114, 132, 137, 150
Harniss – (see Harness)
Harnus, Widow – 132
Harper, Leonard – 150, 163
Harras, John – 90
Harrell, Peter – 2, 22
Harres, Amos – 90, 114, 138
Harrior, Christian – 60
Harrior, Christopher – 41
Harriott, Ephraim – 3, 22
Harriott, John – 3, 22
Harriott, William – 3, 22
Harris, Amos – 150
Harris, Samuel – 120, 169
Harrison, Amos – 108
Harrison, George – 102, 120, 126, 144
Harrison, Henry – 150, 163
Harrison, John – 107
Harrison, Joseph – 3, 35, 41, 84
Harrison, Mary – 150, 163
Harrison, Samuel – 54, 72
Harrison, William – 3, 16, 48, 72, 78
Harriss, Amos – 163
Harriss, Jo's – 66
Harriss, John – 66
Harriss, Samuel – 12
Harry, David – 78
Harry, John – 78
Harsel(l), Peter – 35, 84, 90, 108, 114, 132, 137, 150, 163
Harsle – (see Harsel)
Hart, Adam – 48, 102
Hart, Samuel – 16
Hartley, James – 96, 102, 120, 126, 143, 156, 169
Hartley, John – 11, 15, 29, 47, 72, 78, 96, 102, 120, 126, 156, 169
Hartley, Rodger – 11, 15
Hartley, Thomas – 11, 15, 28, 48, 71, 78
Hartly – (see Hartley)
Hartman, Anthony – 163
Hartman, Daniel – 84
Hartman, Henry – 3, 22, 35, 41, 60, 66, 84, 90, 113, 114, 132, 137, 150, 163
Hartman, Jacob – 113
Hartman, Philip – 66, 83, 90
Hartman, William – 3, 22, 35, 41, 60, 66, 90
Harvey, Elijah – 84, 90, 108, 113, 132, 138, 150, 163
Harvey, Hezekiah – 108, 113, 132, 138, 150, 163
Harvey, James – 132, 138, 150
Harvey, Reason – 90, 108, 113, 132, 138, 163
Harvey, Rizon – 84, 150
Harvey, William – 3, 21, 35, 84, 90, 108, 113, 163
Harvey, Zachariah – 108, 132, 138, 150, 163
Harvy – (see Harvey)
Hasley & Son – 93
Hass, Christ'n – 66
Hass, Christopher – 163
Hass, Peter – 66, 163
Hatfield, Edward – 11, 29, 48, 54, 78
Hatt, Adam – 95
Hatten, Arick – 21
Hatten, Charles – 3, 21, 35, 60, 84
Hatten, David – 60, 86, 107, 132, 138, 150
Hatten, Israel – 84
Hatten, John – 35, 41
Hatten, Samuel – 3, 21, 35, 41, 60, 65, 66, 84, 107, 114, 132, 138, 150, 163

INDEX

Hattin – (see Hatten)
Hatton – (see Hatten)
Haus, George – 54, 71, 78, 96, 102, 120
Hausborough, John – 60
Haut, Samuel – 10
Havier, Christian – 35
Havner, Andrew – 156
Hawk, Abraham – 3, 22, 35, 41, 60, 66, 84, 89, 107, 113, 132, 138, 150, 163
Hawk, Henry – 3, 22, 35, 41, 60, 66, 83, 90, 107, 108, 113, 131, 137, 150, 163
Hawk, Isaac – 66, 83, 150, 163
Hawk, Jacob – 10, 16, 28, 47
Hawk, Joseph – 90, 113, 132, 137, 150, 163
Hawke – (see Hawk)
Hawkins, Daniel – 22
Hawkins, Jacob – 96, 102, 120, 126, 144, 156, 169
Hawkins, James – 169
Hawkins, John – 10, 16, 29, 48, 54, 72, 78, 96, 102, 120, 126, 144, 156, 169
Hawkins, Jonathan – 35, 41
Hawkins, Joseph – 144, 156, 169
Haws, George – 10, 29, 48
Hayden, William – 163
Haynes, Henry – 10
Haynes, Thomas – 11
Hayning, John – 11
Headby, Jacob – 3, 41
Headley, Jacob – 22
Headly, Tho's – 66
Heartman, Henry – 107
Heartman, Jacob – 108
Heartman, Philip – 108
Heater, John – 41, 60, 72
Heater, Mich'l – 22, 35, 41
Heater, Solomon – 3, 22, 35, 41, 60, 66
Heaton, Joseph – 72
Hedges, Jonas – 16, 29, 48, 54, 72
Hedges, William – 78
Hedley, Jacob – 35, 66
Hedly, William – 11
Hedrick, Charles – 96, 102, 119, 126
Heins, Henry – 3, 22
Heinzman and Wilkins – 45
Heinzman, Henry – 3, 7, 22, 26, 35, 38, 41, 60, 63, 69, 81, 84, 89, 108, 113, 117, 131, 137, 150, 163
Heirshman, John – 41, 60
Heirshman, Phillip – 41, 60, 66
Heishman, Christopher – 60, 66
Heiskele – (see Heiskell)
Heiskell, Adam – 66, 81, 84, 89, 108, 113, 117, 131, 137, 150, 163
Heiskell, Christopher – 84, 89, 108, 113, 131, 137, 150, 163, 166
Heiskell, Isaac – 83, 89, 108, 131, 137, 150, 169
Heiskell, Jacob – 66, 89, 107, 113, 117, 163
Heiskell, John – 84
Heiskell, Peter – 163
Heissman, Henry – 66
Hellyear, Daniel – 102, 126, 156, 169
Hellyear, George – 102, 120, 126, 144, 169
Hellyear, Robert – 48, 54, 72, 78, 96, 102, 120, 126, 143, 155, 169
Hellyear, Thomas – 48, 54, 71, 77, 95, 102, 120, 125, 143, 156
Hellyeare – (see Hellyear)
Hellyer – (see Hellyear)

Henderson, Charles – 10
Henderson, Daniel – 66, 84
Henderson, David – 11, 16, 28, 48, 54, 58, 71, 78, 95, 102, 120, 125, 143
Henderson, Edward – 10
Henderson, John – 3, 10, 22, 35, 41, 48, 54, 60, 66, 72, 78, 84, 90, 95, 102, 107, 119
Henderson, Larkin – 156, 169
Henderson, Moses – 11, 15, 29, 48, 54, 72, 78, 96
Henderson, Sampson – 10, 16, 29, 48, 54, 72, 78, 95, 102, 119, 126, 144, 156
Henderson, Spencer – 90
Henderson, Thomas – 10, 16, 28, 48, 54, 72, 78, 95, 101, 119, 120, 125, 143, 156, 169
Henderson, Wesley – 102, 120, 126, 144, 156, 169
Henderson, William – 169
Hendricks, John – 126, 144, 156, 169
Hendrickson, Spencer – 90, 108, 114, 132, 138, 150
Hennings, John – 28
Henwood, William – 10
Herriot, Ephraim – 35, 41, 60, 66, 84, 89, 108
Herriot, William – 35, 41, 60, 66, 84
Herriott, John – 35
Herriott, Widow – 108, 114
Hershman, Abm – 150
Hershman, Christophe – 113, 150, 163r
Hershman, Mark – 107, 150
Hersman, John – 84
Hervy, Elijah – 41, 60, 66
Hervy, Reason – 66
Hervy, William – 41, 60, 66
Hessong, Peter – 22, 60, 66
Hewman, John – 72
Hiatt, Joseph – 155
Hibbs, John – 41, 60, 66, 84, 90, 108, 113, 131, 138, 150, 163
Hickel, Stephen – 120
Hickey, William – 150
Hickle, George – 11, 16, 48, 72, 77, 96
Hickle, Harry – 72
Hickle, Henry – 102, 120, 126, 144, 155, 169
Hickle, Stephen – 11, 16, 29, 48, 54, 72, 77, 96, 102, 126, 143, 155, 169
Hickle, Tivault – 11, 16, 29, 48, 54, 72, 77, 96, 102
Hickman, Joseph – 22, 35, 41, 60, 66
Hickman, William – 108
Hicks, Thomas – 16
Hider, Adam – 7, 35, 38, 41, 45, 60, 63, 66, 84, 87, 89, 93, 108, 114, 132, 138, 149
Hiesler, Jacob – 35
Hiett, Charles – 96
Hiett, Evan – 16, 29, 48, 54, 72, 78, 96, 102, 119, 126, 144, 156, 169
Hiett, James – 16
Hiett, Jeremiah – 72, 78, 96, 102, 119, 126, 144, 156
Hiett, John – 16, 28, 48, 54, 72, 77, 95, 101, 120, 126, 143, 155, 169
Hiett, Jonathan – 54, 72, 78, 96, 102, 120, 126, 143, 155, 160, 169
Hiett, Joseph – 16, 48, 54, 72, 78, 96, 102, 126, 144, 169
Hievely, John – 89
Higdon, Elijah – 66
Higdon, Leonard – 60
Higdon, Levy – 60
Higgans – (see Higgins)
Higgins, James – 11, 16, 29, 48, 54, 72, 77, 96, 102, 120, 125, 138, 150, 163
Higgins, Jane – 96

INDEX

Higgins, John - 3, 11, 16, 22, 28, 34, 41, 47, 54, 72, 95, 102, 120, 126, 143, 156, 169
Higgins, Joseph - 16, 28, 47, 54, 72, 77, 78, 96, 102, 120, 126, 144, 156, 169
Higgins, Thomas - 96, 102
Higgins, William - 54, 72, 77, 95, 101, 119, 126, 143, 156, 169
High, Frederick - 3, 22, 35, 41, 60, 66, 83, 90, 107, 113, 131, 137, 150, 163
High, Henry - 3, 22, 35, 41, 60, 66, 83, 89, 107, 113, 131, 137, 150, 163
High, Jacob - 3, 22, 35, 41, 60, 66, 83, 90, 107, 113, 131, 137, 150, 163
High, John - 3, 22, 35, 41, 60, 66, 83, 89, 107, 113, 131, 137, 149, 163
Hilburn, Henry - 16
Hilkey, Christian - 3, 21
Hill, Casper - 3, 22, 35, 41, 60, 66, 84, 89
Hill, Charles - 2, 22, 35, 41, 60, 66, 84, 90
Hill, George - 2, 35, 41, 60, 66, 84, 89, 113, 132, 138, 150, 163
Hill, Humphrey - 11
Hill, James - 10, 16, 29, 48, 54, 163
Hill, Jasper - 108
Hill, Jesse - 41, 60, 66, 84
Hill, Jo - 54
Hill, John - 29, 54, 108, 120, 150
Hill, Joseph - 16, 29, 48
Hill, Leroy - 2, 21, 35, 41, 60, 66, 84, 90, 108, 113, 131, 138, 150, 163
Hill, Robert - 84, 108, 113, 131, 138, 150, 163
Hill, Valintine - 114
Hill, Walter - 2, 22, 35, 41, 66
Hill, William - 2, 21, 35, 41, 60, 66, 89, 113, 131, 138, 150, 163
Hillbin, Henry - 78
Hillburn, Henry - 29, 48, 54, 71, 96
Hillen, George - 78
Hilley, Frederick - 3, 22, 35
Hilliard, Thomas - 16
Hillier, Thomas - 10
Hillman, Richard - 3, 22, 35
Hillyer, Robert - 29
Hillyer, Thomas - 29
Hilton, Francis - 26, 35, 38, 63, 66, 84
Hilton, Hillery - 84
Hilton, John - 11
Hindman, John - 2, 3, 21, 22, 60, 66, 84
Hinds, John - 66
Hinds, Thomas - 10, 16, 28, 54, 95, 102, 120, 150
Hineman, James - 163
Hines, Henry - 34
Hines, John - 107, 113, 131, 137, 138, 150, 163
Hinkle, John - 35
Hinnings, John - 16
Hiott, Evan - 10
Hiott, James - 10
Hiott, John - 10
Hirds, John - 89
Hireman, John - 90
Hirshman, Christopher - 22
Hirshman, Stosle - 60
Hirsman, Abraham - 137
Hirsman, Christopher - 2, 41, 108, 132, 138
Hirsman, Jacob - 3
Hirsman, Philip - 2, 21
Hislop, John - 28

Hissong, Peter - 3, 35, 41
Hitton, Frances M - 43, 45, 60
Hiveby, John - 2, 21
Hively, John - 35, 66
Hobbs, John - 10, 16, 29, 48, 54
Hodges, William - 96, 102, 120
Hoff, Elizabeth - 11
Hoff, John - 84
Hoff Mathias - 84
Hoffman, Aaron - 3, 22, 59, 66, 84, 89, 96, 107, 113, 132, 138, 150, 163
Hoffman, Adam - 48, 54, 71, 78, 102, 120, 126
Hoffman, Christopher - 48, 54, 71, 78
Hoffman, Conrod - 3, 22, 35, 41, 59, 60, 66, 84, 89, 108, 113, 131, 137, 138, 163
Hoffman, David - 60
Hoffman, John - 54
Hoffman, Joseph - 54, 96, 102, 120, 126, 143, 155, 169
Hoffman, Mrs - 66
Hoffman, Valintine - 107
Hoffman, Widow - 86
Hofman - (see Hoffman)
Hogan, Elizabeth - 3, 21, 84, 90, 150
Hogan, Thomas - 3, 21, 35, 41, 60, 66, 84, 89, 108, 114, 132, 138, 150, 163
Hogan, William - 3, 21
Hoge, Israel - 11, 16, 28
Hoge, Moses - 119, 125, 144, 155, 169
Hoge, Ruth - 47
Hoge, Samuel - 29, 72
Hoge, Solomon - 15, 29, 48, 54, 72, 78, 95
Holbard, William - 41
Holbert, William - 21, 60, 66
Hollenback, Abraham - 2, 21, 35, 41, 60, 65, 84, 90, 108, 114, 132, 137, 150, 163
Hollenback, Daniel - 3, 21, 35, 41, 60, 65, 84, 90, 108, 113, 131, 137, 150, 163
Hollenback, Jacob - 3, 21, 35, 41
Hollenback, John - 84, 90, 108, 114, 132, 137, 150, 163
Hollenback, Margaret - 137, 150
Hollenback, Thomas - 2, 3, 22, 35, 41, 60, 65
Hollenback, Widow - 84, 90, 108, 114, 132, 163
Hollenbeck - (see Hollenback)
Hollens, Benj - 114
Holliback - (see Hollenback)
Holliday, Richard - 35, 41, 60, 107, 111, 114, 132, 137, 150, 163
Hollinback - (see Hollenback)
Hollingsworth, Isaac - 160, 169
Holmes, Joseph - 15
Holms, Benjamin - 132, 150
Homan, John - 11
Honeyman, Benjamin - 137, 163
Honeyman, Charles - 2, 22, 35, 41, 60, 65, 66, 84, 90, 108, 113, 131, 137, 150, 163
Honeyman, Michael - 163
Honyham, John - 72, 96
Hoober, Jacob - 29, 48, 54, 71, 78, 96, 102, 119, 125, 126, 143, 144, 155, 156, 169
Hoober, John - 48, 71, 102
Hood, John - 35
Hook, Thomas - 71, 78, 96, 102, 120, 125, 144, 156, 169
Hook, William - 10, 16, 29, 48, 54, 71, 78, 96, 102, 120, 126, 144, 156, 169
Hooker, John - 3, 21, 35, 41, 66, 84, 90, 108, 114, 132, 138, 150, 163
Hoover, Jacob - 11, 16
Hoover, John - 11

INDEX

Hoppy, Christopher – 71, 89, 102, 113
Hopwood, Daniel – 3, 21, 35, 41, 60, 66, 84
Horn, Andrew – 10, 16, 48, 54, 72, 77, 96, 102, 120, 125, 144, 156, 169
Horn, George – 10, 16, 29, 48, 54, 71, 96, 101, 120, 125, 143, 156, 169
Horn, Henry – 10, 16, 29, 48, 54, 71, 78, 95
Horn, Peter – 60
Horn, Phillip – 10, 16, 29, 48, 54, 77, 96, 102, 114, 120, 125, 143, 156, 169
Hornbecker, John – 15, 29, 47, 54, 72, 78
Horse, Christopher – 60, 108, 113, 132, 137, 150
Horse, Peter – 84, 108, 113, 132, 137, 150
Horsman, William – 120, 125, 143, 156, 169
Horzman, Abraham – 132
Hoskinson, Andrew – 54, 71, 84, 90, 108, 114, 138, 150
Hoskinson, Elisha – 54, 71, 78, 96, 102, 120
Hosman, Joseph – 54, 72
Hott, Conrad – 120, 126, 144, 156, 169
Hott, David – 169
Hott, George – 126, 144, 156, 169
Hott, John – 102, 120, 125, 126, 144, 169
Hott, Samuel – 28, 48, 54, 72, 96, 102, 120, 126, 143, 156, 169
Hotzenpiller, Henry – 29
Hough, John – 2, 21, 35, 41, 60
Hough, Matthias – 3, 21, 35, 41, 60, 66
Houihow, John – 77
House, Allen – 113, 132, 138
House, Charles D – 35, 89
House, James – 29, 47, 72, 78, 96, 102, 120, 125, 143, 156, 169
House, John – 2, 11, 16, 22, 35, 41, 47, 54, 60, 66, 72, 78, 84, 90, 96, 102, 108, 113, 131, 138, 150, 163
House, Sam'l – 66, 84, 108, 114, 132, 138, 150, 163
Householder, John – 150, 163
Houseman, John – 90
Houser, Charles – 3, 22, 41, 66, 84, 107, 113, 131, 138, 150, 163
Houser, Jacob – 41
Houser, Lewis – 2, 22, 35, 41, 60, 66, 89, 107, 114, 132, 138, 150, 163
Housman, Chrit – 90
Howard, David – 2, 21, 48, 54, 71, 78
Howard, Edward – 3, 22
Howard, John – 2, 11, 16, 28, 35, 41, 48, 54, 108
Howard, Jonathan – 48, 102, 120, 144, 155, 169
Howard, Michael – 163
Howard, Reason – 11, 15, 28, 48, 54, 72, 77, 95, 101, 120, 126, 155, 169
Howard, Richard – 2, 11, 16, 29, 48, 54
Howard, Robert – 2, 21, 41, 60, 66
Howard, Samuel – 11, 16, 28, 48, 54
Howard, William – 2, 16, 21, 35, 41
Howe, Edward – 28
Howman, John – 16, 28, 78
Hucal, John – 3
Huchins, Thomas – 2
Huddleston, Nathan – 11, 15, 29, 48, 54, 71, 78, 95, 102, 120, 125, 143, 155, 169
Hudson, James – 3, 22, 34, 41
Hudson, John – 3, 21, 35, 60, 66
Hudson, William – 66, 84
Huett, Charles – 102, 120, 125, 143, 155, 169
Huff, Andrew – 144, 155, 169
Huff, Charles – 72, 77
Huff, Elisabeth – 16, 28

Huff, Henry – 108
Huff, Jacob – 102, 120, 144, 155, 169
Huff, John – 90, 107, 120, 125, 144, 155, 169
Huff, Mathias – 90, 108
Huffman, Aaron – 35
Huffman, Adam – 10, 16, 29
Huffman, Christopher – 10, 16, 29
Huffman, Conrad – 22, 150
Huffman, David – 29, 48, 54, 72, 78, 95, 102, 120, 156, 169
Huffman, John – 10, 16, 29, 48, 72
Huffman, Joseph – 10, 126
Huffman, Polley – 150
Hughs, Aron – 143, 156
Hughs, Constantine – 29
Hughs, George – 132, 138, 150, 163
Hull, Benjamin – 3, 21, 35, 41, 60, 66, 84, 90, 107, 114, 132, 137, 150, 163
Hull, Isaac – 107, 114
Hull, Jemimah – 150
Hull, Silas – 60, 66, 90, 107, 113
Hull, Stephen – 114, 132, 137, 150, 163
Hull, Widow – 114
Hull, William – 21
Hume, Andrew – 3, 21, 35, 60, 66, 84, 89, 108
Hume, Nancy – 137, 150, 163
Hume, Widow – 114
Hume, William – 108, 114, 132, 137, 150, 163
Humes – (see Hume)
Humman, John – 41
Hunter, David – 169
Hunter, John – 35
Hunter, Patrick – 2, 21, 35, 41, 65, 84, 90
Hunter, Richard – 2, 21, 35, 41, 60, 66, 84, 89, 108, 114, 132, 137, 150, 163
Hunter, William – 2
Hurchman, Christopher – 35
Hures, John – 84
Hurless, George – 11
Hurley, John – 41
Hurn, Philip – 132
Hurshman, Phillip – 35
Hutchem, Joseph – 10
Hutchings, Joseph – 54
Hutchins, Joseph – 16, 29, 48
Hutchinson, John – 90
Hutson, John – 84
Hutson, William – 169
Hutton, James – 132
Hutton, Susannah – 150
Hyatt, Obednigo – 150
Hyder, Adam – 3, 21, 26
Hylton, William – 16
Hyte, Peter – 16
Iden, Geo – 132
Idon, Jonas – 11
Iliff, Robert – 29, 48, 54
Iliff, Stephen – 11, 16, 29, 41, 48, 54, 72, 78, 102, 120, 126, 144, 156, 169
Inger, Casper – 84
Ingle, Isaac – 11, 66, 138, 150, 163
Ingle, Joseph – 11, 16
Ingle, Levy – 11, 16
Ingle, Martin – 11, 16
Ingle, Mathias – 11, 16, 29
Ingle, Peter – 3, 22
Ingle, William – 11, 16
Ingmire, Robert – 90, 108, 114, 132, 138

INDEX

Ingmire, Thomas – 138, 150, 163
Ingold, William – 29
Inguire, Robert – 84
Inmire, Robert – 35, 60
Inskeep, Abm W – 150, 163
Inskeep, James – 3, 22, 35, 41, 60, 66, 84, 90, 108, 114, 132, 138, 150, 163
Inskeep, John – 60, 66, 84, 90, 108, 114, 132, 138, 150, 163
Inskeep, Joseph – 90, 108, 114, 132, 138, 150
Inskeep, William – 3, 22, 35, 41, 60, 66, 84, 90, 108, 114, 132, 138, 150, 163
Irelan, Jacob – 22
Isaac – 60
Iselar, Jac – 3, 66, 150, 163ob
Iseler, George – 66, 90
Iser, Samuel – 96, 169
Isler, George – 60, 84, 108, 114, 132, 138, 163
Isler, Jacob – 60, 84, 90, 108, 114, 132, 138
Isler, Nathaniel – 138, 163
Jack, John – 3, 35, 41, 60, 66, 84, 87, 90, 93, 108, 111, 114, 132, 138, 141, 150, 163
Jackson, William – 22, 114, 132, 150, 163
Jacob – (see Jacobs)
Jacobs, Elizabeth – 90
Jacobs, Greenberry – 108, 138, 150
Jacobs, John J – 3, 22, 26, 35, 38, 41, 45, 60, 63, 66, 84, 90, 108, 114, 132, 138, 150, 163
Jacobs, John – 66, 114, 132, 150, 163
Jacobs, Joseph – 3, 22, 35, 41, 60, 66, 84, 90, 108, 114, 132, 150, 163
Jacobs, Thomas – 163
Jacoe, Thomas – 3
James – 35, 41
James, Isaac – 3, 22, 41, 60, 66, 90, 108, 114, 132, 138, 150, 163
James, John – 90, 114, 132, 138, 150, 156, 163
James, Levi – 96, 156, 169
James, Rodham – 3, 22, 35, 41, 60
James, Thomas – 3, 22, 35, 45
James, Widow – 66, 84
Jamison, James – 41
Jamvie, Robert – 41
Janey, William – 41
Janney, Jesse – 108, 114, 132, 138
Janney, William – 60, 108, 114, 132, 138, 163
Jarrett, William – 102
Jarvis, Richard – 41, 138, 150
Jarvis, Robert – 3, 41
Jarvis, Thomas – 41
Jeans, James – 108
Jenkins, Evan – 29
Jenkins, Jacob – 48, 54, 72, 78, 81, 96, 99, 102, 126, 144, 156, 169
Jenkins, John – 29, 48, 51, 54, 72, 78, 96, 102, 120, 126
Jenney, Daniel – 150, 163
Jenney, Jesse – 90, 150, 163
Jenney, William – 3, 35, 66, 84, 90, 150
Jervis, Richard – 35
Jervis, Robert – 35
Jiles, John – 3, 22
Jinkins, Evan – 11, 16
Jinkins, Jacob – 11, 16
Jinkins, John – 11, 16
Jinkins, Michael – 11, 16
Jinkins, Thomas – 35
Jinny, William – 22
John, Ab'm – 90

John, James – 54, 96, 102
John, Jesse – 29, 48
John, John – 84
John, Thomas – 29, 48, 54, 72, 78, 96, 102, 120, 126, 144, 156, 169
Johnson, Abraham – 3, 22, 35, 41, 60, 66, 84, 108, 150, 163
Johnson, Armstrong – 144
Johnson, Bailey – 3, 35
Johnson, Baylis – 22
Johnson, Benjamin – 11, 16, 48, 54, 72, 78, 96, 102, 120, 126, 144, 156, 169
Johnson, Catherine – 35, 41, 60, 66, 150, 163
Johnson, Eleanor – 16, 29, 48, 54, 102, 120, 126, 144, 156
Johnson, Isaac – 3, 22, 35, 41, 60, 66, 84, 90, 108, 114, 117, 132, 138, 144, 150, 156
Johnson, James 16, 29, 48, 54, 72, 102, 132, 138, 144, 156, 169
Johnson, John 11, 16, 29, 48, 54, 72, 78, 96, 102, 120, 126, 144, 156, 169
Johnson, Jonathan – 84, 90
Johnson, Joseph – 11, 16, 29, 48, 54, 72, 78, 96, 102, 120, 126, 144, 156, 169
Johnson, Nancy – 120, 126, 144, 156, 169
Johnson, Nathaniel – 90, 108
Johnson, Okey – 3, 22, 35, 41, 60, 66, 84, 90, 108, 114, 132, 138, 150, 163
Johnson, Peter – 66, 84, 90
Johnson, Samuel – 35
Johnson, Sarah – 60
Johnson, Susan – 126
Johnson, Thomas – 11, 16, 29, 48, 54, 72, 78, 96, 102, 120, 126, 144, 156, 169
Johnson, Widow – 38, 90, 108, 114, 132, 138
Johnson, William – 3, 11, 16, 22, 29, 48, 54, 66, 72, 78, 84, 90, 96, 102, 114, 120, 126, 138, 144, 150, 156, 163
Joliff, John – 160, 189
Jones, Aaron – 3, 22, 35, 41
Jones, Abel – 22, 35, 41, 60, 66, 84, 90, 114, 132, 138, 150
Jones, Abraham – 3, 22, 35
Jones, Daniel – 3, 22, 35, 41
Jones, David – 3, 22, 35, 41
Jones, Elias – 84, 108, 114, 132, 138, 150, 163
Jones, Elizabeth – 150, 163
Jones, Enock – 108, 114
Jones, Isaac – 3, 22, 35, 84
Jones, Jacob – 163
Jones, James – 3, 22, 35, 41, 60, 84, 90
Jones, John – 3, 11, 22, 35, 41, 60, 66, 84, 90, 102, 108, 114, 120, 126, 144, 150, 169
Jones, Jonathan – 35, 41, 60, 66, 84, 90, 108, 114, 132, 138, 150, 163
Jones, Joshua – 3, 22, 35, 41, 60, 66, 84, 90, 108, 114
Jones, Lewis – 120
Jones, Matthias – 3
Jones, Moses – 3, 11, 16, 22, 35, 41, 60, 66, 114, 150, 163
Jones, Peter – 3, 22, 35, 41, 60, 66, 84, 90, 120, 150
Jones, Prianuis – 102, 120
Jones, Robert – 22, 69, 84, 90, 108, 114, 132, 138, 150, 163
Jones, Samuel – 3, 22, 35, 41, 60, 66, 84
Jones, Sarah – 35, 41
Jones, Solomon – 108
Jones, Thomas – 3, 22, 26, 35, 38, 41, 60, 63, 66, 90, 96, 108, 114, 132, 150, 163
Jones, Widow – 90, 108, 114, 132, 138
Jones, William – 3, 108, 114, 132, 138, 150, 163
Joseph – 60
Junkin, Richard – 3, 22, 35, 41, 60
Junkin, William – 3, 22, 35, 41, 60

INDEX

Junkins, Benjamin – 150, 163
Junkins, James – 163
Junkins, John – 150, 163
Junkins, Richard – 66
Junkins, William – 66, 90, 108, 114, 132, 138, 150, 163
Justice, Daniel – 132, 138, 163
Justin, Moses – 84
Kackely, Abraham – 54, 72, 96, 144, 156, 169
Kade, Abraham – 60, 66
Kade, William – 41, 60, 66
Kaid – (see Kade)
Kail, George – 11, 16, 29, 48, 54, 72, 78, 96, 102, 120, 126, 144, 156, 169
Kail, Henry – 29
Kail, John – 11, 18
Kail, Peter – 11, 29
Kaine, Gabriel – 169
Kale – (see Kail)
Kaler, Andrew – 48, 72, 78, 96, 102, 120, 126, 144, 156
Kaler, Jacob – 120
Kannady, John – 29
Kanney, Jacob – 66
Karkley, Abraham – 48
Kearns, George – 11
Keckely, Abraham – 102, 120, 126
Keel, George – 3, 22
Kees, George – 163
Kefer, Frederick – 156
Keizner, Jacob – 11
Keizner, John – 11
Keiznor, Jacob – 3, 22
Kellar, Daniel – 22, 35, 41, 60, 66
Kellar, John – 22, 35, 41, 60
Keller, Andrew – 54
Keller, Widow – 66, 84
Kelley, Aron – 72, 78, 96
Kelley, Michael – 108, 114, 132, 138, 150, 163
Kelley, Patrick – 60, 66, 84, 90, 108, 114, 132, 138, 150, 163
Kelley, Thomas – 11
Kelly – (see Kelley)
Kelsey, James – 54, 72
Kelsey, Smith – 102, 120, 126, 144, 156, 169
Kelso, James – 78, 96, 102, 120, 126, 144, 156, 169
Kenady – (see Kennedy)
Kendricks, William – 156
Kenedy – (see Kennedy)
Kennedy, Dennis – 54, 72, 78
Kennedy, Hugh – 11, 16, 29, 48, 54, 72, 78, 96, 102
Kennedy, Isaac – 11, 16, 29, 48, 54, 78
Kennedy, Jacob – 41, 60, 84, 85, 90, 108, 114, 132, 138
Kennedy, John – 72
Kennedy, Samuel – 22, 35, 41, 60, 66, 84, 90, 108, 114, 132
Kennedy, Thomas – 11
Kennedy, William – 54, 72
Kennobershoe, John – 138, 150, 163
Kenny, Joseph – 126, 144, 156, 169
Kenor, John – 16
Kent, John – 35, 41, 60, 66, 84, 90
Kent, Silas – 35, 41, 60, 66
Kephart, Anthony – 102
Keran, Barney – 29, 48, 54, 72, 78, 96, 102, 120, 126, 144, 169
Keran, Bryan – 16
Keran, Patrick – 29, 54, 72, 96
Keran, William – 120
Kerby, Elias – 144
Kerby, James – 48, 54, 72, 78, 96, 120, 126, 144, 156, 170

Kerby, Nathan – 29, 54, 72, 78, 96, 120, 126
Kerkely, Abraham – 78
Kern – (see Kerns)
Kerns, Barnard – 11
Kerns, Frederick – 169
Kerns, George – 72
Kerns, Jacob – 11, 48, 72, 78, 102, 126, 144, 156, 169
Kerns, John – 11, 48, 72, 78, 102, 120, 126, 144, 156, 169, 170
Kerns, Joseph – 156, 169
Keron, Patrick – 16, 48
Kerran, William – 84
Kesad, Joseph – 22
Kesler, John – 78, 102, 120, 126, 156, 170
Kesler, Shamsbough – 48, 54, 72, 96
Kever, George – 120
Keykindall, Abraham – 3
Keykindall, Isaac – 3
Keyner, John – 11
Keys, Alexander – 96
Keys, Anne – 11, 16, 48, 54, 72, 78, 96, 102
Keys, Catherine – 29, 102, 126, 156
Keys, Cleon – 90
Keys, Francis – 102
Keys, George – 72, 96, 114, 132, 138
Keys, Horatio – 48, 54, 72, 78
Keys, James – 29
Keys, Samuel – 126, 138, 156
Keys, William – 108, 114
Kick, Daniel – 60, 163
Kidwell, Hawkins – 126, 144, 156, 169
Kidwell, John – 16, 48, 54, 72, 78, 96, 102, 120, 126, 144, 156
Kigar, George – 3, 22, 35, 41, 60, 66, 108, 114
Kiger, John – 90
Kight, Calib – 163
Kight, Samuel – 150, 163
Kight, William – 150, 163
Kile, Hannah – 163
Kile, Robert – 3, 22, 163
Killar, Daniel – 3
Killar, John – 3
Kinady, Mathew – 132
King, Alexander – 3, 22, 35, 41, 60, 66, 84, 90, 108, 114, 132, 138, 150, 163
King, George – 3, 22, 35, 41, 60, 84, 90, 132, 138, 150, 163
King, John – 90
King, Richard – 78
King, William – 48, 102, 120, 126, 144, 156, 169
Kinnady, Moses – 3
Kinnady, Sam'l – 3
Kint, John – 3, 22
Kirby, James – 11, 16, 29, 102
Kirby, Nathan – 16, 48
Kirk, John – 90
Kirk, Thomas – 3, 41, 60, 66, 84, 90, 108, 114, 132, 138, 150
Kisner, Frederick – 29, 144, 156, 170
Kisner, Jacob – 16, 29, 48, 54, 72, 78, 96, 102
Kisner, John – 18
Kisnor – (see Kisner)
Kissler, Shaunsbough – 29
Kite, James – 35
Kite, John – 114
Kite, Samuel – 3, 22, 35, 41, 60, 66, 84, 90, 108, 114, 132, 138
Kite, William – 108, 114, 132, 138
Kiter, George – 11
Kitts, Henry – 22, 35, 60, 66
Kline, Abraham – 78, 96, 102, 120, 126, 144, 156, 169
Kline, Adam – 29, 48, 54, 72, 78, 96, 102, 120, 126, 144, 156, 169

INDEX

Kline, Jacob - 156, 169
Kline, John - 66, 84, 108
Kline, Phillip - 29, 48, 54, 66, 72, 78, 84, 96, 102, 108, 120, 126, 138, 144, 156, 169
Koil, Robert - 41, 60, 66, 108, 114, 132, 138
Koils, William - 138
Koon, David - 3, 22
Kosoct, John - 60
Kossett, John - 41
Kossick, John - 66
Koyle, Robert - 90, 150
Krafias, Widow - 41
Kramer, John - 16, 48, 78, 96, 144, 156, 169
Kuck, Dan'l - 114, 132, 138
Kump, Henry - 16, 29, 48, 54, 72, 78, 96, 102, 120, 126, 144, 156, 169
Kurts, Henry - 120, 126, 156
Kurts, Michael - 144
Kurts, Peter - 29, 48, 78, 96, 144, 156
Kurtz, Christopher - 169
Kurtz, Henry - 169
Kurtz, Peter - 16, 54, 72, 102, 120, 126
Kuykendall, Abraham - 35, 60
Kuykendall, Isaac - 35, 41, 60, 66, 108, 114, 132, 138, 150, 163
Kuykindall, Abram - 22
Kuykindall, Isaac - 22, 84, 90
Kyger, Daniel - 84
Kyger, George - 84
Kyle, Robert - 35
Kyter, George - 16, 29, 48, 54, 72, 78, 96, 102, 120, 126, 144, 156, 169
Kyter, John - 120, 126, 144, 156, 169
L?r, Ab'm - 138
Lafellet, William - 29, 78
Lafollet, George - 11, 16, 29, 48, 54, 96
Lafollet, Isaac - 11, 29, 55, 72, 78, 96, 102, 121
Lafollet, William - 11, 16, 49, 55, 72, 96, 102, 120, 126, 144, 156, 170
Lain, William - 42
Lakeliter, George - 150, 151
Lakeliter, John - 151
Lamasters, Richard - 42
Lambert, Elijah - 67
Lambert, Noah - 42, 85, 108, 138, 151, 164
Lambert, Joseph - 3
Landar - (see Landis)
Landas - (see Landis)
Landers, Frederick - 151, 163
Landers, Henry - 3
Landers, Rudolph - 67
Landers, Samuel - 3
Landes - (see Landis)
Landis, Felix - 67, 84, 90
Landis, Frederick - 42, 61, 67, 84, 108, 114, 132, 138
Landis, Henry - 22
Landis, Joseph - 84
Landis, Rudolph - 3, 22, 36, 84
Landis, Sam'l - 22, 35, 42
Lane, Daniel - 11, 16, 29, 48, 54, 72, 78, 96, 102, 120, 126, 144, 156, 170
Lane, James - 16, 29, 48, 54, 72
Lane, Joshua - 48, 78, 102, 120, 126, 144, 156, 170
Lane, Powel - 96, 102, 120, 126, 144, 156, 170
Lane, William - 11, 16, 29, 48, 54, 72
Lang, Stansberry - 16, 29, 55
Lansford, Swansel - 102

Lanton, Zachariah - 29
Lantz, Dan'l - 108, 114, 132, 138
Laramore, James - 29, 48
Laramore, John - 29, 48
Laramore, Joseph - 48
Larew, Cornelius - 29, 48, 54, 72, 96
Larew, Hannah - 11, 16, 48, 54, 72, 78, 96
Larew, Jacob - 48, 54, 78, 96
Larew, Jesse - 78
Larew, John - 54
Larew, Noah - 11, 16, 29, 48, 54, 72, 78, 96
Larew, Obed - 48, 78, 96
Larew, Peter - 11, 16, 29, 48, 55, 72, 78, 96
Largent, Abraham - 72, 78, 96, 102, 120
Largent, Aron - 49, 72, 78
Largent, James - 11, 16, 29, 49, 55, 72, 78, 96, 103, 120, 126, 144, 156
Largent, John - 11, 16, 29, 48, 54, 55, 72, 78, 96, 102, 120, 126, 144, 156, 160, 170
Largent, Lewis - 11, 29, 48, 55, 72, 78, 96, 102, 120, 126, 144, 156, 170
Largent, Moses - 16, 29, 48, 55
Largent, Randall - 170
Largent, Samuel - 96, 103, 121, 126, 144, 170
Largent, Thomas - 11, 16, 29, 48, 55, 72, 78, 96, 102, 120, 126, 144, 156, 170
Larimore, James - 11, 16, 54, 72, 78, 96, 102, 120, 126, 144, 156, 170
Larimore, John - 11, 54, 72, 78, 96, 102, 120, 126, 156, 170
Larimore, Joseph - 54, 72, 78, 102, 120, 126, 144, 156, 170
Larimore, Samuel - 120, 126, 144, 156, 170
Larimore, William - 72, 78, 120, 126, 144, 156, 170
Larkins, James - 108
Larkins, John - 132, 138
Larkins, William - 42
Larrick, Frederic - 102
Larsh, Thomas - 150
Larue, Abraham - 102, 126, 144, 156, 170
Larue, Cornelius - 102, 120
Larue, David - 102
Larue, Hannah - 102, 120, 160, 170
Larue, Jacob - 102, 120, 126, 144, 156, 170
Larue, Jesse - 102, 120, 126, 160, 170
Larue, Lambert - 144, 156, 170
Larue, Noah - 102, 120, 126, 144, 156, 170
Larue, Obed - 102
Larue, Peter - 102, 120, 126, 144, 156, 160, 170
Larue, Solomon - 126
Lash, Peter - 3, 22
Lash, Thomas - 67, 90, 108, 114, 132, 138
Lask, Thomas - 84
Lasy, Tho's - 138
Laubinger, G M - 42, 60
Laubinger, George M - 36, 67, 85, 90, 108, 114, 117, 132, 138, 150
Lauz, Stansbury - 48
Lavinger, Mich'l - 3, 22
Lawson, Benjamin - 42
Lawson, Hannah - 22, 42, 60
Lawson, John - 35, 41, 60, 67, 84, 90, 114, 132, 138, 151, 164
Lawson, Septumus - 42, 61, 67
Lawson, Thomas - 4, 22, 36, 41, 61
Lawson, Widow - 90
Lazarus - 36, 42, 61, 67, 84, 138, 164
Leach, Benjamin - 151, 163
Leach, James - 151, 163
Leadman, John - 4, 22

INDEX

Leapley, John – 144
Lear, Abraham – 151, 163
Leas – (see Lees)
Lease – (see Lees)
Leason, James – 11
Leasquian, Joseph – 42
Leatherman, Abraham – 42, 61, 67, 84, 90, 108, 114, 132, 138, 151, 163
Leatherman, Daniel – 3, 22, 36, 42, 61, 66, 90, 108, 114, 132, 138, 151, 163
Leatherman, John – 3, 42, 61, 67, 84, 108, 114, 132, 138, 151, 163
Leatherman, Lewis – 3, 22, 36, 42, 61, 67, 84, 90, 108, 114, 132, 138, 152, 163
Leatherman, Nicholas – 3, 22, 36, 42, 61, 67, 84, 90, 108, 114, 132, 138, 151, 163
Leatherman, Peter – 3, 22, 36, 42, 61, 67, 84, 90, 108, 114, 132, 138, 151, 163
Lecklighter, Geo – 90
Lecklighter, Peter – 90
Ledman, John – 36, 42, 85
Lee, Joseph – 16, 42, 60, 67
Lee, Richard – 11, 164
Lee, Stephen – 16
Lee, William – 36
Leebly, John – 120
Leepley, Jacob – 170
Leepley, John – 126, 138, 170
Lees, Andrew – 3, 22, 36, 42, 60, 66, 108, 114, 132, 138, 151, 164
Lees, George – 60, 90, 108, 114, 132, 138, 151, 164
Lees, Jacob – 3, 22, 36, 42, 61, 66, 84, 90, 108, 114, 132, 138, 151, 164
Lees, John – 3, 22, 36, 42, 60, 66, 85, 90, 108, 114, 132, 138, 151, 164
Lees, William – 3, 22, 36, 42, 60, 66, 108, 114, 132, 138, 151, 164
Leese – (see Lees)
Leesenby – (see Leesinby)
Leesinby, Thomas – 84, 90
Leesinby, William – 84, 90
Leeson, James – 29
Leigh, Amos – 144
Leigh, John – 102, 120, 126, 144, 156, 170
Leigh, Levi – 29, 48, 55, 72
Leigh, Stephen – 29, 48, 55, 72, 78, 96, 102, 120, 126, 144, 156
Leimback, John – 120
Leith, James – 16, 126
Leman, James – 36
Lemaster, Richard – 36
Lenix, James – 84, 67, 90, 114, 132, 138
Lenix, Thomas – 42, 67, 84, 90, 108, 132, 138, 164
Lenox – (see Lenix)
Leonard, Martin – 42, 61
Levingston, James – 55
Lewis, Daniel – 11, 16, 29, 48, 54, 72, 78, 96, 102, 120, 126, 144, 156, 170
Lewis, Jacob – 48, 54, 78, 96, 102, 120, 126, 144, 156
Lewis, Jehu – 3
Lewis, John – 11, 16, 22, 29, 36, 42, 55, 72, 78, 96, 132, 151, 164
Lewis, Joshua – 84
Lewis, Oliver – 120
Lewis, Thomas – 144, 156, 160, 170
Lewis, William – 61
Lezinby, William – 61

Liar, Abraham – 132
Licklighter, Geo – 42, 60, 67, 108, 114, 132, 138, 163
Licklighter, John – 108, 114, 132, 138, 164
Licklighter, Peter – 61, 84, 108, 114, 132, 138
Liepley, John – 156
Lieth, James – 120, 144, 156, 170
Light, Peter – 11
Lile, John – 4
Lillar – (see Liller)
Lille, Andrew – 60
Lille, David – 42, 60
Liller, Geo – 90, 108, 138, 150, 164
Liller, Henry – 3, 22, 36, 42, 61, 67, 84, 90, 108, 114, 132, 138, 151, 164
Liller, Nathan – 156
Lilley, And'w – 67
Lilley, David – 4, 22
Lilley, Joseph – 164
Lilley, William – 36
Linn, Elijah – 67, 85, 90
Linn, William – 35, 61
Linnox – (see Lenix)
Linthecum – (see Linthicum)
Linthicum, Archibald – 11, 16, 29, 48, 55, 72, 78, 96, 102, 120, 126, 144
Linthicum, Hezekiah – 48, 55, 72, 78, 96, 103, 120, 126, 144, 156, 170
Linthicum, Joseph – 156, 170
Linthicum, Mary – 156
Lion, Richard – 144
Lirimore, John – 22
Lissenbey, Jesse – 108
Lissenbey, Thomas – 108
Lissenbey, William – 108
Litchfield, John – 3, 22
Litler, Nathan – 120, 170
Little, George – 11, 16, 29, 48, 55, 72, 78, 96, 102, 120, 126, 144, 156, 170
Little, John – 126, 144
Littler, Nathan – 102, 126, 144
Litton, Daniel – 151, 164
Lizenby, Thomas – 3, 22, 36, 41, 61, 67
Lizenby, William – 3, 22, 36, 67
Lobb, Charles – 108
Lockhart, Alexander – 103
Lockhart, William – 16, 29, 48, 55, 72, 78, 96, 102, 120, 126, 144, 156, 170
Lofollet, Isaac – 48
Logan, John – 4, 36, 67, 84
Logan, Wm – 61
Long, Cornilus – 42
Long, David – 3, 22, 36, 42, 61, 67, 84, 108, 114, 132, 138, 150, 163, 164
Long, Davis – 90, 132
Long, Elizabeth – 151, 163
Long, George – 42
Long, Jacob – 4, 22, 36, 42, 60, 61, 67, 84, 90, 108, 114, 132, 138, 151
Long, John – 3, 22, 35, 42, 60, 67, 90, 108, 114, 132, 138, 151, 164
Long, Joseph – 4, 22, 42, 61, 67, 108, 138, 150, 164
Long, Thomas – 3, 22, 36, 42, 61, 84, 85, 90, 108, 132, 138, 150, 164
Long, William – 84, 90, 132, 138, 151, 164
Longan, John – 90
Longstrath, John – 102
Longstrath, Martin – 126, 144, 156, 170

INDEX

Longstrath, Samuel - 102
Longstretch, John - 72
Longstretch, Joseph - 72, 78
Longstretcher, John - 54
Longstretcher, Joseph - 48, 54
Longstretcher, Phillip - 16
Longstrith, Philip - 11
Love, Archible - 151
Lovett, Elias - 29, 48, 55
Low, William - 108
Lowen, John - 108, 114, 132
Lowman, Daniel - 42
Lowrince, And'w - 4
Loy, Adam - 120, 126, 156, 170
Loy, Dama - 144
Loy, Daniel - 11, 16, 29, 49, 54, 72, 78, 96, 121, 126, 144, 156, 170
Loy, Jacob - 54, 72, 78, 96, 102, 120, 126, 144, 151, 163
Loy, John - 11, 29, 48, 54, 55, 72, 78, 96, 102, 120, 121, 126, 144, 156, 170
Loy, William - 78, 96, 103, 121, 126, 144, 156, 170
Loyd, Elijah - 4, 36
Loyd, Henry - 3
Loyd, Thomas - 48
Lucas, Jesse - 3
Lucas, Thomas - 164
Lucas, Vilator - 36
Lucas, Vilotte - 22
Lucas, William - 3, 151, 164
Lucius, Vilator - 42
Luck, James - 67
Lucus, Jesse - 138
Lucus, Philip - 61, 67
Lucus, Vitator - 61, 67
Ludwick, Catherine - 67, 151, 163
Ludwick, Daniel - 61, 67, 85, 108, 114, 132, 138, 151, 164
Ludwick, Jacob - 3, 22, 36, 42, 67, 84, 90, 108, 114, 132, 138, 151, 163
Ludwick, John - 132, 138, 151, 163
Ludwick, Leonard - 4, 22, 36, 61
Ludwick, Widow - 84, 90, 108
Lunsford, Lewis - 156
Lunsford, Swanson - 120, 126, 144, 156, 170
Lupton, Asa - 11, 16, 29, 48, 55, 72, 78
Lupton, Isaac - 11, 16, 29, 48, 55, 72, 78, 96, 102, 120, 144, 156, 160, 170
Lupton, Jesse - 11, 29, 48, 55, 72, 78, 96, 102, 120, 126, 144, 156, 170
Lupton, John - 144
Lupton, William - 29, 48, 55, 72, 78, 96, 102, 120, 126, 144, 156, 170
Lyan - (see Lyon)
Lyle, John - 22, 36, 61, 84, 90
Lyn, James - 4
Lyn, William - 4
Lynn, William - 22
Lyon, Dan'l - 90, 108, 132, 138, 150, 164
Lyon, Elijah - 3, 22, 36, 61, 67, 90, 108, 114, 132, 138, 151, 164
Lyon, Elisha - 3, 22, 61, 67, 90, 108, 114, 132, 138, 151, 164
Lyon, James - 36, 42, 60, 61, 67, 84, 90, 108
Lyon, John - 3, 22, 36, 42, 61, 63, 67, 90, 108, 114, 132, 138, 151, 164
Lyon, Morris - 61, 67, 90
Lyon, Moses - 108
Lyon, Philip B - 151
Lyon, Richard - 11, 16, 126, 156, 170

Lyons - (see Lyon)
Lysle, John - 42, 67
Macatee, Walter - 49
Macave, John - 16
Macbride, Alexander - 16
Macbride, Robert - 16
Macbride, Thomas - 16
Macdonald, Angus - 16, 49
Macdonald, Donald - 16, 49
Macdonald, George - 16
Macdonald, Gibson - 16
Macdonald, James - 11, 17
Mackey, James - 12
Macky, M James - 16
Macool, Lewis - 55
Macpherson, James - 17
MaCrackin, Virgill - 23
Madden, Healy - 151
Madden, John - 4, 23, 36, 42, 61, 67, 85, 109, 115, 133
Madden, Jonathan - 67, 85
Madden, Joseph - 4, 23, 36
Madden, Keely - 115, 133, 139, 164
Madden, Nathan - 4, 36
Madden, Richard - 4
Madden, Rosewide - 36
Madden, Samuel - 109, 133, 139, 151, 164
Madden, Widow - 85, 115
Madden, Widow - 91, 109
Maddin - (see Madden)
Magill, Thomas - 23
Maginnis, Samuel - 79
Magowan, William - 22, 30
Magraw, Thomas - 79
Magruder, John B - 109
Mail - (see Male)
Malahon, Rawleigh - 36
Malcomb, James - 127, 145, 157, 170
Malcomb, Peter - 55, 73, 79, 97, 103, 121, 127, 145, 157, 170
Malcomb, William - 49, 55, 73, 79, 97, 103, 121, 127, 145, 157, 170
Male, Bill - 30, 49, 55
Male, Dick - 17, 30, 49, 55
Male, George - 17, 30, 49, 55, 73, 79
Male, James - 11
Male, Richard - 11
Male, Will - 138
Male, William - 11, 17
Male, Wilmore - 4, 23, 42, 61, 67, 85, 109, 114, 132
Malick, John - 12, 16, 55, 73, 79, 96, 103, 121, 127, 145, 157, 170
Malick, Philip - 103, 121, 127, 145, 157, 170
Mall, Nicholas - 123
Malone, Hugh - 151
Maloy, James - 49, 55, 73, 79, 91, 97, 109, 114, 132, 138
Manker, William - 12, 16
Maple, Jacob - 12
Mariatta, John - 36
Marin, William - 4
Marmaduke, Sampson - 55, 73, 79
Marpole, George - 114, 133, 139, 151, 164
Marsh, Cyrus - 42
Marsh, Elizabeth - 4, 36
Marsh, Ezekiah - 4, 23, 42, 61, 67, 109, 114
Marsh, Joseph - 4, 23
Marsh, Philip - 4
Marsh, Siras - 23, 36, 61, 67
Marsh, Vincent - 23, 42

INDEX

Marshal, David - 23, 36, 42, 85, 91, 138
Marshal, John - 115, 133, 138, 164
Marshal, Thomas - 109
Marshall - (see Marshal)
Martin, Edward - 4, 23, 36, 42, 61, 67, 85
Martin, George - 11, 16, 17, 29, 49, 55, 73, 79
Martin, James - 4, 22, 23, 36, 42, 61, 67, 85, 91, 109, 114, 115, 133, 139, 151
Martin, John - 4, 11, 17, 23, 30, 36, 42, 49, 55, 61, 67, 72, 73, 78, 79, 85, 91, 96, 97, 101, 103, 109, 115, 121, 127, 133, 139, 144, Martin, Joseph - 4, 22, 36, 42, 73, 79, 97, 103, 145, 157, 164, 170
Martin, Luther - 4, 23, 36, 42, 61, 67, 85, 91, 109, 114, 132, 138, 151, 164
Martin, Robert - 61, 67, 85
Martin, Uriah - 4
Martin, Urias - 23
Mason, Benj - 115
Mason, Gideon - 17, 30, 79, 97, 103
Mason, Joseph - 49, 79, 97, 103, 121, 127, 145, 157, 170
Mason, Thomas - 17, 30, 49, 55, 85
Mason, William - 121
Matheny, Daniel - 85
Matheny, Elias - 4
Matheny, Frederick - 4, 23, 67, 85, 109, 114, 133, 139, 151, 164
Matheny, Jesse - 4, 23, 85, 91
Matheny, John - 109, 114
Matheny, Morris - 4
Mathew, James - 29
Mathew, John - 29
Mathew, Jonathan - 4, 23
Mathew, Levi - 29
Mathews, Benjamin - 97, 103
Mathews, James - 17, 49, 55, 73, 79, 97, 103, 121, 127, 145, 157, 170
Mathews, John - 17, 49, 55, 73, 79, 97, 103, 121, 127, 145
Mathews, Levi - 17, 49, 55, 73, 79, 97, 103, 121, 144, 157
Mathews, Nat - 164
Matheyn, Frederick - 90
Mauzey, Peter 12, 17, 30, 49, 55, 73, 79, 97, 103, 121, 126, 145, 157, 160, 170
Mauzy, John - 17, 30, 49, 55, 73, 79, 97, 103, 121, 126, 145, 157, 160, 170
Maxwell, John - 103, 170
Mayfield, Abram - 4, 23
Mayfield, Benjamin - 55, 73, 79
Mayfield, Isaac - 4
Mayfield, James - 4, 23, 36
Mays, Jonathan - 85
McAllister, James - 4, 23, 36, 42, 61, 67, 91
Mcatee, Walter - 55, 73
Mcawley, George - 49, 55, 72, 79, 97, 103, 121, 126, 145, 157, 170
McAwley, Addison - 126, 145, 157, 170
McAwley, Alfred - 145, 157m 170
McBride, Adaniram - 139, 151, 164
McBride, Alexander - 11, 29, 49, 55, 73, 79, 97, 103, 121, 127, 144, 145, 157, 170
McBride, James - 11, 29, 49, 55, 72, 73, 79, 96, 97, 103, 121, 127, 145, 157, 170
McBride, John - 4, 11, 16, 22, 30, 36, 42, 49, 55, 61, 67, 73, 79, 85, 97, 103, 109, 115, 121, 127, 133, 139, 144, 151, 157, 160, 164, McBride, Robert - 30, 49, 55, 73, 79, 97, 103, 121, 127, 145, 157, 170
McBride, Sam'l - 67
McBride, Stephen - 127, 145, 157, 170

McBride, Thomas - 30, 49, 55, 72, 73, 79, 96, 97, 103, 121, 127, 144, 145, 157, 170
McCabe, Peter - 85
McCabe, Ross - 61, 67
McCabo, Ross - 42
McCalister, James - 85
McCall, James - 61
McCalley, Cornelius - 42, 61, 91, 109, 114, 133
McCalley, John - 42, 61, 85, 90, 109, 114, 164
McCalley, Neall - 67
McCalley, Widow - 42
McCandliss, William - 157, 160, 170
McCartey & C - 87
McCartney, John - 4, 23, 36, 42, 85
McCartney, Thomas - 23, 36, 42, 61, 67, 85, 91, 109, 115, 133, 164
McCarty Armstrong & C - 63, 93
McCarty, Edward - 4, 7, 23, 36, 42, 61, 67, 85, 91, 109, 115, 133, 139, 151, 164
McCauley, Cornelius - 36
McCave, John - 55
McChesney, William - 4, 36, 42, 61, 67, 85, 91, 109, 115, 133, 139, 151, 164 - 23
McClane, Jacob - 49, 55, 73
McColley, Augnas - 23
McColley, Cornilious - 4, 23, 151
McColley, John - 4, 23, 151
McConaughy, James - 55
McCoole, Lewis - 79
McCormac, John - 145, 157, 170
McCormick, James - 36, 61, 67, 85, 91, 109, 139, 151, 164
McCounaughy, James - 49
McCowan, John - 4, 36, 42
McCoy, James - 4
McCracken, Virgil - 36, 42, 61, 67, 109, 121
McCrackin, Freedom - 67, 85, 90
McCrackin, Isaac - 79, 91
McCrackin, Mary - 91, 138, 151, 164
McCrakin, Mrs - 115
McCrea, James - 36
McDaniel, Charles - 164
McDaniel, John - 42, 67, 151, 164
McDaniel, John - 61
McDannel, Benjamin - 30, 49, 55, 73, 79, 97
McDannel, Charles - 97, 145
McDannel, Gibson - 29, 49, 55
McDannel, Hugh - 49, 55, 73, 97
McDannel, James - 49, 55
Mcdonald, Sarah - 79
McDonald, Angus - 12, 30, 55
McDonald, Benjamin - 103, 121, 127, 145, 157, 170
McDonald, Charles - 103, 121, 127
McDonald, Daniel - 12
McDonald, Donald - 30, 55, 73
McDonald, George - 12, 30, 49
McDonald, Gibson - 11
McDonald, James - 12, 30, 73
McDonald, John - 4, 23, 36, 85, 103, 115, 121, 127, 133, 157, 170
McDonald, Nancy - 73, 79, 97, 103, 121, 127
McDonald, Peter - 4, 23, 36, 85, 103
McDonald, Sally - 97, 121, 127
McDonald, Thomas - 61, 115, 133
McDonnel, Benjamin - 17
McDoogle, James - 36, 151
McDoogle, Robert - 164
McDoughal, James - 42, 61

198

INDEX

McDougle, James - 36, 85, 91, 109, 114, 132
McDougle, Robert - 85, 109, 114
McDowele, John - 138
McDowell, John - 69, 85, 87, 90, 93, 109, 111, 114, 117, 132, 135, 141, 151, 164, 166
McDugal, James - 4
McDugan, James - 23
McFann, David - 12
McFarland, Ezekiel - 133, 139, 151, 164
McFarlin - (see McFarland)
McGarrily, James - 36
McGarrity, James - 4
McGinnis, Samuel - 103
McGlaughlin, Daniel - 67, 85
McGloughland, Daniel - 42, 61, 108, 114, 132, 138, 151, 164
McGloughlin - (see McGloughland)
McGlouthlin - (see McGloughland)
McGowen, John - 61, 67
McGowen, William - 4, 36
McGrace, Thomas - 145
McGraw, Thomas - 73, 97, 103, 121, 157, 170
McGray, James M - 42
McGroughland - (see McGloughland)
McGruder, Elias - 139, 151, 164
McGruder, John - 67, 85, 91
McGruder, Wm B - 139
McGuin, ? - 138
McGuire, Francis - 23, 42, 61
McGuire, Robert - 36, 42, 61, 91
McGuire, Samuel - 61, 67, 85, 90, 108, 114, 132
Mcheny, Luke - 115
McIntush, Alexander - 4, 23
McKabe, Peter - 103
McKave, Aron - 126
McKave, John - 30, 49, 73
McKee, James - 4, 23, 36, 42, 61
McKee, Joseph - 55, 73, 79
McKeenan, Laurence - 103
McKeever, John - 11, 17, 55, 30, 49, 73, 79, 97, 103, 121, 127
McKeever, Paul - 11, 17, 55, 30, 49, 73, 79, 97, 103, 121, 127, 145, 157, 170
McKeiver - (see McKeever)
McKenly, Hugh - 11
McKenny, William - 85
McKeny, Luke - 90
McKerman, Laurence - 127, 157, 170
McKernan, Laurence - 121
McKernan, Peter - 29
McKernsey, Luke - 85
McKerny, William - 91
McKever - (see McKeever)
McKeyver - (see McKeever)
McKibbin, William - 73, 78, 97, 103, 157
McKiney, Luke - 109
McKinley, Abm - 151
McKinley, Hugh - 4, 17, 29, 49, 55, 73
McKinley, John - 30, 49, 73
McKinley, Ralph - 109, 133, 170
McKinney, Samuel - 36, 42
McKinsey, Samuel - 4, 23
McKrakin, Virgil - 12, 127
McLaughlin, Dan'l - 4, 23, 36, 91
McMahan, John - 16, 30, 139, 151, 164
McMahon, Joseph - 4, 109, 115
McMahon, Peter - 4, 85, 91, 109, 115, 133, 139, 151
McMahon, Roger - 4

McManing, George - 49
McMeekin, John - 4, 23, 36, 42, 61
McMerdith, John - 4, 22
McNail, James - 90
McNail, Widow - 115
McNamar, Adam - 36
McNamee, Adam - 67
McNary, Ebenezer - 4, 23, 61, 85, 91, 108, 115, 133, 139, 151, 164
McNeal, James - 67
McNeal, John - 4, 23, 36, 42, 61, 67, 85, 91
McNeal, Widow - 133, 139, 151, 164
McNeary, Ebinezer - 36, 67
McNeill - (see McNeal)
McNemarron, Felix - 151
McNubb, James - 85
McPann, Samuel - 12
McPherson, James - 11, 30
McPherson, Thomas - 144
McPherson, William - 11
McVicker, Archibald - 55, 73, 79, 97, 103, 127, 145, 157
McVicker, Duncan - 11, 17, 30, 49, 55, 73, 79, 97, 103, 121, 127, 145, 157, 170
McVicker, James - 55, 73, 79, 97, 103, 121, 127, 145, 157, 170
McVicker, John - 17, 30, 49, 55, 73, 97, 127, 145, 157, 170
McVicker, William - 11, 17, 30, 55, 73, 79, 97, 103, 121, 127, 145, 157, 170
Meakins, James - 127
Means, Isaac - 4, 23, 36, 42, 61, 67, 85, 91, 109, 114, 117, 132, 138, 139, 151, 164
Means, Robert - 91, 109, 133, 138, 151, 164
Means, Thomas - 67, 85
Medley, John - 157, 170
Medley, William - 16, 30, 49, 55, 97, 103
Meekins, James - 17, 29, 49, 55, 73, 79, 97, 103, 121, 144, 157, 170
Meekins, Joseph - 103, 121, 127, 144, 157
Meeks, Moses -- 145, 170
Meeks, William - 97
Mekems, James - 11
Melleson, N John - 12
Meloy, James - 164
Melts, John - 85
Melts, William - 85, 91
Mendle, Mich - 67
Menear, Isaac - 11
Menear, William - 11
Mentser, Conrad - 97, 103, 121, 127, 145, 157, 170
Merchant, Justice - 170
Merrill, John - 23
Merritt, Adam - 91, 114, 132, 151, 164
Merritt, John - 132
Merritt, Michael - 36, 61, 67, 85, 109, 132, 151, 164
Merrow, Adam - 4
Meskemon, Abraham - 145, 157
Metheney, Thomas - 36
Metheny, Elias - 36
Metheny, Fredrick - 36, 42, 61
Metheny, Jesse - 36, 42, 61
Metheny, Morris - 36, 42
Metheny, Moses - 42
Metts, Isaac - 4
Metts, John - 4, 115
Meyers, Jacob - 115
Michael, Frederic
Michael, Frederick - 11, 17, 29, 49, 55, 73, 79, 97, 103, 121, 127, 144, 157170

INDEX

Michael, George - 11, 17, 29, 49, 55, 73, 79, 97, 103, 121, 127, 144, 157, 170
Michael, Henry - 17, 30, 49, 79, 97, 103, 121, 126, 145, 170
Michael, Jacob - 11, 17, 29, 49
Michael, Phillip - 17, 55, 73, 79, 97, 103, 121, 127, 144, 157, 170
Michal - (see Michael)
Michal, Betsy - 157, 170
Michal, Elisabeth - 103, 121, 127
Middleton, William - 30, 49, 55
Mike, Henry - 11
Milburn, William - 17
Miles, James - 170
Miles, John - 97, 103, 121, 127, 145
Miles, Josephus - 121, 170
Miles, Josiah - 49, 55, 73, 79, 97, 103, 127, 144, 157
Miles, Robert - 157, 170
Miles, Ruth - 121, 127, 145, 157
Mill, William - 85
Millar, George - 85
Millar, Henry - 85, 90, 91
Millar, Isaac - 85, 91
Millar, Jacob - 85
Millar, James - 90
Millar, Widow - 85, 91, 139
Millborn, William - 11
Millehew?, Adam - 42
Miller, Abigail - 133, 151, 164
Miller, Absalom - 145, 156, 170
Miller, Adam - 164
Miller, Conrad - 115
Miller, Daniel - 4, 23, 36, 115
Miller, Elizabeth - 4, 23, 36, 133
Miller, George - 4, 23, 36, 42, 61, 67
Miller, Henry - 4, 23, 36, 42, 55, 61, 67, 108, 115, 133, 138, 151, 164
Miller, Isaac - 4, 23, 36, 42, 61, 67, 109, 114, 115, 133, 139, 151, 164
Miller, Jacob - 4, 23, 67, 109, 114, 133, 138, 151, 164
Miller, John - 4, 11, 17, 23, 30, 36, 42, 49, 55, 61, 73, 79, 97, 103, 121, 127, 145, 156, 170
Miller, Michael - 4, 23, 36, 42, 133, 164
Miller, Peter - 138, 151, 164
Miller, Rubin - 4, 23, 36, 164
Miller, Widow - 42
Miller, William - 11, 16, 30, 36, 49, 55, 73, 79, 97, 103, 115, 121, 126, 133, 145, 151, 157, 170
Millers - 42
Millison, Benjamin - 16, 29, 49, 55, 73, 79, 97, 103, 121, 127, 144, 157, 170
Millison, Isaac - 16, 29, 49, 55, 73, 170
Millison, Jesse - 144, 157, 170
Millison, John - 16, 29, 49, 55, 73, 79, 97, 103, 121, 127, 144, 145, 157, 170
Millone, Hugh - 67
Millory, Ebenezer - 42
Mills, Isaac - 22, 42
Mills, John - 23
Mills, William - 36, 42, 67, 91, 109, 115, 133, 138, 151, 164
Millslagle, Andrew - 11, 49, 55, 72, 79, 97, 103, 121
Millslagle, George - 17, 30, 49, 55, 72, 79, 96, 97, 103, 121, 127, 157, 170
Millslagle, Jacob - 17, 30, 49, 55, 73, 79, 97, 103, 121, 127, 145, 157, 170
Milts, John - 36
Minier, Isaac - 16, 30
Minton, John - 4, 67, 85, 91, 108

Minton, Myona - 67
Minton, Richard - 91, 108
Minton, Widow - 85
Minton, William - 67, 85, 109, 115
Mires, George - 11
Mires, Jonathan - 11
Mires, William - 11
Miskeman, Abraham - 170
Mitchel, Hugh - 30, 49
Mitchel, James - 4, 36, 42, 61, 67, 91, 109, 138, 151
Mitchel, John - 4, 23, 36, 42, 61, 67, 91, 115, 127, 145, 157, 164, 170
Mitchel, Robert - 17, 55, 73, 79, 97, 103
Mitchell - (see Mitchel)
Mitts, Isaac - 67
Mitts, John - 42, 61, 67, 133
Molehon, Rawleigh - 4, 23, 42, 61, 67, 85
Mollehon - (see Molehon)
Molohan - (see Molehon)
Mondle, Rob't - 36
Monford, David - 49
Mongomery, Matthew - 4, 23, 61
Monks, Thomas - 36
Monnett, Abraham - 36
Monnett, Jeremiah - 67, 85, 90, 109, 114, 133, 139, 151
Monnett, Thomas - 36, 42, 61, 67
Monnill, Abram - 4
Monnitt, Abram - 23
Monroe, Alexander - 157, 170
Monroe, James - 11, 16, 29, 55, 72, 79, 97, 103, 121, 127, 144, 157, 170
Monroe, Jermeiah - 133
Monroe, Jesse - 73, 85, 103, 121, 127, 145, 157, 170
Monroe, John - 4, 11, 17, 30, 49, 55, 73, 79, 97, 103, 121, 126, 145, 157, 170
Monroe, Peter - 4
Monroe, Robert - 4, 36, 42
Monroe, Widow - 85, 109, 115
Monroe, William - 67, 85, 90, 170
Monrow - (see Monroe)
Montgomery, Mathew - 36, 42, 67, 90, 109, 114, 132
Moon, Abraham - 4, 23, 42, 61, 85
Moon, George - 42, 67
Moon, Jacob - 4, 23, 42, 61, 67
Moone - (see Moon)
Mooratt, John - 85
Moore, Abraham - 36, 67
Moore, Andrew - 111
Moore, Benjamin - 17, 49, 73, 79, 97, 103, 121, 127, 145, 157, 170
Moore, Charles L - 151, 164
Moore, Dan'l - 115
Moore, Ely - 36, 42, 67, 85, 139, 151, 164
Moore, Enis - 4
Moore, George - 36
Moore, Hamilton - 121, 126, 145
Moore, Henry - 79, 97, 103, 121, 127, 144, 157
Moore, Jacob - 36
Moore, James - 11, 17, 30, 49, 55, 73, 79, 97, 103, 121, 127, 144, 157, 170
Moore, Jarrett - 91
Moore, Jeremiah - 164
Moore, John - 4, 22, 23, 36, 42, 61, 67, 85, 91, 109, 132
Moore, Josiah - 109, 114, 133, 139, 151, 164
Moore, Marquis - 151
Moore, Michael - 42, 61, 85, 91
Moore, Samuel - 90, 109, 114, 139, 151, 164

INDEX

Moore, Widow - 109
Moore, Wilaz - 109
Moore, William - 17, 23, 30, 49, 73, 79, 97, 103, 121, 127, 145, 157
Moore, Zadack - 91, 109, 114, 133, 139, 151, 164
Moorley, James - 23
Moran, Blair - 4, 23
More - (see Moore)
Moreland, Bazil - 55, 73, 79, 96, 103, 121
Moreland, David - 73, 79, 96, 103, 121, 127, 145, 157, 170
Moreland, Elisha - 30, 49, 55
Moreland, George - 103, 127, 145, 157, 170
Moreland, Richard - 30, 49, 55, 73, 79, 97, 103, 121, 127, 145, 157, 170
Moreland, William - 16, 30, 49, 55, 73, 79, 96, 103, 121, 127, 145, 157, 170
Morgan, Burgess - 73
Morgan, Henry B - 16
Morgan, Humphrey - 11, 73, 97, 103, 121, 127, 145, 156, 170
Morgan, Richard - 11
Moriarter - (see Moriatty)
Moriatty, John - 22, 42
Morrow, Adam - 22
Morrow, John - 49
Morrow, Peter - 23
Morrow, Robert - 23
Morton, John - 133, 151, 164
Moseley, James - 36, 38, 42, 45, 61, 63, 67, 69, 91, 93, 109, 111, 114, 117, 133, 135, 138, 151, 164
Moses - 36
Mossby, James - 26, 85
Mossby, William - 85
Mott, Sylvester - 109, 114, 133, 139
Mouks, Thomas - 42
Mourin, Blair - 36
Mourow, Margaret - 61
Mourow, William - 61
Mouser, Benj'n - 67, 117, 132, 138
Mouser, Jacob - 4, 23, 36, 42, 61, 67, 81, 85, 91, 109, 114, 151, 164
Mouser, James - 36, 42
Mouser, Peter - 23, 36, 42, 61
Mouser, Thomas - 109
Moxlea, John - 73, 79, 97
Moyers, William - 79
Mud, Edward - 170
Mullady, Thomas - 4, 7, 23, 26, 36,38, 42, 45, 61, 63, 67, 69, 85, 87, 91, 93, 109, 114, 132, 139, 151, 164
Mulloy, James - 151
Muma, Conrod - 61, 67
Munde, Michael - 164
Mundle, Michael - 91, 109, 115, 133
Munford, David - 90, 109
Munroe, William - 109
Murphy, Francis - 4, 23, 36, 42, 61, 67, 85, 91
Murphy, James - 4, 23, 36, 42, 55
Murphy, John - 4, 11, 23, 36, 42, 61, 67, 85, 90, 109, 115, 133, 139, 145, 151, 164
Murphy, Michael - 61
Murphy, Owen - 12, 17
Murphy, Walter - 30, 55, 73, 79, 97, 103, 121, 126, 145, 157, 170
Murphy, Widow - 114
Murphy, William - 11, 17, 30, 49, 55, 72, 79, 97, 103
Musgrove, Job - 151, 164
Musgrove, Moses - 109

Myers, George - 17, 30, 49, 55, 72, 79, 96, 97, 103, 121, 126, 145, 157, 170
Myers, Henry - 4, 23, 55, 72, 79, 97, 103, 121, 139, 151, 164
Myers, Jacob - 133, 145, 151, 157, 170
Myers, Jonathan - 17, 30
Myers, Martin - 72, 79, 97, 103, 121, 126
Myers, Peter - 151
Myers, William - 17, 30, 55, 73, 97, 103, 121, 126, 145, 157, 170
Naby, William - 4
Nail, John - 151
Nailer, William - 42, 61
Nash, John - 4, 23, 36, 42, 61, 67
Natt - 151
Naylor, William - 23, 36, 85, 91, 109, 115, 133, 139, 151, 164
Neal - (see Neale)
Neale, Barton - 36
Neale, Benjamin - 4, 23, 36, 42
Neale, Daniel - 61, 85
Neale, John - 36, 61, 85
Neale, Thomas - 42, 85, 91, 109, 133, 139, 151
Nedler, George - 49, 121, 157
Need, Jacob - 4
Needler George -- 17, 55, 73, 97, 103, 127, 145
Neel, John - 115
Neely, William - 97
Neff, Abraham - 4, 23, 36
Neff, George - 133, 139, 151, 164
Neff, John - 4, 23, 36, 42, 67, 85, 91, 103, 109, 115, 133, 139, 151, 164
Neioman, John - 42
Nelson, Benjamin - 109, 151
Nelson, George - 4, 23, 36, 42, 67, 85, 91
Nelson, James - 12, 17, 30, 49, 55, 73, 79, 97, 103, 121, 127, 145, 157, 170
Nelson John - 12, 36
Nelson, Ralph - 97, 103, 121, 127
Nelson, Richard - 12, 17, 30, 49, 55, 73
Nelson, Robert - 97, 103, 121, 127, 145, 157, 170
Nelson, Ross - 12, 17, 30, 49, 55, 73
Neptune, Widow - 91
Nesbitt, John - 164
Neuman, Solomon - 61
Nevile, William - 61
New, Henry - 4, 23, 36, 42, 61, 67, 85, 91, 109, 115, 133, 139, 151, 164
Newbanks, James - 73, 79, 97, 103
Newbanks, John - 12, 17, 30, 49, 55, 73, 79, 97, 103, 121, 127, 145, 157, 170
Newbanks, William - 49, 55, 79, 97, 103, 121
Newcom, Elijah - 4, 23
Newcom, Moses - 23, 61, 85, 109
Newel, John - 4, 12
Newel, William - 23, 36, 42, 67, 85
Newhouse, Benjamin - 4, 23, 36, 42, 61
Newhouse, John - 4
Newhouse, Thomas - 4, 23, 36, 42, 61
Newhouse, William - 4, 23
Newiam, Moses - 4
Newland, Ab'm - 87, 91
Newland, Isaac - 12, 17, 30, 49
Newland, Nicholas - 55, 73, 79, 97, 103, 121
Newland, Powel - 49, 55, 67, 73, 91, 109
Newland, Richard - 97
Newlin - (see Newland)
Newman, Christopher - 4, 23, 36, 42, 61, 67
Newman, George - 4, 23, 36, 42, 61
Newman, Isaac - 4, 23

INDEX

Newman, John - 4, 23, 36, 61, 67, 85, 91, 109, 115, 133, 151, 164
Newman, Joshua - 115
Newman, Margaret - 36
Newman, Samuel - 23, 36, 42, 61, 67
Newman, Solomon - 4, 23, 36, 42
Newman, Widow - 42, 67
Newman, William - 36, 42, 61, 67, 85
Nichols, Thomas - 79, 109
Nichols, John - 4
Nichols, Samuel - 4, 23
Nicholson, Thomas - 17, 30, 49, 55, 73, 97, 103, 121, 127, 145, 157, 170
Nieley, William - 103, 121, 127, 145, 157, 170
Nilson, N John - 17
Nipton, Ruth - 61
Nipton, Widow - 67
Nisbett, John - 151
Niston, John - 42
Nixon, George - 12, 17, 30, 49, 55, 73, 79, 97, 103, 121, 127, 157, 170
Nixon, Jonathan - 36, 42, 61, 67, 91, 109, 115, 133, 139, 151, 164
Nixon, Joseph - 121, 127, 145, 157, 170
Nixon, William - 103, 121, 127, 145, 157, 170
Nixson, Hugh - 4
Nixson, Jonathin - 4, 23
Norman, Basil - 12, 17, 151
Norman, John - 4, 36, 61, 67, 85
Norman, Ralph - 17
Normond, John - 23
Norris, Samuel - 17, 49, 55, 73
Nowel, John - 79, 97, 103
O'Ferrall, Ignatius - 160, 171
O'Harrow, James - 36
Oare, Thomas - 97, 103, 121, 127, 145, 157, 171
Oare, William - 97, 145, 157, 171
Oates, Christian - 97, 127, 145
Oates, Christopher - 157, 170
Oates, Daniel - 127
Oates, George - 145, 157
Oates, Jacob - 12, 17, 30, 49, 55, 73, 79, 97, 103, 121, 127, 145, 157, 170
Oates, John - 103, 121, 127, 145, 157, 170
Oats - (see Oates)
Obeian, Dennis - 30
Obryan, Charles - 85
OcHarsa, Daniel - 85
Cdle, Caleb - 4, 23, 36, 42, 61, 67
Odle, Joshua - 42, 61
Odle, William - 4, 23, 36, 43, 61, 67, 85, 109
Offerd, John - 12, 17, 30, 49, 55, 73, 79, 103, 121, 127
Offord - (see Offerd)
Offutt, James M - 123, 127, 129, 145, 147, 157, 160, 171, 173
Ofinity, Peter - 103
Ogan, Moses - 4, 23
Ogan, Peter - 12, 17, 30
Ogan, Samuel - 17, 30
Ogg, Ann - 12
OHarra, Dan'l - 91, 109, 115
OHarra, John - 85, 91
Oharrow, James - 4
Oharrow, John - 23, 42, 61, 67
Ohauver, George - 12, 17, 30, 49, 55, 73, 97, 103, 121, 127, 145, 157
Okelly, Patrick - 42
Olderton, William - 12

Oller, Peter - 12
Oneal, Barton - 4, 23, 42, 61
Oqueen, James - 12, 17, 30, 49, 55, 73, 79, 97
Oqueen, William - 55, 79
OQueen, Mary - 121
Oqueen's Administrators - 103
Oranduff, Benjamin - 30, 49
Oranduff, David - 121, 127, 145, 157
Orchard, Thomas - 4, 23, 37, 43, 67
Ore, William - 55, 121, 127
Orens, Thomas - 55
Orm, Thomas - 30, 49, 103
Orms, Thomas - 73, 79, 97
Orndorf, David - 171
Orr, Alexander - 17
Osburn, Charles - 17, 30
Osman, Charles - 49, 55
Othong, John - 12, 30, 49, 55, 73, 79, 103, 121, 127, 145, 157, 171
Otrouz - (see Othong)
Ott, Daniel - 157, 171
Ougan, Peter - 49, 55
Ouzan Hannah - 73
Ouzan, Peter - 73
Ozburn, Charles - 12
P?, Jonathan - 171
Painter, William - 109, 115, 133, 139, 151, 164
Paker, Peter - 133
Paler, Frederic - 30, 74, 79
Pancake, Abraham - 5, 24
Pancake, Isaac - 133, 139, 152, 164
Pancake, John - 5, 23, 37, 43, 62
Parish, Joseph - 97, 104, 122
Parish, William - 12, 97, 145
Park - (see Parke)
Parke, Amos - 12, 17, 30, 49, 56, 74, 79, 80, 97, 98, 104, 121, 122, 127, 145, 157, 158, 171
Parke, George - 12, 17, 49, 55, 73, 79, 98, 104, 121, 127, 145, 157, 171
Parke, Jacob - 171
Parke, James - 17, 30
Parke, John - 12, 17, 30, 49, 56, 73, 79, 97, 98, 103, 104, 121, 122, 127, 145, 157, 158, 160, 171
Parke, Samuel - 12, 17, 30, 49, 56, 73,79, 98, 104, 121, 127, 145, 157, 158, 171
Parke, Solomon - 49, 56, 74, 79, 97, 104, 122, 127, 145, 158, 164, 171
Parke, Timothy - 17, 30, 79
Parker, Absalom - 4, 23, 37, 43, 61, 67, 85
Parker, Benjamin - 4, 5, 23, 24, 37, 43, 61, 67, 85, 91, 109, 115, 133, 139, 151, 164
Parker, Doctor Robert - 98
Parker, Garret - 30
Parker, George - 139, 151
Parker, Grace - 104, 121, 128, 158, 171
Parker, Henry - 5, 24, 37, 43, 61, 67, 85, 91, 115, 164
Parker, Jacob - 5, 24, 37, 43, 61, 68, 85, 91, 115, 133, 139, 151
Parker, James - 4, 23, 37, 43, 61, 68, 85, 91, 109, 115, 133, 139, 151, 164
Parker, Job - 5, 24
Parker, John - 5, 12, 17, 24, 30, 37, 43, 50, 55, 61, 68, 74, 80, 115, 133, 139, 164
Parker, Jonathan - 4, 24, 37, 43, 61, 68, 91, 109, 115, 133, 151
Parker, Peter - 5, 23, 37, 43, 62, 68, 85, 91, 109, 115, 133, 139, 151, 164
Parker, Peter C - 152, 164
Parker, Robert - 5, 12, 17, 24, 30, 37, 43, 50, 55, 62, 68, 73, 74,

INDEX

79, 80, 97, 104, 115, 122, 127, 145, 152, 157, 164, 171
Parker, Soloman – 37, 43, 61, 67, 91, 109, 115, 133, 139, 151
Parker, Thomas – 5, 24, 37
Parker, William – 12, 17, 30, 50, 85
Parkes – (see Parke)
Parmer, Joseph – 30, 109
Parmer, Peter – 23
Parrel – (see Parrell)
Parrell, Edward – 12, 17, 30, 49, 56, 73, 79, 97, 103, 121, 127, 145, 157, 171
Parrell, John – 17, 30, 49, 80, 98, 104, 122, 127
Parrell, Joseph – 17, 49, 56, 73, 80, 97, 103, 121, 145, 157, 160, 171
Parrell, William – 17, 30, 49, 56, 97, 103, 122, 127, 157
Parrile, Baswell – 43
Parrill, Abraham – 171
Parrill, John – 23, 56
Parrill, Joseph – 127, 171
Parrill, William – 73, 80, 160, 171
Parrish, William – 17, 30, 50, 56, 73, 79, 103, 122, 127, 145, 157, 171
Parrott, Christopher – 133, 139, 152, 164
Parrott, John – 152, 164
Parry, Roland – 104
Parson – (see Parsons)
Parsons, Andrew – 151
Parsons, David – 5, 24, 37, 43, 61, 68, 85, 91, 109, 115, 133, 139, 151, 164
Parsons, James – 5, 23, 37, 43, 61, 68, 85, 91, 109, 115, 133, 139, 151, 164
Parsons, Thomas – 5, 23, 37, 43, 62, 68, 85, 91, 109, 115, 133, 139, 151, 164
Paschal, David – 103, 121, 127, 145
Paschal, William – 97
Pashal, David – 157, 171
Pashel, John – 12
Patch, Isaac – 91, 109
Paterson, John – 104
Patik, Jacob – 73
Patrick, Alexander – 5, 24, 37, 43
Patruff, Andrew – 151
Patterson, Alexander – 145, 157
Patterson, James – 12, 17, 30, 49, 55, 68, 74, 80, 97, 104, 121, 128
Patterson, John – 56, 79, 97, 121, 127, 145, 158, 171
Patterson, Robert – 145, 157, 171
Patterson, Tho's – 68
Pattersons Executors – 145
Paugh, John – 37, 43, 62, 68, 91, 109
Paugh, Michael – 37, 43, 62, 68, 85, 91, 109, 115, 133, 139, 152, 164
Paugh, Nicholas – 68, 85, 91, 109, 115, 139, 152, 164
Paugh, William – 37, 43, 62, 67, 91, 115, 133, 139, 152
Payne, George – 23, 43, 68
Peal, Geo – 109, 155
Peal, James – 109, 133, 139
Pearcall, John – 133
Pearce, John – 68, 152
Pearl, Baswell – 62, 68
Pearsall, Hanah – 139
Pearsall, John – 43, 62, 109, 115
Pearu, John – 43
Peatt, Cornelius – 37
Peatt, Moses – 37, 139, 152, 164
Peatt, William – 37, 68, 115, 133, 139, 152
Peck, Thomas – 37, 43
Pecker, Garret – 12, 17

Peerce, Benoni – 5
Peerce, John – 85, 153, 164, 166
Pegg, Nathan – 79
Pegg, Thompson – 49, 55, 73, 79, 97, 103
Peirce, Benoni – 23, 37
Pennington, Abraham – 127, 145, 157, 171
Pennington, Elijah – 12, 17, 30, 49, 56, 73, 80, 97, 103, 122, 128, 145, 157, 171
Pennington, Jacob – 17, 30, 49, 55, 73, 79, 97, 104, 122, 127, 145, 157, 171
Pennington, James – 157, 171
Pennington, Thomas – 128, 145, 157, 171
Pennington, William – 157
Peppers, Henry – 12, 17, 30, 49, 56
Peppers, Jacob – 171
Peppers, John – 12, 17, 30, 49, 56, 73, 80, 97, 103, 121, 127, 145, 157, 171
Peppers, Phillip – 12, 17
Perrel, William – 12
Perrell, John – 12
Perril, Basil – 37
Perril, John – 12
Perrine, Patrick – 37
Perry, John – 49
Perry, Michael – 109
Perry, Peter – 109
Perry, Roger – 152, 164
Perry, Roland – 97, 157, 171
Peter & J Hafleigh – 87
Peter – 43, 68
Peters, Jacob – 5
Peters, James – 12, 17, 49, 56, 73, 79, 97, 98, 104, 121, 127, 145, 158, 171
Peters, John – 5, 12, 17, 23, 30, 37, 43, 49, 55, 56, 73, 74, 79, 80, 97, 98, 103, 104, 121, 127, 145, 157, 171
Peters, Joshua – 12, 17, 30, 49, 56, 73, 80, 97, 104, 121
Peters, Phillip – 17, 30, 49, 56, 73, 79, 97, 98, 104, 121
Peters, Samuel – 56, 73, 79, 97, 103, 121, 127, 145
Peters, Tunis – 12, 17, 49, 56, 73, 80, 98, 104, 121, 127, 145, 157, 171
Peters, William – 127
Pettet, Thomas – 17, 30, 49, 55, 73, 80, 98, 103, 121, 127, 145, 157, 171
Peyat, Moses – 62
Peyatt, Cornelious – 5, 23
Peyatt, William – 5, 23
Philips, Plunket – 12, 17, 49, 98, 103, 122, 127, 145, 158, 171
Picay, Henry – 17
Pickering, Benjamin – 171
Pickering, Enos – 30
Pickeror, Enos – 12
Pickins, Levi – 85
Pierce, Daniel – 12, 17, 30, 49, 57, 73, 80, 97, 104, 121
Pierce, Elijah – 121
Pierce, Ezekiel – 56, 73, 80, 97, 104, 121
Pierce, John – 23, 91, 109, 115, 133, 139
Pierceall, Hannah – 151
Pierceall, Widow – 164
Piersall, John – 37, 68
Pig, Thompson – 17, 30
Pigman, Mathew – 5, 23, 37, 43, 61, 68
Pilcher, Elijah – 5, 23
Pilcher, James – 5, 23, 37, 43, 62, 67, 85
Pilcher, Stephen – 5, 23, 37, 43, 62, 68
Pilcher, William – 5, 23, 37, 43, 62, 67, 85
Pilson, William – 30
Pinkering, Enos – 49

INDEX

Pipel, David - 127
Piper, John - 85, 91, 109, 115, 133, 135, 139, 141, 151, 164
Pland, Aaron - 151
Plank, Jacob - 5, 23, 37, 62
Plank, James - 68
Plum - (see Plumb)
Plumb, Abraham - 5, 23, 37, 43, 61, 67, 91, 104, 109, 115, 122, 128, 133, 139, 145, 151, 157, 164, 171
Plumb, Henry - 115, 133, 139, 151
Plumb, John - 5, 23, 37, 43, 61, 67, 85, 91, 109, 115, 133, 139, 151, 164
Plummer, Obadiah - 37, 43, 62, 68, 91, 115, 133, 139, 152, 164
Plunket, Henry - 30
Poland, Aaron - 91, 139
Poland, Amos - 37, 43, 68, 91, 109, 115, 133, 139, 151, 164
Poland, Andrew - 37, 61, 91
Poland, John - 5, 24, 37, 43, 61, 68, 85, 91, 109, 115, 133, 139, 151, 164
Poland, Robert - 85, 91, 109, 115, 139, 151, 164
Poland, Samuel - 24, 30, 61, 80, 104, 139, 152, 164
Poland, William - 61, 109
Polland - (see Poland)
Polson, William - 17
Poncrotz, Leonard - 109, 115, 133, 139
Pool, Asberry - 104
Pool, Esther - 104, 122, 127, 145, 157, 171
Pool, Henry - 97, 104, 122, 127, 145, 157, 171
Pool, Robert - 97, 104, 122, 128, 157
Pool, William - 12, 17, 30, 49, 55, 73, 79, 97, 104, 122, 127, 145, 157, 171
Porter, Nicholas - 73, 97, 103
Porter, Philip - 12, 127, 171
Porter, Robert - 79, 98
Porter, Sarah - 17
Porterfield, John S - 139, 141, 151
Portmess, Adam - 12
Poston, Alexander - 49, 56, 73, 80, 97, 103, 121, 127, 145, 158, 171
Poston, Elias Executors - 171
Poston, Elias - 12, 17, 30, 104, 121, 128, 145, 157, 160, 171
Poston, Rebecca - 49, 56, 74, 79
Poston, Richard - 128, 145, 158, 171
Poston, Samuel - 12, 17, 30, 49, 56, 73, 80, 97, 103, 121, 145, 158, 171
Poston, William - 30, 49, 56, 73, 80, 97, 103, 121, 128, 145, 158, 171
Potts, David - 5, 24, 37, 43
Potts, James - 37, 43
Pough, John - 5, 23
Poulison - (see Powelson)
Poulison, Cornelius - 30
Poulison, John - 30
Poulison, Rynier - 17, 30
Poulson - (see Powelson)
Powel, Dade - 145, 157, 171
Powel, Henry - 59, 56, 73, 79, 97, 104, 122, 127, 145, 157, 171
Powel, James - 12, 17, 30, 49, 56, 74, 79, 97, 104, 121, 127, 145, 157, 171
Powel, Robert M - 171
Powel, William - 79, 97, 104, 121, 127, 145, 157, 171
Powelson, Abraham - 5, 24, 37, 43, 62, 68
Powelson, Andrew - 62
Powelson, Charles - 17, 30, 49, 55, 73, 79, 97, 104, 122, 127, 145, 157, 171
Powelson, Conrad - 73, 80
Powelson, Cornelius - 12, 17, 49, 50, 55, 62, 68, 73, 80, 98, 104, 122, 127, 145, 158, 171
Powelson, Elisha - 68
Powelson, Henry - 37, 43, 62, 68, 85, 91, 109, 115, 133, 139, 151, 164
Powelson, John - 12, 50, 56, 62, 68, 73, 80, 85, 98, 104, 122, 127, 145, 158, 171
Powelson, Lewis - 103, 121, 127, 145, 158, 171
Powelson, Rynier - 50, 55, 73, 80, 97, 104, 122, 127, 145, 158, 171
Powelson, Wm - 68
Powers, Edward - 79, 98, 104, 122
Powers, John - 122, 127, 145, 171
Powers, Stephen - 12, 30, 50, 56, 73, 74, 79, 80, 97, 98, 104, 122, 127, 145, 146, 157, 158, 171
Powlison - (see Powelson)
Pownall, Elisha - 17, 49, 55, 73, 79, 97, 103, 121, 145, 157, 171
Pownall, George - 17, 30, 50, 55, 73, 79, 80, 97, 103, 121, 127
Pownall, Isaac - 17, 30, 49, 50, 55, 73, 79, 97, 104, 122, 127, 145
Pownall, John - 17, 30, 50, 55, 73, 80, 97, 103, 121, 127, 145, 157, 171
Pownall, Jonathan - 17, 30, 50, 55, 73, 104, 121, 122, 127, 145, 157, 158, 171
Pownall, Joshua - 50, 55, 73, 79, 97, 103, 121, 127, 145, 157, 171
Pownall, Martha - 157
Pownall, Thomas - 122, 127, 145, 157, 171
Powner, Elisha - 12, 30
Powner, George - 12
Powner, Isaac - 12
Powner, John - 12
Prather, Bazel - 115
Prather, Silas - 104, 121, 127, 145, 158, 171
Prianius, Negro - 97
Price, Arjalon - 4, 23, 37, 43, 61, 67, 91, 109, 115, 133, 139, 151, 164
Price, Elizabeth - 164
Price, G W - 7, 61
Price, George - 4, 23, 26, 37, 68, 85, 91, 109
Price, Ignatius - 109, 115, 133, 139, 151, 164
Price, James - 158, 171
Price, John - 4, 23, 37, 43, 62, 68, 85, 109, 133, 139, 151, 152, 164
Price, Nathan - 5, 23, 37, 43, 68, 85, 91, 109, 115, 133, 139, 152, 164
Price, Nathaniel - 43, 62
Price, Silas - 4, 23, 62, 68, 91, 93, 109, 111, 115, 117, 133, 135, 139, 141, 151
Price, William - 23, 37, 61, 68, 69, 85, 109, 152, 164
Prichard, George - 62, 68, 91, 109
Prichard, John - 109, 115, 128, 145
Prichard, Rees - 128, 157, 171
Prichard, William - 91
Prichet, Charles - 139
Prichet, John - 139
Prichhard, George - 37, 43, 157
Primm, John - 5, 23
Princrots, Leonard - 85
Prine, Patrick - 5, 24
Pritchard, Geo - 23
Pritchard, Rees - 12
Pritchet, Aaron - 152
Pritchet, Charles - 152
Pritchet, John - 85, 152, 164
Pritchett, George - 5, 85
Probasco, John - 98

INDEX

Probasco, Samuel - 79, 103, 122, 127, 145, 157, 171
Pry, Conrad - 109, 115
Pry, Geo - 91
Pry, John - 164
Pry, Windle - 4, 23, 43, 62, 68, 109, 115, 133, 139, 152, 164
Pugh, Abraham - 17, 30, 50, 56, 74, 79, 97, 104, 121, 127, 157, 171
Pugh, Abram - 12
Pugh, Annanias - 12
Pugh, Azaria - 127, 146, 157, 171
Pugh, Benjamin - 103
Pugh, Bethel - 12, 17, 30, 49, 56, 73, 74, 80, 85, 97, 104, 127, 145, 158, 171
Pugh, David - 12, 30, 49
Pugh, Eli - 12, 17, 30, 50, 56, 169
Pugh, Hamariah - 30
Pugh, Jacob - 12, 17, 30, 50, 56, 74, 121, 128, 145, 157, 171
Pugh, Jesse - 12, 17, 30, 49, 73, 74, 79, 98, 103, 104, 121, 127, 145, 157, 171
Pugh, John - 17, 49, 80, 97
Pugh, Jonathan - 12, 17, 30, 49, 56, 73, 80, 97, 104, 121, 127, 145, 157, 171
Pugh, Joseph - 12, 17, 30, 49, 56, 73, 79, 97, 103, 121, 127, 145, 158, 171
Pugh, Mahlon - 12, 17, 30, 50, 56, 74, 79, 104
Pugh, Michael - 17, 30, 49, 79, 98, 127
Pugh, Mischael - 56, 73, 103, 121, 145, 157, 171
Pugh, Robert - 12, 17, 30, 49, 56, 74, 79, 97, 103, 128, 145, 157, 171
Pugit, Henry - 133
Puk, Thomas - 4, 23
Pullen, Thomas - 23, 37
Punerotz, Leonard - 91
Purcall, John - 4, 23, 85, 91
Purget, Frederick - 37, 91, 115, 133, 139, 151, 152, 164
Purget, Henry - 37, 43, 61, 62, 67, 68, 85, 91, 109, 115, 133, 139, 152, 164
Purget, Jacob - 37, 43, 62
Purget, John - 37, 43
Purgett - (see Purget)
Purgit - (see Purget)
Pursall, John - 62
Pursinger, Conrod - 23
Pussinger, Conrod - 4
Putman, Jacob - 5, 23, 37, 43, 62, 68, 85, 91, 115, 133, 139, 151, 164
Putman, Peter - 4, 23, 37, 43, 62, 68, 85, 109, 115, 133, 139, 151, 164
Putman, Philip - 5, 23, 37, 62, 43, 68, 85, 91
Quaintance, Joseph -- 12, 17, 37
Quaintance, Samuel - 17
Queen, Absalom - 146, 158, 171
Queen, Denis - 85, 104, 122, 128, 146, 158, 164, 171
Queen, John - 30, 50, 56, 74, 80, 98, 104, 122, 128, 146, 158, 171
Queen, Jonah - 30, 50, 56, 74, 80, 98
Queen, Patrick - 5, 24, 43
Quin, Andrew - 37, 43
Quin, Patrick - 37
Race, John - 80, 133, 139, 165
Race, William - 80, 98, 104, 122, 146, 158
Racey, Elisabeth - 171
Racey, John - 104, 122, 128, 146, 158, 171
Racey, Luke - 50, 56, 74, 80, 98, 104, 122, 128, 146, 158
Racey, Thomas - 56, 98, 104, 122, 128, 146, 158, 171
Racey, William - 104, 122, 128, 146, 158, 171
Racy, Charles - 68

Ragan, Ely - 68
Ragar, Leonard - 12, 18
Ralf, Richard - 152, 165
Ranalds - (see Rannels)
Ranals - (see Rannels)
Randale - (see Randall)
Randall, James - 5, 24, 37, 43, 62, 68, 86, 91, 115, 133, 139, 152, 165
Randles, Robert - 86
Ranels - (see Rannels)
Ranier, Daniel - 86, 91
Rankin, John - 43, 109, 115, 133, 152, 164
Rannalds - (see Rannels)
Rannels, James - 5, 24, 37, 43, 62
Rannels, John - 24, 37, 43
Rannels, Pelly -- 37
Rannels, Robert - 5, 24, 37, 43, 62, 91, 109, 115, 133, 139, 165
Rare, Charles - 5
Raridan, Richard - 37, 43, 62, 68
Rary, Charles - 43, 62
Rau, John - 12, 152
Ravencroft - (see Ravenscroft)
Ravenscroft, Charles - 43, 62, 68, 85, 91, 109, 115, 139, 152, 165
Ravenscroft, Edward - 91, 165
Ravenscroft, Francis - 5, 24, 37, 43, 62, 68, 86, 91, 109, 155, 133, 139, 152, 165
Ravenscroft, James - 43, 62, 68, 86, 91, 109, 115, 133, 139, 152, 165
Ravenscroft, John - 5, 24, 37, 38, 43, 45, 62, 68, 86, 91, 109, 115, 133, 139, 152, 165
Ravenscroft, Samuel - 5, 24, 37, 43, 62, 68, 86, 91
Ravenscroft, Thomas - 86, 115, 133, 152
Ravenscroft, Widow - 86
Ravenscroft, William - 5, 24, 37, 62, 68, 86, 91, 92, 109, 165
Ravincroft - (see Ravenscroft)
Ravinscraft - (see Ravenscroft)
Ravinscroft - (see Ravenscroft)
Rawhouser, Jacob - 133, 152, 165
Rawlings, Benjamin - 24, 92, 109, 115, 133, 139, 152
Rawlings, Elijah - 5, 24, 43, 62, 86, 91, 109, 115, 133, 139, 152, 164
Rawlings, M - 164
Rawlings, Moses - 5, 24, 37, 43, 62, 68, 85, 91, 109
Rawlins - (see Rawlings)
Rawlins, Benjamin - 5, 37, 62, 86
Ray, Charles - 37
Rea, Aron - 56, 74
Rea, Bazil - 128, 158, 171
Rea, John - 133, 139
Ready, Charles - 85
Reagle, George - 146
Reasnor - (see Reasoner)
Reasnor, Widow - 43
Reasoner, Catherine - 24
Reasoner, Caty - 5
Reasoner, John - 5, 24, 37, 43, 62, 68, 69
Reasoner, Peter - 5, 24, 37, 43
Reasoner, Widow - 37
Reasor, Jacob - 115, 133, 139
Reck, Jacob - 37
Recter, Conway - 37, 43, 62, 68, 86, 91, 109, 115, 133, 139, 152, 165
Rector - (see Recter)
Redburn, John - 80
Redding, James - 74, 98
Reed & Vandiver - 87, 93

205

INDEX

Reed, Aaron - 24
Reed, Benj - 152
Reed, Charles - 91, 109, 115, 133, 139, 152, 165
Reed, George - 24, 37, 43
Reed, Ja's Executors - 160, 171
Reed, Jacob - 5, 24, 37, 43, 62, 68, 85
Reed, James - 45, 69
Reed, James - 24, 26, 37, 38, 43, 62, 63, 68, 85, 87, 91, 93, 109, 115, 128, 146, 158, 171
Reed, Jeremiah - 12, 17, 31, 56, 171
Reed, John - 74, 98, 139, 165
Reed, Nancy - 146, 158, 171
Reed, William - 5, 24, 37, 43, 62, 68
Reeder, Daniel - 12
Reeder, James - 50, 56
Reeder, John - 17, 50, 56, 80, 98, 104, 122, 128
Reeder, Joseph - 12
Reeder, William - 12, 17, 30, 50, 56, 80, 98, 104, 122, 128
Reeds, George - 12
Reeley, Tho's - 139
Rees, Thomas - 5, 24, 37, 43, 62, 68, 85, 91, 109, 115, 133, 139, 152, 164, 165
Rees, William - 5, 24, 37, 43, 62, 68, 86, 91, 109, 115, 133, 139, 152, 165
Reese - (see Rees)
Reeser, Jacob - 56, 74, 80, 98, 165
Regle, George - 158
Reid & OHarra - 111
Reid, Jeremia - 50, 74, 80, 98, 104, 122, 182, 146, 158, 171
Reid, John - 50, 56, 80, 104, 122, 128, 158, 171
Reiley, Alexander - 86, 115, 133, 139
Reiley, Elijah - 115, 133
Reiley, James - 139
Reiley, Samuel - 91, 133
Reiley, Tho's - 133
Reiley, Widow - 91, 115
Reiser, Jacob - 31
Relf, Richard - 92
Rennard, Abraham - 74
Renner, Abraham - 12
Rera, Charles - 24
Resor, Jacob - 12
Resor, John - 12
Rey, Aron - 50
Reynolds, Robert - 68, 152
Reynolds, Widow - 68
Rhodes, Thomas - 5, 37
Rice, Philip - 152
Richards, Godfrey - 43, 62, 68, 85, 91, 109, 115, 133, 139, 152, 165
Richards, Jacob - 152, 165
Richards, Wm - 88
Richcreek, Gasper - 24
Richmond, James - 104, 122, 128, 146, 158
Richmond, William - 12, 18, 30, 50, 74, 80, 98, 104, 146, 158, 171
Ricke, Willi - 62
Rickerick, Casper - 12
Rickey, Thomas - 86
Rickey, William - 5, 24, 37, 85, 91, 109, 115, 133, 139
Rider, Thomas - 104, 122, 128
Right, James - 37
Rigle, George - 128
Riley, Alex'r - 165
Riley, Elijah - 165
Riley, Isabella - 152, 165
Riley, Samuel - 152, 165

Riley, Thomas - 152, 165
Riley, Widow - 37
Riley, William - 165
Rine, John - 30
Rinehart, Abraham - 18, 30, 31, 50, 56, 74, 80, 98, 104, 122, 128, 146, 158, 171
Rinehart, Andrew - 158, 171
Rinehart, George - 5, 24, 43, 62, 68, 86, 61, 109, 115, 133, 139, 152, 165
Rinehart, Henry - 30, 50, 56
Rinehart, John - 12, 24, 30, 50, 56, 74, 80, 98, 115, 133, 139
Rinkard, George - 37
Rinker, John - 5, 24, 37, 85, 91, 109, 115, 133, 139, 152, 165
Rinker, Joseph - 158, 165
Rinker, Samuel - 12, 18, 31, 50, 74, 98, 104, 122, 128, 158
Rinnard, Abraham - 17, 31, 56
Riorden, Richard - 24
Rison, John - 50, 56, 74
Rison, Rawleigh - 31, 56, 74
Rison, Thomas - 31, 50, 56, 74
Risser, Jacob - 17
Risser, John - 18
Roach, Widow - 91, 109, 115
Robards, Charles - 74
Robards, John - 12
Roberts, Charles - 80, 98
Roberts, Eli - 152
Roberts, Elijah - 5, 24, 37, 62, 85, 68, 91, 109
Roberts, Garsham - 37, 43, 62, 109, 139, 152, 165
Roberts, John - 24
Roberts, William - 5, 24, 37, 43, 62, 68, 85, 91, 92, 109, 115, 139
Robertson, John - 74
Robertson, Solomon - 115, 133, 139
Robey, John - 17, 50
Robey, Vincent - 115, 133, 139, 152
Robins, Benjamin - 43
Robinson, Benjamin - 80, 98, 104, 122, 128, 158, 171
Robinson, Charles - 18
Robinson, Hannah - 12
Robinson, James - 98
Robinson, John - 12, 17, 80, 98, 104, 122, 128, 146, 158, 171
Robinson, Richard - 12, 31, 98, 128
Robison, Charles - 30, 50, 56, 74
Robison, John - 17, 31, 50, 56, 74, 104, 122, 128, 146, 158, 171
Robison, Richard - 17, 50, 56, 74, 80, 104, 122, 146, 171
Roby, John - 12, 30, 56, 80
Roby, Notley - 5
Roby, Vincent - 92, 165
Rock, Caty - 5, 24
Rock, Henry - 152
Rock, Jacob - 62
Rock, James - 109, 115, 139
Rock, Robert - 62
Rodes, Thomas - 24
Rodgers, Aron - 74, 80, 98, 128, 146, 158, 171
Rodgers, Arthur - 5, 74, 80, 92
Rodgers, Benjamin - 152
Rodgers, David - 56, 80, 98, 104, 122
Rodgers, James - 5, 37, 43, 62, 68, 92
Rodgers, John - 165
Rodgers, Martha - 37, 62, 68
Rodgers, Mary - 128, 171
Rodgers, Owen - 17, 18, 24, 31, 50, 56, 74, 80, 98, 104, 122, 128, 146, 158, 171
Rodgers, Patrick - 50, 56, 74, 80
Rodgers, Rhodam - 133, 139, 152, 164
Rodgers, Robert - 12, 17, 19, 50, 51, 56, 57, 74, 75, 80, 81, 98,

206

INDEX

99, 104, 122, 128, 146, 158, 160, 171
Rodgers, Thomas – 12, 17, 56, 74, 80, 98, 104, 146
Rodgers, William – 5, 24, 37, 43, 62, 68, 85, 91
Rodrock, Abraham – 24, 37, 43, 62, 68, 86, 91, 109, 115
Rodrock, Andrew – 5, 24, 37, 43, 62
Rodrock, Daniel – 37, 43, 62, 68, 85, 91, 109, 115
Rodrock, Frederick – 109
Rodrock, Lewis – 24, 37, 43, 62, 92, 109
Rodrock, Ludwick – 92
Rodtrock – (see Rodrock)
Rodtruck – (see Rodrock)
Roe, James – 80
Rogers – (see Rodgers)
Rolins – (see Rawlings)
Rollins – (see Rawlings)
Rooff, Chris'n – 133
Roos, Christian – 68
Roose, Wm – 68
Rooseboom And – 43
Rooseboom, Hendrick – 5, 24, 37, 43, 62, 86, 91, 109
Rose, Thomas – 43, 62, 85
Rose, William – 85, 91
Roseboom – (see Rooseboom)
Rosebrough, Charles – 171
Rosebrough, John – 12, 17, 31
Rosenberry, John – 12, 17, 30, 50, 56, 74, 80, 98, 104, 122, 128, 146, 158, 171
Ross, Christian – 43
Ross, Joseph – 158, 170
Rotrock – (see Rodrock)
Rotruck – (see Rodrock)
Roush, John – 31
Routh, Stephen – 62
Rowe, James – 74, 104
Royce, Daniel – 12, 18, 31, 50, 56
Royce, Edward – 128, 146
Royce, Frederic – 158
Royce, Hannah – 74
Royce, John – 12, 31
Royce, Sara – 80, 98, 104, 122, 128, 146, 158, 171
Rubart, William – 5, 24
Ruckman, Catherine – 171
Ruckman, Jacob – 31, 50, 56, 74, 80, 98, 128, 146, 158
Ruckman, John – 30, 31, 50, 56, 74, 80, 98, 104, 122, 128, 146, 158, 171
Ruckman, Joseph – 98, 104, 122, 128, 146, 158, 171
Ruckman, Peter – 31, 50, 56, 74, 80, 98, 104, 122, 128, 146, 158, 171
Ruckman, R Jacob – 122
Ruckman, Richard – 18, 30, 50, 56, 74, 80, 98, 104, 122, 128, 146, 158, 171
Ruckman, Samuel – 12, 17, 18, 30, 31, 50, 56, 74, 80, 98, 104, 122, 128, 146, 158, 171
Ruckman, Thomas – 12, 18, 31, 50, 56, 74, 80, 98, 104, 122, 128, 146, 158
Ruckman, Wilson – 171
Ruff, Christan – 24
Rukey, William – 165
Ruktor, Conway – 5, 24
Rurier, Daniel – 62
Ruse, Christian – 109
Ruser, Jacob – 50, 152
Rush, Francis – 85, 92, 109, 133, 152, 165
Rush, John – 17
Rushy, Francis – 115
Russel, Samuel – 50, 74, 80, 98, 104, 128, 158, 171
Russel, William – 50, 98, 171

Russell, Anthoney – 165
Ryan, William – 104, 122
Ryley, Widow – 62, 68
Sabring, John – 31
Sage, James – 165
Sage, Samuel – 5, 24, 37, 62, 68, 86, 92, 110
Saintclair, Robert – 152, 165
Sampey, Daniel – 50
Sample, Sam'l – 139
Sampsey, Daniel – 56
Sands, Bryan – 134
Sands, John – 24, 37, 43, 62, 68, 86, 110
Sandy, James – 133, 140, 165
Sandy, Philip – 165
Sandy, William – 110, 116, 134, 140, 152, 165
Sanford, Widow – 24, 37
Sanford, William – 5
Saterfield, James – 13, 31
Saterfield, William – 13, 31, 50, 57
Satterfield – (see Saterfield)
Savage, James – 133
Savage, John – 5, 24
Savage, Patrick – 5, 24, 37, 44, 62, 68, 86, 92, 110, 115, 133, 139, 152, 165
Savall, Thomas – 50, 56
Savars, Nicholas – 24
Savault, Thomas – 13
Savers, Nicholas – 5
Savill, Joseph – 13, 18, 31, 50, 56, 74, 80, 98, 104, 122, 128, 146, 158, 171
Savill, Oliver – 31, 50, 56, 74, 80, 98, 104, 122, 128, 146, 158, 171
Savill, Thomas – 31
Saville – (see Savill)
Savor, Nicholas – 43, 62, 86
Scadden, Aethrum – 68
Scadden, Thomas – 37, 44, 68
Scardin, Thomas – 5, 24
Schon, John L – 116
Schriver, John – 44
Schrock, William – 86, 92, 110, 115, 133, 139, 152, 165
Schwier, Jacob – 50
Sciance, Peter – 134
Scott, Andrew – 57
Scott, James – 24, 43, 62, 68, 86, 92
Scrichfield, Joseph – 5, 24, 43, 62, 68, 86, 92, 110, 116, 134, 140, 152, 165
Seabring, John – 50, 56, 74, 80, 98, 104, 122, 128, 146, 158, 172
Seadden, Aurthor – 43
Seahon, John L – 134
Sechrist – (see Seechrist)
Seders, Jessee – 98, 152
Seebold – (see Seibole)
Seebring – (see Seabring)
Seechrist, Andrew – 171
Seechrist, Frederick – 18, 50, 56, 74, 80, 122, 146, 160
Seechrist, Henry – 128
Seekrist – (see Seechrist)
Segirl, Thomas – 165
Sehon, John L – 140
Seibole, Eckibud – 128, 146
Seibole, Jacob – 80, 98, 105, 122, 128, 146, 158, 172
Seibole, James – 57, 128, 146, 158
Seiras, Abraham – 13
Selbey, Nathan – 110
Selby, John – 13, 18, 31, 50, 56, 74, 80, 98, 104, 122, 128, 146, 158, 172

207

INDEX

Selby, Joshua - 13, 18, 31, 50, 56, 74, 98
Selby, Nathan - 13, 18, 31, 50, 56, 68, 80, 86, 92, 98, 104, 122
Selby, Nathaniel - 13
Selby, Thomas - 92
Selby, Walter - 44, 62
Severs, Nicholas - 68, 92
Sewell, John - 92
Seygull, Thomas - 152
Seyler, Jacob - 57, 74, 104, 122, 128, 146
Seyler, Peter - 74, 98, 104
Seyley, Jacob - 50
Seymore & Vanmeter - 116
Seymore, Garret - 140, 152, 165
Shafer, Christopher - 43
Shafer, David - 50, 56, 74, 80, 98, 104, 122, 128, 146, 158, 172
Shafer, Jacob - 98, 104
Shafer, John - 172
Shafer, Martin - 18, 31, 50, 56, 74, 80, 98, 104, 122, 128, 146, 158, 172
Shafer, Peter - 128, 146, 158
Shaffer, Christopher - 37
Shafter, Peter - 172
Shamblin, Isarah - 92
Shamblin, Josaiah - 5, 24
Shambough, Lewis - 74, 80, 98
Shamlin, Isiah - 37
Shamlin, Josias - 68
Shane, George - 5, 24
Shank, George - 13, 18, 31, 50, 62, 68, 92, 110, 116, 134, 139, 152, 165
Shank, Henry - 18
Shank, Jacob - 165
Shank, John - 31, 43, 56
Shank, Joseph - 13, 18, 31, 50, 56, 74, 80, 98, 105, 122, 128
Shank, Michael - 56, 74, 80, 98, 105
Shank, Nicholas - 56, 92, 110
Shank, Philip - 18, 31, 43, 62, 68, 69, 109
Shank, William - 56, 74
Shanks - (see Shank)
Shannon, Andrew - 152, 165
Shannon, John - 62
Shannon, Thomas - 5, 24, 37, 44, 68, 92, 110, 116, 134, 139
Sharadan, Paul - 110
Sharadine, John - 5, 24
Sharadine, Paul - 5, 24
Sharadon, Abraham - 134
Sharfe, George - 12, 18, 31, 50, 56, 74, 80, 98, 104, 122, 128, 146, 158, 172
Shark, Philip - 92
Sharpless, David - 43, 68, 86, 110
Sharpless, Jesse - 5, 24, 43, 68, 86, 92, 110, 134, 140, 152, 165
Sharps, Dan'l - 116
Sharraden, Paul - 86, 92, 116
Shaver, Christopher - 24
Shaver, Samuel - 74, 80, 98, 104, 122
Shaw, Robert - 50
Shawlin, Isaih - 44
Shearwood, John - 12, 98
Shearwood, Leonard - 98
Sheep, John - 5, 24, 43, 110, 116
Sheerer, James - 158, 172
Sheerwood, John - 104, 128, 158
Sheerwood, Johnsey - 158
Sheerwood, King - 128, 158

Sheetz, Ann - 62
Sheetz, David - 140
Sheetz, Frederick - 5, 24, 43. 62, 68, 86, 92, 110, 116, 134, 140, 152, 165
Sheetz, Geo - 110
Sheetz, Henry - 5, 44
Sheetz, Jacob - 5, 24, 43, 68, 92
Sheetz, John - 5, 24, 43, 62, 68
Sheetz, Michael - 5, 24, 37, 43, 44, 62, 68, 86, 92, 152
Sheetz, Otho - 110, 116, 134, 140, 152, 165
Sheetz, Widow - 43, 68
Shepard - (see Shepherd)
Shepherd, John - 5, 24, 44, 62
Shepherd, Jonathan - 5, 24
Shepherd, Presley - 50
Sheriff, Benjamin - 68, 86, 92, 110, 116, 134, 165
Sherradin, Abraham - 62
Sherradin, John - 62
Sherradin, Paul - 43, 62
Sherrard, Robert - 57, 74, 75, 80, 81, 98, 99, 105, 122, 123, 128, 129, 146, 147, 158, 160, 172, 173
Sherwood, John - 18, 31, 50, 57, 74, 80, 122, 146
Sherwood, Johnsey - 146, 172
Sherwood, King - 146
Shewbridge, John - 18
Shields, David - 44, 116, 152, 165
Shillenburgh, William - 62, 86, 92, 110, 115, 133, 140, 152, 165
Shillingburgher, William - 44
Shim, David - 13
Shin, David - 18, 31, 98, 105, 122, 128, 146, 158, 160, 171
Shin, Samuel - 122, 146, 171
Shingleton, Absalom - 104, 122, 128, 146, 158, 171
Shinholt - (see Shinholtz)
Shinholts - (see Shinholtz)
Shinholtz, Jacob - 31, 50, 57, 74, 80, 98, 105, 128, 146, 158, 172
Shinholtz, John - 80, 98, 104, 128, 146, 158, 171
Shinholtz, Peter - 13, 18, 31, 50, 57, 74, 80, 98, 104, 122, 128, 146, 158, 171, 172
Ship, Godfrey - 62, 68, 86, 92, 110, 116, 134, 139
Ship, Jacob - 86, 92
Ship, John - 86
Shipley, Conrad - 165
Shirradin, John - 44
Shirriden, Paul - 68
Shoaf, Jacob - 134, 139, 152, 165
Shoaf, John - 62, 68, 86, 92, 110, 134, 139, 152, 165
Shock, John - 80
Shockey, Joseph - 122, 139, 152
Shocky, David - 31
Shoemaker - 86
Shoemaker, George - 139, 152, 165
Shoemaker, Peter - 62, 68, 92, 110, 115, 133, 139, 152, 165
Shofe - (see Shoaf)
Shoff, John - 37
Shonecker, Christopher - 146
Shoosman, Peter - 104
Shore, Lander - 37, 44, 62, 68, 86, 110, 115, 134, 152, 165
Shore, Thomas - 43, 62, 68, 86, 92, 110, 115, 134, 140, 152, 165
Short, Isaac - 12, 18, 31, 50, 56, 74, 80, 98, 104, 122, 128, 146, 158, 172
Short, John - 13, 18, 31, 50, 57, 74, 98, 104, 122, 128, 158, 172
Short, Richard - 56, 74, 80, 98, 104, 122, 128, 146, 158, 172
Short, William - 12, 24, 37, 43, 62, 68, 86, 92, 110, 115, 133, 139, 152, 165
Showers, Lander - 24
Showers, Landon - 5

208

INDEX

Showers, Thomas – 5, 24
Shrock, William – 5, 24, 68
Shue, David – 50
Shup, John – 44, 62
Shusman, Peter – 122, 128
Sibard, Barney – 37
Sibole – (see Seibole)
Sicock, William – 37
Sigler, Jacob – 13
Sigler, Samuel – 135, 140, 141, 152, 165, 166
Sigler, Thos – 140
Silkwood, Solomon – 13, 18, 31, 50, 57, 74
Simkins – (see Simpkins)
Simmermon, Jacob – 24
Simmonds – (see Simmons)
Simmonds, Richard – 56
Simmons, Charles – 31, 50, 56, 74, 80, 98, 105, 122, 128, 146, 158, 171
Simmons, Jonathan – 31, 104
Simmons, Otho – 50
Simmons, Richard – 13, 18, 31, 50
Simmons, Thomas – 18
Simmons, William – 13, 18
Simms, Thomas – 18
Simomin, Jacob – 5
Simpkins, Ann – 44
Simpkins, Ceby – 5
Simpkins, Gassage – 12, 18, 31, 50, 56, 74, 80
Simpkins, Silvy – 24
Simpkins, Widow – 86
Simpson, David – 13, 18, 31, 50, 57, 74, 80, 98, 104, 122, 128, 146, 158, 172
Simpson, Ebenezer – 105, 122, 128, 146
Simpson, Thomas – 13, 31, 50, 57, 98, 105, 122, 128, 146, 158, 171
Sims, Thomas – 13, 18, 31
Sinclair, Robert – 92, 116, 140
Sines, Peter – 152
Singleton, John – 86, 92, 110, 115, 133, 139, 152, 165
Sinholt, Peter – 156
Sions, Peter – 140, 165
Sisell, Henry – 86
Sissill, John – 5, 24
Sivalt Thomas – 18
Six, Conrad – 110
Six, George – 37, 43, 44, 62, 68, 86, 92, 116, 134, 139, 152, 165
Six, John – 37, 86
Six, Philip – 116
Size, Abraham – 18, 31, 50
Skidmore, Ralph – 5
Slack, Henry – 31, 50, 56, 74, 98, 105, 122, 128, 158, 172
Slack, James – 13, 18, 31, 50, 56, 74, 80, 98, 104, 122, 128, 146, 158, 172
Slagle, Hannah – 24, 110, 116, 134, 140, 152, 165
Slagle, Jacob – 5, 62, 68
Slagle, John – 152, 165
Slagle, Joseph – 43, 110
Slagle, Widow – 86, 92
Slane, Benjamin – 13, 18, 31, 50, 56, 74, 80, 98, 105, 122, 128, 146, 158, 172
Slane, Daniel – 172
Slane, Elias – 104, 122, 128, 146, 158, 172
Slane, Hugh – 13, 18, 31, 50, 56, 74, 80, 98, 104, 128
Slane, James – 12, 18, 31, 50, 56, 74, 80, 98, 104, 122, 128, 146, 158, 172
Slane, John – 13, 18, 19, 31, 32, 50, 57, 74, 75, 80, 81, 98, 99, 105, 122, 123, 128, 129, 146, 147, 158, 172, 173
Slane, Thomas – 12, 18, 31, 50, 56, 74, 80, 98, 105, 122, 128, 146, 158, 172
Slarman, John – 62
Slicer, Nathaniel – 86
Slicer, Samuel – 152, 165
Slider, David – 146
Slider, John – 13
Slin, David – 56
Sloan, Henry – 116, 133, 139
Sloan, Richard – 5, 24, 86, 92, 110, 115, 133, 139
Slocombe, John – 12
Slocum, John – 18, 31
Slocum, Robert – 50, 56, 74, 80, 98, 104, 122, 128, 146, 158, 172
Slonaker, Christian – 50, 74
Slonaker, John – 50
Slone, Richard – 37, 43, 62, 68, 152, 165
Sloneaire, Christian – 13
Slonecker, Christian – 98, 128
Slonecker, Christopher – 158, 172
Slonicker, Adam – 18
Slonicker, George – 18
Slonuker, Christian – 18, 31, 57, 80. 104, 122
Slonuker, John – 31
Slovin, Christopher – 44
Sluir, David – 74
Sly, George – 12
Slycer, Nath'l – 68
Slyder, David – 98
Slyder, John – 18
Slyder, Joseph – 18, 31, 50
Slyder, Nathaniel – 44, 62
Smith, Aaron – 5, 24, 37, 43
Smith, Abraham – 158
Smith, Benjamin – 62, 69, 86, 92, 110, 115, 140, 152, 165
Smith, Charles – 146, 158, 172
Smith, Conrad – 122, 128, 146, 158, 172
Smith, Elias – 115, 165
Smith, Elisabeth – 13, 18
Smith, Fielden – 98
Smith, George – 13, 18, 31, 50, 56, 74, 80, 110, 115, 134, 139, 152, 165
Smith, Henry – 5, 43, 62, 68, 86, 92, 110, 116, 134, 140, 152
Smith, Jacob – 92, 110, 115, 134, 139, 152, 165
Smith, James – 13, 18, 31, 50, 56, 74, 80, 98, 104, 122, 128, 146, 158, 171, 172
Smith, John – 5, 24, 31, 37, 43, 44, 50, 57, 62, 68, 74, 80, 86, 92, 98, 110, 115, 128, 134, 140, 146, 152, 158, 165, 172
Smith, Joseph N – 146
Smith, Josias – 62
Smith, Mahlon – 38
Smith, Mathew – 45
Smith, Michael – 5, 24, 37, 44
Smith, Middleton – 104, 122, 158, 172
Smith, Nicholas – 122, 128, 146, 158, 172
Smith, Patsy – 152
Smith, Peter – 5, 24, 37, 43, 62, 68, 86, 92, 115, 133, 139, 152, 165
Smith, Polly – 62
Smith, Pusy – 37
Smith, Ralph – 44
Smith, Richard – 13, 18, 31, 50, 57, 74, 80, 98, 104, 122, 128, 146, 158, 172
Smith, Timothy – 13, 18, 31, 50, 56, 74, 80, 98, 1–4, 122, 128, 146, 158, 171
Smith, Valentine – 134, 140, 152, 165
Smith, Widow – 62, 68, 86

INDEX

Smith, William – 4, 24, 37, 43, 44, 62, 68, 86, 92, 110, 115
Smoot, Barton – 13, 18, 31, 50, 56, 74, 80, 98, 104, 122, 128, 146, 158, 160, 172
Smoot, Jacob – 104, 122, 128, 146, 158, 172
Smoot, John – 12, 18, 31, 50, 56, 80, 98
Smoot, Jonas – 68
Smoot, Joseph – 158, 172
Smoot, Josiah – 5, 24, 43, 92, 110, 115, 133, 140, 152, 165
Smoot, Mary – 172
Smoot, Solomon – 50
Smoot, Thomas – 5
Smoot, William – 104
Snyder, John – 5, 24, 44, 62, 68, 86, 92, 110, 116, 134, 140, 152, 165
Sollars, Thomas – 116, 133, 140, 152, 165
Solliday, John – 128, 146
Solomon, Thomas – 18, 31
Soolser, Adam – 116
Sowders, Michael – 13, 18, 31, 50, 74
Spade – (see Spaid)
Spaid, Frederic – 98, 104, 122, 128, 146, 158, 172
Spaid, George – 104, 122, 128, 146, 158, 172
Spaid, John – 80, 98, 104, 122, 128, 146, 158, 172
Spencer, James – 62, 68, 92, 110, 115, 133, 140, 152, 165
Spencer, John – 5, 24, 37, 44, 62, 68, 86, 92, 110, 116, 133, 140, 152, 165, 172
Spencer, Thomas – 98, 104, 128, 158
Spicer, Thomas – 122, 128, 146, 158, 171
Spicer, William – 105, 122, 128, 146, 158, 171
Spillman, Evan – 44, 139, 151
Spillman, William – 5, 37, 44, 62, 68, 86, 92, 98, 104, 110, 115, 133, 139, 140, 152, 165
Sporlin, James – 165
Sprigg, Michael – 152, 165
Sprigg, Osborn – 5, 24, 37, 44, 62, 68, 92, 110, 116, 133, 140, 152
Spring, Samuel – 133
Sproul, Oliver – 115
Spurling, James – 116, 134, 139, 152, 165
Spurling, Jesse – 12, 18, 37
Spurling, John – 158
Squires, Michael – 43, 62, 68, 86, 92
Srock, William – 44
Stafford, Fran's – 68
Stafford, James – 110, 140, 152, 165
Stafford, Joseph – 134, 140, 152, 165
Stafford, Richard – 5, 24, 44, 62, 68, 86, 92, 110, 116, 134
Stafford, Westley – 134
Stafford, Widow – 110, 116
Staggs, George – 5, 24, 37, 43, 62, 68, 78, 86, 92, 110, 115, 134, 139, 152, 165
Stallcoop, Isrial – 5, 24
Stallcup, Israel – 44, 62, 68, 86, 92, 110, 116, 134, 140, 152, 165
Stallcup, Widow – 68
Stamer, Geo – 92
Stamrock, George – 43
Stanton, Bob – 110
Stanton, Rob't – 116, 134
Star, Benjamin – 98, 104
Starkey, Edward – 57, 74, 80, 98, 104, 128
Starkey, Frederick – 18, 31, 50, 56, 80, 105, 122, 128, 172
Starkey, George – 18, 31, 50, 57, 74, 80, 98, 104, 128, 146, 158, 171
Starkey, Timothy – 152, 165
Starkey, William – 31, 80, 104, 122, 128, 146, 158, 172
Starky, David – 50

Starky, Frederick – 12, 50, 74, 98, 158
Starky, William – 13, 18, 50, 56, 74, 98
Starn, Frederic – 146, 158
Starn, Jacob – 128, 158, 172
Starn, John – 13, 18, 31, 50, 74, 80, 98, 105, 122, 128, 146, 158, 172
Starn, Joseph – 18, 31, 50, 74, 80, 98, 104, 122, 128, 146, 158, 172
Starner, George – 86, 110, 140, 152
Starner, John – 86, 98
Starr, James – 5, 44
Starr, Jeremiah – 24
Starrett, William – 12
Stearman, John – 24. 44. 62. 68
Stears, John – 13. 134
Steed, George – 74
Steel, John – 18, 152
Steerman, James – 134
Steerman, John – 86, 92, 116, 140
Steinbeck, Fred'k – 139, 141
Steoins, Michael – 18
Stephens, David – 13, 18, 31, 50, 57, 74, 80, 98, 104, 122, 128, 158
Stephens, James – 13, 18, 24, 31, 50, 74, 80, 105
Stephenson, Thomas – 31, 50, 56, 74, 80, 98
Sterbart, John – 92
Sterrett, William – 18, 31, 50, 86
Stevenson, James – 5, 44
Stevenson, Richard – 44
Stevenson, Thomas – 18
Steward, John – 86
Steward, Thomas – 86
Stewart, Abraham – 5, 44, 62, 68
Stewart, Bailey – 5, 44, 62, 68
Stewart, Jeremiah – 5, 44, 62, 68
Stewart, John – 5, 62, 68, 69, 110, 116, 134, 140, 152, 165
Stewart, Thomas – 5, 44, 62, 68
Stimmell, Hanah – 133, 139
Stimmell, Michael – 110, 115
Stimmell, Widow – 92, 115
Stimmell, Yost – 5, 24, 37, 43, 62, 68
Stinebeck, Frederick – 152, 165, 166
Stinnett, Widow – 86
Stipe, John – 146, 158, 171
Stirritt, Wm – 68
Stockpole, John – 116
Stockslagle, Jacob – 62
Stocts, Ab'm – 68
Stodard, James – 62
Stodlar, Jacob – 5, 24, 43, 62, 68, 110
Stoh, Abraham – 62
Stoker, Critten – 98, 122, 128, 146, 158
Stoker, Jacob – 18, 50
Stoker, John – 12, 13, 18, 31, 50, 56, 80, 98, 104, 122, 128, 146, 158, 160, 172
Stoker, William – 104, 122, 128, 146
Stone, Henry – 37, 134, 140, 152
Stone, Joseph – 122, 128, 146, 158
Stonerock, George – 5, 24, 44
Storts, Abraham – 43
Stother, John – 74
Stotler, Jacob – 116
Stotts, Abraham – 24, 110
Stover, Christopher – 5, 24, 37, 62, 86, 92
Stover, Daniel – 5, 24, 37, 44, 62, 68, 86, 92, 110, 115, 134, 139, 152, 165
Stradford, Thomas – 133

210

INDEX

Stroder, John - 68
Strother, Anthony - 134, 139
Strother, John - 86, 92, 116, 134
Stuard, Alexander - 12
Stuard, Ezra - 98
Stuart, Abram - 24
Stuart, Jeremiah - 24
Stuart, John - 24
Stuart, Raylis - 24
Stuart, Thomas - 24
Stucklagle, Jacob - 68, 86, 92, 110, 116, 134, 140, 152, 165
Stud, George - 56
Studler, Jacob - 86
Stump, Benjamin - 104, 122, 128, 146, 158, 172
Stump, Jacob - 80
Stump, John - 80, 98, 104, 122, 128, 146, 158, 172
Stump, Joseph - 80, 98, 104, 122, 128, 146, 158, 172
Stump, Peter - 80, 98, 104, 122, 12, 146, 158, 172
Sturett, William M - 56
Sturman, James - 152, 165
Sturman, John - 5, 92, 110, 134, 152, 165
Sturman, Richard - 165
Stutsman, John - 12, 18, 31, 50, 56, 74, 80, 98, 104, 122, 128
Stutzman - (see Stutsman)
Suddeth, William - 12, 18, 50, 56, 74, 80, 98, 104
Suddoth - (see Suddeth)
Sulivan, Henry - 158
Sullivan, Jeremiah - 5, 24
Sulser, Adam - 86, 92, 110, 134, 152, 165
Sultzer - (see Sulser)
Summers, Andrew - 56, 80, 98, 105, 122, 128, 146, 158, 172
Summers, John - 13, 18, 31, 50, 56, 74, 80, 98, 105, 122, 128, 146, 158, 160, 172
Summers, Walter - 105, 122, 128, 146, 158, 172
Sutton, Samuel - 18, 31
Sutton, Stephen - 92
Sutton, Zachariah - 12, 18, 31, 50, 56, 74, 80, 98, 104, 122, 128
Swan, Edward E - 31, 50, 56, 74, 80, 98, 104
Swan, Edward - 13, 18, 31, 50, 56, 74, 80, 98, 104
Swank, Adam - 5
Swank, David - 5
Swank, John - 5
Sweir, Jacob - 56, 74, 98, 105, 122, 128, 146, 158, 171
Swiger, Jacob - 31
Swiher, Jacob - 18
Swisher, John - 128, 146, 158, 172
Swisher, Valentine - 128, 146, 158
Switzer, John - 12, 18, 31, 50, 57, 74, 80, 98, 104, 122, 128
Switzer, Valentine - 13, 18, 31, 50, 56, 74, 80, 98, 122, 171
Sykers, Frederick - 13
Syler, Jacob - 18, 31, 80, 158, 172
Syx, George - 5, 24
Syx, John - 5, 24
Syx, Philip - 5, 24
Taggart, Francis - 128, 159
Taggart, John - 69, 86, 92, 110, 116, 128, 165
Taggart, Sam'l - 69, 110, 116
Tallman, Peter - 31
Tapper, Henry - 105
Tapper, John - 99
Tasker, G R - 165
Tasker, George - 86, 110, 116, 134, 140, 153
Tate, Joseph - 146, 172
Taurance, John - 13
Taylor, A - 69
Taylor, Alexander - 63, 69, 86, 92, 110
Taylor, Benjamin - 13, 99, 105
Taylor, Charles - 6, 25, 38, 44, 63
Taylor, Cornelius - 69
Taylor, Daniel - 6, 38, 44, 63, 69, 86, 92, 110, 116, 140, 152, 165
Taylor, Edward - 86, 92, 110, 116, 134, 140, 152, 165
Taylor, Eleanor - 69
Taylor, George - 6, 24, 38, 44, 62, 69
Taylor, Griffin - 140, 152, 165
Taylor, Henry - 13, 18
Taylor, James - 69, 92
Taylor, Jarvis - 13
Taylor, John - 6, 12, 18, 25, 31, 38, 44, 51, 63, 69, 86, 92, 110
Taylor, Joseph - 6
Taylor, Richard - 13, 18, 31, 51, 57, 75, 81, 99, 105, 123, 129, 146, 159, 172
Taylor, Septamus - 63, 69, 86, 92, 110, 116, 134, 165
Taylor, Simon - 6, 25, 38, 44, 63, 69, 86, 92, 110, 116 134, 140, 152, 165
Taylor, Tarpley - 92
Taylor, Thomas - 6, 24, 25, 38, 44, 62, 63, 69, 86, 92, 110, 116, 134, 140, 152, 153, 165
Taylor, Widow - 86, 116
Taylor, William - 13, 18, 31, 38, 51, 62, 69, 115, 128, 134, 140, 146, 152, 158, 165, 172
Terrance, John - 81, 99, 105, 122, 128, 146, 159, 172
Terrance, William - 99, 105, 122, 128, 146, 159, 172
Terry, Barney - 63
Terry, Stephen - 6, 25, 63, 69, 92, 110
Tevault, Andrew - 13, 18, 57
Tevault, Daniel - 57
Tevault, William - 13, 18
Tevoy, Stephen - 38
Thacher, Fran - 69
Thacher, Sylvester - 86
Tharp, John - 13, 31, 51, 57, 74, 81, 99, 105, 122, 129, 146, 159, 172
Thayer, Bazall - 92, 110, 116, 134, 152, 165
Thomas, Benjamin - 6, 24, 38
Thomas, Granderson44, 63, 69
Thomas, Hezekiah - 140
Thomas, Isaac - 13, 18, 31
Thomas, James75
Thomas, John - 13, 18, 31, 51, 57, 75, 81, 99, 105, 123, 128, 146, 159, 172
Thomas, Moses - 6, 25, 38, 44, 62, 69, 92, 110, 116, 134, 140, 153
Thomas, Robert - 6, 38, 63, 69
Thomas, Samuel - 6, 25, 38, 44, 63, 69, 86, 92, 110, 116, 134, 140, 153, 165
Thomas, Widow - 134
Thomas, William - 6, 25, 38, 44, 63, 69, 86, 92, 110, 134, 140
Thompson, Abraham - 5, 24, 38, 44, 63, 69, 86, 92
Thompson, Amos - 129, 172
Thompson, Cornelius - 99, 105
Thompson, Duks - 6, 24, 38, 44, 63, 69
Thompson, Edward - 6, 25
Thompson, Elisha - 129, 146, 159, 172
Thompson, Elton - 6, 38, 63
Thompson, James - 18, 31, 44, 51, 57, 74, 81, 99, 105, 123, 129, 146, 158, 159, 172
Thompson, Jeremiah - 13, 18, 31, 50, 57, 75, 81, 160
Thompson, John - 5, 13, 18, 24, 31, 38, 44, 51, 57, 63, 69, 74, 75, 81, 86, 92, 99, 105, 110, 116, 122, 123, 129, 146, 158, 159, 160, Thompson, Joseph - 13, 18, 31, 51, 75, 99, 105, 129, 146, 159, 160, 172

INDEX

Thompson, Mary – 110, 153, 165
Thompson, Nathan – 159
Thompson, Samuel – 6, 24, 25, 38, 44, 63, 69, 134, 172
Thompson, Widow – 116, 140
Thompson, William – 6, 24, 38, 44, 63, 69, 86, 92, 110
Thompton, James – 172
Thornton, John – 99
Thrash, John – 110, 116, 134, 140, 153, 165
Thrasher, Benjamin – 6, 24, 38, 44, 62, 86, 92, 116, 134, 140, 153
Thrasher, Thomas – 6
Throckmorton, Gabriel – 13, 18, 31, 75, 81, 99, 122, 129
Throckmorton, Sarah – 18
Throckmorton, Warner – 110, 116, 134, 140, 152, 165
Throckmorton, William – 13, 18
Thurston, William – 18, 75
Tidd, Joseph – 128
Timberlake, Geo W – 92
Timbrook, John – 13, 31, 51, 57, 75, 81, 99, 105, 122, 128, 146, 159, 172
Timbrook, William – 146, 159, 172
Tinkle, Henry – 63
Tinkle, Jacob – 24
Titus, George – 63
Titus, Tunis – 31, 51, 57, 75, 81, 99, 105, 122, 128, 159, 172
Tobias, Thomas – 38
Tobrige, John – 6, 24
Tolbert, Abraham – 6, 25
Tolin, Hugh – 129
Tolland, Cornelius – 110
Tollman, Peter – 18
Tom, Abraham – 25, 69
Tompson – (see Thompson)
Toms, Abraham – 38
Tomson, Joseph – 123
Tophoun, Francis – 63
Tophouse, Francis – 69
Topper, Henry – 122, 172
Torobridge, John – 134
Torrence, John – 31, 51, 57
Torrence, Robert – 51, 57
Torrins, John – 18
Totten, Samuel – 62
Tottin, John – 116, 153
Tottin, Samuel – 6, 25, 69, 86, 92
Totton, James – 134, 140, 153, 165
Totton, John – 110, 134, 140, 165
Totton, Samuel – 38, 44, 110, 116, 134, 140, 153, 165
Toues, Abraham – 44, 63
Towbridge, John – 38, 44, 63, 86, 92, 110, 116, 140, 153, 165
Towland, Cornelius – 81, 99
Towland, Hugh – 99, 105, 122
Toy, Daniel – 57
Tracey, Nathan – 13, 18, 38, 69, 86, 92
Treagle, Edward – 18, 31, 146
Treagle, Joshua – 146
Treagle, Samuel – 18, 31
Treagle, William – 18, 31
Treakle, Edward – 13
Treakle, Samuel – 13
Trenter, Joseph – 140, 153, 165
Trenter, Joshua – 51, 140, 153, 165
Trickle, Edward – 51, 57, 75, 81, 99, 105, 123, 159, 122
Trickle, Joshua – 57, 75, 81, 99, 105, 123
Trickle, Samuel – 57, 75, 80
Trig, Climmon – 24

Trigg, Clem – 6
Trigg, Cleuing – 44
Triplet, Joseph – 13, 18, 31, 51, 57, 74
Trowbridge, Jesse – 105
Trukle, Samuel – 50
Trunter, Joseph – 134
Trunter, Sam'l – 134
Try, Cleming – 63
Tucker, Daniel – 110, 116, 128, 146, 153, 165
Tucker, Erasmus – 13, 51, 57, 74, 81, 99, 105, 123, 129, 146, 159, 172
Tucker, John – 105, 159, 172
Tucker, Joseph – 13, 18, 31, 51, 57, 74, 81, 99, 105, 123, 129, 146, 159, 172
Tucker, Josephus – 81, 99, 105, 123, 128, 146, 159, 172
Tucker, Levy – 13
Tucker, Richard – 51, 74, 81, 99, 105, 123, 128, 146, 159, 172
Tucker, Thomas W – 13, 105, 123
Tucker, Thomas – 13, 18, 31, 51, 57, 74, 81, 99, 105, 129
Tudrow, John – 6, 25
Tuley, Abraham – 6, 24, 38, 44
Tullis, David – 128, 146
Tunkle, Henry – 6, 25, 38
Tunkle, Jacob – 6
Turnbull, John – 86, 92, 110, 116
Turner, Daniel – 50, 57, 75
Turner, Evan – 24, 92, 116, 134, 153, 165
Turner, John – 13, 51, 57, 74, 81, 98, 105, 122, 128, 146, 159, 172
Turner, Philip – 18, 31, 51, 57, 74, 81, 98, 105
Tusk, Gasper – 92
Tyler, Edward – 44, 81, 105, 123, 129, 146, 158, 172
Tyler, Jervas – 18, 31, 50, 57, 75, 81, 99, 105, 122, 128, 159, 172
Umpstott – (see Umstot)
Umstot, Abraham – 165
Umstot, Jacob – 6, 25, 38, 44, 63, 69, 86, 92, 110, 116, 134, 140, 153, 165
Umstot, Peter – 6, 25, 38, 44, 63, 69, 86, 92, 110, 116, 134, 140, 153, 165
Umstot, Philip – 69, 110, 116, 134, 140, 153, 165
Unglesby, Zacharia – 146, 159, 172
Urice, George – 86, 110, 116, 134, 140, 153, 165
Urice, John – 153, 165
Utte, Christian – 6, 25, 38, 63, 69, 86, 92, 110, 116, 134, 140, 153, 165
Utte, George – 6, 25
Vanarsdal, Abraham – 13, 18, 31, 51, 57, 75, 81, 99, 105, 123, 129, 146, 159, 172
Vanarsdal, Garret – 13, 18, 31, 51, 57, 81, 99, 105, 123, 129, 146, 159, 172
Vanarsdal, Luke – 172
Vanarsdal, Peter – 51, 57, 75, 99, 105, 123, 146, 159, 172
Vanarsdal, Richard – 51, 57, 75, 81, 99, 105, 123, 146, 159, 172
Vanarzdell, Cornelius – 13
Vanarzdell, Garrett – 75
Vance, William – 86, 110, 140
Vancioit, Peter – 44, 63, 81
Vandegrift, Christian – 44
Vandegrift, Christopher – 63, 81, 105, 123, 147, 172
Vandevear – (see Vandiver)
Vandift, Christopher – 129
Vandivear – (see Vandiver)
Vandiver, Elizabeth – 134
Vandiver, Jacob – 38, 44, 63, 69, 86, 87, 92, 110, 111, 112, 116, 117, 132, 134, 135, 140, 153, 165
Vandiver, John – 25, 44, 69, 86, 92, 110, 116, 134, 140, 153,

INDEX

166
Vandiver Junior - 6
Vandiver, Lewis - 6, 25, 38, 44, 63, 69, 86, 92, 110, 116, 134, 140, 153
Vandiver, Samuel - 63, 69, 86, 92, 110, 116, 134, 140, 153, 166
Vandiver, Vincent - 63, 69, 86, 92, 110, 116, 134, 140, 153, 166
Vandiver, Widow - 69, 92, 116, 153, 166
Vandiver, William - 6, 25, 38, 44, 63, 69, 86, 92, 110, 116, 134, 140, 153, 166
Vandivere - (see Vandiver)
Vandiviere - (see Vandiver)
Vanhorn, Joseph - 81
Vanmeter, Ab'm - 153, 166
Vanmeter, Isaac - 6, 25, 38, 44, 63
Vanmeter, Joseph - 92, 140
Vanort, Peter - 69, 86, 92, 110, 116
Vanpelt, Jacob - 13, 18, 44
Vanpelt, John - 13, 18
Vanrickel, W Evert - 13
Vansickle, Daniel - 38
Vause, William - 6, 25, 38, 44, 63, 69, 92, 116, 134, 153, 166
Verdine, John - 13
Vinegar, David - 105
Vineger, George - 86
Voke, Ambrose - 172
Voke, Mary Anne - 159
Vokes, David - 123, 129
Vokes, Peter - 81, 99
Voress, Abraham - 13
Waggoner, Jacob - 86, 93, 110, 116, 134, 140, 153, 166
Waggoner, John - 6, 25, 38, 44, 63, 69, 86, 110, 116, 134, 140, 153, 166
Waggoner, Joseph - 140, 153, 166
Walker, Andrew - 6, 25, 38, 44, 63, 69, 87, 92, 134, 153
Walker, Benjamin - 51. 57
Walker, Henry - 87, 92
Walker, James - 6, 25, 38, 44, 63, 69, 87, 93, 110, 116, 134, 153, 166
Walker, Peter - 6, 25, 38, 44, 63, 69, 86, 92
Walker, Robert - 6, 25, 38, 110, 116, 140, 166
Walker, Samuel - 6, 25, 38, 44, 63, 69, 87, 92, 110, 116, 134
Walker, Widow - 116, 134, 153
Walker, William - 6, 25, 38
Wallace, John - 6, 31, 38, 51, 57, 75, 81, 99, 105
Wallace, Thomas - 6, 38, 44, 63, 69, 87, 93, 110, 116, 134, 140, 153, 166
Wallace, Wm - 6
Wallas, John - 18, 19
Walsh, Isaac - 69
Walsh, William - 69
Walter, Elkana - 105
Walters, Tho's - 69
Wamps, Francis - 134, 140, 153, 166
Ward, Dan'l - 116
Ward, Edward - 69, 87, 92, 110, 116
Ward, Jesse - 6, 25, 38, 44, 63, 69, 87, 92, 110, 140, 153, 166
Ward, Joel - 105, 123, 129, 147, 159, 172
Ward, John - 32, 51, 57, 69, 75, 81, 86, 92, 99, 105, 110, 116, 123, 129, 134, 140, 147, 153, 159, 166, 172
Ward, Joseph - 6, 25
Ward, Lloyd - 44, 63, 69, 87, 92, 110, 116, 134, 140, 153, 166
Ward, Richard - 6, 25, 44
Ward, Stephen - 51

Ward, Tosias - 38
Ward, William - 110, 153, 166
Warfield, James - 19
Warfield, John - 147, 172
Warfield, Richard - 51, 57
Warfield, Silvanus - 13, 19, 57, 81, 99, 123, 129, 147, 172
Warner, Dennis - 38
Warren, John - 38, 44, 63
Warton, Zachariah - 19, 31, 57, 75, 81, 99, 105
Watkins, Thomas - 105, 123, 134, 140, 172
Watkins, William - 134
Watson, Thomas - 13, 19, 51, 153
Watts, Archibald - 6, 25, 38, 44, 63
Watts, James - 6, 25, 38, 44, 63, 69
Wau, John - 116
Wau, Joseph - 116
Waw, Jarrett - 11-
Waw, John - 134
Waw, Joseph - 140
Waxlar, Michael - 6, 25, 38, 44, 87, 92
Waxler, Sarah - 134, 166
Waxler, Thomas - 110, 116, 134, 140
Waxler, Widow - 153
Weathers, Thomas - 38, 44
Weaver, Abraham - 123, 129, 147, 159, 172
Weaver, John - 129, 147, 159, 172
Welch, Benjamin - 140, 153, 166
Welch, Demcey - 44, 86, 92, 110, 116, 134, 140, 153, 166
Welch, Isaac - 6, 25, 38, 44, 86, 116, 134, 140, 153, 166
Welch, Jamima - 140
Welch, Philip - 92, 110
Welch, Sylvester - 6, 38, 63, 87, 92, 110, 116, 153
Welch, Widow - 116, 134, 153, 166
Welch, William - 44, 63, 86, 92, 134, 140, 153, 166
Wells, Christopher - 38
Wells, Isaac - 63, 87, 92
Wells, Jonathan - 25, 38
Wells, Peter - 6, 25, 38, 44, 63, 69, 87
Welseimer, John - 166
Welseimer, Philip - 166
Welsh, Phillip - 19, 51, 57, 75, 81
Welsh, Sylvester - 25, 44, 69, 134
Welson, William - 129
Welton, Job - 44, 63, 69, 92, 110, 116, 134, 140, 153, 166
Wermer, Daniel - 13
Wertz, William - 81
Wetsel, Jacob - 159, 172
Wettel, Peter - 129
Whalen, Thomas - 38
Wharton, Zacheus - 13
Wheelin, Martin - 6
Wheeling, Martin - 25
Whetsel, Jacob - 147
Whip, Daniel - 38, 44, 63, 69, 87, 92, 110, 116, 134, 153, 166
Whip, John - 166
Whip, William - 166
White, Charles - 13
White, Francis - 13, 18, 31, 51, 57, 75, 81, 99, 105, 123, 129, 147, 159, 172
White, James - 6, 25, 38, 63, 92, 110
White, Jesse - 92
White, John - 13, 19, 32, 51, 57, 75, 81, 99, 105, 110, 129, 134, 166
White, Robert - 110, 160, 166, 172
White, Robert N - 159
White, Samuel - 69, 166
White, Thomas - 6

INDEX

Whitelberry, Christopher - 18
Whiteman, Jacob - 18, 32
Whiteman, John - 110, 134, 140, 153
Whiteman, Richard - 6, 44, 63, 69, 86, 92, 110
Whitman, Richard - 38
Whitsell, Geo - 69
Whittaberry, Christopher - 13, 38
Whittabury, Stosse - 44, 63, 69
Widener, James - 69
Widmier, Michael - 81
Wilchamnur, Henry - 116
Wilcocks, Soloman - 92
Wilcocks, Stephen - 93
Wilcox, Solomon - 69
Wilcox, Stephen - 134, 140
Wiles, Jacob - 38, 44
Wiley, Abel - 6, 25, 38, 44, 63
Wiley, Benjamin - 63, 140, 153
Wiley, Laban - 6, 92, 110, 116, 134, 140
Wiley, Laban T - 153, 166
Wilkenton, John - 18
Wilkins, John - 38, 44, 63, 69
Will - 6, 25, 44, 115, 134
Willcocks, Stephen - 87, 110
Willcox, Stephen - 13, 18, 31, 51, 57, 75, 116
William - 38, 63, 92, 153
Williams, Benjamin - 6, 13, 19, 31, 44, 51, 57, 63, 75, 81, 99
Williams, Daniel - 172
Williams, Ebenezer - 57, 75, 99, 105, 147, 159, 160, 172
Williams, George - 18
Williams, James - 6, 25, 38
Williams, Joseph - 6, 25, 38
Williams, Owen - 13, 25, 38, 51, 57, 99, 105, 123
Williams, Peter - 6, 25, 38, 44, 63, 69, 86, 92
Williams, Robert - 63, 116
Williams, Thomas - 13, 19, 31, 51, 57, 75, 81, 99, 105, 123, 129, 147, 159, 172
Williams, William - 159, 172
Williams, Zedekia - 129, 159, 172
Williamson, Abraham - 13, 18, 57, 75, 81, 99, 105
Williamson, Cornelius - 51, 57, 75, 81, 105, 129, 147, 159, 172
Williamson, James - 18, 57, 75
Williamson, John - 13, 31, 51, 57, 75, 81, 99, 105
Williamson, Mary - 13, 18, 32, 51, 57, 75
Williamson, Samuel - 13, 18, 19, 31, 51, 57, 75, 81, 99, 105, 123, 129, 147, 159, 172
Williamson, Thomas - 13, 18, 32, 51
Williamson, William - 13, 18, 32, 51, 159
Willson, Henry - 18, 31, 81, 99, 159, 172
Willson, Henry L - 57, 75, 105, 123, 129
Willson, James - 6, 25, 38, 44, 63, 69, 86, 87, 92, 110, 116, 134, 140, 153, 166
Willson, Jesse - 6, 25, 44, 63
Willson, Nathaniel - 6, 25, 38, 44, 63, 69, 86, 92, 110, 116, 134, 140, 153, 166
Willson, Richard - 25, 44, 63, 69, 87, 110, 116, 134, 140
Willson, William - 51, 57, 75, 81, 99, 123, 147, 153, 160, 166, 172
Wilshammer, Henry - 140, 147
Wilson - (see Willson)
Wilt, Geo - 6
Win, Robert - 99
Windsor, Geo - 110
Wingate, James - 18, 31, 51, 57, 75, 81, 99, 105, 129, 172
Winkfield, John - 99
Winterton, John - 13, 19, 32, 51, 57, 75, 81, 99, 105, 123, 129, 147, 159, 172
Winterton, William - 13, 51
Winzer, George - 153
Wip, Daniel - 6, 25
Wise, Frederick - 19, 31, 51, 57, 75, 81
Withrinton, Isaac - 57, 75, 81
Withrinton, John - 31, 51, 57
Wodkins, David - 6, 25
Wodrow, Andrew - 6, 25, 38, 44, 63, 69, 87, 92, 110, 116, 134, 140, 153, 166
Wolf, Jacob - 25, 110, 116, 134, 140, 153, 166
Wolfe, David - 6
Wolfe, Jacob - 6
Wolford, Henry - 129, 147, 159, 172
Wolford, John - 6, 18, 25, 38, 44, 51, 57, 63, 81, 86, 123, 129, 147, 159, 172
Wolford, Mathias - 25, 38, 44
Wolverton, Charles - 69, 92, 110, 134, 140, 153
Wolverton, Daniel - 44
Wolverton, Isaac - 44,, 63, 69, 140, 153, 166
Wolverton, James - 105, 123, 129, 147, 159
Wolverton, Joel - 13, 18, 31, 51, 57, 75, 81, 99, 105, 123, 129, 147
Wolverton, Samuel - 38, 69
Wolverton, Sara - 172
Womps, Francis - 6, 25
Wood, Ingam - 57, 81
Wood, John - 99, 105, 123
Woolery, Henry - 13, 18, 31, 51, 57, 75, 81, 99, 105, 123, 129, 147, 159, 172
Woolery, Michael - 99
Woolford, John - 13, 31, 69
Woolverton, Charles - 86
Woolverton, Isaac - 86
Woolverton, Samuel - 86
Workman, Peter - 32, 51
Worley, John - 153, 166
Worner, Denis - 6
Worner, Enis - 25
Worthington, John - 13
Worthington, William M - 116, 134
Wright, Francis - 87
Wright, James - 13
Wright, John - 63, 69, 86, 92, 99, 105, 110, 116, 134, 140, 153, 166
Wright, Joseph - 6, 51, 57, 75, 81, 99, 105, 123, 129, 147, 172
Wright, Robert - 6, 25, 38, 44
Write, John - 81
Wyamier, Michael - 19, 31, 51, 75, 99, 105, 123, 129, 147, 153
Wydmire - (see Wyamier)
Yates, Joseph - 13, 19, 32, 99, 123, 129, 147, 159, 172
Yinger, Casper - 69, 99, 105, 123, 129, 147, 159, 172
Yoakam, Michael - 6, 25
Yoe, Henry - 57
Yonally, Thomas - 159
Yonley, David - 129
Yonley, Thomas - 129
Yonnelly, David - 147
Yonnelly, Thomas - 147, 172
Yost, John - 123, 129, 147
Young, Cornelious - 6, 25, 38
Young, George - 6, 25, 38, 44, 63, 69, 87
Young, Henry - 6, 25, 38, 44, 69, 110, 116, 134
Young, James - 110, 166
Young, John - 13, 19, 32, 51, 57, 75, 81, 99, 105, 123, 129, 147, 159, 172
Young, Joseph - 87

INDEX

Young, Neall – 44
Young, Robert – 13, 25, 38, 44, 69, 87, 93, 110, 116, 134, 140, 153, 166
Young, William – 6, 25
Ziller, Jacob – 13
Zimmerman, Jacob – 44, 63, 69, 87, 93, 110, 112, 116, 134, 140, 153, 166

www.ingramcontent.com/pod-product-compliance
Lightning Source LLC
Chambersburg PA
CBHW070256230426
43664CB00014B/2549